新编21世纪新闻传播学系列教材

•广告学与媒介经营管理系列•

广告创意概论

第二版

Creativity in Advertising:
Principles and Practice

主　编　刘建萍　陈思达

中国人民大学出版社
·北京·

主编简介

刘建萍 闽江学院人文与传播学院副院长，教授、博士，美国加州大学伯克利分校、北卡罗来纳大学教堂山分校访问学者。新闻传播学学科带头人，福建省高校人文社科研究基地——新媒体传播研究中心主任，福建省传播学会常务理事。从事广告学专业教学近 20 年，主讲“广告学概论”“广告创意”等课程。指导学生参加中国大学生广告艺术节学院奖、全国大学生广告艺术大赛等，获得“杰出指导教师”称号。曾获福建省第十届社会科学优秀成果三等奖、福建省第七届教学成果奖一等奖。

陈思达 闽江学院新闻传播系主任，副教授，广告学专业负责人，福建省高校人文社科研究基地——新媒体传播研究中心常务副主任，福建省传播学会理事，中国大学生广告艺术节学院奖评委，福建省广告协会优秀广告作品大赛评委。主讲的“广告创意”课程被评为福建省省级精品课程，并被列入福建省精品在线开放课程建设项目。参与的实践教学成果曾获得福建省教学成果一等奖、二等奖。具有广告行业从业背景，曾先后任职于几家福建省主流媒体和知名广告公司。广告作品曾获得全国金奖、铜奖、学院奖全场大奖和福建省优秀广告作品评选全场大奖。

内容简介

本书共九章，分别从理论、实务、实训等角度对广告创意进行了全面的梳理和解析，系统介绍了广告创意的内涵和相关基本理论、基本原则、广告创意思维、广告创意策略、广告创意表现、广告创意的产生与作业流程、提升创意能力的实用自我训练方法、广告创意人才的素质与教育等内容。第二版对数字化时代广告传播形态的变化、新媒体广告的创意表现做了探讨和全新的修订，较之上一版，全书案例做了大幅的更新和调整。

本书体例严谨，规划合理，内容全面，重点突出，基本涵盖了广告创意的相关理论和知识，较好地体现了广告创意的专业特点。其次，本书理论与实务并重，反映了业界最新的一些研究成果，具有一定的前沿性，同时重视实践环节的训练，突出实用性，兼顾教与学的需要，具有可操作性。与同类教材相比，本书具有一定的创新性和趣味性，案例丰富生动，延伸阅读栏目有助于拓展学生视野。

本书既可作为广告学专业学生学习的教材，也可作为广告创意从业人员的参考用书。

总　序

中国人民大学出版社策划出版的“新编21世纪新闻传播学系列教材”，是一套在新闻传播学领域内，皋牢百代，卢牟六合，贯穴古今，笼罩中外，密切联系新闻传播工作的实际，广泛吸收新闻传播学的最新研究成果，高挹遐揽，取精用宏，供新世纪的高等院校新闻传播院系教学使用的系列教材。

20世纪初以来的100年，是世界新闻传播事业飞速发展的100年。这100年来，随着科学技术的不断发展，继报纸、期刊、通讯社之后，广播、电视、网络和多种新媒体相继问世，新闻传播的媒介日趋多元化，新闻传播的手段日趋现代化，“地球村”变得越来越小，新闻传播事业对世界政治、经济和文化的影响则变得越来越大。

这100年，也是中国新闻事业飞速发展的100年。其中最近的30多年，即中国改革开放以来的30多年，发展得尤为迅猛。

进入新世纪以后，中国新闻事业发展的势头更为迅猛。报纸、期刊、通讯社、广播电台、电视台的数量在宏观调控下，虽无大变化，但软硬件的实力都有了很大的提高。据2011年12月出版的《中国新闻年鉴》的最新统计数字，2010年全国共出版报纸1 939种，平均期印数2.14亿份。共出版期刊9 884种，平均期印数1.63亿份。全国共有广播电台227座，电视台247家，广播电视台2 130家，教育电视台44家。广播综合人口覆盖率为96.78%，电视综合人口覆盖率为97.62%。

另外2012年1月中国互联网络信息中心（CNNIC）发布的《第29次中国互联网络发展状况统计报告》显示，截至2011年12月底，中国网民规模已达到5.13亿，互联网普及率达到38.3%。其中，手机用户数量为3.56亿，博客和个人空间用户数量为3.19亿，微博用户数量为2.5亿，社交网站用户数量为2.44亿，网络视频用户数量为3.25亿。中国居民中具备上网条件和技能的人已经基本转化为网民，大专及以上学历人群中互联网使用率已达96.1%。中国网站总数为230万个，网页数量为866亿个。

这样大的发展规模，这样快的发展速度，在世界和中国新闻事业史上都是空前的。回顾既往，盱衡未来，新闻传播事业在21世纪还将会保持旺盛的发展势头。新闻传播，作为上层建筑中意识形态的一个重要组成部分，在全面准确地宣传党的基本理论、基本路线和基本方针以及各项决策，反映人民群众的伟大业绩和精神风貌，以及推动改革开放和社会主义现代化建设等方面，必将继续发挥重要的作用。

与新闻传播事业的发展相配合，这100年来，为中国的新闻战线培养和输送人才的中国新闻教育，也有了相应的发展。中国的新闻教育起始于20世纪初，迄今有近百年的历史。新中国成立前的30年，虽然先后在个别院校中设立了新闻系或新闻专科，但规模都不大，设备也不够完善，在校学生人数，最多的时候不超过400人，30年间累计培养出来的毕业生还不到3 000人。新中国成立后，为了给新中国的新闻事业培养人才，新闻教育有了新的发展，但到20世纪60年代中期为止，全国的新闻教育机构也还只有14家。当时全国只有343家报社、78座广播电台和13家电视台，革命老区来的新闻工作骨干正当盛年，足以支撑大局，新闻系和新闻专业的学生统招统分，基本上能够满足中央和省市以上新闻单位梯队建设方面的需要。“文化大革命”爆发后，新闻事业进入低谷，新闻人才的培养也被迫中辍。拨乱反正之后，新闻事业有了飞速的发展，但新闻工作的人才却出现了断层，明显供不应求，因而极大地推动了新闻教育的发展。中国的新闻教育得以重振旗鼓并得到空前迅猛的发展，主要是改革开放以来的这30多年的事情。30多年来，中国新闻教育和中国新闻事业同步发展。截至2011年，全国设有新闻传播学类院、系、专业的高校已由改革开放之初的两三所增加到800所以上，各种类型和层次的专业教学点已不下1 000个。新闻专业的教学已从单一的大学本科教育，发展到博士生、硕士生、本科生、大专生、成人教育、函授教育等多层次的格局，不少院系还设置了新闻传播学方向的博士后流动站。改革开放之初，全国在校新闻系科学生总共只有500来人，现在仅在校本科生就有16万人左右，硕士和博士研究生3万人左右，办学层次、办学规模、办学水平都有了很大的提高。进入新世纪以后，随着新闻传播事业的加速发展和新闻战线人才需求的不断增加，中国的新闻教育还将会有更大幅度的发展。

一般说来，新闻教育质量的高低，起决定作用的主要是两个因素：一个是师资，一个是教材。两者之间，教材的作用更大。这是因为，师资的多少和良窳，往往受办学主客观条件的限制，而教材一旦完成，就可以直接嘉惠于学子，风行四海，无远弗届。进一步说，一部好的教材，不仅可以满足教学的需要，培养出一大批人才，而且还可以同时拥有一定的学术含量，推动新闻传播学研究的发展。1919年出版的徐宝璜的《新闻学》，1927年出版的戈公振的《中国报学史》，就是这方面的很好的例子。这两本书都是作者在高等学校从事新闻学理论和新闻史教学时作为教材编写出来的，出版之后，立即引起世人的关注和推崇，一再重版，历久不衰，至今仍然是公认的新闻学理论和新闻史方面的传世之作和经典之作。正因为这样，新闻教育的前辈们，历来十分重视教材的建设。新中国成立初期的十来年，坊间出版的新闻学方面的书籍，绝大部分是教材。改革开放以后，新闻传播学研究空前繁荣，新闻学方面的书籍大量问世，但教材仍然在其中占了很大的比重。这些教材，覆盖了新闻传播学的方方面面，经过出版家和众多作者们的长期努力，门类和品种基本配套齐全，曾经为同时期的新闻教学做出过重要的贡献。但是，随着时间的推移和新闻工作实际的飞速发展，这些教材的体例日显陈旧，观点和内容也亟待调整和更新。一些属于学科前沿和科技含量较高的新开课程的教材尚付阙如，使现有的教材出现了不少缺口。在新世纪已经到来之际，集聚力量，重新编写出一套体系完整，门类齐全，能够为新世纪的新闻教育和新闻人才培养服务的新闻传播学的系列教材，已经成为人们的共识和新闻业界与新闻教育界的迫切需求。

呈现在读者面前的，就是应这样的需求产生的一套系列教材，它将涵盖新闻学、传播学两个二级学科的方方面面内容，满足新闻、广播、电视、广告、媒体经济、新媒体等多个专业的教学需要。负责这些教材编写工作的，是中国人民大学、复旦大学、北京大学、清华大学、中国传媒大学、中国青年政治学院等多所著名院校长期从事新闻传播学方面教学与研究工作的专家学者，其中有相当大的一部分编写者是相关学科的国家级的学术带头人，堪称一时之选。收入本系列的教材中，既有国家级重点教材，也有部级重点教材，其他的也都是经过严格筛选的精品，所以，本套系列教材的质量是有保证的，其权威性也将会得到社会的认同。

21世纪是一个高度信息化的时代，是信息经济和知识经济占主导地位的时代。信息经济和知识经济有两大支柱，一是以高科技为代表的传播技术产业，二是从事新闻和信息产品生产的媒体产业。新闻传播学作为将这两大领域有机联结的桥梁，在今后的国家建设和社会发展中必将发挥越来越重要的作用。中国人民大学出版社经过精心策划，隆重推出这套系列教材，是具有高度的前瞻性和战略眼光的。在这里，我谨代表编委会和全体作者向中国人民大学出版社表示由衷的感谢。

这套系列教材开始策划于20世纪的最后一年，21世纪初起陆续问世，迄今已编写出版了50余种。在体例和内容的创新和开拓等方面，远远超过同时期出版的同类教材。其中的有些教材，还根据整个新闻传播理论与实践的发展和新闻传播学教学与研究的发展，陆续作了必要的补充和修订，重新出版，实现了内容的与时俱进。

这批教材的问世，将会为新闻传播事业和新闻教育事业的发展和繁荣、为新世纪新闻传播人才的培养做出它应有的贡献。这是出版者和全体作者共同的一点希望。是为序。

方汉奇

2012年3月

于中国人民大学宜园

目　录

第一章

导论

谁占领了创意的制高点谁就能控制全球！主宰 21 世纪商业命脉的将是创意！创意！创意！除了创意还是创意！

——托夫勒

【学习要点】

- 了解创意的三种形态。
- 理解广告创意的内涵。
- 领会广告创意的五大特征。
- 领会广告创意在广告业中的地位与作用。
- 了解广告创意、广告业与创意产业的关系。

关键词

创意　广告创意　创意形态　创意产业　创新性　意象性　功利性　审美性　文化性

第一节　创意与广告创意

一、漫谈创意

（一）创意概念溯源

“创意”一词通常被认为是舶来语，是广告业中提及率最高的专业术语之一。在英文中能表达“创意”含义的词汇常见的有三种：其一，creative，形容词，原意是创造性的、富创造力的，创意产业、创意总监、创作总监即采用此表达，如 creative industry、creative director；

其二，creativity，名词，意为创造力、创造性；其三，idea，有主意、概念、想法、构想、理念、计划、建议等含义，这是创意最为普遍和最具代表性的表达，因广告大师詹姆斯·韦伯·扬（James Webb Young）在其名著《产生创意的方法》中采用此说法而被业界认同，广为流传，本书采用此说法。

（二）创意的普遍性：商业、艺术与创意

今天，创意早已成为我们耳熟能详的词汇，在日常生活中经常被提及。在许多领域创意都备受重视，其价值受到全社会的认可。不论在任何行业，创意在本质上可以说都是相通的，都要挑战传统，打破惯例。英国最大的私有企业维珍集团的创始人理查德·布兰森就认为一切行业都是创意业，掌握创意方法，就能颠覆任何行业。他从 4 英镑起家，依靠与众不同的商业哲学，以创意产业的标准对待每一个行业，用源源不断的创意，持续地在不同的行业开疆拓土，涉及产业包括唱片、航空、铁路、饮料、银行、保险、化妆品、婚纱直至避孕套。维珍号称“从头到尾公司”，旗下有 200 多家大小公司，业务几乎无所不包，向消费者提供从出生、结婚到葬礼的全套服务，俨然是半个国民生产部门。布兰森成功的秘诀之一是善于挑战垄断，将固有产品赋以新鲜的定位开拓市场。例如 1971 年第一家维珍唱片零售店开张，以独特的嬉皮士定位打破唱片零售业的传统，数年间分店遍布全英。1984 年成立的维珍航空挑战了航空业的惯例，以客户为中心不断推出别具一格或引领潮流的服务产品，使公司成为英国第二大国际航空公司。

当许多行业发展陷入窘境、迷失方向、裹足不前时，布兰森可以给我们很多的启迪。唯有依靠创意才能摆脱困境，开辟新天地。

（三）艺术中的创意与广告创意的艺术性

创意除了在商业领域大显身手，在艺术领域同样如鱼得水，其他行业的人士如果参考艺术和商业的做法，会发现其过程和细节往往是惊人的相似。

优秀的创意通常会给人留下无限的联想和想象的空间，就像优秀的艺术品一样让人回味无穷。在这方面，艺术大师可以给广告创意人很多有益的启示。例如，国画大师齐白石的杰作《蛙声十里出山泉》（见图 1－1）根据清代诗人查慎行的诗句意境而创作。用画面表现声音、用视觉表现听觉历来是绘画艺术的一大禁忌，但是齐白石却大胆地突破禁区，向我们展现了他深厚的艺术功力。只见在长轴的画面上，两岸狭长的山涧乱石之中一道激流倾泻而出，六只蝌蚪顺流而下，画面上并没有出现任何一只青蛙的影子。乍看之

图 1－1　齐白石《蛙声十里出山泉》（国画）

下，似乎显得有些平淡无奇，令人不解。不过仔细琢磨之后，令人不禁拍案叫绝。我们不难想象这条溪流绵延数十里，两岸该有多少只青蛙在鸣叫。不见一只青蛙却令观者有如闻蛙声之感，二维的静态画面却让观者看到了过程、运动和时间，整幅画充满诗情画意，具有强大的艺术感染力。

中国绘画艺术历来有创新求变的传统，强调师古人、师造化、求独创。了解一些传统绘画艺术，对提高我们的广告创意修养来说无疑是大有裨益的。传统的文人特别推崇绘画所传递出的个人修养和情趣，以及反映出的某种人生智慧和境界。因此评价一幅画的高下，并不全看其笔墨技巧，更重要的是看其“画意”，即是否有意境和思想，若没有这些，独到创意是无法实现的。有一个故事颇能说明问题。据说，宋徽宗有一次视察画院，令画师们以“深山藏古寺”为题作画，考察他们的创作水平。画师们各尽所能，竭力表现。但宋徽宗看了众多的画作，却并不满意，因为这些画作虽然技巧都很精湛，却大多直接表现古寺和深山，过于雷同，缺乏新意。直到他看到一位画师的画后才大加赞赏，当场钦点为第一名。该画师虽然同样画了一座大山，但在大山深处还画了一条蜿蜒崎岖的山路，山路上一个和尚背着水正向上登攀。虽然他并未直接表现寺庙，但却能引发观者的联想，暗示在大山的深处有一座寺院存在，画面因此很有意境。可以说，该画师并非胜在画技上，而是胜在他与众不同的创意上。

延伸阅读

文人画——中国画的一种，泛指中国封建社会中文人、士大夫所作之画。文人画多取材于山水、花鸟、梅兰竹菊和木石等，借以抒发“性灵”或个人抱负，讲求笔墨情趣，强调神韵，很重视文学、书法修养和画中意境的缔造，具有文学性、哲学性、抒情性。文人画以其特有的“雅”而在传统绘画中独树一帜。唐代王维是文人画的创始者，北宋苏轼提出“士人画”，明代董其昌称其为“文人之画”，近代画家陈师曾认为文人画有四大要素：人品、学问、才情和思想。

资料来源：百度百科．文人画．http：//baike.baidu.com/view/478798.htm.

广告创意作品同样需要留给消费者一定的想象空间。法国文学批评家圣伯夫（Sainte Beuve）说，最伟大的诗人并不是创作得最多的诗人，而是启发得最多的诗人。从接受美学的观点来看，优秀的创意作品会存在一些空虚、空白和不确定之处，等待着欣赏者通过思考对其进行填补，产生共鸣，从而完成信息的有效沟通，没有欣赏者的互动和参与，创意作品是不完整的。如下面这则“瘦身节食”百事可乐广告（见图 1－2）。

图 1－2 的画面上，一条粗大的猫尾巴露在小小洞口外，消费者一定会感到奇怪，身形庞大的猫怎么可能钻进这么小的洞里去呢？洞口外一个空的百事可乐易拉罐上面醒目的“diet”则道明了真相。

又如下面这则广告（见图 1－3），乍看之下，消费者会感到迷惑，画面中有一堵墙，展示了两扇尺寸悬殊的门，左边小右边大，门上分别注明“in”和“out”，让人一头雾水，不知该广告葫芦里卖的什么药。当看到小门上方的某健身俱乐部的标志时，我们才恍然大悟。广告暗示消费者到此健身俱乐部健身后效果很明显，原本身材瘦弱的人经过训练后，身形变得强壮魁梧，原先进入的小门已经无法使用，必须要走大门。让观者通过自己的解读发现作品隐含的意义，可比直白的告知获得更多的愉悦感。

图 1-2　百事可乐广告

图 1-3　健身房广告

延伸阅读

接受美学（receptional aesthetic）是 20 世纪 60 年代末 70 年代初在联邦德国出现的美学思潮。联邦德国的文学史专家、文学美学家、康茨坦斯大学教授 H. R. 姚斯（Hans Robert Jauss）和 W. 伊泽尔（Wolfgang Iser）提出，美学研究应集中在读者对作品的接受、反应、阅读过程和读者的审美经验以及接受效果在文学的社会功能中的作用等方面，通过问与答和进行解释的方法，去研究创作与接受以及作者、作品、读者之间的动态交往过程，把审美经验放在历史-社会的条件下去考察。其核心是从受众出发，从接受出发。姚斯认为，一个作品即使印成书，但在读者没有阅读之前也只是半成品。

资料来源：百度百科．接受美学．http：//baike.baidu.com/view/676669.htm.

一些卓越的广告创意带给人们的艺术感受和审美体验就像齐白石论绘画艺术一样，“妙在似与不似之间，太似为媚俗，不似为欺世”①。“作画要形神兼备。不能画得太像，太像则匠；又不能画得不像，不像则妄。”② 以下这三组广告就具有这种似与不似的艺术魅力（见图 1-4 至图 1-6），观后让人心领神会。谁能说这样的广告创意没有强烈的艺术表现力？

在图 1-4 是台湾《商业周刊》的平面系列广告“官场现形记”。作品的右面分别是张着血盆大口的鲨鱼和恐龙特写，而左面则是与之对应的“政商”，似打哈欠，又似正在演讲；旁边的动物

图 1-4　“官场现形记”

①② 王振德，李天庥．齐白石谈艺录．郑州：河南美术出版社，1998：52.

与二位“政商”的“尊容”十分相像，相当传神。这一广告作品把平时道貌岸然的“政商”嘴脸刻画得入木三分，打回原形，讽刺兼有幽默，观后令人忍俊不禁。

图 1-5 中博朗电动剃须刀的系列广告创意把一个男人使用博朗剃须刀前后的变化表现得夸张而幽默。广告语“只需要五分钟，就可以从一个猩猩变成一个男人”点明了产品将给消费者的形象带来不可思议的神奇改变。

图 1-5 博朗电动剃须刀系列平面广告

图 1-6 的帽子广告，画面表现相当简洁，只是两个高度抽象的头像。从轮廓造型看，谁都能看出一个像希特勒，一个像卓别林，而他们的外形其实是一样的，都留着一撮标志性的胡子，只不过右边的头像戴着帽子，就造成了不同的视觉效果，从而生动地说明了帽子对塑造一个人形象的重要性。

图 1-6 某品牌帽子广告

（四）创意就是没有标准答案

台湾资深出版人郝广才认为，创意就是没有标准答案。人性就是这样，如果相信只有一个标准答案，就会停止寻找，如果有了一个标准答案，就会停止思考。电影《星球大战》1977 年上映，票房空前，之后连拍了三部。通常事不过三，电影到了第三部多半已是强弩之末，但导演乔治·卢卡斯突破票房铁律，把第四部定名《星球大战前传》，开始了另一轮三部曲的序幕。又如，爱尔兰瑞安航空公司是欧洲最赚钱的航空公司，一开始就突破传统经营规则，不买飞机，而是租用，三年后归还，因此其飞机一直都是最新的。公司还将维修外包，大幅降低了运营成本。

（五）数字化背景下的广告创意

在新媒体和数字化对广告业态带来巨大冲击和改变的背景下，广告创意是否忘记了当初到底为何出发？是否迷失了它应有的方向？广告创意未来将何去何从？对此我们有必要加以重新审视。

不能否认，数字化确实在深刻地改变着广告的形态，但不会改变广告行业的本质，创意和策划永远是广告业赖以存在的核心竞争力。数字化使广告创意更加精准化，它带来的是创意生产方式的变化。数字化只是广告新的手段和工具，不是广告的目的。即使在一个广告程序化投放的时代，广告业中一切环节走向程序化是大势所趋，创意也永远是广告行业的灵魂所在，其地位和作用不仅不会改变，反而会得到进一步强化。例如，程序化的广告帮助广告人精准地找到目标消费者、投放时机和位置，解决了“对谁说”和“在哪儿说”的问题，但沟通并未结束，只是刚刚开始，还需要解决“怎么说”的关键一环。创意内容所呈现的就是连接消费者的最后一站，创意所珍视的直击人心的力量依然弥足珍贵。层出不穷、眼花缭乱的数字化手段能进一步提高我们传播的能力，但却不能因此而掩盖广告创意的初心，即触动人心、打动人心。

在行业急速发展的进程中，我们要重新感受起点的意义，把握变与不变的辩证关系，保持清醒，不忘初心。广告是为品牌服务的，创意能使品牌与消费者的关系更加紧密。数字化将让创意以更全面、更极致、更精准、更人性化、更令人不可思议的方式呈现，使品牌的传播更为便捷高效。可以预见，当真正的初心与数字化实现更高层面的融合时，又将是一个大创意时代的来临。

（六）创意的本土化与国际化

广告创意作品要有生命力，离不开本土文化的滋养。本土广告创意在走向世界、追求与国际接轨的同时，更不能忘了扎根传统。五千年悠久灿烂的古老文明是我们宝贵的精神财富，其中有着取之不竭的创意素材，如果不能有效地挖掘，推陈出新，那就太可惜了。在这方面，一些国际品牌为我们树立了很好的榜样，它们进入中国，不仅在营销策略上自觉地入乡随俗，而且积极地从我们的传统文化中汲取养分，在创意的本土化方面做了一些有益尝试，像“车到山前必有路，有路必有丰田车”“古有千里马，今有日产车”等脍炙人口的广告语都是深谙中国传统文化和心理的产物。又如三洋剃须刀有一个系列平面广告，以禅宗文化为表现素材，和产品结合得可谓十分巧妙（见图1-7、图1-8）。其广告语“不干不净，六根如何清净”“修行修行，不修怎么行”把产品的功能诉求提升到了文化层面，一语双关，意味深长，大大增强了作品的感染力和渗透力，深受传统文化熏陶的国人对此无疑会感到很亲切。

创意国际化离不开本土化，那些真正展示出本民族独特文化底蕴的、体现民族元素的创意往往也会深深打动世界，因为越是民族的才越是世界的。当然，创意的本土化并不仅仅是在作品中融入一些民族元素那么简单，那样显然过于表面和肤浅了。如何以文化的亲近感更好地打动本土消费者，引发共鸣，取得文化上的认同感，体现本民族的优秀传统和文化精神并使之发扬光大，从而走出一条具有鲜明特色的广告创意之路，在今天尤其具有现实而深远的意义。

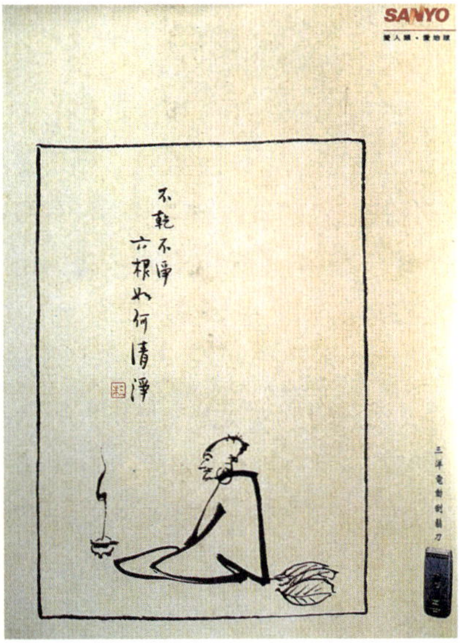

图 1－7 三洋剃须刀和尚篇系列——“清净篇”

图 1－8 三洋剃须刀和尚篇系列——“修行篇”

（七）创意是一场不断超越自我的人生修行

创意本质上要求原创，渴望颠覆，拒绝雷同，因此要求能够不断有所突破。例如，2008年北京奥运会开幕式所展示的各种创新表演不仅震撼了全世界，更是对开幕式的一次重新定义和诠释，也让世人赞叹创意团队的突破。

创意常常是一件颇令人感到痛苦的事，但正因为不容易，才凸显了创意的弥足珍贵。不满足于现状、不断创新求变其实也正是许多行业的魅力所在。例如，对魔术师来说，节目只有不断创新，才能保持对观众的长期吸引力。然而在电视、网络等媒体高度发达的今天，节目创新的周期正变得越来越短，魔术师不得不面临电视直播的挑战。因为任何新创的节目一旦上了电视，下次再表演就成了老节目，失去新鲜感。从这个角度看，创意和新闻倒有些类似，都是“易碎品”，大体属于一次性消费。这对追求创意的魔术师提出了越来越高的要求。网络也在一旁推波助澜，不断解密魔术的玄机。例如，在2010年的春节联欢晚会上，台湾著名魔术师刘谦的手穿玻璃取物的节目刚结束不到10分钟，网络上就出现了对其进行破解的视频，以至于有人戏称，不创新是等死，要创新是找死。创新变得越来越难，但不管怎么说，失去创新，魔术将黯然失色，创新永远是这个行业不断发展的动力。

创意是一次发现之旅，是寻找新的可能性的过程，在此过程中我们都是探险家。在今日之世界，创意早已不是专属于艺术领域的事情，而是人类的共同需求，是我们能够继续繁荣发展乃至生存的重要元素。

广告创意同样如此，不断推陈出新是广告行业永葆活力的源泉。一个激动人心的创意出现后，基本就不能再重复了。对于同一题材，后人的创意如果出现撞车，哪怕英雄所见略同，纯属巧合，对真正的创意人来说，也是一件颇为尴尬的事。因此，一个立志从事广告创意的人注定要在创意的漫漫征途中上下求索，不断脱胎换骨，超越自我。

（八）生活创意化与创意生活化

对于创意的真谛，每个人都会有自己的解读，受个人的学养、人生经验、阅历等影响，在不同的人生阶段，也会有不同的体会和感悟。正如宋代禅宗大师青原行思所言，参禅有三重境界：参禅之初，看山是山，看水是水；禅有悟时，看山不是山，看水不是水；禅彻悟时，看山还是山，看水还是水。创意同样如此。但不管怎样，都离不开亲身实践，如人饮水冷暖自知，需要在生活中不断去证悟。

创意是否可学？创意的根本途径是什么？创意的灵感是向内求还是向外求？

众所周知，生活是艺术的源泉，同样是创意的源泉；生活呼唤创意，创意让生活变得更美好。创意的天地很广阔，当我们以开放的心态兼容并蓄、博采众长，跳出广告这个相对单一的领域俯瞰创意时，就能高屋建瓴、开阔视野、举一反三、触类旁通。这反过来也为广告创意提供充足的养分，让创意迈向更高境界，所谓“外师造化，中得心源”。只要留心，生活中随处都可以看到创意的踪迹，创意其实就在我们身边。例如街边的雕塑、餐桌上的水果造型、日常使用的杯子器皿、卧室里的吊灯等（见图1-9），常会令人会心一笑。其中无不凝聚了创意者的奇思妙想，生活也因创意而变得更为精彩。

图1-9　生活中的创意产品

我们不妨把创意看成一种能够用各种不同的角度、观点看待事物、解读人生的智慧，让创意精神融入我们的思想和行为，使创意生活化。创意并非少数精英、艺术家的专利，当我们把不相关的因素巧妙地联系到一起、把不可能变成可能时，就已经迸发出绚丽的创意火花。当“这样做是不是会更好”的念头浮现时，心中就已经萌发了创意的种子。因此，创意不仅是一门有趣的学问、一项可以掌握的技巧，更是一种生活方式，一种乐观向上、不畏艰难的生活态度，一种积极进取、勇于突破和创新的人生观。

二、创意的形态

在知识经济时代，创意这一概念的外延早已超越广告业的范畴，它是一个系统的、多元的概念，对其进行理论层面的探讨有助于更好地把握创意的本质。上海戏剧学院创意学院的贺寿昌教授把创意分成三种形态，即宏观创意、个体创意和应用创意。① 我们认为这是一种较为科学的分类思路，在此我们采用此分类，并试做进一步的阐述。

（一）宏观创意

宏观创意泛指一切可知、可感的文化创作现象，它不仅包括各种文化艺术创作，而且包括人的文化存在方式。宏观创意以整个人类的文化与文明发展史为背景，与之有着密切的联系。文学、戏剧、绘画、音乐、舞蹈、摄影、影视、雕塑、建筑、园林设计等各类文化艺术形式其实是人类创造性聪明才智表现的不同方式和途径，都是创造性思维在不同文化艺术领域的具体运用和展示，而这些艺术门类的创作要达到高超的境界，给人留下难忘的审美体验，都离不开创意的帮助。因此，宏观创意可以看作各种创意艺术的表达和文化存在，甚至可以说，宏观创意本身即构成了文化与文明史的主要内容。

（二）个体创意

个体创意特指个人的创作，是个人的天赋、情感、灵感、直觉、想象、才情、智慧等在创意作品中的自由倾泻和充分展示。个体创意从个体的感受出发，强调个人的内心体验，并不太在意外在的评价，以个人的自我满足、自我评价为欣赏评判的依据。依照马斯洛的需求层次理论，个体创意可以看作个体创作才能的自我实现，是个体最高层次的满足，因此具有不可替代的独特价值。个体创意的空间是十分广阔的，它可以体现在日常生活中的各个层面和各个细节中，哪怕只是简单地改变一下平常的着装风格，或者变换一条回家的路线，都是创意的体现。个体创意在某种程度上其实也展现了一种追求美好生活的人生态度，只要有意识地打破思维惯性，学会用不同寻常的角度看待问题、解读人生，创意的精灵就开始向你展露微笑。

（三）应用创意

应用创意与前两类创意既有联系又有区别。应用创意是指创意的目的不局限于单纯的个人欣赏，而是与产业的目的相联系，使个体创意实现产业化，具有很强的实用性和功利性。应用创意源自个体创意但又超越了个体创意，它使个人的创造性获得了更大的表现舞台，在更大的范围里超越了个人的界限。同时，应用创意在一定程度上也能成为宏观创意的内容，通过特定的机制，能够影响更多的人。

从上述对创意的分类可以看出，广告创意显然应属于应用创意的范畴。假设创意人创作了一幅平面广告作品，客户没有采纳，最终未能公开发布，它最多只能属于个体创意，再精彩绝

① 贺寿昌．创意学概论．上海：上海人民出版社，2006：18，19.

伦也只是“养在深闺人未识”，自娱自乐，局限在一个有限的范围内。但是，此创意作品一旦通过大众传媒大量复制，其性质就发生了根本的改变，由个人的创作行为变成产业行为，最终被产业化了。

三、广告创意的界定

虽然创意已经成为广告业的核心主导概念，但什么是广告创意，目前业界、学界尚无一致的看法。例如广告教皇大卫·奥格威（David Ogilvy）认为，除非广告源自一个大创意，否则它将有如夜晚航行的船只，无人知晓。[①] 在众多关于广告创意的观点中，最经典的可能莫过于广告大师詹姆斯·韦伯·扬的“旧的元素、新的组合”[②]。这一界定对指导广告创意的具体实践应该说具有里程碑式的意义，直到今天仍然具有不可替代的价值。但这些定义要么强调了广告创意的价值和意义，要么属于感性操作层面的经验总结，对广告创意的具体内涵并未给出学理上的归纳阐述。

虽然每个人都可以依据自己的角度和经验来界定广告，见仁见智，很难苛求同一，但我们认为，现代意义上的广告创意至少应包括以下几个内涵。

（1）从动态的角度看，广告创意是广告作品从无到有的过程，是一项对广告活动进行创造性构想的思维活动；从静态的角度看，广告创意是创造性的意念、构思，是广告作品实现前的规划蓝图，是其“观念的存在”。

（2）广告创意离不开广告策略的指导和规范。广告创意基本上属于“命题作文”，必须按照客户的项目要求、既定的广告策略来执行，有“功利性”。尤其是商业性的广告，因为要配合营销目的，更要充分考虑市场及受众的接受情况，这与艺术家的强调个人自由创造，不在乎他人的看法，只在乎自我感受、自我欣赏，有着本质上的区别。这就要求广告创意必须分清主次，自觉地把个人好恶排在广告策略之后。

（3）广告创意是一门沟通的艺术。广告创意的根本目的是影响目标受众，其最佳效果是实现与目标受众的共鸣。要实现和受众的有效沟通，广告创意就必须把握受众心理。因此广告创意带有很强的目的性、针对性和功利性，而广告创意通过营销和传播这两大基石来沟通实现。

（4）广告创意是对广告诉求主题的艺术表达，是传播内容和形式的完美统一。“创”是创新，是手段和措施，指表现要独创、与众不同、出人意料、引人注目；“意”表现为文化内涵，指广告的内容有意义、很重要，与受众密切相关。如果说内容（意）（即广告主题）强调的是“说什么”，那么形式（创）（即广告表现）则侧重于“怎么说”。广告主题的选择和确定更多地属于广告策略的范畴，解决的是方向性的问题；而广告创意则着重于如何让主题表达得更到位、更精彩、更容易被人接受、更有艺术感染力。前者如同球队组织进攻，战术明确，路线清晰，方向不能错；后者犹如这一过程的完美呈现，带球、传球、过人、射门，给观众极大的享受。

---

① 奥格威．广告大师奥格威——未公诸于世的选集．北京：机械工业出版社，2003：16.

② 狄龙，等．怎样创作广告．北京：中国友谊出版公司，1991：234－236.

（5）广告创意在手法上注重形象化，因为形象较之抽象更容易被人所了解和感知，是实现沟通的最有效途径。

（6）广告创意是进行广告设计和广告制作的前提，是广告作品的灵魂。广告设计和广告制作是广告创意得以实现的手段和途径，广告作品是广告创意的具体表现。

综上，本书认为所谓广告创意，从狭义上理解，是实现广告目的的创造性想法和意念，是广告作品的核心与灵魂。它要在广告策略的指导下，构思能吸引目标受众关注的广告信息，并将其转化为具有创新艺术表现形式的广告作品，从而更有效地影响目标受众，获得最佳的广告沟通效果；从广义上理解，广告创意是一项创造性的思维活动，目的在于与目标受众创造性地沟通，更好地实现广告目标，它体现在广告活动的各个层面，贯穿于广告活动的全过程。

延伸阅读

广告名家对“创意”的解读

1. 台湾广告学者罗文坤从行销角度对“创意”的解读①

从营销传播的手法来看，广告创意不只是创意，而是要有创造力、创而有益（benefit），让消费者了解产品利益点。光有创益（benefit）不够，还必须有创异（unique）点。在这么多品牌中，消费者为什么购买你的品牌？因而广告必须创造差异点。另外广告要有创议（proposition），这“议”就是生活提案。你的产品在消费者的生活当中（时间、地点）扮演什么角色。以上三个是表现内容。在表现手法上，广告必须创艺（character），即有个性，有艺术性、娱乐性。以上特征兼有之后，广告才能有创忆（image），即产生回忆，创造回忆。

2. 本土广告人蓝道广告公司创意总监江绍雄对“创意”的解读②

对“创意”进行文字解构，可以发现“创意”至少包含五个层面的意思。仓：仓库、仓储，代表积累，这是创意的基础；立刀旁：代表锐利，创意要有锋芒，才能势如破竹；立：代表立意，创意要有观点和主张，明确要向受众传达什么；曰：即说，代表表达，创意要善于与受众沟通；心：代表真心、诚心、用心，表明做创意要怀着一颗真诚的心，才能感悟其真谛。

第二节　广告创意的特征

广告创意的特征是人们对众多广告创意所具有的共同特点进行研究之后才得出的规律性的

---

① 罗文坤．从行销传播谈广告创意真谛//中国广告年鉴（1998）．北京：新华出版社，1999：315.

② 江绍雄．好的创意，是一场艳遇．http：//www.chinavalue.net/Media/Article.aspx? ArticleId=41218.

东西，主要包括以下内容。

一、创新性

广告创意的创新性就是原创性，它来自创意人对生活的观察与思考。创意人员从生活中积累丰富的素材，才有可能形成独到的观念。而创新就是在生活中预知并不断发掘消费者的心理需求，或洞察消费者的潜在需求的基础上完成的。

一位资深的广告人说，创意的本质就是提出与众不同的看法；创意的魅力就是对旧的事情有新的看法，同时有不同的办法，永远都能找到新的角度谈旧的事情，并拥有新的爆发力和新的震撼。广告创意的创新性就是要给人一种出乎意料又在情理之中的感觉；对表现方式的构想必须突破常规、力求新颖。新颖是精彩的必要前提。只有那种出人意料的、有趣的甚至是惊人的表现方式才能给人以强烈的视、听觉刺激，造成强劲的冲击力。

广告创意应该具有创新性，甚至颠覆传统。当然，只引起注意是不够的，用广告业内人士的话说，“要加入敌我识别系统”，即与其他品牌的广告形成差异，在消费者心目中取得独特的地位，避免消费者把广告印象错加到其他产品头上。而对传统的颠覆要打破思维定式。具有颠覆性的创意往往能给品牌注入新的活力，确立品牌独特的地位。

泰国电通为 Le'Sasha Airmax 电吹风创作了一则具有颠覆性的平面广告（见图 1－10）。如何才能充分表现电吹风的强劲风力而又不落入俗套？该广告巧妙地将《圣经》里摩西分开大海的大气磅礴的经典场景和被电吹风吹开的中分飞扬的头发造型相结合，完美表现了产品的卖点。这则广告借用经典吸引消费者的目光，并增强了记忆度，促进了消费，具有很强的创新力。

图 1－10 Le'Sasha Airmax **电吹风广告**

传统的广告表现刀的锋利往往从“削铁如泥”“吹毛断发”入手，而 Zwilling J. A. Henckels/Miyabi 双立人刀具（见图 1－11）则以被削切的西瓜为着手点，形成了与众不同的创意：不仅体现了双立人刀具能把西瓜片切得薄如蝉翼，透明可见，更精彩的是，西瓜薄片交叠处形成了刀面的形状，排版成刀把造型的文案则与刀面造型合成了双立人刀具。广告画面排版和构图都很巧妙，充分体现出轻薄锐利之美。

图 1-11　双立人刀具广告

二、意象性

意象是一种审美心理现象，是过去的感受、经验在心中的复现和回响，是感觉的残留。意象经过形象思维的加工在联想和移情等心理活动的作用下产生。它通过将抽象的美感寄托于具有一定意义的具体形象，从而深化在审美中所获得的认识。意象脱离个别存在，同时又具体可感，隐含在主观想象的世界里。

“商品自由地承担了广泛的文化联系与幻觉的功能。独具匠心的广告就能够利用这一点，把罗曼蒂克、奇珍异宝、欲望、美、成功、共同体、科学进步与舒适生活等各种意象附着于肥皂、洗衣机、摩托车及酒精饮品等平庸的消费品之上。”① 物象作为商品信息的承载物，是广告创意的基础。将创意融入商品物象、构建广告意象成为广告创意的重要内容。

广告已不再停留于平铺直叙的表达，而是运用比喻、联想等方式，以一种新奇独特的手法勾勒商品特征，把日常的事物变为内涵丰富的物象，把不可能的、虚幻的形象化为合理的、真实的存在。为了达到一定的目的，广告创意人员通过拼接、组合、重构来组织广告元素，创作出新颖独特、吸引力强、符合消费者审美心理的创意广告，从而使商品给消费者留下难以磨灭

---

① 费瑟斯通．消费文化与后现代主义．南京：译林出版社，2002：21.

的印象。意象具有间接性、寓意性、隐含性和一定的引申意义。人们消费的不仅仅是商品的实际使用价值，还有商品形象的符号价值。指示和象征等方式赋予商品符号意义，符号的能指和所指关系具有任意性和有效性。例如在耐克广告的形象符号系统中，能指“NIKE”来源于希腊神话中长着双翼的胜利女神“耐克”，所指为无往而不胜。能指“√”是耐克公司的标志，这个闻名世界的“√”能引起消费者的相关联想，使他们联想到在运动中飞快的速度，联想到是非判断中“正确”的意思，由此产生出“选择耐克是正确的”“耐克的运动鞋是好的”等想法。耐克广告文字的能指不论是“Just do it”（说做就做），还是“I can”（我能），都体现出了广告语的所指——一种独特的体育精神（见图 1－12）。

图 1－12　耐克广告

形象生动而又充满活力的广告意象作为传递广告信息的符号因子，因符号的多义性而具有丰富的内涵。广告意象能够营造出蕴含于显性意象中的隐性意境，拥有无限的创意空间，不仅给人以强烈的视觉冲击，而且深入人心，易引起情感共鸣。

延伸阅读

能指和所指是现代语言学和符号语言学之父、结构主义的鼻祖、瑞士语言学家费尔迪南·德·索绪尔（Ferdinand de Saussure）在其代表作《普通语言学教程》中提出的一对语言学术语。索绪尔认为，任何语言符号都是由能指（signifier）和所指（signified）构成的。“能指”指语言的声音形象，是符号的物质形式；“所指”指语言所反映的事物的概念、意义。比如英语的“tree”这个单词，它的发音就是能指，而“树”的概念就是所指。能指和所指是不可分割的，就像一个硬币的两面。某个特定的能指和某个特定的所指的联系不是必然的，而是约定俗成的。例如“树”在英文中的读音和在法文、拉丁文中的读音明显不同。

三、功利性

广告创意带有鲜明的功利性。所谓功利性，是指广告所产生的功效和利益。任何广告都有功利性的目的，如推销商品和服务、树立形象、沟通感情。

广告创意给消费者提供的是一个虚拟的消费情境，广告推销的不仅仅是商品，更是人们对商品的需要。通过广告的包装，商品具有了神奇的力量。

创意的实质是“值得拥有的好点子”。广告界有一句名言：“会卖的才是好创意。”对广告创意来说，“卖点”一词更能涵盖广告创意的特性。点子的最终目的就是要卖商品，好的卖点一定是围绕商品利益发展出的诉求点，能为商品注入活力，并终将成为品牌价值的组成部分。

法国混合型果汁品牌法奇那（Orangina）有一款橘子口味的碳酸饮料，吸引了全球超过五亿的消费者。Orangina推出其性感的半兽人形象作为代言，以产品代表天然和富有生命力作为卖点进行宣传。充满号召力的广告语“Stay alive，drink Orangina”（好好活着，喝ORANGINA）彰显品牌所代表的独特生活方式，带动其品牌形象推广，传播品牌所阐述的人生真谛（见图1-13）。

图1-13　法奇那橘子口味饮料广告

广告切中了人们的种种欲望。广告创意是功利的，它渗透到人们的价值观念中，影响人们的生活方式。在广告的宣传下，人们的思维模式和行为方式进行了重构。越来越多的广告为消费者制定了消费法则和生活理念，这些法则和理念成为构筑现代高品质生活的重要行为指南。

四、审美性

广告创意的审美性同广告的经济效益紧紧地绑在一起。广告必须贯彻创意者的理念和意图，必须为达到商品宣传、大众认可的目的服务。广告要达到的效果是使消费者了解一种优质的商品或服务，而不是仅仅看到商品外形和服务本身。消费者欣赏广告一方面是为了获得有关商品或服务的信息，另一方面是为了使感官愉悦。因此，优秀的广告创意应具备审美性，要做到画面美、语言美、意境美。消费者在欣赏创意广告时，如同欣赏一件艺术品。审美性是广告创意的重要特征之一，它使广告的画面、语言和音乐更能吸引消费者的注意力，从而打动他们，使他们在接受商品信息传达的同时也享受文化、品位、时尚和个性，追求和向往美好生活。当广告在商品上附加更多的故事与理念时，艺术性和审美性便更明显，从而产生广告创意的独特价值。尤其是把生活如诗般美化的广告创意，不仅带给消费者浪漫的审美感受，更带来新的生活方式及观念，如全联影视广告《全联经济美学》（见图 1－14 至图 1－16）。

图 1－14　《全联经济美学》之一

图 1－15　《全联经济美学》之二

图 1－16　《全联经济美学》之三

新生代的价值观与消费观正在发生改变，推崇物质享受，乐于炫富，节约似乎成了穷的代名词。而这则影视广告把衣着时尚的年轻路人的省钱生活体验用富有美学特征的语言表达出来——“长得漂亮是本钱，把钱花得漂亮是本事”“来全联不会让你变时尚，但省下来的钱能让你把自己变时尚”“离全联越近，奢侈浪费就离我们越远”——传递给消费者一种信息，即节省是一种哲学，是一种生活方式，更是年轻一代的经济美学。这则广告倡导从消费观念到价值观念的改变，鼓励新生代在现实中追求理想，在理想中顾及现实。

五、文化性

广告的传播方式的发展体现了文化的发展。从古代的叫卖、告示和商店标记到近代的平面广告和现代的新媒体广告，广告的传播方式都与各时代的文化相贴合。广告带有生活和环境的痕迹，是各种文化因素的结合体，蕴含着社会文化生活的丰富内容。各民族的思维模式、文化传统、风俗习惯、伦理道德、社会制度和宗教信仰等都不可避免地对广告创意产生影响。

广告创意的文化性不是单纯的精神文化性或物质文化性，而是兼具物质与精神的文化一体性。广告在宣传商品或服务时也在传递着文化意识，在刺激消费者物质需求的同时也刺激着精神需求。

创意是广告的核心，广告创意的文化性特征要求实现信息共享。有些广告作品融合了中西元素，如“艳遇中国”系列的《二郎神与机器犬》（见图 1－17）和《 托塔天王的新神器》（见图 1－18）。

图 1－17　《二郎神与机器犬》

图 1－18　《 托塔天王的新神器》

图 1－17 和图 1－18 具有浓厚的复古气息，古代中国画的技法与各种时尚的现代元素相结

合，造成强烈的视觉冲击，人们在其中感受到中西文化的对抗与和谐。

广告创意的文化性还体现在人文环境和社会环境的美化方面。各种类型、多姿多彩的广告及其文化性的创意都可以使城市更具时代气息。优秀的广告创意具有长远的宣传和影响作用，潜移默化地改变着人们的思想和生活方式，并演变成生活中的一种文化现象。

延伸阅读

广告创意的审美性与功利性

广告的经济性使广告创意的审美性不同于传统的审美性。广告创意的审美机制是广告内容和形式相结合的综合产物，体现了信息性和艺术性的共存。广告创意审美属于功利性的审美，具有一定的非自由性，审美主客体关系双重化。广告创意审美受审美主体的审美格调与习惯、审美主客体的“心理差距”、消费者的广告卷入度、消费者心理预留的商品评价等因素的影响。

第三节　广告创意的地位与作用

现代广告活动是以策划为主体、以创意为核心的整体活动形式，也是综合运用各种元素传递有效信息，以实现营销目标和文化传承目标的高度统一的营销观念及文化思想创新的创意思维活动。从广告创意实践看，广告创意活动是广告活动的重要组成部分，它经历了推销主义时代、营销主义时代、整合营销传播时代的实践经验，留下了许多经典案例并创造出杰出的销售业绩。在这一过程中，广告创意的地位和作用逐步得到业界的充分肯定，越来越受到人们的重视，当营销和传播面临困境时，创意常常被视为能解决问题的“制胜法宝”。

一、广告创意的地位

创意是人们有目的的创造性思维活动，简言之即创造意象之意，它赋予广告活动精神和生命。广告创意的思想往往渗透整个广告活动，广告创意在整个广告活动中不可或缺。广告创意是广告活动的灵魂和生命，它具有举足轻重的地位。只有拥有独特优秀创意的广告才能引起消费者的充分关注，加深对消费者的影响，加强广告诉求的效果，引发消费者的购买兴趣，达到促进消费的最终目的。

（一）广告创意是广告活动的关键环节

广告创意是广告活动的灵魂，广告表现是广告活动的肉体。综合性广告方案是看得见的，而广告创意则是在视觉形象以及各种符号背后的思想。视觉形象和各种符号是广告创意的外显，它们构成了广告作品。在实际操作中，广告创意的思想往往渗透整个广告活动。如果忽略了关键的广告创意环节，广告作品就难以引起消费者的兴趣和共鸣。

（二）广告创意是一个独立的环节

虽然广告创意和广告策略关系十分密切，广告策略规划广告创意的方向，而且只有通过广告执行才能形成完整的广告作品，但广告创意是广告活动中一个独立的环节，不依附于其他环节而独立存在，它有自身的运作方式、运作规律和运作产物。

（三）在广告活动中，广告创意是联结生产者和消费者的纽带

从广告主角度而言，广告主的销售主张必须直接或间接地围绕消费者行为展开，以消费者行为作为广告活动的出发点和最终目的，通过满足消费者的需求和欲望来创造独特的竞争优势，以达到说服消费者的目的。作为传播商品信息、联结生产者和消费者的纽带的广告创意将销售主张转化为使目标消费者感兴趣的内容和形式，使消费者充分接触广告信息或体验广告产品。

（四）广告创意直接影响着广告活动的最终效果

广告活动必须根据系统而科学的程序进行运作，这样才能预测和控制广告活动的效果，从而实现广告目标。广告创意要遵循科学的方法，更要另辟蹊径，使消费者有强烈的热情来接受具备独特的信息主题和表现形态的广告，从而达到广告传播的效果。因此，广告创意被提高到一个无比重要的地位。广告创意之所以成为广告活动的灵魂，和广告创意活动的这一特质密切相关：从商品或服务的信息中提炼出最核心的信息，并以最佳组合方式传递给目标受众。这是广告创意最基本的任务，也符合广告传播的目标。

二、广告创意的作用

广告创意的作用主要表现在以下四个方面。

（一）对消费者

在信息社会中，人们越来越认识到，“注意力”本身是一种资源，其中可以产生丰厚的利润。如果在广告中能够紧紧抓住消费者的“眼球”、吸引消费者的注意力，就可能产生巨大的经济效益。这是由于消费者的购买行为是受到感觉、知觉、记忆和联想等心理活动的影响而最终实现的。消费者是凭借记忆去购物的，而广告就是影响消费者记忆的重要手段。

广告创意是刺激消费者产生购买商品的欲望的关键。广告创意的关键就在于从具体的广告目标出发，分别从人类记忆的类型、商品独具的特点、人类感知的特点以及人类的“遗忘曲线”等方面把消费者的兴奋点和广告的诉求点结合起来，从而有效地打动消费者。成功的广告创意能够将广告诉求转化为创意焦点，明确特定商品或劳务带给消费者的利益，强化消费者的

消费意志和消费观念，引起消费者的注意、记忆和兴趣，从而引发消费者的购买行为。

消费者为什么要采取购买行为？购买行为是怎样被决定的？包括怎样的过程？有哪些因素影响购买决策？消费者又是如何接触广告媒介的？消费者获取广告信息的渠道有哪些？广告怎样才能引起消费者的注意？对于以上问题，不深思熟虑就必然会严重地影响广告策划和创意的有效进行。显然，成功的广告创意往往是在对消费者的行为进行认真分析之后才产生的。而在对消费者的行为进行认真分析之后产生的广告创意，又会有效地影响消费者，促进和推动购买行为。

广告创意要给消费者合理的想象空间，同时又不能超越消费者的认知能力。广告传播的最佳效果，就是广告信息和广告表现能够深深地打动消费者，并与其产生强烈的思想共鸣，而产生这一效果的基本前提是广告创意能够给予消费者合理的想象空间。但是在广告创意中也应注意，对消费者的信息引导或诱导应该简单、清晰、明白，而不应隐晦、生涩、难懂，不能超越消费者的认知水平和理解能力，更不能因信息处理不当而误导消费者。

（二）对广告主

广告的信息传递能沟通供求双方，加速商品流通和销售。广告是广告主促销必不可少的手段，广告创意的运用恰当与否将直接关系到企业的成败。

广告创意优秀与否决定了广告活动的效果和质量，影响着商品销售、服务推广的成败，甚至关系到一个企业的命运。谁抢占了消费者的心，谁就抢占了市场。优秀的广告创意把商品的信息完美地传递给目标消费群体，使企业的宣传有效地影响目标市场。

优秀的广告创意可以提高消费者对企业或商品的忠诚度。广告积极地创造商品的文化附加值，增强商品的竞争力。企业及其商品知名度的提高是一个过程，首先要吸引消费者的注意力，接着要加大对商品的宣传力度，最终使商品被消费者接受。随着知名度的提高，品牌形象会在消费者心中越来越稳固。

优秀的广告创意能最大限度地体现广告主的广告意图。这一点是广告创意的出发点，非常重要。许多广告人或广告公司在对广告信息进行加工的过程中往往不能贯彻、领会，甚至背离或抛开广告主的广告意图，这样的广告创意也就丧失了立足之本，没有抓住广告创意的“灵魂”。

（三）对行业

广告创意的发展将对行业的良性发展产生重要的作用。广告创意要切合时宜地做出变化来适应市场的需求，这就对广告创意人员的知识结构和储备提出了较高的要求。广告创意要出色，不仅需要广告创作人员和广告行业的认同，还要能满足广告主和消费者的需求，经受广告效果评估标准的考量。不仅如此，广告公司和广告主的关系在商品和服务推广过程中还将发展成密切的合作伙伴关系。随着消费者综合素质的提高以及消费社会的进一步发展，消费者对商品的文化审美品位的要求越来越高，这种状况必将推动广告行业的发展。消费者不再满足于广告所提供的简单信息，而是希望在接触商品信息的同时能欣赏更具有创意的广告作品。这就对广告创意人员以及广告行业的创意能力和水平提出了挑战，同时也肯定了广告人和广告公司的价值。广告主对广告创意的重视与追求也将促使广告公司把创意能力和创意水平作为其生存与发展的核心元素，这为广告创意发展提供了契机。

（四）对社会

作为一种社会现象，广告既是社会的缩影，又反作用于社会。优秀的广告创意在发挥信息推广功能的同时，也会对社会产生良好的潜移默化的影响；庸俗的广告创意会对社会产生不良的影响，阻碍良好社会风气的形成。

广告对社会的作用是多方面的。首先，优秀的广告传播高尚精神，培养人们良好的生活方式和高尚的道德情操，尤其是公益广告，在思想道德、文化教育方面发挥了重要作用。其次，广告可以传播政策信息，并具有许多其他传播方式不能代替的特殊优势。广告以鲜明生动的语言向公民解释具体政策，覆盖面广，使政策迅速地深入人心，从而发挥了强大的政治宣传作用。再次，社会文明进步的标志之一是大众传播事业的发展，广告通过大众传媒获得利益，促进了大众传播事业的发展。最后，由于广告具备功利性，所以它终将促成消费者的购买行为。但这种导向极易导致人们对商品的盲目崇拜。为了强调商品的功效，创意人员往往渲染一种物质享受至上的观念，易助长享乐主义。

第四节 广告创意与创意产业

一、创意产业概况

（一）创意产业的缘起与发展

随着知识经济时代的来临，发达国家逐渐由工业经济形态向知识经济形态转型，创意产业（creative industry）应运而生，成为经济发展的重要推动力量。它是一种在全球化消费社会的背景中发展起来的，推崇创新、个人创造力，强调文化艺术对经济的支持与推动的新兴的理念、思潮和经济实践。英国是世界上最早提出创意理念的国家，1997 年成立了创意产业特别工作组，将创意产业作为国家重要产业予以重点政策支持。1998 年在《英国创意产业路径文件》中首次正式提出了“创意产业”的概念，将其定义为：“所谓创意产业，就是指那些从个人的创造力、技能和天分中获取发展动力的企业，以及那些通过对知识产权的开发可创造潜在财富和就业机会的活动。”① 根据这个定义，英国将广告、建筑、艺术和文物交易、工艺品、设计、时装设计、电影、互动休闲软件、音乐、表演艺术、出版、软件、电视广播等行业确认为创意产业。②

目前，创意产业在全球已呈现风起云涌的景象。著名经济学家约翰 · E. 罗默（John E. Romer）③ 早在 1986 年提出的“新创意会衍生出无穷的新产品、新市场和创造财富的新机会，

① 胡正荣 . 文化创意产业核心与发展关键 . http：//www. bjpopss. gov. cn/bjpssweb/n33222c24. aspx.

② 百度知道 . http：//zhidao. baidu. com/question/89108969. html.

③ 约翰 · E. 罗默（John E. Romer），美国耶鲁大学政治科学系教授，美国当代著名左翼经济学家和政治哲学家。

因此创意才是推动一国经济增长的原动力”[①] 的著名论断正在不断得到印证。许多发达国家都提出了创意立国或以创意为基础的经济发展模式，把发展创意产业提升到国家发展的战略层面。虽然对于什么是创意产业，国际上尚无统一定论，但世界各国基本上都是依照自身产业发展的需求，并结合产业现状提出自己重点或优先发展的创意产业的类别。世界上发展创意产业较为出色的国家主要有英国、美国、澳大利亚、韩国、丹麦、荷兰、新加坡等，它们在各自擅长的取向、领域以各自擅长的方式迅速发展，产生了巨大的经济效益，极大地丰富了创意产业的内涵，拓宽了创意产业的外延。

（二）创意产业的内涵与特征

当今世界经济发展逐渐呈现经济文化化、文化经济化的趋势，创意产业是文化、经济、高新技术融合的必然产物。创意产业与传统产业最大的区别在于创意为产品或者服务提供了实用价值之外的文化附加值，最终提升了产品的经济价值。创意产业以创意为核心，向大众提供文化、艺术、精神、心理、娱乐产品，具有知识密集、高附加值、高整合性、辐射面广、渗透性强等特点，与其他产业的融合、互补和整合的可能性非常大。近年来大热的 IP（intellectual property）就是创意产业的代表，其原意为“知识（财产）所有权”或者“智慧（财产）所有权”，也称为智力成果权。IP 的核心内涵是跨界创意和内容营销。它首先立足于创意，其次通过深入挖掘创意内容，持续开发其衍生价值，从一个行业向其他行业渗透，不断整合不同行业的资源，通过大手笔投资将创意的价值最大化，形成规模庞大的市场，是一种全新的商业模型。例如兴起于 20 世纪 90 年代的美国动漫产业就是典型的 IP，根据热门漫画改编的电影《超人》《蝙蝠侠》不仅在票房上获得了巨大成功，而且通过价值衍生，在图书、游戏、纪念品及其他衍生品上也持续创造利润。它们就是全球范围内第一代 IP，体现了典型的跨界思维。这类跨界模式创造的商业价值是惊人的，目前在全球电影票房中，累计票房价值最高的均是 IP 系列作品，其中动漫改编的 IP 创意占到了 70%以上。[②]

根据发达国家发展创意产业的实践可以发现，创意产业是具有自主知识产权的内容密集型产业，它有以下三方面含义：

其一，创意产业来自创造力和智力财产，因此又称作智力财产产业。

其二，创意产业来自技术、经济和文化的交融，因此创意产业又被称为内容密集型产业。

其三，创意产业为创意人群发展创造力提供了根本的文化环境，因此又往往与文化产业概念交互使用。

延伸阅读

创意产业在英美的发展

创意产业的迅速崛起标志着创意经济时代的到来。纵观全球，发达国家的众多创意

---

① 百度百科．创意经济．http：//baike.baidu.com/view/208784.htm.

② 超级 IP：互联网时代的跨界营销．北京：现代出版社，2016.

产品、营销、服务，吸引了全世界的眼球，形成了一股巨大的创意经济浪潮，席卷全球。据联合国教科文组织统计，1998 年全球有关文化创意产品方面的国际贸易额已经占当年全球总商品贸易额的 7.16%，从 1980 年的 953.4 亿美元一跃到 1998 年的 3 879.27 亿美元。约翰·霍金斯（John Howkins）① 在《创意经济》一书中明确指出，目前全世界创意经济每天创造 220 亿美元，并以每年 5%的速度递增。在一些国家，增长的速度更快，美国达 14%，英国为 12%。

借助创意产业，英国在经济上成功地实现了产业结构的优化和升级。目前，文化创意产业不但是英国仅次于金融服务业的第二大产业，更是英国就业人口最多的产业，英国的文化创意产业在国际上具有标杆影响。2000 年，英国大约有 12.2 万个不同类型的创意产业公司，约占企业总数的 7.6%；创意产业就业人数为 195 万，位居各产业之首。1997 年至 2000 年，文化创意产业的成长率达到 9%，远远高于同期 2.8%的经济增长率。2001 年文化创意产业产值 1 120 亿英镑，占国内生产总值的 8.2%，出口值高达 103 亿英镑。文化创意产业已经是英国增长最快的支柱产业，使英国成为仅次于美国的世界第二大创意产品生产国。

美国人则发出了“资本的时代已经过去，创意的时代已经来临”的宣言。在美国，创意经济是知识经济的核心内容，更是其经济的重要表现形式，没有创意，就没有新经济。阿特金森（Robert D. Atkinson）和科特（Ranolphlt Court）于 1998 年明确指出，美国新经济的本质，就是以知识及创意为本的经济，新经济就是知识经济，而创意经济则是知识经济的核心和动力。据统计，到 2001 年，美国的核心版权产业为国民经济贡献了 5 351 亿美元左右，约占国内生产总值的 5.24%。

资料来源：百度知道 . http：//zhidao. baidu. com/question/128142048. html.

（三）我国创意产业的发展情况

中共中央十六届五中全会提出，要把增强自主创新能力作为科学技术发展的战略基点和调整产业结构、转变增长方式的中心环节。这是第一次将“自主创新”提升到了国家战略的高度。自主创新战略的出台为我国的创意产业提供了政策保障，为创意产业的健康快速发展提供了良好的历史机遇。

近年来，中国的创意产业已有很大发展，尤其是香港、台湾地区，创意文化产业正在以前所未有的速度迅速崛起。上海、北京、广州、深圳、长沙、昆明、苏州、杭州、重庆、成都等城市都在积极推动创意型行业的发展，正在建立一批具有开创意义的创意产业基地。例如上海大力开展的国际电影节、电视节、音乐节、艺术节、各类设计展活动，在国际上赢得了广泛的

① 约翰·霍金斯，国际创意产业界著名专家，英国经济学家，版权、媒体及娱乐业研究方面的领军人物，知识产权宪章的负责人和提供创意及知识产权咨询的创意集团的主席及创始人之一。1997 年英国布莱尔政府听从了霍金斯的建议，开始扶持创意产业，由此他被称为“创意产业之父”。

声誉。上海的目标是和伦敦、纽约、东京站在一起，成为“国际创意产业中心”。

目前，我国创意产业既是市场不成熟、需求不稳定、产业链尚不完整的风险产业，又是有效需求高速增长、市场前景十分广阔、经济效益非常诱人的朝阳产业。可以预见，创意产业对我国经济社会的全面协调发展、促进产业结构的进一步调整优化，将发挥越来越大的作用。

延伸阅读

智慧产业

智慧园网站创办人庄一召认为，智慧产业的外延大于创意产业的外延。创意产业只是智慧产业的有机组成部分，是智慧产业的子集。智慧有很多种、很多层，创意只是智慧的一种、一层，是创新智慧，是创造发明的智慧，除此之外，还有发现智慧和规整智慧。创新智慧，可以从无到有地创造或发明新的东西。如策划、广告、设计、软件、动漫、影视、艺术等都属于创新类智慧产业（即创意产业）的范畴。发现智慧，可以发现本来就存在但还没有被认知的东西。有些科学研究，如天文学、考古学、地理学等就主要属于发现类智慧产业的范畴，另外，新闻也属于发现类智慧产业的范畴。规整智慧，可以运用现有的规则如法律、法规、制度、政策、方针、方法等来调整、梳理、矫正、改变已经存在的东西。如司法、会计、教育、培训、出版等都属于规整类智慧产业的范畴。

资料来源：百度百科．智慧产业．http：//baike.baidu.com/view/181900.htm.

二、广告创意、广告业与创意产业的关系

（一）广告业是创意产业的重要组成部分

广告业位列英国确认的隶属于创意产业的行业之首，澳大利亚和新加坡等许多国家也都将广告业纳入创意产业领域，由此我们可以看出，广告业不仅从属于创意产业，而且在其中占有突出的地位，是其重要的组成部分。2006 年召开的中国创意产业大会上正式将广告公关与咨询策划产业和数字软件产业、设计产业、品牌时尚产业等一并纳入创意产业。自此，广告产业的发展找到了新的坐标。随着广告业不断优化产业结构，在未来的发展中，我们有理由相信，广告业在朝着创意产业方向进行跨越式产业升级的过程中，将进一步凸显自身独特的行业价值，并成为创意产业的代表性行业之一。

广告业之所以隶属于创意产业，并成为业界的共识，一个重要原因就在于两者具有一些共同的内在特性。首先，和创意产业一样，广告业属于典型的知识密集、技术密集、人才密集的三密集行业，文化、科技、经济是其基本支撑。通过对这些要素的高度整合，广告业和创意产业将打破原有的第二产业和第三产业的界限，为这些产业的发展带来新的生机和活力。其次，

和创意产业一样，广告业以创意为核心，以文化为源头、以创新为基础，越来越依赖于人的想象力与创造力，实现产品、品牌、服务、观念等推广的规模化、产业化，能带来巨大的价值增值作用。最后，两者最终的产品形态都侧重精神性，经营的重点是相对抽象的“想法”而非具体的“物品”。广告业和创意产业在成为经济发展一股重要推动力量的同时，也推动着自身的良性健康发展，并将实现巨大的经济效益。

（二）广告创意是广告业的核心竞争力之一

核心竞争力是 1990 年美国密歇根大学商学院教授普拉哈拉德（C. K. Prahalad）和伦敦商学院教授加里·哈默尔（Gary Hamel）在合著的《公司核心竞争力》一文中首先提出来的。[①]通俗地讲，它是一种独特的、具有延展性的，并且难以被竞争对手所复制和模仿，能够经得起时间考验，长期获得竞争优势的技术或能力。从这个意义上说，广告创意无疑是构成广告业的核心竞争力的关键因素之一。如果说广告业是创意产业的先导者，是创意经济的排头兵，那么广告创意就是广告业的核心与灵魂。广告业的本质就是创造、创新，创造的源头在广告创意部门，创意不仅是广告业中最具活力的因素，也是广告业赖以生存的土壤，没有创意，广告业什么也不是。

（三）广告创意推动中国广告业向创意产业转型

建设创新型国家为广告业的发展提供了良好的契机，向创意产业转型升级是未来中国广告业的必然趋势。广告产业要实现升级，必须依托创意产业的优势资源，顺应新媒体与多媒体的快速发展，走整合发展之路。创意产业的兴起给传统广告业带来巨大的冲击，使创意在广告业中的地位大大提高，为广告业输送大量创意人才，注入新鲜血液，帮助广告创意提高水平。

不可否认，虽然目前中国广告业的产业规模达 1 500 亿元，跻身世界三大广告市场之一，发展迅速，但是其进一步发展却面临瓶颈，企业规模、融资能力、经营管理水平，尤其是广告创意能力，和国际先进水平相比还有较大距离。目前国内广告缺乏创意备受诟病，“送礼只送脑白金”“恒源祥，羊羊羊”之类叫卖式的广告长盛不衰、占据主流。重营销轻创意、重投放轻制作的问题长期以来未得到有效解决，这使得好创意长期受到压制，很难拥有一席之地，创意部门的价值始终未能得到足够重视，也在一定程度上导致社会对广告业的轻视和偏见。

“问渠哪得清如许，为有源头活水来。”创意发端于广告业，并以之为核心概念形成一个产业——创意产业，创意的价值毋庸置疑。广告创意是广告业的核心竞争力，要提升广告业在创意产业中的地位，就必须进一步提升、强化广告创意的作用。只有创意能力得到充分的挖掘和释放，中国广告业才能够迈上新台阶，顺利地实现行业转型。

【思考与练习题】

1. 把传统文化因子融入现代广告创意中是否有意义？试举例说明。

---

① SOSO 问问 . http：//wenwen. soso. com/z/q144939413. htm.

2. 创意如何分类？谈谈自己的体会。
3. 举例说明文化艺术在广告创意中的应用价值。
4. 从生活中寻找有创意的作品，并分析点评。
5. 如何理解广告创意是广告业的核心竞争力之一？
6. 简述广告创意的地位。
7. 简述广告创意的作用。
8. 广告创意的特征有哪些？结合实际案例简述广告创意的意象性特征。

第二章

广告创意流派与经典理论

没有创意，就没有灵魂。

——大卫·奥格威

【学习要点】

- 了解不同的广告创意理论。
- 认识广告创意理论应该如何指导广告创作实践。
- 理解广告创意理论随着时代的变迁不断发展的特征。

关键词

艺术派　科学派　综合派　蓝海战略

第一节　艺术派创意理论

一、ROI 理论

ROI 理论是 20 世纪 60 年代由广告大师威廉·伯恩巴克（William Bernbach）根据自身的创作经验总结出来的一套创意理论，是一种实用的广告创意指南。该理论的创立者伯恩巴克是艺术派广告的大师，他认为广告是说服的艺术，广告“怎么说”比“说什么”更重要。

图 2-1　威廉·伯恩巴克

（一）威廉·伯恩巴克其人

伯恩巴克（见图 2-1）是国际广告界公认的第一流的广告大师。他早先毕业于纽约大学英国文学系，曾经专门为一些社会名流起草讲演稿，他优美的文笔受到了好评，后来进入了广告界。1949 年，他和搭档道尔（N. Doyle）、戴恩（M. Dane）共同创办了 DDB（三人名字的首字母）广告公司，即恒美广告公司。DDB 广告公司现在是世界十大广告公司之一。

正因为伯恩巴克早年的经历，所以他倡导精美巧妙、具有说服力和创意的广告文学，主张杰出的广告应该让广告信息单纯化、清晰化、戏剧化，让它们在消费者脑海中留下难以磨灭的印象。

伯恩巴克曾经告诫他的下属："切勿相信广告是科学的。"他强调"广告是说服的艺术"，而说服的发生并不是科学的，而是艺术的，需要技巧。他一生创作了无数优秀的作品，其中为甲壳虫汽车创作的一系列广告作品最为后人称道（见图 2－2、图 2－3）。

图 2－2　《想想小的好处》

图 2－3　《柠檬》

图 2－2、图 2－3 为伯恩巴克在 20 世纪 60 年代初期制作的广告，推出之后立即引起巨大轰动，被当时的广告专家公认为第二次世界大战以来的最佳作品。大众公司的小型轿车也因此在美国市场迅速提高了知名度。

（二）ROI 理论的核心要点

ROI 理论认为，优秀的广告必须具备三个基本特征：关联性（relevance）、原创性（originality）、震撼性（impact）。广告与商品没有关联，就失去了意义；广告本身没有原创性，就欠缺吸引力和生命力；广告没有震撼性，就不会给消费者留下深刻印象。做到其中一项很容易，但同时实现"关联""原创""震撼"却并不是一件简单的事情。

首先，广告创意的主题必须与商品、消费者、竞争者密切相关。伯恩巴克一再强调这一点，他曾说过："如果我要给谁忠告的话，那就是在开始工作之前要彻底地了解广告代理的商品，你的聪明才智、你的煽动力、你的想象力与创造力都要从对商品的了解中产生。"这些话似乎是老生常谈，但做起来并不容易。有时候找到了商品的个性特征，却难以找到相应的关联体。

商品广告最重要的是传达商品的有效信息，为了生动形象地表达商品的个性特征，找到一个恰当的关联体非常重要。优秀的关联体必须具备以下几个特征：必须是生活中常见的，必须是生动、形象的，必须是大众所喜爱的。所以，关联体可以是我们生活中所熟悉的人、物、事，也可以是人们所普遍认同的道理、观念等。如图 2－4 和图 2－5 就分别找到了恰当的关联体。

图 2－4 中的广告把“辣酱从瓶子里倒出来”和“一张因为太辣而伸出舌头的嘴”有机地关联在一起，把产品的性质与消费者的行为相互关联，不仅巧妙，而且生动幽默，让人印象深刻。同时，经过处理的深红色画面无论是形态还是主题都紧密相连，充满了艺术的美感！

图 2－5 中的广告通过把车钥匙倒置后形成埃菲尔铁塔作为主创意点，把雪铁龙与法国进行关联，既生动又充满了趣味。

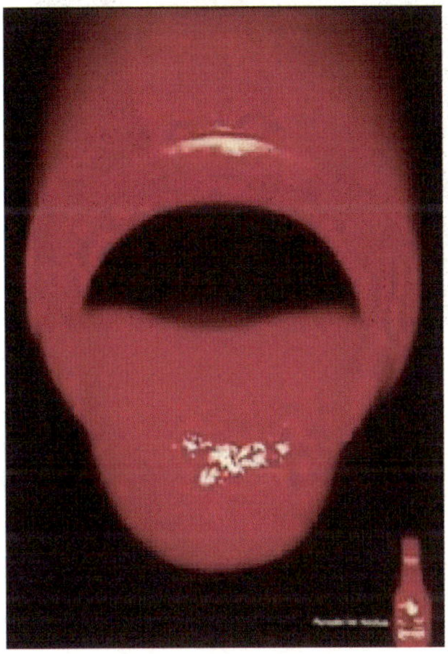

图 2－4　辣酱广告

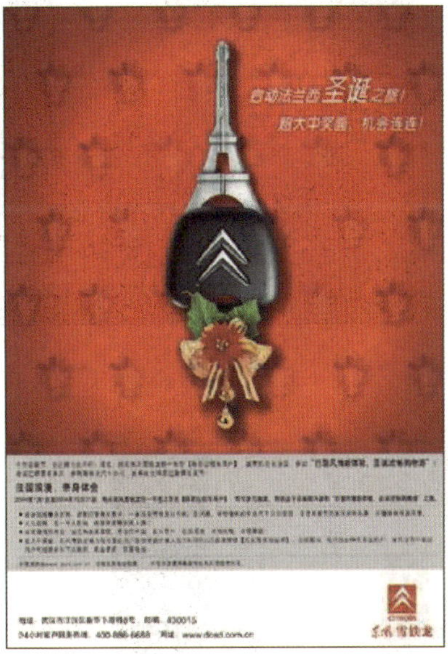

图 2－5　雪铁龙汽车圣诞促销广告

图 2－6 中的站牌广告把 Smart 汽车的“小”作为创意点，将广告刊登在平时无人问津的站牌侧面小区域，既突出了汽车的卖点，又让人印象深刻。

图 2－6　Smart 汽车户外广告

其次，广告创意的主题还必须具有独创性。广告最重要的东西就是独创性和新奇性。世界上形形色色的广告之中，有 85％根本没有人去注意，真正能够进入人们视野的仅有 15％。正是根据这一无情的数字比例，ROI 理论坚持把独创性和新奇性作为广告业生存发展的首要条件。所谓独创性，指的是作品必须经过独立思考创作产生，且具有非模仿性和差异性，只有这样，广告才有竞争力。也正是在这一信念指引之下，伯恩巴克才能够另辟蹊径，在美国同时代的广告大师中自成一家，常常拿出令人拍案叫绝的作品。

图 2－7 中的美加净牙膏系列广告，以牙齿上呈现的埃及

与罗马文明中的一片片废墟来诠释细菌或者蛀牙已在里面停留很久，从而传达广告主题“不要让细菌定居下来”。

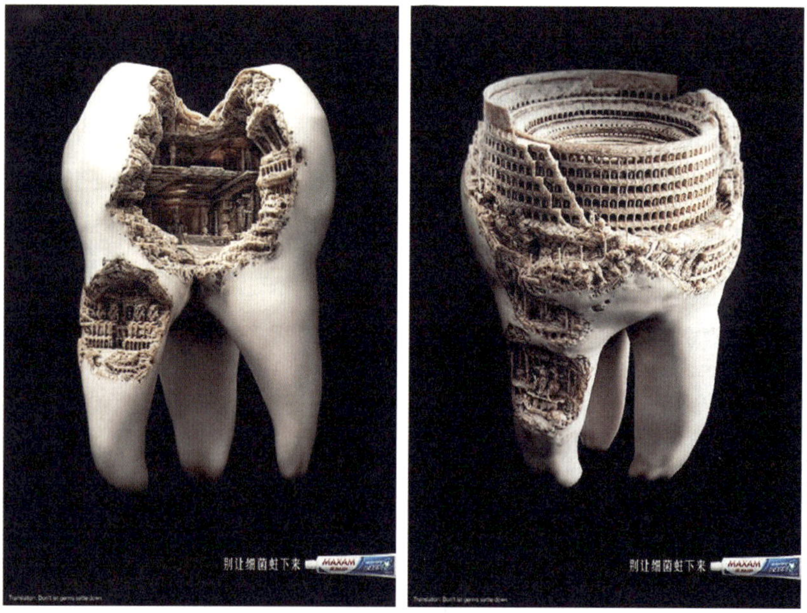

图 2-7　美加净牙膏广告

图 2-8　KOOKAI 女装广告

有些人会有疑问：独创性是否要求所有的作品都是原始作品？事实并非如此，改编、整理或在原有作品基础上的完善都属于独创性作品。一个主题可以有多种表现手法，每一种新的表现手法都是对主题的一种创新。所以，ROI 理论的独创性严格意义上应该是一种思维的新颖性和表现的独特性。比如，有时候一定的反传统就能够表现出独创性。如图 2-8，KOOKAI 女装广告，KOOKAI 女装向来以体现“大女子”为中心创意点，广告通过把男人想象成或是供女人挑选的芭比娃娃，或是被养护的金鱼的表现方式，来凸显 KOOKAI 女装特立独行的特质，体现了对传统“男权至上”主义的反叛。

最后，广告创意的主题必须有震撼力，即广告作品在瞬间引起受众注意并在心灵深处产生震动的能力。一条广告作品在视觉和听觉以至心理上对受众产生强大的震撼力，其广告信息的传播效果才能达到预期的目标。当消费者感觉到很强烈的震动时，就说明了广告具备了震撼性。有时人们不常注意的事实真相就具有震撼人心的效果。要达到让所创作的广告作品具有一定的震撼力的效果，需要我们学习相声作品中的一种手法——“抖包袱”。“包袱”越大，抖出来的效果就越震撼。而说书人把这种手法叫做“卖关子”，不管是悬念大师希区柯克的电影，还是金庸、梁羽生小说里的武侠世界，我们都能从中感受到变幻莫测的“信号”，这些“信号”又恰恰是吊足人们胃口的“关子”。创作广告作品与创作相声、小说、电影本质上是相同的，不同的是，广告“于方寸之间现大千”，它的冲击力必须是分秒之时，直达内心。

综上所述，要实现 ROI，必须了解广告的目的是什么、广告受众是谁、广告的竞争利益点在哪里、品牌具有什么特性等问题，这样才能创作出直达消费者内心的优秀广告作品。

案例

伯恩巴克的经典广告

作为 DDB 公司的主创人，伯恩巴克创作了大量的经典广告，他为纽约奥尔巴克百货公司创作的《慷慨的旧货换新》《我探出了琼的底细》，为大众汽车公司创作的《柠檬》《想想小的好处》《送葬车队》，为艾维斯出租汽车公司创作的《艾维斯在出租业只是第二位，那为何与我们同行》《老二主义，艾维斯的宣传》等经典广告，都是对 ROI 理论的实践（见图 2－9 至图 2－12）。

图 2－9　艾维斯出租汽车公司广告

图中英文译文：

标题：当你只是第二时，你会更加努力，否则……

正文：小鱼必须不停地游。大鱼总在不停地追逐它们。艾维斯深知小鱼的难题。我们只是租车业的第二，如果我们不更加努力，就会被吞噬。我们永不停歇。我们总是清空烟灰缸，在租出汽车前加满油，充足电，检查挡风玻璃的雨刷。我们只出租崭新的福特汽车。因为我们不是个头最大的鱼，所以你不必担心在柜台前挤得像沙丁鱼。

我们不会让顾客挤作一团。

图 2－10　《送葬车队》

图中英文译文：

标题：车中的每个人都是下面遗嘱的受益人

正文：我——麦克斯韦尔·斯内弗尔，趁清醒时发布以下遗嘱：给我那花钱如流水的太太罗丝留下 100 美元和一本日历；我的儿子罗德内和维克多把我的每一枚 5 分币都花在车和放荡女人身上，我给他们留下 50 美元的 5 分币；我的生意合伙人朵尔斯的座右铭是“花、花、花”，我什么也“不给、不给、不给”；我其他的朋友和亲属从未理解 1 美元的价值，我留给他们 1 美元；最后是我的侄子哈罗德，他常说：“省一分钱等于挣一分钱，”还说，“哇，麦克斯韦尔叔叔，买一辆甲壳虫车肯定很划算。”我呀，决定把我的 1 000 亿美元财产全都留给他！

图 2-11 《慷慨的旧货换新》

图中英文译文：

标题：慷慨的旧货换新

副标题：带你的太太来，只要几块钱……我们将给你换一个新的女人

正文：为什么你硬是欺骗自己，认为你买不起最新的与最好的东西？在奥尔巴克百货公司，你不必为买美丽的东西而付高价。有无数种衣物供你选择——一切全新，一切使你兴奋。现在就把你的太太带给我们，我们会把她变成可爱的新女人——仅花几块钱而已。这将是你有生以来最轻松愉快的付款。

广告语：做千百万生意　赚几分钱利润

资料来源：吾爱侬博客．http：//blog. sina. com. cn/s/blog_032022590100gd6q. html.

图 2-12 《我探出了琼的底细》

图中英文译文：

标题：我探出了琼的底细

正文：看她的言谈举止，你会以为她是名人大词典中的人物呢。现在我可探出她的底细来了。她的丈夫拥有一家银行吗？我的宝贝，他连个银行户头都没有。嗯，这也就是他们家徒四壁、典当一空的原因吗？还有，他们那辆汽车呢？宝贝，那只是“马力”而不是赚钱的力量。他们是用半美元在奥尔巴克百货公司抽奖得来的！你能想象吗？

再看看她的那些服装。当然，她对服装是非常讲究的。她那貂皮长围巾、她那巴黎时装、她所有的服饰……但是说句真心话，是靠他们的收入吗？哦，我的宝贝，现在我终于查出来了。我刚刚在路上碰见了琼，她正从奥尔巴克百货公司走出来。

广告语：做千百万生意　赚几分钱利润

资料来源：博客大巴．http：//adcw. blogbus. com/logs/10678712. html.

二、戏剧性理论

（一）李奥·贝纳其人

图 2-13　李奥·贝纳

李奥·贝纳（Leo Burnett，见图 2-13）被誉为美国 20 世纪 60 年代广告创作革命的代表人物之一，为美国广告“开辟了任何人都不能想象

的那么多的可能性”，对美国广告业的发展产生过重要影响。他是芝加哥广告学派的创始人及领袖。他一生从事过很多职业，当过小工，教过书，做过记者及刊物编辑，曾进入密歇根大学学习新闻并获得学士学位。他曾为万宝路牌香烟创立了男性香烟的性格：一个美国西部牛仔的形象把在美国市场上占有率不及1%的香烟推到世界销售的第一位（见图2-14）。他也因此被誉为“牛仔之父”。①

图2-14　万宝路香烟广告

李奥·贝纳对创作的要求非常严格，晚年他写道：“回想我们过去的伟大作品，很少是在甜蜜、轻松、热情的气氛中创造出来的，反而是在很大压力和复杂的争论中产生的。”② 他对创作过程的看法可总结为下面三条：

第一，每一个产品本身都有它与生俱来的带有戏剧性意味的故事，我们的第一件工作是去发掘它，并用它来赚钱。

第二，当你想摘星星时，你不见得可以摘到一个，但也不致抓到一手的泥巴。

第三，将你自己埋入那个主题工作，像个疯子，喜欢、尊重并服从你的灵感。

从这些话语中我们可以窥见戏剧性理论的核心思想。

（二）戏剧性理论的核心要点

“你能不能听到它们在锅里吱吱作响?”这是李奥·贝纳为美国肉类研究所芝加哥总部做的“肉”广告文案中的第一句话。尽管李奥·贝纳有万宝路香烟广告、绿巨人罐装豌豆广告等惊世骇俗之作，但是，他却把这则标题为“肉”的广告看成他的广告公司划时代的重大事件之一。何以如此？因为这则广告充分体现了李奥·贝纳的创意哲学——寻找“与生俱来的戏剧性”。

① 我国广告法律法规对烟草广告做了极为严格的限制。本书仅从广告及广告创意本身角度探讨万宝路广告。

② 百度百科．李奥·贝纳．http：//baike. baidu. com/view/191115. htm.

那是一幅全版广告：红色的背景下，两块鲜嫩的牛排占据了画面的主要部分。画面上方有一个词构成的主标题——肉（meat），副标题是“让你吸收所需蛋白质成为一种乐趣”。正文也很简练：“你能不能听到它们在锅里吱吱作响？——那么好吃，那么丰富的 B_1，那么合适的蛋白质。这类蛋白质帮助正在长大的孩子发育，再造成年人的健康。像所有肉类蛋白质一样，合乎每一日蛋白质所需的标准。”该广告的口号也很响亮——美国顶级牛排！

这就是具有划时代意义的杰作。他之所以如此重视“肉”广告，用他自己的话说，“这是最纯粹的‘与生俱来的戏剧性’，这也就是我们努力去追求的而不会太乖僻、太聪明、太幽默，或者使任何一件事情太怎样的东西——事情就是这样自然”。这就是“与生俱来的戏剧性”——真诚、自然、温情——它们对消费者接受广告所制造的欲望是非常重要的。一个真正有趣味的广告，是因为它自己本身的难得一见才不合常规、不落俗套，而不是故意地特立独行，刻意追求与众不同。有时候越平凡、越真诚的广告越能品出戏剧性。正如李奥·贝纳作品中的文字一样，简单、朴实、大众化，但又透出一股淡淡的温情。

图 2－15 《月光下的收成》

另如图 2－15 所示，李奥·贝纳为绿巨人公司所做的富有传奇性的罐装豌豆广告——《月光下的收成》，也是体现他的创意哲学的一个不可多得的范本。在这则广告中，他抛弃了陈词滥调和虚浮之词，以充满浪漫气氛的标题《月光下的收成》和简洁自然的文案“无论日间或夜晚，绿巨人豌豆都在转瞬间选妥，风味绝佳——从产地到装罐不超过三小时”向消费者传递可信和温馨的信息。

绿巨人豌豆广告用很朴实、简单的文案叙述了一个生产过程的事实，让人从简单中品味不凡，这也正是该产品的戏剧性所在。任何一个产品都有其与生俱来的戏剧性，这种戏剧性是产品十分重要的无形资产，也是构成产品品牌核心价值的基本要素。不管我们是否进行提炼，这种戏剧性都是客观存在的。著名雕塑家罗丹曾经说过，生活中并不缺少美，而是缺少发现美的眼睛。同理，任何一款产品都不缺少戏剧性，而是我们的眼睛缺少对戏剧性和诗意的发现。所以我们要学会去发现生活中的戏剧性，以此作为我们广告创作的重要来源。

又如图 2－16，广州李奥贝纳广告公司创作的黑妹牙膏“我最牛篇”，采用牙膏在牙刷上形成的牛角形状作为主创意点进行表现，整个广告简单又不乏生活的趣味性。

狗狗们对拖鞋似乎都有天生的癖好。Nanyang 拖鞋广告以动物作为创意的出发点，找到拖鞋与狗之间的联系，同时又在平面广告中用幽默的手法，表现出狗狗在咬完 Nanyang 拖鞋之后的样子，戏剧性地表现出 Nanyang 拖鞋的特点：坚固耐用（见图 2－17、图 2－18）。

就像李奥·贝纳自己所说的那样：“好广告悬在空中，不会被撕下。”当然，悬挂在空中的，还有广告人创造出的欲求、梦想和现代商品的神话。

图 2－16 黑妹牙膏广告——“我最牛篇”

图 2－17 Nanyang 拖鞋广告之一

图 2－18 Nanyang 拖鞋广告之二

延伸阅读

李奥·贝纳的品牌信念

李奥·贝纳在美国芝加哥以自己的姓名注册了一家广告公司——李奥贝纳广告公司。尽管正值美国经济大萧条之时，李奥·贝纳的举动受到了冷嘲热讽，但他坚持了下来，而且使他的公司在世界广告业中占据了举足轻重的地位。

此后漫长的岁月中，李奥·贝纳一直坚持一个信念：建立品牌。很多时候，李奥贝纳公司做广告片或者平面广告，是通过数码营销、店面营销等整合营销手段帮助企业建立品牌策略。就拿李奥·贝纳一手打造的万宝路品牌来说，现在从全球来看万宝路是怎样一个形象，或者说是牛仔的形象，或者说是很有个性的形象，这些都深入人心，这就是一个品牌的力量。

在中国，李奥贝纳公司大概用了八年时

间发展到今天，拥有众多员工，以及很多实力颇强的大客户。随着广告专业化的发展，广告公司的分工越来越细，李奥贝纳公司顺应了这种广告发展的趋势。例如店内营销，当顾客进到店里、站在柜台前时，如何安排店里的销售？这不仅是销售，而且是商业运作。李奥贝纳公司帮助麦当劳做过店内营销，他们称之为市场购物解决方案：顾客走进麦当劳之前在店外看到什么信息，开门的时候看到什么信息，走到柜台前看到什么信息，拿到餐盘时看到什么信息，等等。这不是简单地把广告图片摆上去就可以了，背后有很多科学的考量和策略上的考虑，有一个战略的问题在里面。

他们很早就发现，要想做到有效传播，一个宣传广告是远远不够的，还要有全面的表达方法，比如信息在新媒体上如何应用等，都需要整合营销来完成。

李奥贝纳公司在创意上也独树一帜。五六年前，可口可乐想试着在中国市场做果汁饮料，李奥贝纳公司开始帮助可口可乐在中国推广果粒橙。他们没有采用很多广告公司惯常的做法，用刘青云做形象代言人，简单地让刘青云很开心地喝果粒橙，展现活力，而是考虑如何让刘青云把果粒橙的品牌信息带出来，让消费者记住刘青云，记住他讲的话，这些话跟果粒橙的品牌有关系，这才是有效的。李奥贝纳公司为刘青云创造了一个形象，即一位喝橙汁的大师。他告诉人们，橙汁不是可以随便喝的，用阳光一照，看有果肉在里边的，这才叫好橙汁。通过这种信息传播，表达可口可乐果粒橙的特色和卖点与其他橙汁饮料很不同，这样的广告才是有效的广告。

有很多人在问，怎么样才可以有创意。我们不妨学学李奥贝纳公司，他们用他们理性的策略、独特的创意，达到了建立品牌形象的目的。所以，所谓创意，新鲜是很重要的，但是新鲜的背后一定要有商业目的，这样才有方向性。

资料来源：李颖，李奥·贝纳的品牌信息．新营销，2008-06-16.

三、共鸣理论

1998 年，电影《泰坦尼克号》成为全世界人们讨论的热门话题，它创造了人类电影史上的新纪元。在当年的奥斯卡金像奖颁奖晚会上，该片获得了包括最佳影片在内的共 11 个奖项，同时也创造了人类营销史上的奇迹，上映三个月就赢得了 12 亿美元的票房收入。分析其原因，《泰坦尼克号》正迎合了人们的怀旧情结，引起了人们的共鸣。这种挖掘人的情感的方式正符合广告创意策略的重要理论——共鸣理论。

共鸣理论是 20 世纪 80 年代在美国广告界出现并广泛应用的，但理论的提出者是谁却无从考证。该理论主张在广告中述说目标对象珍贵的、难以忘怀的生活经历、人生体验和感受，以唤起并激发其内心深处的回忆，同时赋予品牌特定的内涵和象征意义，建立目标对象的移情联想，通过广告与生活经历的共鸣作用产生效果。在广告创作中，可以通过以下几种简单手法让受众产生共鸣。

（一）经典的怀旧

汉朝班固《西都赋》中说："摅怀旧之蓄念，发思古之幽情。"廖承志的《致蒋经国先生信》中说："人到高年，愈加怀旧。"简而言之，怀旧就是缅怀过去。旧物、故人、老家和逝去的岁月都是怀旧最通用的题材。怀旧是一种情绪，现如今也成了一种时尚。在广告创作中，有时候"旧"是另一层意义上的"新"，而"怀旧"也是一种沟通和促销的重要手段。如图 2－19 所示的深圳相互广告上海分公司创作的"归去来"系列广告，运用了典型的"怀旧情节"作为广告的主创意点，作品构图简单，文字朴实真诚，充满了对过去的深深"想念"，让人瞬间回忆起儿时的美好时光。

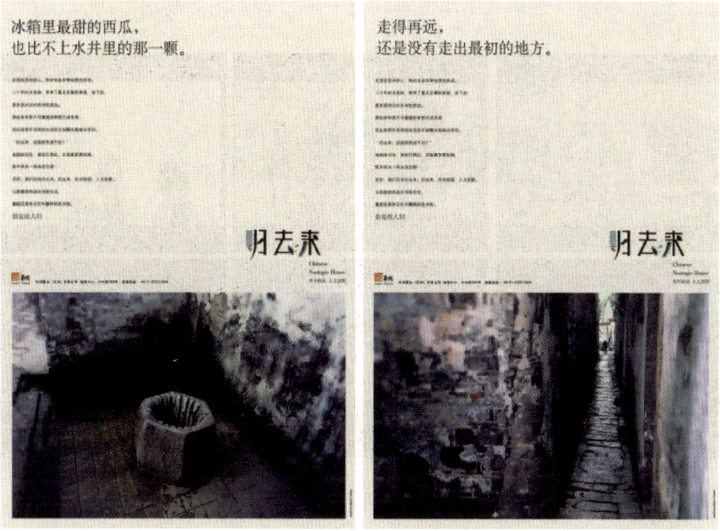

图 2－19 相互广告——"归去来"系列

怀旧题材的广告容易让人产生好感，这种广告不仅让受众回忆起那些曾经和他自己共同成长的经历，更让受众体验到品牌所传达出的浓浓温情。

（二）温馨的情感

当今社会是一个消费过剩的时代，消费者的目的不再仅仅是为需要而消费，越来越多的消费者开始为感觉而消费。在生活节奏日益加快的现代社会里，人们因过多地忙于各自的工作而忽略了情感方面的需求。事实上，正是在这样的情形下，人们更需要情感。爱情的甜蜜感、家庭的温馨感、事业的成就感、地位的荣誉感等都将成为人们生活中不可缺少的一部分，而这种情感又往往从消费上体现出来。也正因为如此，情感诉求成为共鸣理论的一个重要的表现途径，广告通过激发人们的感情来影响人们的消费行为，从而达到实现促销的目的。如图 2－20 中华汽车广告"爸爸的肩膀篇"，把从小在农村生活、成年后在台北打拼的一群事业小有所成的中青年作为目标对象，广告通过"父亲背着孩子下山看病"这样的"山中父子情"的感人故事塑造了中华汽车"温馨家用车"的品牌形象。

又如图 2－21 香港铁达时手表的系列广告是一则典型的引起人们共鸣的广告——"不在乎天

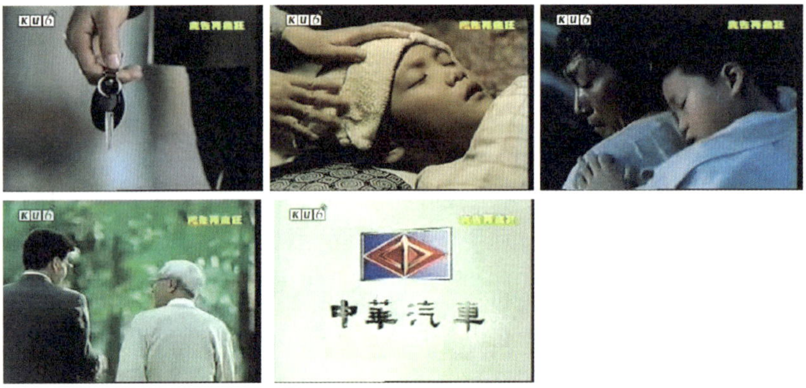

图 2－20　中华汽车广告——“爸爸的肩膀篇”

图 2－21　铁达时手表广告

长地久，只在乎曾经拥有”，配以兵荒马乱年代的动人爱情场面，使消费者产生了强烈的共鸣。

在广告天地里，恐怖的、怪诞的、搞笑的广告数不胜数，而催人泪下的广告却难得一见。中华汽车广告“爸爸的肩膀篇”和铁达时手表广告的成功，最根本之处在于它们为品牌糅进了浓郁的中国式情感体验，这种体验就像一支悠远深情的歌，我们似乎从中听到了一种深深的眷恋。由此可见，运用共鸣理论取得成功的关键是要构造一种能与目标对象所珍藏的经历相匹配的氛围或环境，使之能与目标对象真实的或想象的经历联结起来，从而引发共鸣。

第二节　科学派创意理论

一、USP 理论

（一）罗瑟·瑞夫斯其人

罗瑟·瑞夫斯（Rosser Reeves，见图 2－22），前达彼思全球集团总裁，出生于美国弗吉尼

图 2-22 罗瑟·瑞夫斯

亚州，毕业于弗吉尼亚大学，19 岁就开始独立谋生，曾经做过记者、银行广告经理，由于对广告产生了浓厚兴趣，他来到纽约的赛梭广告公司，当上一名广告文案。之后，罗瑟·瑞夫斯成为一名专业广告人。在与各行各业的广告接触中，罗瑟·瑞夫斯积累了大量的经验，初步形成了自己的创作风格——靠事实打动消费者。瑞夫斯是广告科学派的忠实卫道士，他也一直宣称自己是科学派鼻祖克劳德·霍普金斯（Claude C. Hopkins）的信徒。他认为，广告创作应该多讲点科学和研究，少讲点艺术，他甚至略带偏激地说："创意在广告里是一个最危险的词。"由此，他提出了著名的 USP 理论，即"独特的销售主张"（Unique Selling Proposition），这一理论对广告界产生了经久不衰的影响。他运用这一独特理论策划了经典广告案例 M&M 巧克力豆。图 2-23 是瑞夫斯为 M&M 巧克力豆所做的广告，它是瑞夫斯运用 USP 理论而创作的经典案例。

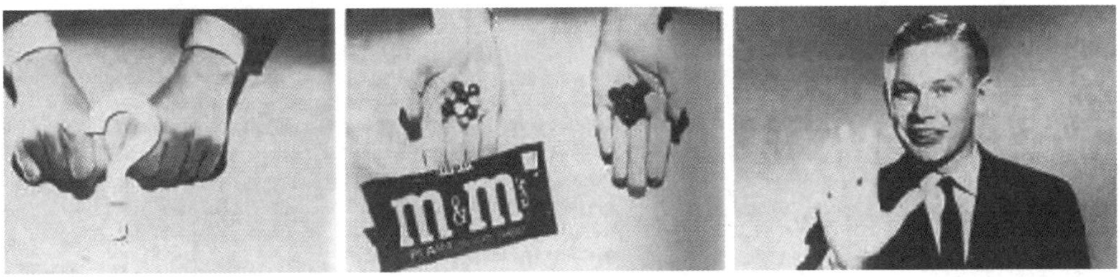

图 2-23 M&M 巧克力豆电视广告

M&M 巧克力豆在当时是最先用糖衣包裹的巧克力。对于这样一种新产品，瑞夫斯潜心对其产品特征进行研究，找到了 M&M 巧克力豆的 USP ——糖衣包裹的巧克力不会轻易地在手上融化，这就消除了人们在吃巧克力时会弄脏手的担心。在这样的创意概念下，"只溶在口，不溶在手"（M&M smelt in your mouth，not in your hands）的广告语也就应运而生了。

又如，图 2-24 是瑞夫斯为总督牌香烟所做的平面广告。广告中瑞夫斯找到了此香烟与其他品牌香烟比较最显著的特点——独一无二的过滤嘴，并把此特点一再地在广告中强调，让消费者对总督牌香烟的特点印象深刻。

（二）USP 理论的核心要点

USP 理论认为，每一种商品都拥有自己的独特性，通过足量的重复，广告把这种独特性传递给受众。它的核心就是发现商品独一无二的好处和效用，并有效地转化成广告传播的独特利益承诺、独特购买理由，进而诱导消费者，影响消费者的购买决策，从而实现商品的销售。

瑞夫斯的 USP 理论包含三个要点：

1. 明确的承诺

广告必须对消费者有一个明确承诺，必须对受众说明：买这样的商品，你将得到怎样的特殊利益。这一承诺应该包括一个商品的具体好处和效用。

2. 独特的主张

这一主张必须是独一无二的，它应该是竞争对手无法提出，也不能提出的；它最好没有被

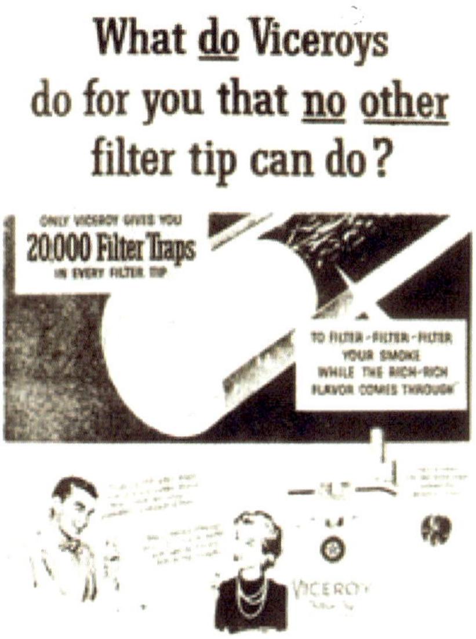

图中英文译文：

标题：总督牌能给你而别的过滤嘴无法给你的是什么？

正文：只有总督牌在每一支香烟的过滤嘴中给你两万颗过滤气瓣。当你所吸的香烟烟雾透过时，它就过滤、过滤、再过滤。

男人：有那两万颗过滤气瓣，味道比我过去所吸的没有过滤嘴的香烟要好得多。

女人：是的，有过滤嘴的总督牌香烟抽起来要好得多——并且也不会在我嘴里留下任何烟丝渣。

广告语：世界上最畅销的过滤嘴香烟。

图 2-24　总督牌香烟广告

资料来源：创意经典．总督牌能给你的是什么？．http：//ettc. sysu. edu. cn/policy/cmp _ adv/0300 _ cases/creation/0801. htm.

其他竞争者宣传过，是一个品牌或者诉求所具有的独特个性。

3. 实效的销售

广告必须有很强的说服力，足以影响上百万的社会大众。它必须能够推动销售，必须能够影响消费者的购买决策，促使新顾客来购买商品。

碧浪在所有的洗衣粉都在说“去污”的时候，提出了一个明确的概念“解放双手”，这种注重“去污过程的省力”的主张，让碧浪在所有的洗衣粉品牌中鹤立鸡群（见图 2-25 至图 2-27）。

图 2-25　碧浪洗衣粉广告之一

图 2-26　碧浪洗衣粉广告之二

由此可见，USP 理论的聚点在产品身上。要么是在产品身上找差异；要么调整、制造产品差异；实在无差异，就展现产品的另外一个方面。例如，可口可乐的包装是红色的，百事可乐的包装是蓝色的，前者寓意热情、奔放、富有激情；后者象征着未来，突出“百事——新一代”

的主题。虽然其他可乐饮料也有采用红色与蓝色作为自己的标准色的，但是，可口可乐和百事可乐首先占有了这些特性，因而其他品牌就难以从消费者的心目中将其夺走。乍一看，要寻找产品的 USP 好像是一件很难的事情，特别是在产品同质化现象如此严重的今天，更是难上加难，但事实并非如此。USP 不像"够味、够劲、诱人""快乐的""尊贵的"等广告所诉求的那样，头顶着一轮光环，里面却空空如也。USP 是一个实效的承诺。消费者能从 USP 中看到一个实实在在的利益点。如在海飞丝洗发水的影视广告和平面广告中（见图 2-28），我们都能明显地感知到品牌所提供的一个清晰的利益点——去头屑，而这也是品牌对消费者的一个有力承诺。

图 2-27 碧浪洗衣粉广告之三

图 2-28 海飞丝洗发水广告

又如农夫果园的广告[①]（见图 2-29），可谓"一'摇'三鸟"。其电视广告内容如下。

图 2-29 农夫果园平面广告

两个身着沙滩装的胖父子在一家饮料店前购买饮料。

两人看见农夫果园的宣传画上写着一句"农夫果园，喝前摇一摇"。

---

① 中国商业史上十大经典广告案例解析 . http://www.admaimai.com/News/Detail/2/121183.htm.

于是父子俩举起双手，滑稽而又可爱地扭动着身体，美丽的售货小姐满脸狐疑地看着他俩。

（镜头一转）旁白：农夫果园由三种水果调制而成，喝前摇一摇。

（远景）继续扭动屁股的父子俩走远。

统一集团主打女性消费市场，喊出“多喝多漂亮”的口号，康师傅、健力宝、汇源等也纷纷采用美女路线。康师傅签约梁咏琪为“每日C”果汁摇旗呐喊；健力宝聘请亚洲流行天后滨崎步作为“第五季”的形象代言人；汇源在宣传了一阵子冷灌装以后，邀请当时最红的韩国影星全智贤出任“真鲜橙”的代言人。果汁市场一下子美女如云。而后来的农夫果园“不为女色所惑”，出手不凡，又一次运用了差异化策略，以一个动作——摇一摇——作为其独特的品牌识别。这是一个成功的创意！三种水果调制而成，喝前“摇一摇”。“摇一摇”形象直观地暗示消费者，该饮料由三种水果调制而成，“摇一摇”可以使口味统一；另外，更绝妙的是该广告还传达了该饮料果汁含量高这一特点——因为果汁含量高，“摇一摇”可以将较浓稠的物质摇匀。“摇一摇”就是“我有货”的潜台词。

在农夫果园打出这句广告词之前，许多果汁饮料甚至口服液的产品包装上均会有这样一排小字——“如有沉淀，为果肉（有效成分）沉淀，摇匀后请放心饮用。”这排小字看似是要消除一种误会——有了沉淀并不是我的产品坏了，摇匀后喝就行了，这其实是一个很好的卖点。但这样的语言在各种包装上已经有很多年了，从来没有人关注过角落里的“丑小鸭”。农夫果园发现了这只“丑小鸭”，并把它打扮一新包装成了“白天鹅”。在感性认同上，“摇一摇”使得农夫果园的宣传诉求与同类果汁产品迥然不同，以其独有的趣味性、娱乐性增强了消费者的记忆。[①]

由此可见，在广告中利用USP理论并不是一件多么困难的事情，有时候它就像是蚌壳里的珍珠，本身已经存在，只需要广告人花点心思把它挖掘出来，就能形成一个绝妙的卖点。

延伸阅读

广告创作中的USP理论运用
——解析《招商“向右篇”》广告

甲：最右端的调频FM107.8

乙：最高端的人群FM107.8

甲：2005年获得中国广播广告最高奖

乙：湖北交通台，品牌成就未来

（列队口令）：各就各位，向右看齐

甲：向右就是一种标准

乙：向右就是一种注意力

甲：让你的广告向右看齐

乙：湖北交通台品牌投放热线

湖北交通广播获2005年第12届中国广告节中国广告大奖赛广播类银奖（金奖空缺），成为当年广播广告最高奖。从这则广告的文案中，我们可以看出USP理论的核心思想。

一、独特的物理位置

广告中的第一句，“最右端的调频

① 百度文库．农夫果园案例．http：//wenku.baidu.com/view/d25bd70102020740be1e9b7f.html.

FM107.8”就明确地表达出湖北交通广播在收音机上的物理位置。湖北交通广播FM107.8在收音机（指针式拨找频率）的最右端或最上端。这个物理位置是湖北交通广播独占的，也是湖北交通广播的一个标签、一个标志。

二、独特的市场定位

广告中的第二句，“最高端的人群FM107.8”用“高端人群”向广告客户表达了湖北交通广播在市场中的定位，也就是说湖北交通广播的目标受众是高端听众群。而当时的武汉地区有三家交通广播电台，即湖北交通广播、楚天交通体育广播、武汉交通广播。三家电台开播伊始几乎都把听众群定位为出租车司机，这就出现了广播市场的同质化竞争。湖北交通广播及时调整了经营战略，即与其他两家电台进行错位经营。当其他交通广播主攻出租车司机这一收听市场的时候，湖北交通广播选择了私家车车主作为主要的收听人群。出租车司机和私家车车主是两类不同的收听人群，他们的社会地位不同、经济状况不同，在价值观和审美取向上存在差异，节目收听习惯和欣赏口味也不一样。两类收听人群的生存状态、收听心理、价值取向和欣赏口味的不同使得已经占领出租车司机市场的电台必然失去私家车车主市场，这从节目的设置和听众群就可看出。楚天交通体育广播7：40—9：00播出的是一档反映交通民生的节目《城市新干线》，主要听众以出租车司机为主。该节目不仅实时传达相关政府部门的法规政策，还用大量精力解决出租车司机的投诉，包括寻求代班司机等服务类问题。湖北交通广播8：00—9：00播出的是一档谈话节目，即凤凰卫视的《锵锵三人行》广播版。该节目是凤凰卫视的名牌节目，由凤凰卫视名嘴窦文涛与传媒精英针对每日热点新闻事件各抒己见，但又不属于追求问题答案的“正论”，而是“俗人闲话”，并借话题产生联想，激发另类观点，融信息传播、制造乐趣、辨析事理三大元素于一身。很明显，湖北交通广播《锵锵三人行》的听众群以私家车车主为主，楚天交通体育广播《城市新干线》的听众群以出租车司机为主。从影响力来看，很多私家车车主都是社会成功人士，属于社会上“有钱”“有权”“有闲”的人，他们是受众中的“意见领袖”；从购买能力来看，私家车车主的购买力远远高于出租车司机。当时武汉地区的出租车有12 000辆，出租车司机有25 000名，而私家车超过30万辆。所以，从听众的数量和听众的质量（听众的购买力）来说，以私家车车主为主要收听群，应该能为湖北交通广播打开一个广阔的市场。

三、独特的优势

湖北交通广播广告中的第三句“2005年获得中国广播广告最高奖”，这也是湖北交通广播独特的优势和卖点，它展现的是湖北交通广播在广告创意方面的实力。广告创意的意义何在呢？广告营销中有一个有名的公式：$E = M \times C2$，即E（广告投放效果）$= M$（媒体投放）$\times$ $C2$（广告创意）。这说明好的广告创意可以使广告效果倍增，而平庸的广告创意由于无法引起听众的注意，即使在广播中播放再多次，也由于$E = M \times C2$中的C趋近于零，致使整个广告效果归零（零乘任何数都等于零）。也就是说没有创意的广告播放次数越多，广告费就浪费得越多。湖北交通广播从2002年以来，共获得龙玺华文国际广告奖2个、中国广告节中国广告长城奖（中国广告大奖）10个、全国优秀广播广告奖11个，不论从获奖等级还是获奖数量上来说，在全国电台中都是位列榜首的，可以说湖北交通广播是全国广告创意水平最高的电台。

四、独特的创意表达

能引起我们关注的往往是那些从未想到的崭新的错位关系，巨大的新异性先是捕捉人们的好奇心，继而引发人们思考其中的关联，广告的诉求就这样在思考中显现出来。广告创意要在看似不相干的事物之间新建关系，把二者联系在一起，从而表现出独特的意味，而吸引我们注意的正是新关系中呈现的新意义。广告创意创建新关系要使生活中平常的事物在新的搭配和组合关系中产生能贴切表达产品诉求的新的意义，以新异性引起消费者对广告的好奇心。

我们每个人都有出操列队的经历，在这则广告中让这个场面再现，当那句口令“各就各位，向右看齐”响起时，这则广告的创意点——“向右看齐”——就出现了。“向右看齐”和湖北交通广播的表层关联表现在一个“右”字上，因为“向右看齐”要求看向右端，而湖北交通广播也是最右端的调频。“向右看齐”和湖北交通广播的深层关联表现在两个方面：其一，列队的时候之所以要向右看齐，是因为右边是一个标准、一个标杆，向右边看过去参照这个标杆，队列才可能整齐。同样，湖北交通广播也是业内的标杆。其二，在“向右看齐”这个动作发生的一瞬间，便吸引了大家的注意力。同样，在这个注意力经济时代，湖北交通广播凝聚的也是听众的注意力，经营的也是听众的注意力。所以，借用“向右看齐”这个场景，借用“向右就是一种标准，向右就是一种注意力”，一语双关，将出操列队与湖北交通广播关联起来。最后是这则广告的最终诉求“让你的广告向右看齐”，也就是告诉广告客户们，到湖北交通广播投放广告吧！这则广告将出操列队和投放广告两件毫不相关的事情巧妙地联系起来，艺术性地表达了广告诉求。“向右看齐”不仅仅是这则广告的创意点，更成为这则广告的记忆点。

五、局限

USP理论解决的仅仅是“说什么”这个广告内容的问题，而“怎么说”这个广告表达形式的问题就要靠创意来解决。

消费者的需求是多种多样的，既有满足实际物质利益的需求，也有更高层级的精神和心理需求，尤其在消费者的需求由物质利益的需求逐渐向精神心理需求发生转移的今天，建立在产品及其独特功能基础之上的USP理论，显然没有注意对消费者精神和心理层面的观照。但没有一种理论可以适用所有情况，就目前来看，USP理论在广告创作中仍然发挥着巨大作用，例如“27层过滤”的乐百氏纯净水、“有点甜”的农夫山泉、“去头屑”的海飞丝、“洗发、护发二合一”的飘柔都运用了USP理论。

资料来源：张斌．广告创作中的USP理论运用．传播实务，2007（8）．

二、品牌形象理论

（一）大卫·奥格威其人

大卫·奥格威（见图2-30）是现代广告业的大师级传奇人物，他一手创立了奥美广告公司，确立了奥美这个品牌，开启了对消费者研究的运用，同时创造出一种崭新的广告文化。他早年做过厨师、炊具推销员，后移居美国，跟随乔治·盖洛普（George Horace Gallup）博士做调查工作。第二次世界大战期间先后在英国安全协调处和英国驻美大使馆任职，后在宾夕法尼亚州做农夫。1948 年，奥格威在纽约以 6 000 美元创办了奥美广告公司，随后以创作许多富有创意的广告而赢得盛誉。其中，《戴眼罩穿哈撒韦衬衫的男人》（见图 2-31）最为经典。此广告为产品增添了神秘感，激发了读者狂野的想象。

图 2-30　大卫·奥格威

图 2-31　《戴眼罩穿哈撒韦衬衫的男人》

奥格威创作的作品机智而迷人，但最重要的是他坚持认为它们必须有助于销售。他把广告业的经营和专业化推向顶峰，他的价值观造就了一个全球性的传播网络，他睿智隽永的风格不仅影响了奥美广告公司，同时更深深影响着整个广告业的发展。因此，他被《时代》周刊称为“当今广告业最抢手的广告奇才”，被《纽约时报》称为“现代广告最具创造力的推动者”。美国重要的广告行业刊物《广告周刊》说：“奥格威以他敏锐的洞察力和对传统观念的抨击照亮了整个广告行业，令任何广告人都无法企及。”法国一家著名杂志称他为“现代广告的教皇”，并将他与爱迪生、爱因斯坦等并列为对工业革命最有贡献的人物。

（二）品牌形象理论的核心要点

品牌形象理论是大卫·奥格威在 20 世纪 60 年代中期提出的创意观念。他认为品牌形象（brand image）不是产品固有的，而是消费者对产品的质量、价格、历史等产生的综合印象，每一则广告都应是构成整个品牌的长期投资。因此每一品牌、每一产品都应发展和投射一个形象。

广告界普遍认为，品牌形象理论主要由四个要点构成：

第一，广告最主要的目标是塑造并维持一个高知名度的品牌形象。

第二，任何一个广告都应该摒弃短期的经济效益而维持品牌的高知名度形象。

第三，由于感性消费时代的特点，在广告中描绘品牌形象比强调产品的具体功能更重要。

第四，由于消费者购买物品时追求更多的心理满足，故对某些消费群来说，广告尤其应该重视运用形象来满足消费者的心理需求。

体现品牌形象理论的广告如图 2－32、图 2－33。

图 2－32　七匹狼男装平面广告之一

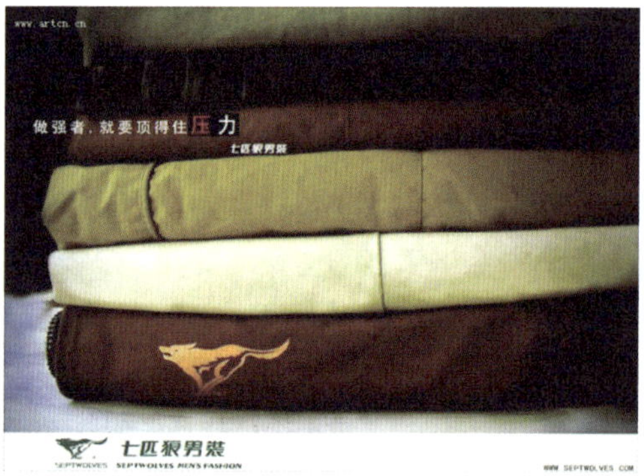

图 2－33　七匹狼男装平面广告之二

品牌形象理论的提出对广告界产生了巨大的影响，这就像一场广告观念的变革。而引起巨大震动的原因是这种广告创意法把对产品品牌的长期投资放在首要地位，一旦以长期投资为目标，企业在有些时候就必须牺牲短期利益，而如何更好地平衡长期利益和短期利益之间的关系又成了企业最头痛的问题。

在关于如何树立形象问题上，大卫·奥格威认为，广告不是娱乐，而是要提供信息，促使顾客购买的不是广告的形式，而是广告的内容。广告内容是什么呢？按照品牌形象理论，广告内容就是包含着创意的个性形象。所以，品牌形象理论认为，一个好的广告不应该让人们认为这是一个广告，不应该强卖，而应该让顾客无意识地购买产品。

品牌形象理论也存在一定的局限性，它虽然起到了识别、感召作用，但不具备直接的促销力。所以，某种情况下它尤其适合将不易传播的概念、产品变得直观化、亲近化，例如，很多烟草广告受到限制，不得不用一个其他形象来替代产品本身，如“万宝路——牛仔”“白沙——鹤”等；或是需要将复杂概念、太过技术化的东西变得直观化、人性化、形象化，如“米其林——轮胎巨人”；或是希望提升品牌的亲和力，借助特定形象传达特定的价值、调性，如“美的——熊”“豌豆——绿巨人”。毫无疑问，要塑造一个深入人心的形象是需要很大投入的，那些鼓吹通过品牌形象来突破同质化竞争的提法是危险的，尤其对新品牌、小品牌而言。所以，在更多情况下，品牌形象仅作为一种广告传播的附加属性来潜移默化地影响消费者。

延伸阅读

品牌形象理论的现实发展

品牌形象理论的提出从某种层面上揭示了广告的目的就是创造品牌，为销售服务。但究竟什么是品牌形象？品牌形象又包含哪些内容呢？其永恒魅力的奥秘又在哪里呢？

人们对品牌形象的认识是一个由感性到理性的过程，至今，理论界尚无完整统一的品牌形象的定义。早期的营销专家利维（Levy）认为，品牌形象是存在于人们心里的关于品牌各要素的图像及概念的集合体，主要是品牌知识及人们对品牌的态度。斯兹（Syzm）则认为，品牌应像人一样具有个性形象，这种个性形象不是单独由品牌产品的实质性内容所确定的，还应该包括其他一些内容……

这些观点从不同层面描述了人们对品牌形象的认识。然而品牌形象应该是个综合性的概念，是企业渴望建立的，受形象感知主体主观感受及感知方式、感知背景影响，在心理上形成的一个集合体。

按品牌形象的表现形式，品牌形象可分为内在形象和外在形象。内在形象主要包括产品形象及文化形象，外在形象则包括品牌标识系统形象与品牌在市场、消费者中表现的信誉。

产品形象是品牌形象的基础，是和品牌的功能性特征相联系的形象。潜在消费者对品牌的认知首先是对产品功能的认知。一个品牌不是虚无的，而应能满足消费者物质的或心理的需求，这种满足和其产品息息相关。奔驰牌轿车豪华高贵的品牌形象首先来自其安全、舒适、质量一流的轿车。当潜在消费者对产品评价很高、产生较强的信赖时，他们会把这种信赖转移到抽象的品牌上，对品牌产生较高的评价，从而产生良好的品牌印象。

品牌文化形象是指社会公众、用户对品牌所体现的品牌文化或企业整体文化的认知和评价。企业文化是企业经营理念、价值观、道德规范、行为准则等企业行为的集中体现，也体现着一个企业的精神风貌，对其消费群和员工产生着潜移默化的作用。品牌文化和企业的环境形象、员工形象、企业家形象等一起构成完整的企业文化。品牌背后是文化，每个成功品牌的背后都有其深厚的文化土壤，都有一个故事。“麦当劳”三个字所包含的不仅仅是香脆的薯条、美味的汉堡包和清新爽口的冰激凌，也不仅仅是其舒适的环境、周到细致的服务，还包括它所代表的美国快餐文化、它所体现的现代生活方式。

品牌标识系统是指消费者及社会公众对品牌标识系统的认知与评价。品牌标识系统包括品牌名、商标图案、标志字、标准色以及包装等产品和品牌的外观。社会公众对品牌的最初评价来自品牌展现的视觉形象。通过品牌标识系统把品牌形象传递给消费者是最直接和快速的途径。尤其在现代社会，产品极大丰富，新产品的推出也令人目不暇接，一个品牌只有先抓住消费者的视线，才可能进一步抓住他们的钱包和心。走入商场，琳琅满目的商品色彩各异，图案令人赏心悦目，不讲究品牌外观形象的时代已经过去了。

品牌信誉是指消费者及社会公众对一个品牌信任度的认知和评价，其实质是产品的信誉。品牌信誉的建立需要企业各方面的共同努力，产品、服务、技术一样都不能少，同时要注重按合同规定的交货期交货，以及及时结转应付账款等。奔驰车的一位消费者在购车一个月后撞坏了车上的一个零件，公司重新为其更换了零件并分文不收。公司表示：易撞坏的零件不是奔驰车的零件。是什么让这些名牌企业“小题大做”？答案是品牌信誉。品牌信誉是维护顾客品牌忠诚度的法宝，是品牌维持其魅力的重要武器。

大卫·奥格威认为，产品和企业的一切活动都是为了建立自己的品牌，使自己的品牌在消费者的心目中形成一个不同于其他产品的形象。他曾在一次美国广告代理协会午餐会结束时讲道：“让我们牢记，决定一个产品在市场上的最终地位的是其品牌的特性，而不是产品之间的细小差别。”

资料来源：陈放．品牌学．北京：时事出版社，2002.

第三节　综合派创意理论

一、定位理论

（一）历史

图 2－34　杰克・特劳特

1969 年，艾尔・里斯（Al Ries）和杰克・特劳特（Jack Trout）（见图 2－34）在美国《产业行销》杂志上发表了一篇文章《定位是人们在如今的仿效主义市场上所玩的游戏》，指出“广告创意的时代已经一去不复返，现在麦迪逊大道上流行的新把戏是定位”。随后二人围绕定位理论又发表了一系列的阐释性文章，这使定位成了营销界的热门话题之一。

1979 年，艾尔・里斯和杰克・特劳特合著的定位理论专著《广告攻心战略——品牌定位》出版。在此基础上，艾尔・里斯和杰克・特劳特又对定位理论进行了长达 10 年的修正和完善，最终成果为一本专著《定位》，这本书于 1981 年正式出版［见图 2－35（1）］。他们宣称“定位是一种观念，它改变了广告的性质”，“定位已经改变了当今所玩的广告游戏的法则”。

1996 年，杰克・特劳特和史蒂夫・瑞维金（Steve Rivkin）合作出版了《新定位》一书［见图 2－35（2）］，作者再次强调了“定位不在产品本身，而在消费者心底”的观点。

（1）　（2）

图 2－35　《定位》和《新定位》

（二）主要观点

定位理论认为，定位是以产品为出发点的，产品可能是一种商品、一项服务、一个机构，甚至是一个人，也许可能就是你自己。定位并不是要求你对产品做什么事，而是对未来的潜在消费者下的功夫，为确保使某一品牌、公司或者产品在未来消费者的心中占据一个与众不同的、真正有价值的位置下的功夫。

产品（服务）的定位不一定是同类产品（服务）所没有的。定位理论认为，面对产品同质化趋势日益严重的情况，企业应避免在同类产品中做资讯内容重复的广告，应在广告创意表现上体现出广告品牌与同类品牌的差别。

然而，由于消费者具有“有限性”“憎恶迷惑”“没有安全感”“不会改变”及“会失去焦点”的特点[①]，因此他们往往偏向于注意那些简单的、贴近生活的信息，选择自己心智阶梯中排位最靠前的产品或别人都购买的产品。因此，定位理论认为，要想通过潜在客户头脑通道上堵塞的“道路”，必须使用一种“过分简单的方法”，这种“过分简单的方法”就是“争当第一”，特别是“第一说法、第一事件、第一位置”。这里“第一”可以理解为企业在某行业取得领导地位，也可以理解为企业的产品在某些有价值的属性上取得第一。

如图 2 - 36、图 2 - 37，2005 年 9 月蒙牛开始推广特仑苏牛奶，通过“不是所有牛奶都叫特仑苏”及“我只喝特仑苏”等一系列广告语的反复强调，烘托特仑苏牛奶与众不同的独特气质，从而在消费者心目中树立独有的“金牌牛奶”的第一位置。2017 年陈道明所代言的“更好没有止境”特仑苏广告，更是将这一产品定位在了高端品牌的位置（见图 2 - 38）。

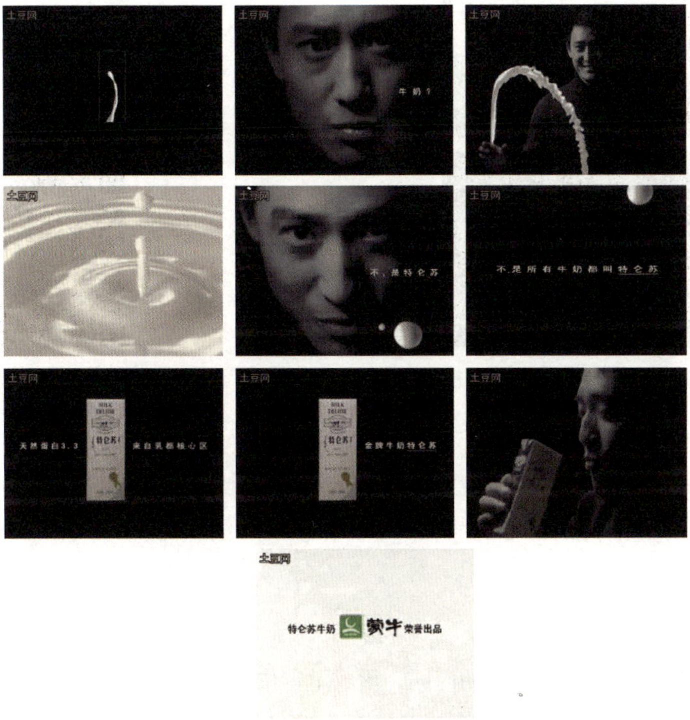

图 2 - 36 蒙牛特仑苏牛奶电视广告之一

扫码观看特仑苏广告视频

① 杨明刚．定位理论的创新点及其应用价值．常州工学院学报，2004（3）．

女画外音：是牛奶吗？

男主人公：不，是特仑苏！

男画外音：不是所有牛奶都叫特仑苏，来自乳都核心区，金牌牛奶特仑苏，蒙牛荣誉出品！

图 2－37　蒙牛特仑苏牛奶电视广告之二

扫码观看特仑苏广告视频

男画外音：我只追寻这样的境界，就像我只喝特仑苏。海拔、纬度，阳光、水土，精挑高质牧草，优选良种乳牛，造就富含优质乳蛋白的特仑苏。金牌牛奶，特仑苏人生。

（三）定位四步工作法

为验证与发展定位，特劳特花了 20 多年的时间，形成了定位四步工作法。①

第一步，分析整个外部环境，确定“我们的竞争对手是谁，竞争对手的价值是什么”。

第二步，避开竞争对手在顾客心智中的强势，或是利用其强势中蕴含的弱点，确立品牌的

① http：//baike. baidu. com/link? url = mUfccQs4YtLRETB-H29z5Fkd1w65IStCIGvxTgrAE1gSLOUjNQ6RAN3o9KAZOt6-bbQ9B _ JoG7NnbDuaGYWqHQ9zp54k4rGWChoVUv-7sfoClnVglFAWtsHDWmszz4j4.

图 2－38　蒙牛特仑苏牛奶电视广告之三

资料来源：http://v.youku.com/v_show/id_XMTkzMDE5NjgxMg==.html?spm=a2h0k.8191407.0.0&from=s1.8-1-1.2.

优势位置——定位。

第三步，为这一定位寻求一个可靠的证明——信任状。

第四步，将这一定位整合进企业内部运营的方方面面，特别是传播上要有足够多的资源，以将这一定位植入顾客的心智。

延伸阅读

一、卢泰宏教授对定位理论观点的浓缩

卢泰宏教授曾将这个经典的营销传播主张浓缩为以下几个方面：首先广告的目标是使某一品牌、公司或产品在消费者心目中获得一个据点、一个认定的区域位置，或者占有一席之地。其次，广告应将火力集中在一个狭窄的目标上，在消费者的心理层面上下功夫，要创造出一个心理的位置。再次，应该运用广告创造出独有的位置，特别是“第一说法、第一事件、第一位置”。因为创造第一，才能在消费者心中造成难以忘怀、不易混淆的优势效果。另外，广告表现出的差异性并不是产品的具体的特殊的功能利益，

而是品牌之间的类的区别。这样的定位一旦建立，无论何时何地，只要消费者产生了相关的需求，就会自动地首先想到广告中的这种品牌、这家公司及其产品，便能达到“先入为主”的效果。

简言之，定位论的核心主张是创造心理位置，强调第一。

资料来源：傅蓉，姜吉荣．从“五谷道场”析定位理论的运用．商场现代化，2007（13）．

二、阿尔·里斯和杰克·特劳特合作的著作

继《定位》之后，里斯和特劳特还合作了其他一些著作。

（一）《营销战》[①]

《营销战》被美国企业界誉为企业营销的《战争论》。作者认为，营销的终端“前线”在消费者，具体而言，在消费者的大脑。

（二）《22条商规》[②]

《22条商规》作者认为“如果市场营销计划失策，无论你多么精明，也不论计划的预算有多大，都毫无例外地是浪费钞票”。为了避免这一错误的发生，该书归纳了调控市场成功和失败的基本的22条市场营销法则。

三、杰克·特劳特

杰克·特劳特为特劳特全球伙伴营销机构总裁。2005年，“中国定位第一人”邓德隆曾与其一起出版了《中国品牌竞争力分析报告》一书。

四、阿尔·里斯

（一）阿尔·里斯生平简介[③]

1950年毕业于迪堡Depauw大学，之后，进入通用电气公司纽约分公司的广告与销售部门工作。1955年，加盟了Needham, Louis & Brorby公司，作为Worthington和Peugeot公司的销售代表。1961年，加盟Marsteller公司担任客户主管。1963年，在纽约成立了自己的第一家广告代理公司：Ries Cappiello Colwell公司。1979年，里斯将其公司更名为特劳特和里斯广告（Trout & Ries Advertising）公司。1989年，被国际市场营销主管授予“高等营销”奖。1994年开始，他和女儿劳拉·里斯在纽约建立了里斯和里斯咨询公司。1999年，被《公共关系周刊》杂志评为20世纪100个最有影响力的公关人物之一。同年6月，成为《商业周刊》的封面人物。现担任美国工业广告协会（现商业营销协会）会长以及纽约广告俱乐部主席，还担任Andy Awards俱乐部的主席。目前是里斯和里斯（Ries&Ries）咨询公司的主席，该公司主要业务是为众多知名企业提供战略选择服务，总部位于美国亚特兰大。

（二）部分著作目录④

阿尔·里斯部分著作目录见表 2-1。

表 2-1　阿尔·里斯部分著作目录

书名	作者	出版社	出版日期
互联网商规 11 条——摩根士丹利所推崇的商业战略思想	[美] 阿尔·里斯 劳拉·里斯	上海人民	2006-01-01
品牌之源	[美] 阿尔·里斯 劳拉·里斯	上海人民	2005-01-01
品牌 22 津	[美] 阿尔·里斯 劳拉·里斯	上海人民	2004-07-01
公关第一，广告第二	[美] 阿尔·里斯 劳拉·里斯	上海人民	2004-04-01
22 条商规	[美] 阿尔·里斯 杰克·特劳特	上海人民	2003-08-01
聚焦法则：企业经营的终极策略	[美] 阿尔·里斯	上海人民	2003-08-01
市场营销的 22 条法则	[美] 阿尔·里斯 杰克·特劳特	上海人民	2002-08-01
打造网络品牌的 11 条法侧	[美] 阿尔·里斯 劳拉·里斯	上海人民	2002-06-01
聚焦：决定你公司的未来	[美] 阿尔·里斯	上海人民	2002-06-01
打造品牌的 22 条法则	[美] 阿尔·里斯 劳拉·里斯	上海人民	2002-06-01

五、品牌定位的十五种方法

比附定位法、利益定位、USP 定位、目标群体定位、市场空白点定位、类别定位、档次定位、质量/价格定位、文化定位、比较定位、情感定位、首席定位、经营理念定位、概念定位、自我表现定位。

扫码阅读《品牌定位的十五种方法》原文

资料来源：① http://202.114.224.27/mpacc_intercom/showtopic-44.aspx.

② http://202.114.224.27/mpacc_intercom/showtopic-44.aspx.

③ http://www.ewen.cc/books/zuozhejj.asp?authorname=（'w00203'）.

④ http://www.ewen.cc/biz/bizgoodslist_book_select.asp?page=0&type=00.

二、企业识别理论

（一）历史

企业识别，即 CI，是英文 corporate identity 的缩写。其发展大致经历了以下几个阶段。

1. 雏形期

20 世纪初，意大利某企业家通过重视企业标识的设计、商标的不断完善及开设托儿所等举措来提升其打印机产品及企业的自身形象。1914 年，德国著名建筑学家彼得·贝伦斯（Peter Behrens）为德国 AEG 电器公司设计了统一的商标、包装、便条纸和信封。1933—1940 年，英国工业设计协会会长弗兰克·毕克（Frank Pick）负责伦敦地铁设计，他组织设计统一字体用在站牌、指示标记和车票上，随后，地铁本部、纪念碑、地铁系列海报等也都实现了统一设计和造型。

以上这些商标、标识统一设计虽还不能被视为严格意义上的 CI 设计，但却可以看作 CI 视觉识别的雏形。①

2. 初创期

CI 作为一种理论被运用是在 20 世纪 50 年代，最早在美国得到推广，20 世纪 60—70 年代美国形成了一股 CI 热潮。美国 CBS 公司、IBM 公司和西屋电气、可口可乐公司等企业的 CI 策划都是这一热潮中的成功典范，其中以 IBM 公司的标志设计最为著名。

同 20 世纪 70 年代以后相比，这一阶段的 CI 主要局限于视觉识别领域，在统一企业标识上下功夫，通过视觉形象来突出企业个性，而较少涉及企业形象的其他方面。

3. 发展期

20 世纪 70 年代初日本企业引进 CI，在实施 CI 的过程中逐渐意识到，随着科技的不断进步，产品生命周期不断缩短，那种偏重于市场营销的视觉识别传达已经很难实现预期目的。在重视视觉信息传递的同时，日本企业进一步探索深层次的东西，将理念识别（MI）、行为识别（BI）的内容加入到了原先主要注重视觉识别（VI）的 CI 中，形成了具有日本民族特色的全新 CI 体系。MAZDA、大荣百货、第一劝业银行、松屋百货、富士胶卷、美能达等都是较早导入 CI 的日本企业。

CI 在日本得以完善和发展，进而相继对亚洲的很多国家和地区产生影响，如韩国及中国台湾和香港地区等。

（二）CI 在中国

1967 年台湾地区台塑企业引入 CI 计划，这项举措使其在 20 世纪 90 年代一举跃入世界 500 家最大企业排行榜。随后，台湾地区的味全公司、大同公司、和成窑业公司、声宝公司、统一企业等一大批企业也先后导入 CI。

---

① 杨乔文．从企业视觉识别到企业识别系统．西南民族学院学报（哲学社会科学版），1999（5）．

随着中国经济的对外开放和计划经济向市场经济的转型，CI 于 20 世纪 80 年代末传入中国内地。1988 年，广东太阳神集团有限公司全面导入 CI 战略，其产值由 520 万元增至 3 亿元，进而增至 12 亿元，第一次让内地企业领略到了 CI 的奇效，从此揭开了 CI 在中国内地传播的序幕。① 随后，北大方正、健力宝等纷纷加入导入 CI 的行列。

（三）主要观点

CI 理论认为，广告只是 CI 战略中的一个组成部分。因此，广告内容必须与 CI 战略所规定的整体形象保持统一性，应注意延续和积累广告效果。同时，广告应着眼于塑造公司整体形象，而不仅仅是某一品牌的形象。CI 内容由 MI、BI、VI 组成，MI 必须融入 BI、VI 之中，才能创造出独特、统一的企业形象。

CI 理念的引入有助于创造独特和统一的企业识别系统，能为广告创意提供产品或企业独特的诉求挖掘点，增强产品的附加值与竞争力，从而提高产品的识别度，使公众在千姿百态、色彩纷呈的商品市场中迅速准确地辨识出企业及其产品，并从企业的标识和员工的行为中感受到企业独特的精神理念，产生好感和信赖，把企业及其产品同其他企业及产品从理念及形象上区别开来。如麦当劳的金黄色双拱门“m”、麦当劳叔叔等标志，走遍世界都是一个模样。②

CI 理念的引入也有助于纠正一些企业过分依赖广告的力量，将 CI 简单地等同于 VI、将 VI 等同于广告的错误观点。如 1996 年夺得中央电视台广告“标王”的秦池酒一时名声大噪，经济效益也一度攀升。虽然该企业 1997 年继续成为中央电视台广告“标王”，但因把经营的法宝全部压在广告的轰动效应上，忽视了产品结构调整、技术改造以及企业行为信息沟通等基础性工作，最终导致产品积压、严重亏损。③ 相比之下，广东太阳神集团推出的广告（见图 2－39）则较好

图 2－39 太阳神电视广告

男画外音：嗨吼！当太阳升起的时候，我们的爱天长地久。

① 董韶华．CI 在我国企业的实施．山西煤炭管理干部学院学报，2005（4）．

② 高立胜．CI 战略：中国企业文化建设．社会科学辑刊，1996（4）．

③ 杨乔文．从企业视觉识别到企业识别系统．西南民族学院学报（哲学社会科学版），1999（5）．

地融合了其所导入的CI。辛勤做工的人们伴随着清晨太阳的升起，面朝天空的一声极具爆发力的大叫带出了“当太阳升起的时候，我们的爱天长地久”的广告口号，随之出现的以团结合作的人群以及一轮冉冉升起的红日为背景的标志图案不但欢快醒目，而且将企业“不断追求上进”的理念寓于其中，在广大消费者心目中留下了良好印象。

延伸阅读

一、亚洲CI之父

图2-40　中西元男

中西元男（见图2-40）被誉为“亚洲CI之父”，WGD（World Good Design）公司董事长、PAOS集团代表。1964年毕业于早稻田大学第一文学系美术专业，后从该系研究生院艺术专业中途退学。1968年创办PAOS公司，经手约100家公司的CI和事业战略设计，创造出很多成功的案例。1995年设立PAOS北京公司，1997年设立PAOS上海公司。1998—2000年在日本通商产业部（现在的日本经济产业部）主办的G-Mark的改革中担任委员长。2000年设立WGO公司，推进新设计运动和商业战略的构筑。

资料来源：杨云龙．CI神话不曾破灭．科技智囊，2004（6）．

二、深圳企业形象画册彩页设计公司浅谈深圳CI的变迁（四）

（具体内容扫码即见，下同。）

三、深圳企业形象logo设计公司浅谈深圳CI的变迁（五）

四、深圳企业形象彩页设计公司浅谈深圳 CI 的变迁（六）

五、深圳企业形象标志商标设计公司浅谈深圳 CI 的变迁（七）

六、国际标志商标 logo 设计禁忌

七、镇江融天国际茶城（古玩城）招商品牌形象宣传画册（彩页）策划设计案（2 视觉部分）

三、BC（品牌个性）理论

（一）历史

品牌个性理论是 20 世纪 50 年代基于美国格雷广告公司的“品牌性格哲学”和日本小林太

三郎的“企业性格论”的启示，在对品牌形象进一步挖掘的基础上形成的。

（二）主要观点

品牌个性理论认为，企业要尽可能地为品牌创造出让竞争者难以模仿或短时间内难以模仿的个性，在广告中不应只是“说利益”“说形象”，而更要“说个性”，由品牌个性（brand character）来促进品牌形象的塑造，通过品牌个性吸引特定人群。因为在与消费者的沟通中，品牌个性要比品牌形象更深入，形象只能造成认同，而个性可以造成崇拜。①

品牌个性并不是产品本身内在的，而是在与消费者直接或间接接触的基础上形成的，是与品牌特定使用者相关联的人格个性的集合与提炼。品牌个性能反映该品牌使用者的形象，为消费者提供了象征性意义及自我表达的功能，消费者亦会将品牌视为带有某些人格特征的“朋友”②。因此，为了实现更好的传播沟通效果，应该将品牌人格化，即思考“如果这个品牌是一个人，它应该是什么样子”③，找出其价值观、外观、行为、声音等特征。

此外，企业还应寻找和选择人、物、图案或主题文案等能代表品牌个性的象征物，以使塑造的品牌个性更独具一格并有长久魅力。如万宝路以马和牛仔为象征图形，花旗参以鹰为象征物，骆驼香烟以骆驼为象征图案，等等。

2003 年 3 月，中国移动推出的“动感地带”品牌聘请周杰伦作为品牌代言人，开展年轻人街舞大赛、歌友会等高校学生喜闻乐见的品牌特权活动。目标受众直指 15～25 岁的年轻时尚族群，以打造“年轻人的通信自治区”为己任，倾力营造“时尚、好玩、探索”的品牌个性（见图 2－41）。仅仅 15 个月时间就“感动”了 2 000 万目标人群，平均每 3 秒钟就有一个动感地带新用户诞生，迅速成长为校园通信市场乃至年轻人通信市场的领导品牌。每年高校新增的

图 2－41　动感地带及“and 和”广告

① 百度百科．品牌个性论．http：//baike. baidu. com/view/1116023. htm.

② 余可发．品牌个性及其结构维度理论研究．上海市经济管理干部学院学报，2007（3）．

③ 百度百科．品牌个性论．http：//baike. baidu. com/view/1116023. htm.

市场份额都超过 80%，以至于在某些省份的高校迎新海报的标题里会骄傲地写上“十个新同学九个都在动感地带”。可惜的是，在 2013 年动感地带品牌迎来十周年也是 4G 牌照发放的前夕，动感地带品牌被中国移动新推出的商业主品牌——“and 和”所取代。①

延伸阅读

一、品牌个性

品牌个性是心理学人格理论在品牌管理实践中的延伸与借用。早在 20 世纪 50 年代，美国广告大师大卫·奥格威就在品牌形象理论中提到“个性”“性格”等字眼。他的名言“每一个广告都应对塑造品牌长期个性有所贡献”至今仍给人启迪。

早先人们所说的品牌个性大多指品牌的独特性，即品牌有别于同类竞争产品的差异性。20 世纪 90 年代以后，品牌研究者把心理学人格理论引进品牌个性研究，提出品牌个性就是指品牌的人格化特征。1997 年，美国著名品牌研究学者珍妮弗·阿克尔（Jenniffer Aaker）在她最具影响力的大作《品牌个性等级》一文中指出，所谓品牌个性，是指品牌所具备的人类特性以及此特性向外界传播的过程中消费者对这些特性的感知。

资料来源：席佳蓓，王新新．中国文化背景下品牌个性类型研究．湖北经济学院学报，2009（1）；周建庆，梁鑫，韦振宇．论品牌个性的塑造原则．商业时代，2007（30）．

二、论品牌个性化定制与标准化制造的化反

（具体内容扫码即见，下同。）

三、如何塑造品牌个性

① http：//blog. ceconlinebbs. com/BLOG _ ARTICLE _ 29716. HTM.

四、本土品牌的通病——品牌个性模糊

五、乔春洋：品牌个性的来源

六、中国移动为什么放弃“动感地带”？

第四节　中国广告创意的“蓝海战略”

一、永远没有枯竭的创意

李奥·贝纳有句名言：“如果我们努力去寻找的话，总会有改进的空间在某处等着我们。”① 这告诉我们，创意无处不在，广告界没有乏味的创意，只有不愿意寻找全新创意的广告人。创意来自生活，来自广告人对未知领域的深刻探索。只要脚步不止，创意人永远都有新鲜的观点、劲爆的创意。

① 贝纳．八十八条创意圣经．http：//mkt.icxo.com/htmlnews/2009/04/25/1376362_0.htm.

二、寻找创意"蓝海"

"蓝海战略"（blue ocean strategy）是由 W. 钱·金（W. Chan Kim）和勒妮·莫博涅（Renee Mauborgne）在《蓝海战略：超越产业竞争，开创全新市场》一书中正式提出的。该理论和"红海战略"相对应，概括地说，其核心思想就是：我们把整个市场想象成海洋，这个海洋由"红海"和"蓝海"组成，"红海"代表市场接近饱和、竞争异常激烈、利润空间狭小的所有产业；"蓝海"则代表当今还不存在的产业，具有高利润、增速快、无竞争等特点。"红海战略"就是在"红海"市场中制定、实施的战略，以迈克尔·波特（Michael Porter）的竞争战略（见图 2-42）最为典型；"蓝海战略"则是在"蓝海"市场中制定、实施的战略，其战略模型由 W. 钱·金和勒妮·莫博涅首创，指引企业通过运用"战略布局图""四步操作框架""四象限战略视觉图"三个工具和"重建市场边界""关注全景而非数字""超越现有需求""遵循合理战略顺序""克服关键组织障碍""寓执行于战略"六项原则所构成的战略制定与实施系统回避同质化、低利润的"红海"，进入差异化、低成本的"蓝海"。[①]

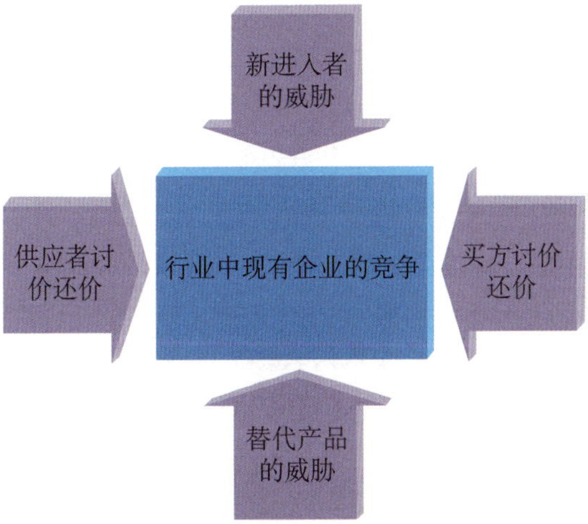

图 2-42 波特五力模型图

想了解"蓝海战略"，不能不知道著名的黄尾葡萄酒（见图 2-43）营销案例。20 世纪末 21 世纪初，美国有 2 000 多家葡萄酒厂商，葡萄酒行业是一个竞争异常激烈的"红海"行业。这 2 000 多家葡萄酒厂商生产的葡萄酒可以分为两类：一类是产自法国和意大利的高档葡萄酒，在美国销量并不大；另一类是本土的经济型葡萄酒，价格战非常激烈。高档葡萄酒价格很高，但投入也高；经济型葡萄酒价格很低，但投入并不低。怎样在这样一个"红海"行业中开辟"蓝海"？最好的方式是改变竞争的基础，开创新的需求，从而使竞争变得无关紧要，彻底摆脱竞争对手，开辟一个新的"蓝海"。

澳大利亚葡萄酒商家黄尾做到了这一点，几年时间就在美国市场成了最受欢迎的进口葡萄

① 戴丽萍．基于蓝海战略的价值创新分析．经济研究导刊，2008（12）．

图 2-43 黄尾葡萄酒广告

酒。这主要归功于黄尾在美国的市场调查。黄尾的调查首先问的不是葡萄酒消费者想喝什么葡萄酒，而是问不喝葡萄酒的人为什么不喝葡萄酒。结果表明，那些不喝葡萄酒的人认为葡萄酒标签写得非常复杂，通常有法文标识，让他们觉得自己很愚蠢，所以敬而远之。此外，很多人觉得葡萄酒有点苦涩，他们想喝甜一点的东西。针对消费者的这些回答，黄尾采取了四步行动框架（即：哪些行业中被认为理所当然的因素应该被剔除？哪些因素的含量应该减少到行业标准以下？哪些因素的含量应该增加到行业标准以上？哪些行业内从未提供过的因素应该被创造？）创造“蓝海”。通过剔除和减少那些无关紧要的竞争要素，降低了成本；通过增加和创造顾客在意的竞争要素实现了差异化，并为顾客提供了差异化的服务，从而创造了新的价值。①

“蓝海战略”的理论精髓就是价值创新，而且是一种持续的中长期价值创新，是追求差异化的一种创新。对于中国广告创意来说，“蓝海战略”为我们提供了一个全新的视角来重新审视中国本土的创意短板。从传统的创意观到处于“蓝海”中的真正差异化的“创意观”，其创意“蓝海”在哪里？中长期的持久竞争核心何在？本土创意人在不断探索中逐渐有了各自独到的见解，比较有代表性的观点有如下几种。

（一）文化“蓝海”创意观

文化是所有竞争中最持久的元素，是最具有竞争力的元素，是最能体现成长潜力的元素。中国五千年悠久的历史文化留给广告创意人的智慧突破点更是从“红海”肉搏走向“蓝海”战略的指路灯塔。

利用文化进行创意的最简单的视角就是从文化的终端表现元素出发，寻找创意突破口。富有中国传统文化含义的有陶瓷、丝织品、篆刻印章、中国书法、中国结、秦砖汉瓦、兵马俑、京戏脸谱、皮影、武术、桃花扇、红灯笼（宫灯、纱灯）、木版水印、甲骨文、钟鼎文、竹简、茶、中药、文房四宝、四大发明、竖排线装书、剪纸、风筝等等。这些典型的传统中国元素在快餐式的现代文明中显得极具特色。巧妙地利用中国文化元素阐释现代文化或商品符号，能使消费者产生难以忘记的视听觉感受，从而达到创意留影、创意销售的目的。利用中国文化元素制作的广告，视觉风格上往往体现出一种古朴的意味，设计上更符合古典美。如谷歌宣传片——“宝贝篇”（见图 2-44），从看似单一但精神上连贯的传统文化符号中找到了和现代搜索引擎谷歌相互连接的时间轴心、灵魂主轴，对搜索引擎的精神定义和内涵给予了深刻的阐释。片中采用了方言、锣、城门等中国元素，通过故事剧情，一步一步揭示谷歌要表达的含

---

① allenchen 2005 博客．“黄尾”（Yellow Tail）的蓝海战略．http：//blog.tianya.cn/blogger/post_show.asp?BlogID=303893&PostID=3721095.

义："每一次锣响都是一次真实搜索的到达，每天数十亿次的锣声响彻全球，坚定执着，搜索真实，我们从不放弃。"这既是宣传片的文案，也体现了谷歌的搜索文化。此片的确是不可多得的好作品，与此类似的还有百度的"唐伯虎篇""展昭篇"等。

图 2－44　谷歌宣传片——"宝贝篇"

（二）品牌导航系统（BNS）

品牌导航系统（Branding Navigation System，见图 2－45）是广东省广告公司在多年的广告经营中总结出来的创意策略观。广东省广告公司在本土广告公司中处于领先地位，其战略目

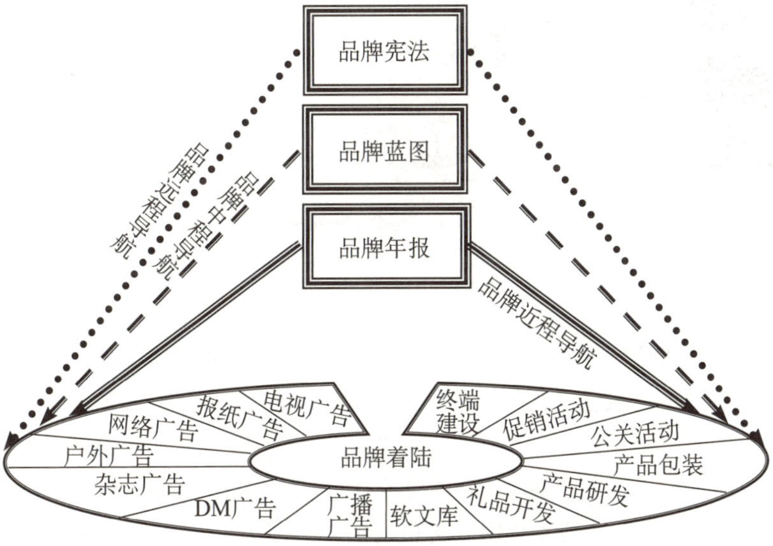

图 2－45　品牌导航系统示意图

标和创意宗旨是做中国创意产业链的整合者。品牌导航系统由三级导航系统构成：“品牌宪法”是远程导航系统，“品牌蓝图”是中程导航系统，“品牌年报”是近程导航系统。三级导航系统整合覆盖，最终落实到各种表现形式中，创意才算整合完毕。

“品牌宪法”作为创意策略的灵魂起到创造“蓝海”、寻找长久创意支撑点的作用。该“品牌宪法”不会因为管理层意志的改变而改变，是企业的长期品牌战略。“品牌蓝图”是实现创意“蓝海”的风向标和指导手册，也是创意“蓝海”的第一次“着陆”。“品牌年报”既是创意“蓝海”的第二次“着陆”，又是对创意“蓝海”的检验和重新整合。三者有机结合，构成了中国本土创意“蓝海”的品牌导航战略观。

品牌导航系统已经取得了众多的创意成果，如图 2－46 的高炉家酒系列平面广告“内外兼修篇”“天下为公篇”“家国天下篇”，曾获第十四届中国广告节铜奖、第十六届《广州日报》杯华文优秀报纸广告奖铜奖。该作品秉承了品牌导航系统创意法，将中国儒家思想融入创意作品中，使高炉家酒具备了典型的“家”的气息，开创了酒行业的新“蓝海”。

图 2－46　高炉家酒系列平面广告

（三）品牌建筑观

品牌建筑观创意理论的创立者是卓越形象广告公司创始人贾丽军。他认为，建筑艺术、技术以及作为实用艺术的建筑艺术所包括的美学和品牌创意如出一辙。品牌的建立、创意的产生和建筑艺术一样离不开科学、艺术和创新三大要素。就科学层面看，品牌创立离不开精准的规划、设计、执行和维护；就艺术层面看，品牌应从元素、符号、语汇、肌理、文脉、概念、理念、思想、精神和意象出发，靠文化的气质和积淀形成品牌个性和内涵；就创新层面看，品牌和建筑一样，只有推陈出新才能标新立异，才能成就经典品牌。

品牌建筑观开创了全新的创意“蓝海”，并不断在创意策略中进行实践，为本土创意理念指明了一个新的方向。图 2－47 是老板抽油烟机的一则平面广告，我们可以看到，这则广告无论在创意策略上还是在表现形式上都深刻地体现了艺术、科学与创新的品牌建筑观。

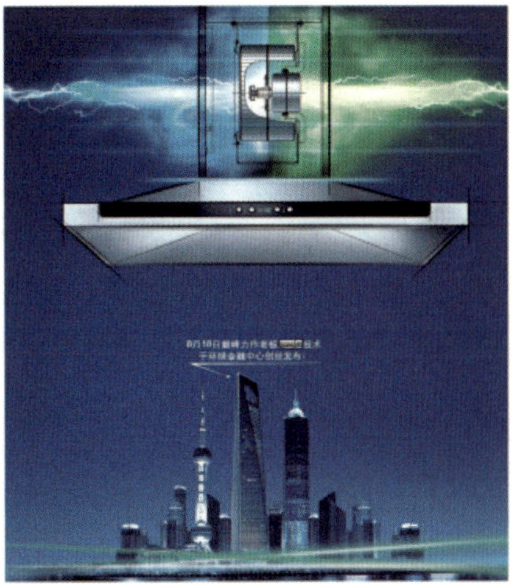

图 2－47　老板抽油烟机平面广告

（四）毛泽东式创意观

毛泽东式广告，就是用毛泽东同志的哲学思想和方法论指导中国的广告实践，这是上海灵诺广告公司总经理张家玮提出的，其核心是：马列主义、毛泽东思想的普遍原理必须与中国当前实际情况相结合，具体问题具体分析。翻译成广告用语，就是国际广告的普遍理论必须与中国的市场实际相结合，要根据中国的具体市场情况运用理论，而不是让市场去适应理论。其精髓是强调广告的科学性、实践性和适应性。

对于创意来说，“点子”的好坏固然重要，但毛泽东思想的核心就在于一切从实际出发，没有调查就没有发言权。因此，创意的“蓝海”不是靠拍脑门拍出来的，而是在调研数据的基础上理性地创造出来的。应实事求是，绝对不能犯教条主义和经验主义的错误。真正的好创意不是在市场上昙花一现，不是暂时领先，而应具备持久的竞争力。为此，在创意表现上，应做到“更清楚简明”“更与众不同”“更熟悉易懂”“更亲近有趣”“更持久一致”。唯有如此，才能建立品牌的核心竞争力，找到真正的“蓝海”。

延伸阅读

图 2－48　张小平

张小平（见图 2－48），人称“黑马大叔”，现任广东黑马广告有限公司总经理兼创意总监。曾担任纽约国际广告节、亚太广告节、龙玺环球华文广告奖、中国广告节、“长城奖”等各类专业大赛评委。2000 年入选“中国创意 50 人”，曾荣获“中国当代杰出广告人”“中国十大创意总监”称号。

【思考与练习题】

1. 根据 ROI 理论，列举三幅广告作品，分析它们是如何体现 ROI 的。
2. 产品同质化时代，USP 应该如何发展？
3. 比较 USP 理论与品牌形象理论的异同。

4. 尝试找出奥格威等诸位大师的其他作品，赏析并研究其特点。
5. 定位理论与 USP 理论及品牌形象理论的关系是什么？
6. 结合 CI 理论来分析你接触到的广告。
7. 你接触到的广告中，有哪些很好地体现了品牌个性？
8. “蓝海战略”与广告创意的最佳结合点在哪里？
9. 文化因素是创意“蓝海”的唯一突破口吗？还可能存在哪些方面的“蓝海”？
10. 中国元素应如何应用在广告创意中，才能避免走入传统符号滥用的误区？

第三章
广告创意的原则

广告需要原则，而不是个人意见。

——罗瑟·瑞夫斯（Rosser Reeves）

【学习要点】

- 了解主要的广告创意原则有哪些。
- 认识广告创意原则是如何指导广告创作实践的。
- 理解广告创意原则是创意实践的理论结晶，并非僵化的教条。

关键词

单纯性　独创性　关联性　针对性　形象性　真实性　伦理性

大卫·奥格威的“神灯法则”中有一条著名的戒律：“若你的广告基础不是上乘的创意，它必遭失败。”创意就是创造新意，新意是指前人没有重视或前人没有发现的具有全新的表现力的新含义。“原则”是指从无数事实中概括提炼出的一种明确的、可以共享的客观知识。对于广告创意来说，讲原则似乎违背了创意的独特性、突发性、跳跃性和变通性等特点。艺术派广告大师们认为，广告是一种艺术，而艺术是否定原则的，广告创意也是没有方程式的，它不需要任何原则性的清规戒律，可以海阔天空、任意抒发。

什么是好创意？如何评价一个创意是好创意？这就涉及好创意的标准和原则问题。那么广告创意是否需要遵循原则？是否存在一些普遍认同的标准可以指导广告创意？这是一个值得思考的问题。

事实上，汇集奇思妙想的创意一旦与广告相结合，便进入了大众传播的舞台，与受众的接受度、广告效果、经济效应等元素密不可分。一般来说，任何创作思维活动都非常忌讳条条框框的限制，但由于广告是一种功利性、实用性很强的经济行为，同时又是一种拥有着广大受众的社会文化现象，因此为了适应广告的特征，创意不得不“左右逢源”来博取胜利。正如现代设计与纯艺术的区别，后者是以表现自我为主，而前者更多是为了取悦他人。对广告来说，无论多么精妙的创意，如果不能达成功利目的，就一文不值，就是一个失败透顶的创意。在广告活动中，创意永远只是一种手段，是把消费者引向企业或产品的桥梁。从这个意义上说，广告创意需要原则，必须接受一些“清规戒律”的约束和制约。有人把广告创意比喻成“戴着枷锁跳舞”，在不自由中寻找更高境界的自由，这也许正是广告创意最迷人之处。

那么是否有原则可供广告创意遵循？有无可靠的原则可供指导？这是第二个需要回答的问题。答案是肯定的。创意具有较强的艺术性特点，对其好坏的评价，难免带有一定的主观成分，不同身份阶层、不同文化背景、不同教育程度的人，对同一个创意的认知和判断难免存在差异，甚至是较大的分歧。但正如对书法艺术的评价，尽管有不同流派和风格的差异，我们大体上对什么是好的还是有相对客观、较为一致的标准和看法的，能达成一些基本共识，例如可以从线条造型、间架结构、笔墨情趣、章法布局、精神内涵等方面进行评判。创意也是如此。在广告创意长达百余年的发展历程中，众多广告创意人的心得和研究成果逐步形成了一些行之有效的原则。这些广告创意原则的积累和提炼深刻地影响着广告人的创意思路和具体实践。在进行广告创意时，我们可以遵循以下这些原则。

第一节　单纯性原则

一、单创性原则的含义

在信息爆炸的当今社会，受众被淹没在信息海洋里，只有那些简洁明了、切中主题的广告才使人过目不忘、印象深刻。广告创意的单纯性原则是指广告在创意和表现信息时必须简洁、单纯、明确、明晰，而不是把简单的问题复杂化。广告创意不是为信息传播设置障碍，而是为信息和受众搭建桥梁。

单纯具有独特的价值和意义。所谓大道至简，往往愈是真理就愈简洁。牛顿有句名言，自然界喜欢简单。单纯，凝聚着智慧。一些揭示自然界普遍规律的表达方式都是异乎寻常的简单。例如著名的爱因斯坦质能方程公式 $E=MC^2$，揭示了物质质量与能量的关系，阐明了物质不灭定律和能量守恒定律的实质，指出了两条定律之间的密切关系，使人类对大自然的认识又深了一步。如此高深的物理学知识居然能用如此简洁的形式来表示，确实令人叹服。中国的传统文化图腾太极图同样如此，形式看似简单的太极图，却具有十分丰富的人文、自然、社会方面的内涵，凝聚着我们祖先的智慧，直到今天依然具有深刻的启迪价值。量子力学创始人、诺贝尔物理学奖获得者、丹麦科学家玻尔就选择太极图作为自己的荣誉爵士勋章并题词：“对立物是并协的（互补的）。”

最好的创意，通常是最为单纯简洁的创意。能把复杂的问题简单化，更需要智慧。

单纯的创意会有强烈的冲击力，使人过目不忘，印象深刻。例如一则表现网速超快主题的平面广告，画面上下载进度条似一颗子弹瞬间冲破了下载提示框的边界，无须文案就让人了然（见图 3－1）。

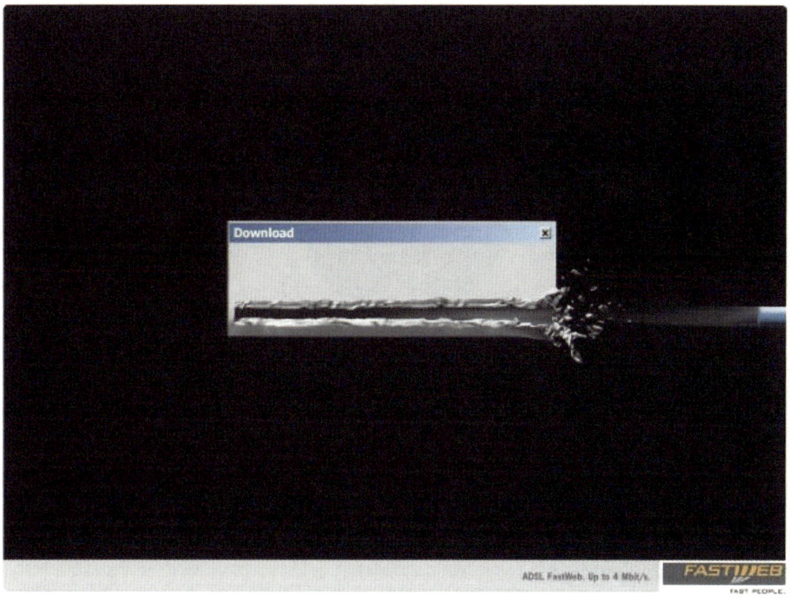

图 3-1　表现网速超快主题的平面广告

单纯，可以直击事物本质，抓住问题的关键。英国权威财经类周刊《经济学人》有一则平面广告，画面十分简洁，在黑色背景正中是一个白色的钥匙孔，没有一句文案，仅有落款标明广告主，充满玄机。其创意旨在表明《经济学人》就如一个钥匙孔，透过它能帮助读者窥探事件幕后的真相，它是揭开事实真相的钥匙。可谓不着一字，尽得风流，十分吻合该刊物的高端定位（见图 3-2）。

图 3-2　《经济学人》广告

单纯，也是设计表现的主流趋势，让设计更加易于识别。典型的如苹果的标志，从早期牛顿坐在苹果树下的复杂图案演变为被咬掉一口的彩色苹果剪影，再到晶莹的纯色形象，越来越简洁单纯（见图 3-3）。耐克标志更是简洁设计的典范，一道醒目有力的钩强化了品牌记忆。

图 3-3　苹果标志的演变

二、单纯性原则的具体内容

（一）广告创意主题的单纯性

首先，广告创意的传播受渠道容量的限制。渠道容量是指渠道传达信息的能力，是渠道表现创意和内容的能力。如果广告创意过于复杂，超出了渠道表现的极限，信息就会在渠道中堵塞，使得创意无法被准确传播，从而影响传播效果。

其次，广告主题必须单一。进行广告创意时，要先确定主信息或第一信息，也就是最重要的信息。广告创意应该单一地诉求产品最重要的信息——第一信息，把它通过简洁明了的创意凸显出来。不要期待用一个创意来表达多个内容，不要在一个广告中表现多个创意元素。做广告切忌追求面面俱到、十全十美。广告产品的卖点固然很多，但在极为有限的时间或版面里，诉求点过多既不利于受众理解，也不便于记忆，反而会使创意信息在传播渠道中被削弱，甚至消失。如 30 秒的电视广告中，如果表达多个信息，这个信息渠道就堵塞了；同理，户外广告重在短时间内向目标消费群体传播有效信息，传播的信息过多，就会在信息噪音中失去理想传播效果。因此，创意人必须在众多的产品卖点中将信息聚焦、浓缩、提炼，以简洁的信息内容展示产品最具个性和特色之处。

最后，每个广告创意都受受众接受量的限制。之所以要求广告创意主题单纯，也是因为受众接触每个广告的时间、注意力和耐心都是十分有限的。简单的广告创意就是最大限度地利用受众的接受机会，传达最能使受众留下深刻印象并为其接受的信息。过多的产品或服务信息同时展现在同一则广告中只能使受众眼花缭乱，不得要领。受众给每个广告的注意时间十分有限，接触时常常处于漫不经心的无意注意状态，还受到其他众多信息的干扰。消费者关心的是他们的利益是否得到有效满足，如果广告创意花去大量时间与精力诉求众多次要的特点，就会喧宾夺主、主次不分。

（二）广告创意表现的单纯性

国外学者将广告创意的单纯性原则概括为“KISS 原则”。KISS 是英文“keep it simple, stupid”的缩写，意思是“使之简单笨拙”。广告创意必须简单明了、纯真质朴、切中主题，才能使人过目不忘、印象深刻。广告大师伯恩巴克认为：“在创意的表现上光是求新求变、与众不同并不够。杰出的广告既不是夸大，也不是虚饰，而是要竭尽你的智慧使广告信息单纯化、清晰化、戏剧化，使它在消费者脑海里留下难以磨灭的记忆。”如果过于追求创意表现的情节化，必然使广告信息模糊不清，不知所云。

简单的本质是精练化。广告创意的简单，体现在创意内容的提炼和创意形式的提纯两个方面。简单明了的广告创意不仅需要精巧的构思，还需要被受众接受和认同。平中见奇、意料之外情理之中往往是广告人在创意时追求的目标。①

现代广告创作的趋势是回归自然、拒绝繁复，表现手法追求简洁流畅。帕玛拉特牛奶曾经有一条 10 秒钟的电视广告，观众一开始听到挤牛奶的声音，然后看到一股股新鲜的牛奶被挤到桶里，之后镜头缓缓上摇，观众才发现，其实不是挤牛奶，而是一只手在挤牛奶包装盒，最后画面定格在帕玛拉特牛奶包装盒上。整条广告虽然没有使用明星和特技，也没有精致的画面，甚至没有语言，但整体效果却非常出色。

因此，广告创意要做到诉求重点集中、信息凝练、主题突出，而表现手法要尽量单纯。一则带有冲击性、能够感动人心、新奇而又简单的广告创意，首先需要想象和思考。只有运用创新思维方式，获得超常的创意来打破读者视觉上的“恒常性”，寓情于景，情景交融，才能唤起广告作品的诗意，取得超乎寻常的传播效果（见图 3－4）。

图 3－4　麦当劳平面广告

例如图 3－4 这则麦当劳的平面广告。画面是一个剥开的新鲜香蕉皮，整体造型恰似麦当劳经典的 M 形标志，落款仅有一句文案“香蕉奶昔新鲜上市”。产品信息和品牌信息都通过这个创意画面清晰准确地传达，令人拍案叫绝。

又如，台湾有一则“家庭计划生育”报纸广告，堪称经典。计划生育广告历来让人颇为头痛，稍有不当就会被指责为“粗鄙”。该广告的画面上只有一个避孕套头和一个婴儿奶嘴，其余皆是空白，整体给人明快、疏朗的感觉；而文案也只有一句“多一份小心，少一份担心”，简练得像一首唐诗，可谓多一字则嫌累赘，少一字则败其意。

---

① 百度百科．广告创意．http：//baike. baidu. com/view/40839. htm.

台湾的 BBDO（天联）黄禾国际广告公司以“一语天然万古新，豪华落尽见真淳”的文案创意获得两项国际大奖，其简洁、质朴的文案可谓经典。CMG 传播公司为维珍大西洋航空公司制作的舒适之旅系列广告，其中一个画面是一张男人抿着嘴笑的脸，这张脸的左边嘴角写着“NEWYORK”，而右边的嘴角写着“LONDON”，意在向受众展示惬意轻松的旅途享受。广告就这么简单，但给人以深刻印象。

伊斯坦布尔 DDB&Co 广告代理公司为 DOLUCA 酒创意的主题为“玻璃杯”的广告（见图 3-5），其文案主题为“无法拒绝”，标题是“无人能抗拒”。表面看上去没有任何事发生，其实奥妙在杯子上。不同的杯子代表了不同的爱酒之人，这些人在面对 DOLUCA 酒时，全都放下了自己的偏好，纷纷笑纳，无人拒绝。

图 3-5　DOLUCA 酒平面广告

阳狮广告代理公司为 EMMENTALER 奶酪公司创意的以“孔”为广告主题的户外广告（见图 3-6），其文案只有简单的一个词——奶酪。在一个资讯爆炸的年代，简单是最高级别的美。

亨氏调味辣椒酱的广告“用餐者”（见图 3-7）传达了这样一种感觉：“让人感觉太辣了，一身汗，辣椒很带劲。”

图 3-6　EMMENTALER 奶酪公司户外广告

图 3-7　亨氏调味辣椒酱平面广告

如图 3－8，美国 David&Goliath 公司为滑雪场创意的平面广告用“小”的主题表现滑雪场的特性：超过 400 英寸的年降雪量，超过 3 500 英亩的地域，超过 3 000 英尺的垂直坡度，让这里成为滑雪的极乐世界。小小的旗帜、小小的木屋、小小的人突出了雪的无际无边，大量的留白就是滑雪场的超大空间。广告语“PLAY BIG”也集中体现了滑雪场“大”这一诉求点。

图 3－8　滑雪场平面广告

第二节　独创性原则

一、独创性原则的含义及意义

独创性原则指广告创意要突破常规、标新立异，进行创造性思维，不能因循守旧、墨守成规。这包含两层含义：一是广告创意应该是作者原创的，而不是对别人作品的抄袭或模仿；二是广告应拥有与众不同的独特性。独创性是广告人在广告运作过程中赋予广告运动和广告作品以独特的吸引力和生命力的与众不同的力量。广告人将原本存在的要素重新加以排列组合，用一种新颖而与众不同的方式来传达，发现人们习以为常的事物中的新含义。

独创性的广告具有极强的心理震撼效果。与众不同的新奇感通常能使广告吸引消费者对其产生密切的关注，其独特的魅力能引发人们强烈的兴趣，能在人们心目中留下深刻的印象，并且被长久地记忆。即使是一件普通的商品，如果经过独创性的广告塑造，也能获得很好的广告宣传效果。由于现代社会同类产品越来越多、同质化倾向愈演愈烈，信息铺天盖地，一般的表现方式很难引起目标受众注意，因此广告人都将独创性作为一个重要的原则来遵循。

要满足独创性的要求，我们在进行广告创意时，就必须有勇气、有智慧。我们要更多地利用发散思维来扩展自己的想象，要努力克服定式思维带来的阻力。定式思维会使人们在之前的活动中所形成的习惯影响对当前问题的解决，使人们很容易因为预定的思维方向而放弃或减少做新的尝试。对于广告来说，定式是一般受众对于广告表现主题的习惯想法，而创意就是要打破这种习惯，创作出完全出人意料的作品。当然，独创性并非要求绝对的不同，而是可以对前人的创作进行借鉴，特别是对经典的作品，我们必须认真学习和借鉴。但一定要铭记，要达到卓越，只有不断地超越。

独创性原则是广告创意创新的需要。独创是广告创意中最显而易见，也是最难达到的原则。如果想在纷繁复杂、眼花缭乱的各式广告中取得一席之地，则必须要有创新点，给受众耳目一新、眼前一亮的感觉。广告创意要新颖独特，就要利用人们普遍的逆反心理、好奇心理，不照搬照抄，不模仿，创造出与众不同、不落俗套的广告。总而言之，独创性原则是广告创意创新的需要。诚如美国广告大师威廉·伯恩巴克所说："我认为广告上最重要的东西就是独创性（original）与新奇性（fresh）。"[①] 当然创意也要建立在事实的基础之上，做到人人心中皆有、人人笔下皆无，这才是广告创意的至高境界。

二、独创性原则的具体内容

独创性的首创、与众不同和突破常规、出人意料不是纯粹从形式角度提出的。独创的意义

① 格塞雷，埃伯格．广告创意解码．北京：中国物价出版社，2003：167.

并不仅仅在于形式上的“想人所未想，发人所未发”，而是包括了四方面的内容。

（一）表现手法的独创

表现手法的独创即形式上的独创。为了使广告更吸引人、使人产生新奇感、在众多的广告中脱颖而出，为了使广告表现形式成为品牌的一种独特的标记、在众多的品牌中富于个性，为了使受众因为喜爱广告所体现的某种品牌情趣而发生购买行为，广告创意需要在形式上体现独创。这个独创，可以是创造新的表现形式，可以是发掘前人创造的有意味的形式，而后运用现代的形式、现代的理解去重新组合成一种新的形式、赋予其新的含义。

广告创意的表现手法是广告策略最直观、最具体的表现，它以直观的形式把广告策略融于广告作品中。所以，要产生一个好的广告创意，首先要准确了解企业及其产品特性，然后借助文字、图片、色彩等手段来体现广告主题。

常用的广告表现形式有如下两种。

写实方式：指直接叙述和说明的方式，比如对产品的功能、用法、购买地点等进行说明。这是最朴素和平实的广告手法，也是运用最多的手法。

对比方式：指通过比较从而更好地显示自身优点的方式。这种比较有的是自家新老产品的比较，也有的是与竞争对手产品的比较，后一种也被称为挑战性策略。

除此之外，广告的表现形式还有夸张、衬托、设置悬念等。

有创意的表现形态在广告创意独创性中起到重要的作用。如 2012 年戛纳创意节中法国 BETC Euro RSCG 代理公司选送的为电视频道“CANAL＋”创意的“The Bear（熊）”主题广告，描述了一位著名电影导演讲述自己实现理想的过程。导演的形象使用 3D 效果的地毯熊来表现，既突出了电影频道对于导演实现梦想的重要作用，也避免了使用真实的著名的导演可能带来的传播形象混淆的风险；3D 地毯熊的形象的使用避免受众观看广告后忘记了品牌、只记得明星导演的成功历程的问题，巧妙地传播广告主题的同时也使得广告的表现别具一格。

（二）信息内容的独创

广告创意寻找到独特的信息内容进行表现，寻找到能让产品在同类作品中脱颖而出的吸引人的新信息，这就是信息的独创。信息的独创不仅表现在能表现别的产品无法替代的消费利益点、产品生产背景以及产品的附加价值，也表现在能诉求别人没有诉求的产品特点，还表现在能发现同一产品和服务中的不同的特点和借助心理作用形成或创造出的不同价值。

独创性原则不仅仅要求形式上的原创，同时也要求所传达的信息的原创；不仅仅要求是首创，更要求是在传递广告信息基础上的首创。形式和信息共同造就的原创、发掘形式中的内在力量的原创才是真正的独创。

在广告整体表现的多个环节中，我们可以选择某一环节来表达原创性。比如可以体现在切入点独特，或者是广告表达手法独特，或者是广告传播方式独特，又或者是品牌形象独特等。

澳大利亚旅游局的广告创意传播活动就是一个优秀的例子。2013 年澳大利亚旅游局启动“Best Jobs in the World（世界上最好的工作）”主题传播活动，吸引全球的打工度假者选择澳大利亚作为他们工作和度假的目的地。活动的主要传播渠道有 Youtube 和 Youku 等视频网站的宣传视频、Facebook 官方页面以及电子报。这次活动吸引了来自 196 个国家的 33 万参赛者。参赛者需要递交 30 秒的视频，经过筛选，有 18 位进入面试，最后有 6 位参赛者赢得了“全世界最好的工作”，获得 10 万澳元的薪酬以及六个月的合同。他们作为玩乐达人、内陆冒险家、森林看护员、野生动物看护员、时尚摄影师和美食家分别在澳大利亚的六个主要地区工作，并且通过澳大利亚官方 Australia 旅游网站以及个人的社会化媒体来分享他们在澳大利亚的精彩生活。在活动举办期间，澳大利亚旅游局打工度假者的 Facebook 主页从 15 万粉丝增长到 47 万粉丝，全世界的年轻人都希望到澳大利亚体验良好的气候和美丽的风光。

（三）广告策略对广告独创性的重要作用

广告策略是指广告人在广告传播过程中为实现广告战略目标所采取的主要对策及应用手段，是广告战略的核心内容之一。科学的广告创意策略流程应是：研究产品—研究目标市场—研究竞争对手—确定诉求主题—明确广告创意—找寻恰当的表现形式。这一流程从产品、目标市场入手，首先确定“有没有必要说”，随后确定“对谁说”，接着确定“说什么”，最后才是“怎么说”。只有这样，广告创意才会紧紧扣住产品、目标消费者，做有针对性的诉求。詹姆斯·韦伯·扬认为广告是一种“旧的元素、新的组合”，这个见解非常精辟，得到了广告界的一致认同。因为好的广告设计来自好的创意，但好的作品并非凭空捏造的，它需要有根据的理性思维过程，只有这样，才能使一个好点子或者好的推广方法改变人们的习惯或观念。

通过科学的广告策略推广产品从而获得成功的例子有很多。2012 年伦敦奥运会及 2014 年索契冬奥会期间，帮宝适、汰渍、金霸王电池、吉列等品牌联合起来，以宝洁公司形象为整体进行“Proud Sponsor of Mothers（为妈妈喝彩）”的主题广告传播，系列视频广告作品通过对不同竞赛项目参赛队员青少年时期的艰苦训练中妈妈对他们的关怀与付出的刻画和描述，表达了每一位运动员的成功与他们的妈妈的辛苦付出息息相关的主题，而妈妈们在关怀孩子的过程中都会使用诸如纸尿裤、洗衣粉等日化产品，这样就把宝洁旗下的系列日化相关品牌与运动会这样的体育赛事巧妙自然地联系起来，创意自然、亲切，合理，受众在被感动的同时，也对宝洁旗下的日化相关品牌产生了好感，传播效果理想。

又如农夫山泉矿泉水的广告语“农夫山泉有点甜”，这一创意表明了自己的特点和个性，是针对矿泉水饮料做出的有别于兄弟产品的特色的创意，在市场竞争中有了自己的半边天。

从这些成功的案例中可以看出，广告的策略及其独创性起着重要的作用。

（四）吸引广告受众的注意力

广告创意的独创性能够从心理上吸引目标受众的注意力，并且给他们留下深刻的印象。通常，人们的日常行为以及对各种情况的处理方式受到其先天本能和后天学习经验的综合影响，我们可以把这看作人们对所处外部环境信息的一种反应过程。当外部环境趋向稳定、所接收的信息变化较少时，人们的反应将趋于被动的惯性模式，即通常所称的下意识。按心理学家的解释，当外部刺激信号不变时，人们的脑细胞将停止反射活动，因此就不可能对信息进行关注或产生积极的心理体验；只有当这种刺激信号发生变化时，才能引起反射，而这种刺激变化越出人意料，反射越强烈。这就是广告创意独创性的心理基础。广告要解决的问题，是使目标消费者了解商品、认知商品并且购买商品，而广告效果是通过消费者接受广告信息而产生的，因此广告与其目标消费者联系十分密切。消费者存在年龄、性别、职业、文化程度、消费习惯、购买力、家庭结构等方面的差异，而且各个因素变化很快，因此企业广告所面临的问题不是程序性的，而是非常复杂的新问题，并没有现成的解决方案可以直接采用。所以，广告创意要勇于创新，要具有最大限度的心理突破效果，通过与众不同的新奇感引人注目，并且以鲜明的特征触发受众的强烈兴趣，在受众心目中留下深刻的印象。

三、如何遵守独创性原则

（一）要遵守独创性原则，必须体现广告创意的创新

比尔·盖茨曾说过，创意就如原子裂变一样，只需一盎司就会带来无限的商业利益。比如好的广告标题除了要醒目易记，更重要的是要让受众产生共鸣，而且让受众感觉无可替代。时下的一些报纸杂志经常可以看到诸如“与您共度欢乐时光”“风格独特，品位不凡”等可适用于各类产品的广告词句，这些广告语给人感觉十分平淡，很难有效吸引消费者的关注，更无法促进消费者的购买行为。广告的主题一定要“立意新”。如台湾的俏皮宝宝纸尿裤的广告文案中就有这样一条主标题：“有谁比妈妈更能摸清宝宝的底细?”此句可谓一语双关：其一是说，妈妈帮宝宝换尿裤，不用将宝宝的裤子全脱下，只需用手顺着宝宝底部一摸即可；其二，说得直白点，宝宝的底细当然只有妈妈心里最清楚。这样的广告语既俏皮又温馨，年轻妈妈们看到了肯定是会心一笑。另外，广告还应做到“文笔新”。如荣获捷运广告奖海报类金像奖的“舒丝仕女除毛刀——把手篇”，画面是在地铁车厢里的悬吊把手，把手内点缀了一行简短文案：“夏天到了，别做惊人之举!”这则广告通过描述在日常生活中各种不同的公众场合人们必须举起手的情境提示爱美女士，夏天到了，可别不经意中露出腋毛。该广告用语清新，在这略带尴尬的问题上进行巧妙处理，从而提高了消费者对于除毛的关心度以及对于舒丝品牌的好感。再如海王金樽的广告，一句“要干更要肝”的广告语既暗喻了产品的护肝功能，又淋漓尽致地体现了对生命健康的关怀。其广告创意来自日常酒席上再简单不过的一句话——干杯！这种自然、简洁而且生活化的词句极易让消费者接受。

（二）要敢于向传统和惯例说“不”

独创性的广告要敢于向传统和惯例说“不”，敢于突破惯有定式思维的束缚，可以运用超常规甚至反常规的思维方式进行创意。当别人的广告极力高声叫卖时，你的广告给人安静与温馨的感觉；当别人的广告追逐明星效应时，你选择普通人代言产品；当别人的广告追求特技效果时，你的广告像是用家用 DV 拍摄的短片；当别人的广告矫揉造作时，你的广告自然朴实……总之，广告反其道而行，反而会给人与众不同的新奇之感。

（三）要避免雷同

美国 DMB&B 广告公司创意人员的宗旨是：“我们的客户为什么要花钱制作与同类产品雷

同的广告？他们不会。我们必须敢于不同。相同就是自杀。我们唯有率先突破常规才能卓然出众。”我们知道雷同是创意的天敌，目前在我国的广告创作中存在的模仿和雷同问题较为严重，千篇一律的现象普遍存在：保健品广告总是以“送礼”作为定位，牙膏广告创意总是以医生作为推荐者，洗发水广告常常是表现明星的一头秀发……许多广告在传播内容和表现形式上都十分相似，导致品牌形象模糊不清。

总之，独创性原则保证了广告人在广告的创意过程中不断寻找到新的思维方式和方法，使广告表达充分满足产品诉求需要的同时，成为符合受众审美情趣和情感归属的经典作品，从而创造出绚烂的广告文化。

案例

Interflora 鲜花速递网广告

国际花商联（Interflora）是一个覆盖了全球150多个国家的鲜花速递网络。扬罗必凯（Y&R）广告公司为其策划的四支广告（见图3－9至图3－12）于2016年3月在西班牙进行广告投放，这个系列广告荣获了平面&出版广告类金狮广告奖。

图3－9　Interflora 鲜花速递网广告之“SEARCH HISTORY”

文案：We pay attention to every detail of the banquet. But man, the one who has to notice if she changed her hair color is you.（译文：我们注意到了花束的每个细节，但是，先生，那个必须注意到她是否改变了头发颜色的人是您。）

分析：精致的花束被丢弃在垃圾桶里，表达出女主人公对男主人公的不满。品牌站在女性的立场上提出她们在收到花束的同时希望男士们能够多关心和关注她们的需求。文案既表达了品牌花束的精致属性，又表达了目标消费群体的心理需求。创意在洞察生活的基础上形成，独特而具有感染力。

图 3-10 Interflora 鲜花速递网广告之"BRIDESMAID"

文案：Our banquet are made on the day they are delivered. But man, the one who comes back every night is you.（译文：我们的花束都是在结婚当天新鲜制作，但是先生，每晚回家陪伴她的是您。）

分析：新娘的捧花被丢弃在垃圾桶里。站在新娘的立场上，除了收到代表无限祝福的花束外，她更希望得到具有责任感的承诺和行动，每天的陪伴是她最需要的。创意不仅表达了品牌花束的新鲜定制，同时也帮助目标消费群体表达了心声。

图 3-11 Interflora 鲜花速递网广告之"VACATION"

文案：We deliver flowers to the end of the world. But man, the one who spends the vacation with her is you.（译文：我们在全世界范围内提供花束配送服务，但是，先生，那个陪她一起度假的人是您。）

分析：花束被抛弃在垃圾桶里。因为再美的花束也无法取代男主人公陪伴女主人公度假的快乐。创意在表达品牌配送服务覆盖范围广泛的同时，也代表女主人公表达了希望男主人公在度假中陪伴的诉求。

图 3-12　Interflora 鲜花速递网广告之“VALENTINE’S DAY”

文案：We make seductive banquets for 65 years. But man, the one who celebrates the anniversary with her is you.（译文：我们生产引人关注的花束已经 65 年了，但是，先生，那个每年陪她庆祝情人节的人是您。）

分析：美丽的花束被丢弃在地上，因为女主人公没能和送她花束的男主人公共度情人节。创意除了表达出品牌的悠久历史和优秀品质，还站在女主人公的立场提出了她的情感需求。创意洞察生活，使人印象深刻。

第三节　关联性原则

一、关联性的内涵

广告创意的关联性指广告创意的表现方式、手段、技巧等并不是孤立存在的，它们必须要和广告的目的、意图密切相关。这也是广告大师伯恩巴克在其著名的 ROI 理论中所指的 R (relevance)。它是广告创意表现的重要前提和基础，体现了广告创意的合理性，即：为什么广告创意可以这么表现？为什么需要这么表现？它的理由何在？而没有体现关联性的广告创意是没有意义的。人们常说，广告创意犹如戴着镣铐的舞蹈。这“镣铐”就体现了广告创意的关联性，它是一种无形的力量，就像孙悟空头上的紧箍咒，意味着广告创意并非是毫无束缚、天马行空、率性主观的行为，而是要受到各种条件制约的。

二、关联性的哲学探微

“No man is an island, entire of itself; Every man is a piece of the continent.”（谁都不是一座孤岛，自成一体；每个人都是那广袤大陆的一部分。）这句16世纪英国诗人兼神学家约翰·邓恩（John Donne）的广为传颂的名言，可谓是对天地万物间彼此间联系的生动诠释。西方有个著名的谚语：丢失一个钉子，坏了一只蹄铁；坏了一只蹄铁，折了一匹战马；折了一匹战马，伤了一位骑士；伤了一位骑士，输了一场战斗；输了一场战斗，亡了一个帝国。这生动地解读了事件之间环环相扣的关联。在东方，则有更为精练的抽象表达，最有代表性的就是“天人合一”的思想。曾有学者认为它集中体现了中国传统文化的最高境界，反映了中华民族五千年来的思想核心与精神实质。作为中国传统文化的精髓之一，此观点更是从哲学高度传达了人与自然之间因密切关联而形成的和谐关系。

从辩证法原理上讲，我们知道，事物之间的联系具有普遍性，即任何事物内部的各个部分、各个要素都是相互联系的；任何事物都与周围的其他事物相互联系着，任何事物都不会孤立存在，整个世界就是一个相互联系的统一整体。在互联网时代，更是一切都可相连，我们正在进入所谓的万物互联时代（IoE，Internet of Everything）。在这个时代，现实的物理世界与互联网连接起来，日常物品能够和互联网连接并变得智能化。所有我们能看到的物件，小到眼镜、领带、皮鞋、衣服，大到平时用的冰箱、出门开的汽车、坐的飞机，都将变成一个智能化的设备，24小时与互联网连接。

理论上，任何两个看似不相干的事物都可以通过一些途径的转换而建立起某种有意义的联系。哈佛大学的心理学教授斯坦利·米尔格拉姆（Stanley Milgram）在1967年提出了著名的六度分隔（Six Degrees of Separation）理论（见图3-13）。简单地说，“你和任何一个陌生人之

图3-13　六度分隔理论示意图

间所间隔的人不会超过六个，也就是说，最多通过六个人你就能够认识任何一个陌生人”。它表达了这样一个重要的概念：任何两个素不相识的人，通过一定的方式，总能够产生必然联系或关系。我们都很熟悉一个游戏，任意两个毫无关系的词语，通过另一些词语的过渡，就可以联系起来。例如，天空和汽车这两个相差甚远的概念如何建立联系？途径很多，比如天空—大地—公路—汽车，或者天空—飞机—交通工具—汽车等。又如，轮胎与汽水瓶之间有什么关联？两者间虽然在形态、用途方面差别很大，但广告人却从中发现了一个基本共同点，那就是不能漏气！固特异轮胎一则广告的创意表现正是利用了这一点（见图 3-14）。这样的关联使得关于固特异轮胎产品性能特点的广告创意更加形象、生动，也更容易让消费者理解和接受。再如，子弹和香烟之间你能发现什么相似之处？可能我们可以找到很多，但最核心的一点就是它们都能取人性命！图 3-15 这则戒烟的公益广告正是围绕这一点做文章，让两者建立了联系。子弹和香烟都会致命，差别只不过是在速度上，前者更快速而后者缓慢一些。

图 3-14　固特异轮胎广告

图 3-15　戒烟公益广告

广告创意人平时就要有意识地训练自己寻找不同事物间关系的能力，正如广告大师詹姆斯·韦伯·扬所说，在心态上养成寻求各事物间关系的习惯，成为产生创意最为重要的事情。

建立关联性，关键是要准确地找到创意传达理想的结合点，如前例，固特异轮胎和汽水瓶的不漏气，香烟和子弹一样都能置人于死地。而是否善于在不同的事物之间发现异中之同或同中之异，能否抓住事物的本质关联属性，使此结合点自然贴切、巧妙奇特、生动有趣，就成为衡量广告创意水准高下的一个重要尺度。正如德国哲学家黑格尔所说，你能找出一匹骆驼和一支笔的不同点，我们不会说你有什么了不起，因为它们之间的不同点太多了；你能找到一棵槐树和一棵橡树的共同点，我们也不会说你有什么了不起，因为槐树和橡树的共同点太多了。而聪明人往往能找到骆驼和笔的共同点、橡树和槐树的不同点。① 再看一个例子，同样是戒烟的题材，图 3-16 这则广告给我们提供了一个新的结合点。

图 3-16 戒烟公益广告

图中的烟灰缸里有一堆烟灰，旁边摆放着几根燃尽的火柴梗，宛如正在游动的精子。广告创意既在形态层面把火柴梗与精子关联，又在理念层面把吸烟和男性精子的健康活力做了关联，广告语“smokers make poor swimmers”（吸烟降低生育能力）一语中的，对吸烟的危害做了形象的解读。

三、关联的基本途径

具体而言，关联性原则要求广告创意能够与广告的商品或服务，或者消费者的需求、主要竞争对手、广告目标、广告主题等建立起某种特定联系。此种关联可以是直接的或间接的、显性的或隐性的，关键是要能找出最能满足消费者、打动消费者的利益点，它们可以是理性的利益点，也可以是感性的利益点。通过建立关联彰显产品或品牌的鲜明个性，让消费者记住此广

① 王键．让思想冲破牢笼：一堂震撼人心的创新思维课．北京：北京大学出版社，2008：155.

告的同时更对产品或品牌留下深刻印象，这是关联性的要旨。

（一）与产品或品牌的关联

广告创意表现通常要反映出产品或品牌在当前阶段值得向消费者传递的某个重要信息，比如产品的特性、外观、价格，带来的心理体验等容易引起消费者关注的信息，或者品牌个性、品牌精神等。这些信息可以是物质层面的也可以是情感层面的，总之必须充分展现产品或品牌的内在价值。这是最为基本的关联。这就要求创意人员必须深入研究产品或品牌，找出符合传播策略的、最能打动消费者的利益点。例如Clarks鞋子采用缓冲软垫和高密度泡沫设计，具有穿着舒适的特点。为让更多消费者亲身感受，甚至无须让他们一一试穿，策划了一次成功的推广活动。他们定制了2 500平方米的海绵软地砖，模仿真实的路面环境，将繁华的购物街变成一条Clarks海绵街，消费者在愉快的行进中体验到了产品的独特性，活动与产品"沙发软垫科技"卖点相关联，很好地诠释了"柔软每一步"的传播主题。在活动开展30天后，该品牌沙发软垫系列销量增长了300%。

某品牌的漱口水广告（见图3-17），画面十分夸张幽默，但创意的表现与产品的功能却有紧密的关联。该漱口水广告的创意是：一个牧师正在教堂里宣讲布道，可是所有的听众却对他避之不及，侧身掩鼻，纷纷坐在远离他的位子上。画面右下角的产品图片让这一切有了合理的解释：如果消费者使用此品牌漱口水，可以消除口臭，避免类似尴尬。

图3-17　漱口水广告

又如一则玉兰油广告（见图3-18），一位海关官员满脸狐疑地拿着护照，犀利的目光穿过眼镜框上沿盯着你仔细比对审视。画面乍一看让人有些摸不着头脑，似乎与产品并无关联。但再认真琢磨，不禁让人莞尔一笑。由于使用了玉兰油产品，美白效果十分明显，以致和护照上的照片比对不上，让海关检查员心生疑虑，以为不是同一个人。画面虽然并未直接表现消费者使用产品的效果，但是却给人留下了极大的想象空间，可谓不着一字，尽得风流。

图 3-18 玉兰油广告

（二）与消费者的关联

消费者是广告沟通的对象，是广告信息的接受者。如何站在消费者的角度，以他们乐于接受的方式传递信息？创意时充分考虑他们的需求、感受、理解接受的能力等，是实现广告传播效果的重要保证。与消费者关联，首先就是要求广告创意符合沟通对象的要求与心理，使消费者意识到这是与“我”有关的，是对“我”说的。人对信息的接收往往属于选择性接收，通常优先关注和自己有关的信息，就如看集体合影照片时，每个人的目光首先搜索的一定是自己。其次，和消费者关联，一定要让消费者在情感上能够接受和认同，如果口服心不服，都不能算好的关联。如一则禁烟公益广告（见图 3-19），图中一支燃烧的香烟、弯曲的烟灰产生的视觉

图 3-19 某禁烟广告

关联，隐喻了吸烟对男士生理健康带来的严重危害。含蓄的表达有时比强烈的否定和说教更能发人深省、触动心灵，同时不致使人反感，产生强烈的抵触情绪。

（三）与竞争对手的关联

广告是产品在激烈的市场竞争中开疆拓土、赢得先机的重要手段，尤其在产品的成长期和成熟期，面临着创立品牌、巩固市场地位的严峻挑战，必须能在众多的同类产品中脱颖而出，给消费者留下深刻的印象，因此广告中有时会不可避免地涉及竞争对手。

广告创意与竞争对手的关联重在同中求异，实现差异化诉求，通过广告，给消费者充足的理由认识到产品的优点、好处。俗话说，不怕不识货，就怕货比货。因此要千方百计找到甚至创造对手的弱点，加以比较。通过对比，让消费者感到两者的差异，从而得出广告希望获得的结论。

产品在性能、品质、设计等方面的区别比较明显时，差异化优势通常比较容易确立。如果是同质化较严重的产品，是否就很难实现差异化的诉求呢？答案是不一定，关键看从什么角度入手表现。百事可乐和可口可乐可谓是一对欢喜冤家，往往以在各自的广告中调侃、嘲弄、打击对手为乐。在百事可乐的一则平面广告中，广告创意从产品受欢迎的程度与竞争对手巧妙关联，意思表达得入木三分。图 3 - 20 中，两架并排的自动售货机前，左边百事可乐的商标清晰可见，右边虽然商标只露出了局部，但那白色飘带明显代表了可口可乐。百事可乐售货机面前破损严重的地板无疑是画面上最引人注目的焦点，显然是由于消费者的频繁光顾而导致的。对比可口可乐跟前光亮如新的地板，两种可乐欢迎的程度不言自明。通过这样夸张、震撼的视觉效果对比，既不露声色地攻击了对手，又展示了一种机智和幽默，在博消费者一笑的同时，也让消费者对品牌产生好感。

图 3 - 20　百事可乐广告

（四）与广告主题的关联

广告主题是一个广告的诉求核心，是“说什么”的关键，对广告创意表现起到统率的作用。广告主题能否顺利实现沟通的目的，其表现的形式、途径是否恰当合理，取决于广告创意与广告主题是否相关联。创意表现如果不能与主题产生关联，彼此脱节，那么消费者就会感到困惑，不明白广告到底要说什么，广告创意也就失去了意义。再举一个固特异轮胎广告的例子

（见图 3－21）。固特异的这则广告通过发现打火机打火转轮与轮胎都要经受长期摩擦的考验，在设计上把转轮置换成轮胎，与固特异“非同一般的耐磨”的诉求主题建立了生动的关联，产品耐用的特征也就不言而喻了。又如一组以反战为主题的联合国公益广告（见图 3－22）。图中精美的青花瓷被做成了手雷和鱼雷等武器，喻示随时都有可能会发生战争，而战争的代价将是巨大的，和平就像这些精美的瓷器一样昂贵而且易碎。这种关联颇发人深省。

图 3－21　固特异轮胎广告

图 3－22　联合国反战系列公益广告

利用节假日促销是常见的创意主题。加多宝 2013 年在北京、广州等地的大型商场策划了一次“你敢喊我就敢送”的新春线下活动，消费者只要对着售货机大声喊出“过年来罐加多宝”，音量达到一定分贝值，售货机就会自动掉下一罐加多宝送给参与者。活动吸引了大量的商场顾客踊跃参与，现场洋溢着男女老少的欢声笑语，共送出 3 000 多罐，影响超过 30 万人。通过此活动，加多宝的品牌不仅在消费者积极主动的高声喊叫中不断得到强化，而且也契合了过年欢乐喜庆的气氛，很好地传达了“过吉祥年，喝加多宝”的广告主题。

（五）与表现载体的关联

现代广告媒体的多元化发展给广告创意提供了越来越广阔的舞台，只要想得到，各种司空见惯的物体都有可能成为广告的载体。借助媒体自身的独特性，广告创意愈发不拘一格，不仅生动地诠释了商品，而且充满了个性和灵气。例如美国自然资源保护委员会一则利用挂钟来表现保护野生动物主题的公益广告（见图 3－23）。图中钟面上的每个时刻上都画有一种珍稀动物，分针是一杆猎枪的造型，意喻着每一分钟都有一种动物丧生在偷猎者的枪口下。

美国自然资源保护委员会另一则同样主题的广告有异曲同工之妙（见图 3－24）。图中广告将各种野生动物画在火柴棒上，每当划着一根火柴时，就将有一些动物从眼前消失。广告以此来告诫人们要珍惜森林资源，减少木材的消耗，为野生动物留下赖以生存的环境。

图 3-23　美国自然资源保护委员会系列公益广告之一

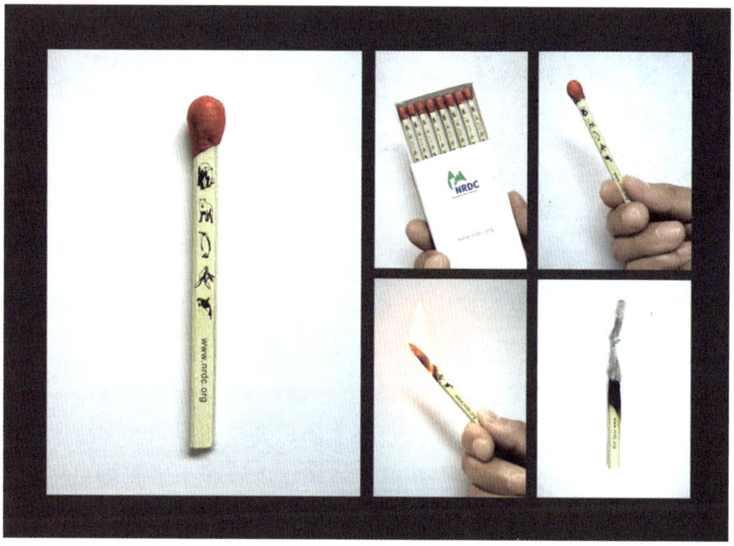

图 3-24　美国自然资源保护委员会系列公益广告之二

同样一种媒体，可以通过不同形式的关联表达绝不雷同的含义。例如同样是利用商场里司空见惯的扶手电梯，就可以结合不同商品或服务的特点，在创意人的奇思妙想下演绎出许多精彩的创意。以下四则电梯广告创意中，第一个（见图 3-25）是美发店广告，表现该店可以为同一个人创造出各种多变的发型；第二个（见图 3-26）是过山车广告，把过山车给每个游客带来的快乐和惊险刺激展现得淋漓尽致；第三个（见图 3-27）是洗发水的广告，其含义是，使用该产品后发丝就如同电梯的齿纹一样纹丝不乱；第四个（见图 3-28）是惠普打印机广告，表现打印过程的流畅性。这几则电梯广告均将产品特性与表现它们的载体——电梯关联得十分巧妙。

图 3－25 电梯媒体广告之一

图 3－26 电梯媒体广告之二

图 3－27 电梯媒体广告之三

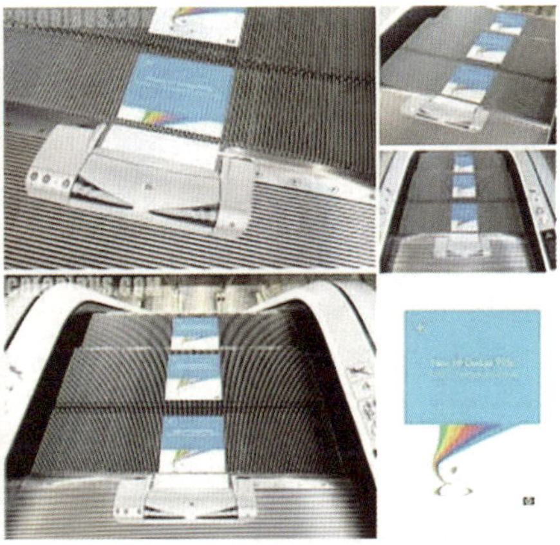

图 3－28 电梯媒体广告之四

第四节　针对性原则

一、有所不为才能有所为

“这种贪得无厌的心理使品牌落得一个完全丧失个性的下场，欲振乏力，一事无成。在今天的商场中，一个四不像的品牌很难立足，就好像太监无法当皇帝一样。”[①] 奥格威的名言告诉我们，广告创意必须具有针对性，对症下药才能取得好的效果。广告创意若没有针对性，就像枪里的子弹，虽连环发出，但总也瞄不准目标。

二、有的放矢才能事半功倍

我们每一个人都应有自己的人生方向，有了清晰的方向后，行动才不会盲目。广告有了针对性，才能找准方位。因此，我们要遵守广告创意的针对性原则，这一原则主要包括针对消费者、针对产品/服务特征、针对竞争者、针对媒体、针对特定事件或特殊节日这几个方面。

（一）针对消费者

广告创意诉求点除了要表现出与消费者的相关性外，还必须令消费者觉得产品正是其所需要的，这就要求在进行广告创意的过程中必须针对消费者的实际情况展开诉求，应考虑到消费者的年龄、职业、民族、文化程度、购买力、消费习惯、家庭结构等方面的差异。下面以几则广告为例，来说明广告创意如何针对消费者。

1. 百事可乐——区域性

百事可乐在不同区域所推出的广告，就是采用同一主题，用不同人物、不同场景来表现，这样较好地针对了不同区域消费者有着不同的信息认知结构性这一特点。

如 20 世纪 90 年代，百事可乐在明确了其“新生代的可乐”形象后，推出了一系列以年轻人心目中最酷的明星作为形象代言人的广告：在美国本土，百事可乐花 500 万美元聘请了流行乐坛巨星迈克尔·杰克逊为其代言；在中国，则邀请郭富城、王菲等歌星做其形象代言人。

2. 肯德基——家庭结构

肯德基推出的“肯德基宅急送主题广告——今天谁煮饭篇”（见图 3－29）是针对当今很多都市年轻夫妇经常面临的“谁做饭谁收拾”的“厨房难题”而进行创意表现的，想必能引起许多都市年轻家庭夫妇的共鸣。

---

① 余明阳，陈先红．广告策划创意学．上海：复旦大学出版社，2001：20.

该广告表现了一对年轻夫妇在家的闲暇状态，丈夫在看球赛，妻子在涂指甲油，丈夫提醒妻子到了煮饭的时间，妻子则以丈夫“饭后要做些什么”的问题来反问，丈夫很自然地表示愿意承担“饭后收拾”的职责。可爱的妻子在得到丈夫的回答后则立刻兴奋地拨打了肯德基宅急送的电话，于是两人一起开心而幸福地共享“饭局”。饭后，可爱的妻子仍不忘催促丈夫去完成他的“饭后收拾”的任务。

扫码观看肯德基宅急送主题广告——“今天谁煮饭篇”

图 3-29　肯德基宅急送主题广告——“今天谁煮饭篇”

丈夫：老婆，该煮饭啦！

老婆：我煮饭，你呢？

丈夫：我收拾啊！

老婆：好！

旁白：还好，有肯德基宅急送，买乐惠餐最高省 12 元，超值分享装最高省 15 元，更多优惠只在肯德基宅急送。

老婆：该你收拾咯。

3. 麦当劳——消费时间

麦当劳的“麦当劳 15 元套餐——算错篇”广告则是针对现今上班族去哪里吃午餐更划算的需求而特别推出的。

广告表现了一名白领男士去麦当劳用餐所遇到的情形。在服务人员告诉其所点套餐的价格时，该男士友好地提醒服务员是否要再算一次，当服务员再次告诉其套餐的价格时，该男士张口结舌，表现出了其难以置信的表情。广告以此告诉上班族，麦当劳是享用超值午餐的好去处（见图 3 - 30）。

图 3 - 30　麦当劳 15 元套餐广告——“算错篇”

男服务员：谢谢，超值午餐 15 元。

男白领：我说，你要不要再算一次啊。

男服务员：12、7、5 块 5。

男白领：所以，一共是——

男服务员：15 元。

男白领：10、10、10、10、10……

旁白：没错，麦当劳每天 11 点到 2 点，超值午餐，款款只要10……10 到 15 元。香脆鲜嫩的麦辣鸡腿汉堡套餐，还有更多选择！天天来更划得来。

4. 麦当劳——拿下今天

针对年轻人面临的找工作、同学聚会等压力，麦当劳推出了一系列“拿下今天篇”早餐广告，很好地引起了年轻人的共鸣（见图 3－31、图 3－32）。

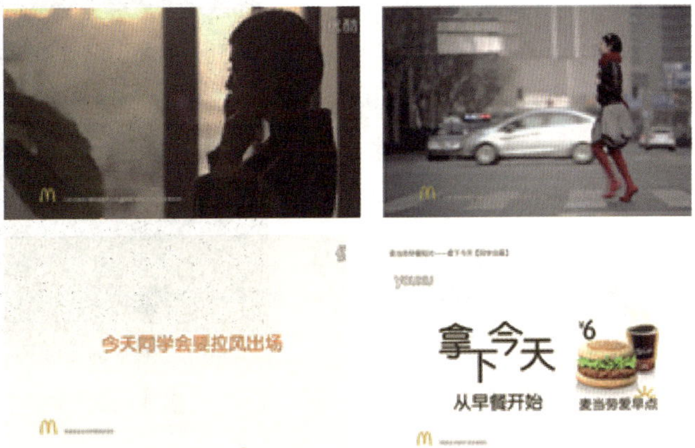

图 3－31 麦当劳广告——“拿下今天篇”之一

图 3－32 麦当劳广告——“拿下今天篇”之二

扫码观看麦当劳早餐短片合集——“拿下今天篇”

延伸阅读

面向个性化时代的制造业转型

（具体内容扫码即见）

（二）针对产品/服务特征

“如果我要给谁忠告的话，那就是告诫他在开始工作之前要彻底地了解他要宣传的商品。”[①] “无论你怎样有技巧，也不可能发明一个根本不存在的优点，假如你真的发明了，它也只是一个噱头，迟早都会崩溃的。”[②] 伯恩巴克留下的这些建议提醒我们创意另一个很重要的原则就是要针对产品或自身的服务特征来进行诉求。下面以几则广告为例来说明针对产品/服务特征这一原则。

图 3－33　海飞丝平面广告

1. 海飞丝平面广告——不留一点白

如图 3－33 的海飞丝平面广告，简洁直观地体现了海飞丝去屑的特点。

2. 碧浪洗衣粉——就敢穿

图 3－34 的碧浪洗衣粉广告虽有些夸张，但还是较直接鲜明地体现了其不怕污渍的超强洗涤功能。

图 3－34　碧浪洗衣粉广告

3. 狮牌保险柜——用焊枪切开[③]

狮牌保险柜一则广告的广告语是这样的：“狮牌保险柜最大的缺点是密码上锁，必须用密码开锁，不然的话要用焊枪切开，这是唯一的方法。记密码有困难的人，请不要使用狮牌保险柜，免得麻烦。”

杨敬飞在其硕士论文《后现代主义广告的创意表现研究》中认为，“密码上锁”是这种保险柜最大的优点，但这则广告在语言表述上却以将其视为缺点的形式来表达，使其产品优点更显突出。

4. 有斑点的苹果——冰雹的痕迹[④]

杨敬飞在其硕士论文中还举到了“有斑点的苹果”的例子。美国的一个种植园的苹果有一

---

①② 邹红梅．关联性原则在广告创意中的运用．成都教育学院学报，2006（4）．

③④ 杨敬飞．后现代主义广告的创意表现研究．呼和浩特：内蒙古师范大学，2005.

年由于受到闪电、冰雹的侵袭，大量的苹果皮上出现斑斑点点的划痕，影响到了销售。但经销商出奇制胜，做了这样一则广告：“好的苹果应该都有斑痕，因为那是冰雹的痕迹。它证明这些苹果都长在寒冷的高山上，而只有在寒冷的高山上，才能长出这样香甜爽脆的苹果。请你来品尝这种特殊风味的苹果吧！”广告刊出后，消费者都抢着要斑点苹果，斑点苹果成为有独特美味的苹果的代名词。

（三）针对竞争者

在广告创意过程中，除了要挖掘产品自身的特点外，还应充分考虑到竞争者的广告创意，以期挖掘出竞争者不具有的或忽略了的优势，挑战或利用其现有的优势。

1. 竞争者所忽略的

当美国广告界的元老克劳德·霍普金斯为当时的喜力滋啤酒进行广告创意时，发现当时许多品牌的啤酒瓶都是经过蒸汽消毒的，但是从来没有人宣传这一点，于是他便大胆地以“喜力滋啤酒经过蒸汽消毒”为广告主题，使消费者认为喜力滋啤酒是卫生、健康、可靠的产品，从而获得了消费者的青睐。

2. 竞争者没有的——白加黑

白加黑感冒片推出的“治疗感冒新概念”成为当时感冒药中的新名词。“清除感冒，黑白分明”的诉求，使其在半年内成为全国知名品牌（见图 3-35）。

扫码观看白加黑感冒片广告

图 3-35 白加黑感冒片广告

女画外音：（哈欠声）

男画外音：白加黑，白天服白片不瞌睡，正常工作；晚上服黑片睡得香，巩固疗效。感冒，用白加黑。

女主人公：表现就是这么好。

3. 挑战竞争者

（1）间接挑战——TCL美之声电话。针对当时步步高推出的“步步高无绳电话，方便千万家”的广告，TCL曾针对性地提出了“方便谁都做得到，声音清晰更重要”的广告（见图3-36），有意使消费者意识到使用TCL美之声电话可能避免步步高或其他无绳电话中可能遇到的掉线、声音不清晰、信号不好等让人头疼的问题。[①]

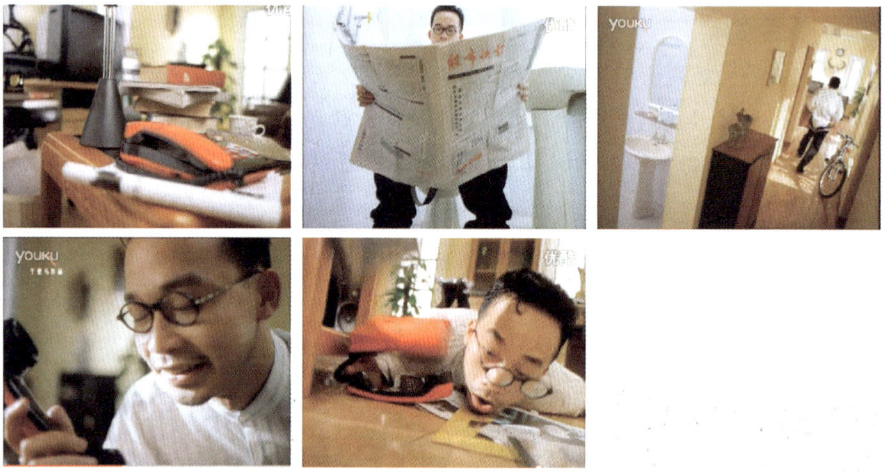

图3-36　TCL美之声无绳电话广告

扫码观看步步高无绳电话广告——“尴尬篇”

案例

统一老坛酸菜面广告

针对当时市场上有时模仿的现象，统一老坛酸菜面推出了下面这则“模仿篇”广告（见图3-37）：有人模仿我的脸，还敢模仿我的面，模仿再像也不是统一老坛……

① 丁邦清，程宇宁．广告创意：从抽象到具象的形象思维．长沙：中南大学出版社，2003.

图 3-37　统一老坛酸菜面广告——“模仿篇”

扫码观看汪涵统一老坛酸菜面广告——“模仿篇”

（2）直接挑战——百事可乐。百事可乐经常采用明指或暗指的方式对可口可乐进行挑战。图 3-38 所示是百事可乐在国外曾经播出的一则电视广告。为了能够按到自动售货机较高处的

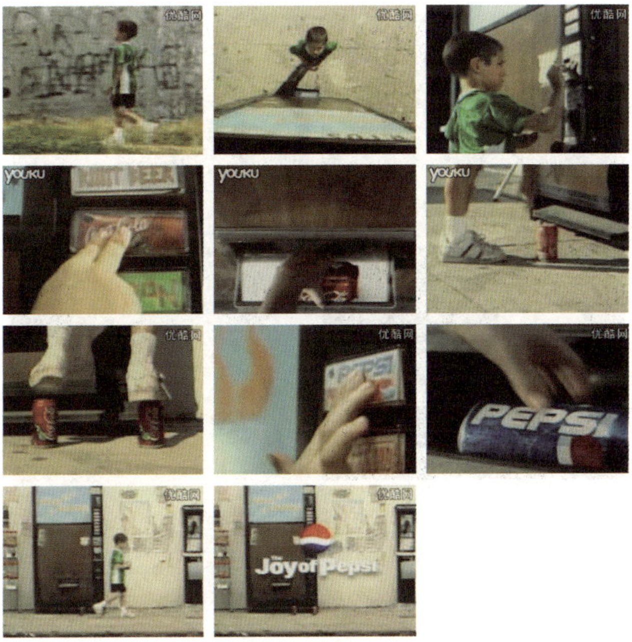

图 3-38　百事可乐广告

百事可乐按钮，画面中的男孩不惜投币要了两瓶可口可乐作为垫脚之物，在买到百事可乐后，男孩径直离去，将两瓶垫脚的可口可乐遗弃在身后。整个广告只在结尾部分出现“Joy of Pepsi”的文字，却将百事可乐的魅力展现得淋漓尽致。

4. 另辟蹊径——农夫山泉、五谷道场

农夫山泉曾经推出的测水广告“健康的水应该是天然的弱碱性水，pH 值大于等于 7.3，为了健康你应该测一测你喝的水!”① 及“纯净水不益健康，停止生产纯净水”的宣传曾引发水业的轩然大波，吸引了消费者的眼球，使农夫山泉天然水成为很多消费者的首选品牌。

又如图 3-39，在消费者与各方便面厂家都认为“油炸”是方便面的一大“特质”的情况下，五谷道场却与方便面市场 90%以上的油炸方便面公然作对，在广告中提出了“100%非油炸，更健康!”的概念，在方便面市场中脱颖而出。②

图 3-39　五谷道场方便面广告

①② Zise 博客．电视广告创意基本原则．http：//gao513227.blog.163.com/blog/static/15245947200802824946490.

5. 追随竞争者——蒙牛乳业

1999 年 4 月 1 日，呼和浩特市市民一觉醒来，发现满大街一夜之间冒出了许多头戴“红帽子”的路牌广告。红底黄字的广告语金光闪闪：“蒙牛乳业，向伊利学习，创内蒙古乳业第二品牌”。一时间，人们议论纷纷：蒙牛是谁？通过这一广告，蒙牛成功地把自己与中国乳业老大伊利联系起来，使得蒙牛在内蒙古一炮而红。①

（四）针对媒体

再好的创意都需要经过特定的媒体来呈现，然而，由于不同类型的媒体有着各自的定位及特点，因此广告创意也必须针对各投放媒体的具体情况来展开构思。下面几则广告较好地体现了创意过程中的针对媒体这一原则。

1. 中国人寿

如图 3－40 中所示，该广告通过一块倾斜了的户外广告牌来表达“人生难免有意外”的信息，在引起路人注意的同时，较自然地传递了中国人寿自身的服务内容，提醒人们购买保险的必要性。

图 3－40　中国人寿广告——“人生难免有意外篇”

2. 美的风扇

如图 3－41 所示，上海著名的地标建筑海通证券大厦具有独特的弧形外观，斐思态广告公司将美的风扇广告放在了该大厦对面的大楼上，使人产生错觉，仿佛是美的风扇强大的风造成了对面建筑的波浪形状。②

---

① 刘悦坦．招式五：广告策略 瞄准然后射击目标．现代营销，2005（6）．

② 百度空间．10 个很富有创造力的广告创意．http：//hi. baidu. com/stefsunyd/blog/item/d1b98b6e8649c7d180cb4a61. html.

图 3-41　美的风扇广告

3. 好事达汽车保险

好事达汽车保险的广告（见图 3-42）将一部真实的汽车悬挂在芝加哥市中心著名的地标建筑 Marina Towers 车库的边缘，让汽车看上去摇摇欲坠。该广告传达的信息是：如此危险，还是买保险吧。①

图 3-42　好事达汽车保险广告

① 百度空间 .10 个很富有创造力的广告创意 .http：//hi. baidu. com/stefsunyd/blog/item/d1b98b6e8649c7d180cb4a61. html.

（五）针对特殊事件或特殊节日

我们处在一个不断变化的环境当中，因而，企业的广告创意还应时刻关注并借助那些对自身有帮助的特殊事件及特殊节日，以更好地满足并利用消费者的情感来获得成功。下面以几则广告为例来说明这一原则。

针对春节这一中国的传统节日，中央电视台曾经拍摄了一系列讲述平凡人回家过年的故事的公益广告①，以真实而极具震撼力的镜头，将中国人回家的历程演绎成一部部心灵史（见图3－43）。

图3－43　央视春节系列公益广告——“回家篇”

扫码观看央视春节系列公益广告——“回家篇”之《迟来的新衣》

① http：//www.vmovier.com/36074.

延伸阅读

一、央视春节系列公益广告——“回家篇”之《63年后的团圆》

（扫码观看视频，下同）

二、央视春节系列公益广告——“回家篇”之《过门的忐忑》

三、央视回家系列公益广告——“回家篇”之《家乡的滋味》

案例

999感冒灵感恩节广告“总有人偷偷爱着你”

999感冒灵在2017年的感恩节推出了一则“总有人偷偷爱着你”的暖心广告，被消费者认为是年度最走心的广告（见图3-44至图3-51）。

广告片选取真人事件改编，以一段网络问答为线串联五个反转故事。反转前的文案非常直接，无情地揭开了生活冷漠的一面，最后又亲自点亮了希望。被人拒绝、被人嘲笑、被人看不起、被人欺压等这些不顺心的经历无一不是生活的真实写照，随之引发的一系列心病也深埋于消费者内心。999 感冒灵深知你心灵深处的痛，提醒你去留意生活中身边那些隐藏起来的关爱，当你愿意去留意、去感受时，你就可以看到生活更为光亮的充满希望的一面。心灵上的痛需要爱来医治，感冒方面引起的肉体疼病就让我 999 感冒灵带着爱来医治你吧。这种没有明显利益色彩的广告，不着痕迹地抓住了消费者的心，自然引发了消费者内心深处的情感共鸣，让我们在这个冬天倍感温暖。

图 3-44　999 感冒灵 2017 年感恩节广告“总有人偷偷爱着你”之一

每个人都自顾不暇
没有人会在意你的感受
每个人都小心翼翼地活着
没有人在乎你的境遇
行色匆匆的人群里
你并不特别也不会有优待
你的苦楚
不过是别人眼里的笑话
人心冷漠的世界里
每个人都无处可逃
即使已经听惯了毒鸡汤
还是被这些话呕出一口血
大概是因为事实如此无法反驳吧
可是
这个世界不会好了吗?
故事总是有反转的

图 3-45　999 感冒灵 2017 年感恩节广告“总有人偷偷爱着你”之二

拒绝卖杂志的大叔
是为了阻止小偷的动作

图 3-46　999 感冒灵 2017 年感恩节广告“总有人偷偷爱着你”之三

拍下醉酒女孩照片的男子
是为了向民警告知具体情况

图 3-47　999 感冒灵 2017 年感恩节广告“总有人偷偷爱着你”之四

拦路的交警
帮忙盖上了有安全隐患的油箱盖

图 3-48　999 感冒灵 2017 年感恩节广告“总有人偷偷爱着你”之五（1）

图 3-49 999 感冒灵 2017 年感恩节广告“总有人偷偷爱着你”之五（2）

关上的电梯门
再次打开
是为了后来的人少等一会儿

图 3-50 999 感冒灵 2017 年感恩节广告“总有人偷偷爱着你”之六

外表凶悍的车主其实嘴硬心软
巧妙化解了冲突

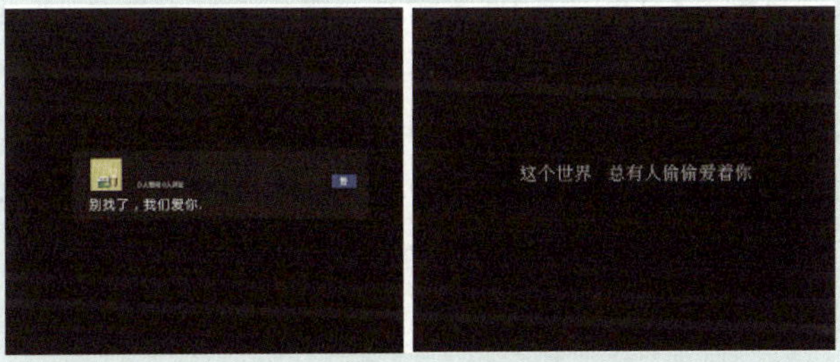

图 3-51 999 感冒灵 2017 年感恩节广告“总有人偷偷爱着你”之七

这个世界没有想象中的那么好
但似乎……也没那么糟

扫码观看“总有人偷偷爱着你”广告

第五节　形象性原则

一、形象的威力

大千世界，包罗万象。自然界，大到宇宙天体，小到滴水细流，人类社会，从伟人名流到芸芸众生，从丰富多彩的现实到虚无缥缈的幻境，无一不可被广告所囊括用以宣传特定的商品、服务或理念。广告创意的主题、它所抽象出来的概念，一律在形象化的魔棒下变成了可见、可感、可触的充满生活情趣的画面。

简言之，广告形象就是广告创作人员根据广告创意，对广告主体进行具体生动的描绘或艺术概括，创造出的具体可感的画面。优秀广告作品所创造的广告形象具有很强的诱导说服力，它的煽情性和视觉冲击力不可低估。

（一）形象的功利与审美二重性

广告形象的功利性目的使它与文艺作品的审美性区分开来。文艺作品通过塑造典型环境中血肉丰满、个性各异的人物形象给人以或崇高、或渺小、或悲壮、或缠绵的审美愉悦；而广告形象是戴着特制“枷锁”的，它必须始终坚持以推销商品或服务为宗旨，将商品或服务信息融于广告之中，让目标受众去感知、认同，最终促成销售。广告目的的明确性、效果的具体性、传播的即时性特点与文艺家以抒发个人情感为目的的创作大相径庭。因此，尽管广告创意把概念转换成形象化的执行点子，它也还是传递了商品或服务的核心信息。广告形象尽管也注重意境的营造或情节、人物的生动性，但它不像文学作品那样追求人物形象的丰满、情节的跌宕起伏。广告形象的功利目的是第一性的，而审美屈居第二。广告不能没有美，但不应当也不允许唯美。广告正是在功利与审美的二重性中获得辩证统一。违背了这个原则，就谈不上广告的形象性。比较下面两首为灯泡撰写的广告诗：

A

向太阳里取来的熔岩
从碧空中摘来的星星
耐得住千度高温
负得起延长白昼的使命
把五彩缤纷的晚霞
焊接上金光灿烂的晓云

B

留一盏灯，给晚归的人
子夜，灯一盏一盏熄了

浓密的夜色淹没了初歇的灯火
万物俱眠
怎舍得未归的人
独自在黑夜赶路
且点上一盏灯
点上家的温馨与期待
让晚归的人儿
不觉孤伶
飞利浦真柔灯泡
为晚归的人点上一盏温馨的灯

A 诗出自 20 世纪 60 年代一位蜚声诗坛的诗人之手。作为诗歌作品，A 诗堪称佳作，但作为广告作品，便不敢恭维了。首先，诗作没有透露一丁点儿的商品信息，人们无法知道是什么灯泡，厂家是谁；其次，如果说诗作的前四句可以解读为灯泡的话，那么后两句，却只能解读为高挂的路灯，而路灯应是灯具，其物质属性特征和功能与灯泡是有差别的。B 诗从纯文学角度考察，恐怕还要加工。诗作头两句意思上有重复，诗歌在节奏、押韵、遣词上都值得推敲。但是从为特定的商品"飞利浦真柔灯泡"写的广告诗来考察，它却是不错的广告诗。因为诗歌在"子夜""给晚归的人"营造了一个以灯为中心的温馨的家的氛围，这就凸显了灯泡"真柔"的个性特征，它使飞利浦品牌的灯泡有了人文关怀的情感价值内涵，广告形象的功利与审美价值也在广告作品中获得了比较完美的统一。这无疑会使目标受众在认知的同时产生情感共鸣，从而促成购买行为或产生潜在的购买欲望。

（二）形象使广告创意具有诱人的魅力

当一个广告创意概念确定之后，把抽象概念转化为具体可感、具有刺激感官效果的形象，是广告人孜孜以求的。例如旅游产品，如何体现它的独特性，如何做到刺激目标受众的眼球，产生诱人的魅力？两幅获得 2007 年戛纳金奖的世纪旅游系列广告（见图 3－52、图 3－53）做出了回答。

两幅广告作品"创造性地把瀑布、悬崖与海岸、城市结合，使人感受到旅游带来的惊险与刺激，画面气势磅礴，具有浓厚的艺术气息"①。

只要是广告，形象几乎无处不在，即使诉诸听觉的广播媒体广告也需要把创意概念转化为能使听众产生联想、想象的，令人如临其境、如睹其人、如闻其声的鲜活形象。请看下面一篇广播广告作品。②

---

① 汤晓山，周景秋．广告创意教程．南宁：广西美术出版社，2008：10.
② 王中娟，任显玮．广告播音．合肥：合肥工业大学出版社，2006：226.

图 3－52　世纪旅游系列广告之一

图 3－53　世纪旅游系列广告之二

（音乐起）

女：他们说春天的色彩是五彩缤纷的（鸟叫声），天空是蓝的，树梢是绿的，迎春花是黄的（水流声）。春天的水是柔和的，它小声地呼唤着大地，悄悄地汇成小河。春天就要来了，可是我看不见她。

男：我国有 500 万盲人，每年有 10 万名患者需要通过眼角膜移植手术重见光明。为了他们，请加入眼角膜捐献的行列。

这篇广播广告作品从声、色等诸角度，为我们营造了浓浓的春天氛围，通过声音形象，先是在我们眼前展现了一幅生机盎然的早春立体画面，接着笔锋一转，突出广告主题。春景与失明的对照，使人印象深刻。

（三）形象的新奇效果和公信力

在同类商品林立、竞争激烈，产品差异性越来越小、同质化越来越明显的今天，广告如何走出峡谷，寻找自己的一片蓝天，的确令广告人伤透脑筋。寻找产品或服务的独特性，以其为突破口加以形象表达仍然是广告人至今最常用的法宝。一般说来，用具体生动的形象说话，较之乏味生硬的说辞，更易吸引目标受众的注意力。例如美国美特牌女丝袜电视广告：首先出现在屏幕上的是一双动人的穿长筒丝袜的腿。“（画外音）下面这则广告将向美国妇女证明，美特牌丝袜将使任何形状的腿变得美丽非常。”这是产品的亮点，是区别于其他品牌女丝袜的独特之处。接着，镜头缓缓上移，美腿的主人竟是男性棒球明星乔·纳米斯，他笑眯眯地对吃惊的观众说：“我当然不穿长筒丝袜，但如果美特牌女丝袜能使我的腿变得如此美妙，我想它也一定能使你的腿变得更加漂亮。”这个广告令人忍俊不禁，在反常规思维创造的幽默中传达了广告主题，凸显了品牌亮点。无怪乎一夜之间，美特牌女丝袜家喻户晓。

我们再看看某品牌洗发水广告（见图 3-54）。

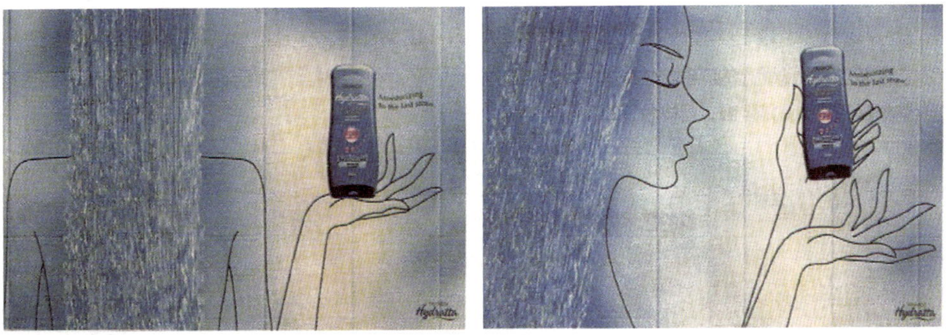

图 3-54 某品牌洗发水广告

让每一根头发保持湿润。

晶莹剔透的水流、简洁清爽的造型，给人最直观最灵动的“润发”展示。

想起，那飞扬的青春；

想起，那一头清汤挂面式的长发……

清新、爽润，还有什么比晶莹的水滴更有表现力！①

在广告清爽的画面中，那水流下如瀑的秀发给美女平添了妩媚的神韵，怎不令人怦然心动而产生购买这种洗发水的欲望呢？

聘请名人、歌星、影星、体育明星代言，是广告人屡试不爽的招数。迎合着受众群体中一部分人对名人的崇拜心理或追星心理，对特定产品采用形象代言确实产生了热销效应。王姬的一句“孔府家酒，让人想家”，令多少海外游子遥念故乡。这使孔府家酒名扬海外。同样，21 金维他因倪萍的代言而热销。但名人效应、明星效应并不是包治百病的灵丹妙药。只有当产品或服务与形象代言人在气质内涵上具有深层吻合的关联度时，换句话说，找到产品或服务与代言人之间的契合点时，最佳效应才会产生。如孔府家酒广告，是在王姬演了《北京人在纽约》电视剧后选她当形象代言人的。21 金维他宣传的是“家人的健康，我们的责任”这一亮点，这正与倪萍作为著名节目主持人在公众心目中享有的亲和力和公信度相一致。她朴实、严谨、一丝不苟而又亲切真诚的风格正与产品特质吻合。人物的公信力提升了企业的美誉度，两者相得益彰，产生了很好的社会效果和推销效果。

二、创意的视觉化

科学技术的进步与发展为广告的制作与传播提供了前所未有的优越条件。直观的、清晰

① 孙涛．广告创意的视觉表现．北京：清华大学出版社，2010：16.

的、立体的、色彩斑斓的广告让受众对视觉化广告产品有了更形象具体的认识。视觉化，首先是引人注目。阿恩海姆（Rudolf Arnheim）在《艺术与视知觉》中指出，人们从外界获得的情报有70%是从视觉系统获得的，20%是从听觉系统获得的，再剩余的10%才由味觉、嗅觉、触觉分担。可见视觉系统刺激对广告传播的重要性。此外，视觉形象是世界通用的语言，一般说来，它可以越过种族、语言、文化等障碍而被解读。简言之，广告创意视觉化，就是运用艺术、技术等手段，将创意转化为视觉语言的创造活动。视觉语言包括广告语与广告图像。这一部分主要讲述广告图像。

（一）视觉化广告的特点

1. 作品中有精心设计的画面

除广播广告只有声音外，无论是电子广告、纸质广告还是其他媒质的平面广告，都必须有图像或画面（只有文字的纸质广告例外，但仍有字体、排版等要求）。而且，随着科技的不断进步，广告作品越来越趋于精致。它们或者有强大的视觉冲击力，或者具有心灵的震撼力，或者令人赏心悦目，具有审美张力。在信息狂潮中，广告要在瞬间引起目标受众的注意，就不得不使出浑身解数。如图3－55的陆虎广告——“‘宽’路相逢，野趣无穷！”“大路朝天，各走一边”，这位犀牛先生可不这样想，到了俺们的一亩三分地，就算你陆虎越野车再牛，也别想在这儿撒野！这个世界上有不少喜欢“顶牛”的人，没想到“牛”也喜欢！被人家轻轻松松地顶成这样了，还没忘了吹牛。这样意外的“宽”路相逢，是只有亲近自然才会获得的乐趣。广告体现了陆虎越野车能带人回归自然的特点。①

图3－55　陆虎越野车广告之一

又如图3－56陆虎越野的另一则广告——“水陆两栖，‘野生动物’”。图3－55中“牛气冲天”的犀牛要保护领地，图3－56中的河马就友善多了，陆虎也加入了它们的“阵营”。既然大家都是“野生动物”，那就“马马虎虎”，接受陆虎这个新鲜物种，兄弟们保持队形，共享自

① 孙涛．广告创意的视觉表现．北京：清华大学出版社，2010：104.

然乐趣吧。① 冲击视觉的画面，配上诙谐幽默的文字，陆虎越野车的独特性能还用得着怀疑吗？

图 3-56 陆虎越野车广告之二

2. 广泛应用现代技术

现代科学技术诸如图像处理技术、电脑特效、虚拟现实 3D 技术、高清拍摄技术等，为广告创意视觉化提供了广阔的空间。只要想得到，便能通过现代技术的分合、重组、裂变，创造出全新的意象。现代技术大大提升了广告创意的表现力和视觉冲击力，使具有丰富想象力的夸张和大胆的幻想变成可能。

3. 方便受众从直观上解读信息

视觉化往往把创意主题或明或暗地融入物象之中，通过物象自身或广告所营造的氛围，让目标受众从鲜明的视觉形象中直接解读广告所传递的信息。生动、形象、有趣、幽默的第一印象，是对受众解读信息的有效诱导。图 3-57 是新西兰羊毛地毯的广告。

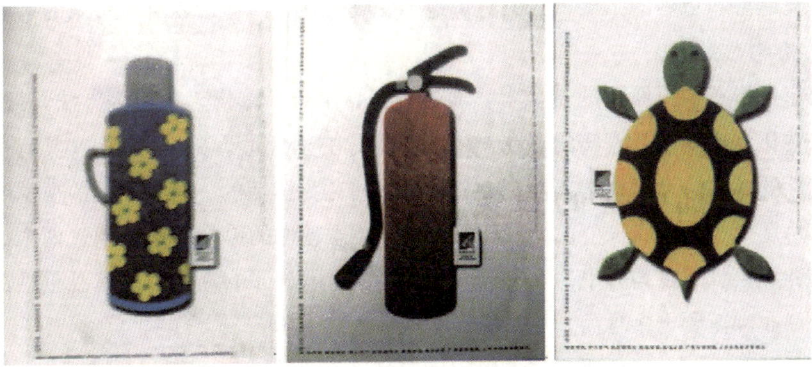

图 3-57 新西兰羊毛地毯广告

该广告中明朗的色彩、明确的特性，将新西兰羊毛地毯保温、阻燃、耐磨的特性表达得明明白白，并且赋予产品生命和热度，从而打动人们的心。“温暖”“诱人”之类的词早就被用滥了，然而空口无凭，如果没有令人叫绝的语言，干脆就少说或不说，选个合适的替代物，追求

① 孙涛．广告创意的视觉表现．北京：清华大学出版社，2010：141.

那种“不着一字，尽得风流”的境界也挺好。①

（二）视觉化的方法

实现广告创意视觉化的方法很多，下面介绍几种常用的方法。

1. 具象展示

所谓具象就是指自然物或人造物等具体实物形象。具象展示不是简单的实物展览，它们需在以产品实物为视觉中心的前提下，运用必要的技术、艺术手段，营造必要的场景氛围来突出产品，传递核心信息。图 3-58 是皇家薇薇（Royal Velvet）毛巾的系列广告，其广告词是：“像大地一样广阔，像海水一样深邃，像森林一样茂盛、舒服……Royal Velvet 毛巾给您大地、海洋、森林般的享受。”②

图 3-58　Royal Velvet 毛巾广告

Royal Velvet 毛巾广告属实物展示的广告类型。该广告作品选择黄、蓝、绿三种色彩的毛巾，通过折叠造型和巧妙的拍摄，让人直观地感受到大地、海洋、森林所带来的审美愉悦。

2. 意象构建

意象构建是指在物象原型的基础上，通过拼接、组合、重构、置换等方法，把不可能的、虚幻的形象转化为可能的、真实的存在，从而创造出在客观世界中不可能但又具有视觉心理合理性和真实性的存在。意象构建还能把抽象的理念转化为鲜活的、富有内涵的视觉形象。

图 3-59 是日本电通广告公司为《环保潮流》杂志创作的广告。广告通过两个近乎对立的物象——枪和蔬菜（战争与和平）——的置换、拼接，构建了崭新的、具有独创性的意象，很好地展示了“非洲需要更多食品，更少枪支”这一创意主题。

一个宣传 Compact Power 吸尘器的电视广告是这么描绘的：屏幕上，一位女士手拿该品牌吸尘器打扫房子，竟把楼下一位先生吸到了房顶。楼上的女士轻松地提着吸尘器吸干净了房间，楼下的先生也随着吸尘器来回移动擦干净了自己的房顶。广告运用夸张手法，让人开怀一笑。在夸张的喜剧情节中，该广告作品清楚地交代了产品的两大优点：其一，轻便小巧，女士

---

① 孙涛．广告创意的视觉表现．北京：清华大学出版社，2010：13.
② 孙涛．广告创意的视觉表现．北京：清华大学出版社，2010：104.

图 3-59 《环保潮流》杂志广告

资料来源：汤晓山，周景秋．广告创意教程．南宁：广西美术出版社，2008：52.

可以手提工作；其二，吸力强大，连隔着楼板的大男人都被它吸上了房顶。夸张的动作表情让人对此品牌吸尘器留下了深刻印象。

3. 变形和象征

变形和象征是对具体信息进行概括、提炼和深度加工的产物，它力求从本质特征上表现产品。广告图像更多地作用于人们的经验、意识、情感与心理，它通过对产品等实体形象的变形、夸张、重新组合等，弱化产品的实体性特征而强化它的象征性特征。夸张、变形能扩展广告作品的思想内涵与艺术容量，因而能给广告受众更为广阔的想象空间，可以使人们思接千载、视通万里，更好地满足受众求新求奇的审美心理。请看下列三个案例。

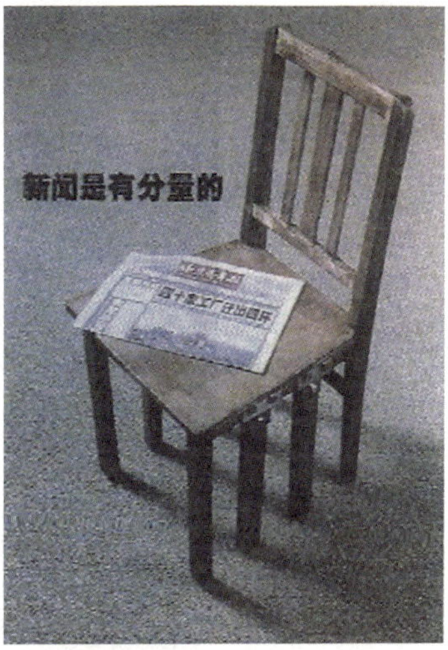

图 3-60 《中国青年报》广告

(1) 如图 3-60，一份薄薄的报纸，竟然要用八条腿加固的椅子才能承载，报纸象征新闻的重量，其厚重若此，留给人们无尽的想象空间。

(2) 如图 3-61，该广告的文案是："英雄钢笔，流畅无比！晶莹似梦，流畅如水。"光滑的冰面，起舞的小人儿，让人不由想起林间雪地快乐的雪孩子，想起那永存心头的纯真、善良、美好与感动。① 小人儿的双脚变形为英雄钢笔的笔尖，在光滑的冰面上翩翩起舞，让人产生美好的联想。

(3) "世界上最宽广的是海洋，比海洋更宽广的是天空，比天空更宽广的是人的心胸。"这是雨果的名言。人心的宽广不好表现，于是广告人盯上了海洋和天空。图 3-62、图 3-63 两则音响广告用的是同一类型的构思，表现排山倒海般的音乐震撼力。②

音响产品本身被弱化了，冲击视觉的是音响的响遏行云、排山倒海的音乐震撼力，其广告画面展示的意象远远超过商品本身的形象。这一广告设计印证了商品的高品位、高品质。

---

① 孙涛．广告创意的视觉表现．北京：清华大学出版社，2010：17.

② 孙涛．广告创意的视觉表现．北京：清华大学出版社，2010：78.

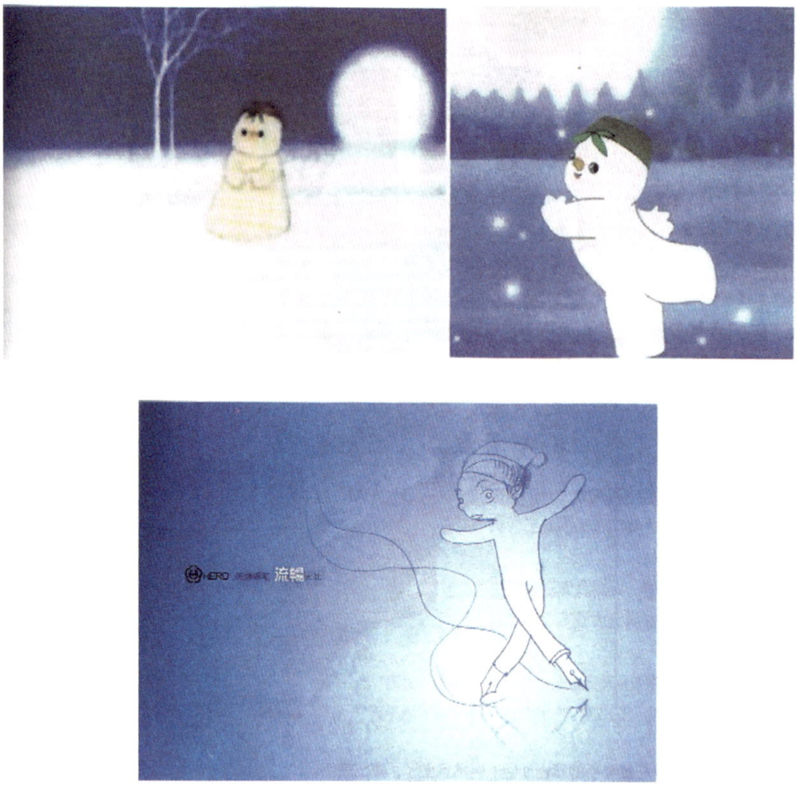

图 3－61　英雄钢笔广告

图 3－62　某音响广告之一——“广阔天地，大有作为”

4. 故事化和戏剧化

所谓故事化或戏剧化，就是借用文学创作手法，将商品和服务的信息通过新颖独特的情节或剧情设计展现给受众，让目标受众在看故事和戏剧的同时产生情感共鸣，接收广告的信息。

例如上海智威汤逊广告公司推出的“第一财经”系列电视广告，其中“电视篇”有相当戏剧化的故事情节：一名小偷，在已经打量好屋里的名贵物品准备行窃时，突然被电视里的第一财经频道吸引，进而无视男主人的存在，舍弃名贵物品，而偷走正在播放第一财经频道的普通

图 3-63　某音响广告之二——“海纳百川，有容乃大”

电视机。这则广告通过戏剧性的情节将“第一财经，你的第一财富”这个创意点呈现在受众面前。“12580”号码百事通系列电视广告将《三国演义》的故事编成戏剧：关羽升帐，有探子来报“西部无粮草”，关羽束手无策，忽然想起诸葛亮锦囊妙计的嘱咐，下令速取，结果取出的是“12580 号码百事通”。这里用号码百事通置换了诸葛亮的锦囊妙计，表明了它神通广大、能及时知晓天下事的特点。

使用故事化和戏剧化的手法无疑是广告视觉化的良策，但要注意不要喧宾夺主，不要让目标受众听了故事看了戏而忘了购物。

第六节　真实性原则

真实性原则是广告创意活动的一条重要的原则。《中华人民共和国广告法》“总则”第三条和第四条对真实性问题有明确的规定：“广告应当真实、合法，以健康的表现形式表达广告内容，符合社会主义精神文明建设和弘扬中华民族优秀传统文化的要求。”“广告不得含有虚假或者引人误解的内容，不得欺骗、误导消费者。”也就是说，广告传播的信息内容必须是真实的，不能做虚假广告，不能对消费者的消费行为起误导作用。广告创意必须能正确反映商品的功能特征，符合商品的客观实际，不欺骗消费者。

广告不可能做到与所有的客观事实完全对应，它所显现的只是商品的部分或重点信息。在广告中，全面的客观真实是很难做到的，只要广告传播的信息符合商品实际情况，没有弄虚作假、盲目夸大和恶意欺诈，那么它就是真实的。

一、真实是最好的策略

真实是最好的广告策略。用真实的广告内容展示商品的实际作用，能使消费者对所宣传的商品产生信任感，从而产生消费心理；反之，如果一个广告夸大其词，不真实地鼓吹商品的效用，将适得其反，使消费者产生强烈的逆反心理，拒绝购买该商品。例如一则药品的电视广告，画面上有一个人正举着锤子、凿子等工具敲击另外一个人的牙齿，画外音响起——“××药能治疗各种疼痛”。意思是由故意伤害导致的疼痛，此药也一样能治疗。该广告的表现手法虽然有一定的创意，但是不真实的药效鼓吹却使其宣传效果大打折扣。

广告创意的真实性指经过创意加工后，广告所传播的信息与商品或服务本身的切合性，以广告创意是否如实地反映了客观事物的真实面目为判断标准。广告创意必须以事实为依据，不能传播现实生活中并不存在的事物或信息。

广告创意的真实性具体体现在以下几个方面。

（一）感性形象真实

即使是极具艺术化气息的广告创意，它所传播的商品形象和推广的服务也应该是真实的，广告必须与商品或服务的特性一致，不能过分夸大或虚构。广告创意的感性形象真实是指商品形象或服务形象的真实。虽然商品形象或服务形象可以通过各种艺术手法进行表现，但其特征却不能加以变形或变异。感性形象具有真实性和易接受性，因此广告中的感性形象必须是清晰的、明确的、符合消费者心理特征的。

辣椒味绝对伏特加的一则平面广告与该商品的特性一致，此广告以持久真实的瓶身外形以及极易辨识的辣椒的具象为设计元素展开联想，为品牌创造了外观上的持续时尚。由符合消费者心理特征的绝对伏特加酒瓶形象带来的品牌附加价值，使得绝对伏特加达到了理想的销售效果（见图 3-64）。

图 3-64 辣椒味绝对伏特加平面广告

（二）创意内涵真实

广告创意的内涵真实是指广告创意诉求必须具有真实性。广告诉求是一种以诉诸消费的需求来传播广告内涵，以达到促销目的的艺术手法或表达方式。创意内涵真实具体表现在利用确凿的数据、资料、鉴定书等翔实可信的证明材料来展示商品或服务，以获得消费者的认可。

伊利的营养舒化奶的平面广告创意就是通过列举令人信服的数据材料以及所获得的奖项来证实产品的独特竞争力（见图 3－65）。

图 3－65 伊利营养舒化奶平面广告

（三）情感诉求真实

创意广告的情感诉求应该是真实的、感人的。一则动人的广告，不仅传播给消费者真实的商品和服务信息，更传达了一个情景、一种意念或者是某种思想。广告通过对商品和服务功用的艺术性表现，以广告主体的真情实感引起消费者的情感共鸣，让消费者产生亲近感，从情感上接受广告信息，从而达到广告传播的目的。

如图 3－66，可口可乐在春节推出的广告蕴含了许多的情感——长辈对晚辈的祝福与期望、子女对长辈的回报和思念、亲朋好友间的情感交流与融合。这一广告让消费者感到，从某种意义上讲，可口可乐的消费不仅仅是物质上的消费，更是情感上的消费，是消费者表达内心情感

图 3－66 可口可乐“新年第一瓶”平面广告

的一个重要的机会。具有强烈中国色彩的广告把可口可乐与中国传统春节中的民俗文化结合起来，传递了中国人传统的价值观念——新春如意、阖家团聚，引起了消费者的共鸣。此广告创意体现了可口可乐与消费者一同分享温馨的新年祝福、共同展望更美好未来的愿望。

广告创意的最高境界，是把真实性隐藏在平凡的广告叙述中，用事实来说明。这也是最佳的创意策略。优秀的广告创意能巧妙地运用各种修辞手法和表现形式，使广告具有一定的文化内涵和艺术性。广告和新闻报道一样忌讳苍白的口号，广告中应适当地运用形象的语言，客观地表现商品和服务的功能和效用。在广告的表现上，广告人通过形象的创意思考、多元的传播方式传递商品或服务信息，吸引消费者以愉悦的心情接受广告内容。只有真实地传递消费者的感受，用巧妙的执行方式把商品或服务的特征演绎出来，才能获得创意的最佳表现。有一个贴近消费者内心真实感受的案例，是英国耳鸣协会倡导社会捐助耳鸣病患者的一则公益广告。广告的标题是“这是我们从病人脑袋里取出的东西”，画面上飞舞着铃铛、哨子、钢锉、苍蝇、飞机等。这则公益广告表现了耳鸣病患者的痛苦，希望大家帮助这些患者驱除病痛。广告中的耳鸣变成了一种生动而富有想象力的形象表现。广告创意的灵感源于作者患病的母亲，她处于耳鸣的痛苦状态，脑子里嗡嗡作响。这种来源于消费者内心体验的广告创意，在表现上虽然突破了常规，但却表达了真实的消费者感受。这则广告创意真实、感人，而且目标明确。

二、广告创意是真实与艺术的辩证统一

真实性原则是广告首要的与基本的原则，广告人必须自觉遵守。艺术性指文艺作品通过形象反映生活、表现思想感情所达到的准确、鲜明、生动，以及形式、结构、表现技巧的完美程度。也就是说文艺作品的艺术形象越能反映生活本质，形式、结构及表现技巧越完美、越鲜明生动，艺术性也就越强。广告成为艺术的原因之一在于它借助艺术形象及各种艺术形式和手法来进行信息传递。

广告创意是一种创造性劳动，需要发挥人类最伟大的天赋才能。然而，这种想象和创造又不是无节制的、荒诞的，它还必须遵循一定的规律，掌握一定的分寸。也就是说，广告创意要符合人类思维的普遍规律，任何违背生活逻辑的天马行空的创意都不能算是真正的创意。广告需要大胆想象，更需要小心表现。例如有一幅音乐会的海报，在简短醒目的标题下方有一个洁白如玉的石膏女子头像，色彩流畅的五线谱悠然飘过她的双耳，她那神圣庄严的脸上挂着晶莹的泪珠，激动人心的音乐竟然使石膏像感动得流泪了。这幅作品的高明之处在于，石膏像流泪在现实生活中是不可能的，但是这超现实的想象又恰恰在艺术夸张的情理之中，它符合了人类的内心情感，因而符合艺术真实。但是，广告毕竟不是纯艺术，广告创意的艺术性必须为表现及强化广告的真实性服务。世界著名广告大师大卫·奥格威说过：“如果人们看了一则广告后说，这则广告做得真好，那么这是一则失败的广告；如果有人看了广告后说，我想买这种商品，这才是成功的广告。”奥格威否定的是单纯为艺术而创作的广告。违背了真实性或失去了促销功能，广告艺术性再强也是毫无意义的。因此，真实性与艺术性，二者缺一不可。广告要通过新颖的艺术手法，体现商品或服务的真正特点，引导消费者进行全面正确的认识。广告创意的真实性与艺术性的辩证统一关系主要体现为以下几个方面。

首先，真实性与艺术性的对立统一。艺术源于生活，高于生活。广告不是纯艺术，它所传递的商品或服务信息必须是真实的信息。当真实性采用艺术手法表达时，真实性和艺术性是统一的；当真实性不采用或采用不当的艺术手法表达时，二者是对立的；在艺术创作坚持真实性时，艺术性与真实性是统一的；在艺术创作违背真实性时，艺术性与真实性是对立的。

其次，内容与形式的辩证统一。真实性是对广告创意内容的要求，也就是说广告所传播的信息必须是准确的、符合客观实际的。艺术性则是对广告形式的要求，广告中各元素的相互关系是艺术虚构的、假设的，它们只对主要的商品或服务信息起形象性说明、渲染、烘托等作用，使广告所传递的商品或服务信息更丰富，给予消费者的印象更深刻、清晰。但是，广告所运用的艺术形式必须是表现真实性的，而不是加以扭曲、使其走向反面的。广告创意内容的真实性决定广告创意形式的艺术性。

再次，本质与非本质的统一。真实性是广告创意的本质特征，艺术性是广告的非本质属性。离开真实性，广告创意就失去了最重要的本质特征，也失去了广告活动的价值和效用，虚假成分越多，后果就越严重。舍弃了艺术性，广告就没有了创意，就不会产生艺术和美学价值，广告效果就会受到影响。只有真实性和艺术性有机统一，才能形成最佳的广告创意。

最后，二者是主从关系。广告创意的真实性决定并制约着艺术性，广告创意的艺术性必须为真实性服务。只有以真实为基础的艺术化，才是锦上添花。有一张漫画形式的广告，形容复印件的逼真，用了一句唐僧的话“怎么又来了真假悟空?”这里就用了夸张的手法，分寸掌握得恰到好处。复印件与原稿极其相似，使人难以辨别真假，以此为基础来宣传复印机的质量，充分体现了艺术性为真实性服务的原则。真实性是基础，艺术性是为真实性服务的。如果只注重真实性，缺乏艺术性，会使广告空洞乏味，不吸引人；反之，只注重艺术性，不注重真实性，将造成广告失真。只有真实性与艺术性的有机结合才能真正发挥广告宣传的作用。

延伸阅读

虚假广告

虚假广告，就是指广告内容是虚假的或者是容易引人误解的，一是指商品宣传的内容与所提供的商品或者服务的实际质量不符，另一就是指可能使宣 传对象或受宣传影响的人对商品的真实情况产生错误的联想，从而影响其购买决策的商品宣传。这类广告的内容往往夸大失实，语意模糊，令人误解。虚假广告行为在法律上表现为作为和不作为两种形式，作为是指故意发布虚假广告；不作为就是广告发布者有义务说明或者警告，而不作为。

(一) 具体行为

1. 广告主介绍的商品、服务本身即是虚假的

(1) 广告中有关商品质量、性能、功效等的说明，不符合商品的实际质量、性能、功效等。

(2) 擅自改变食品、药品、农药等特殊商品的《广告审批表》批准宣传的内容，进行虚假、夸大宣传，欺骗、误导消费者。

(3) 利用虚假广告招生办学、培训技术。

（4）发布虚假的“致富信息、实用技术”广告骗取钱财。

（5）无商品可供，或以次充好，以邮购为名骗取购物款，非法牟利。

2. 广告主自我介绍的内容与实际不符

（1）谎称自己已取得生产许可证、商品注册证；谎称产品质量已达到规定标准、认证合格，并获得专利等；谎称产品获奖、获优质产品称号等。

（2）假冒他人注册商标、科技成果以及假冒他人名义为自己的企业或产品做广告宣传。

3. 对产品、服务的部分承诺是虚假的、不能兑现的且带有欺骗性的

（二）表现形式

1. 夸大失实的广告

一般是经营者对自己生产、销售的产品的质量制作成分、性能、用途、生产者、有效期限、产地来源等情况，或对所提供的劳务、技术服务的质量规模、技术标准、价格等资料进行夸大，无中生有的与事实情况不符的宣传。

2. 语言模糊，令人误解的广告

此类广告内容也许是真的或者大部分是真实的，但是经营者措辞的技巧明示或者暗示、省略或含糊使得消费者对真实情况产生误解，并影响其购买决策和其他经济行为。

3. 不公正的广告

不公正的广告是指通过诽谤、诋毁竞争对手的产品来宣传自己产品的广告，此类广告的经营者不但违反了广告法，而且还违反了《反不正当竞争法》。

4. 消息虚假的广告

消息虚假的广告即所宣传的商品或者服务根本不存在。

（三）具体常见的虚假广告的表现：

（1）在广告中对未达到国家质量标准的商品谎称达到国家质量标准。

（2）在广告中对未获奖或未达到某种获奖级别的商品谎称获奖或夸大获奖级别。

（3）在广告中对未获政府颁发的优质产品证书的商品广告谎称获得优质产品证书。

（4）在广告中对使用劣质原材料制成的商品谎称使用优质原材料制成的商品。

（5）在广告中对未申请专利或未获得专利证书的商品谎称取得专利申请或专利证书。

（6）在广告中对性能低下的商品谎称性能优良。

（7）在广告中对用途单一的商品谎称多种用途。

（8）在广告中对失效的商品谎称首次生产。

（9）在广告中对未定点生产商品谎称国家定点生产商品。

（10）在广告中谎称原产地让消费者误认为品质优良。

（11）在广告中非进口商品谎称进口商品，以此提高产品品牌。

（12）在广告中对非先进技术生产的商品谎称先进技术设备生产。

（13）在广告中对非最低价格或大幅度降价商品谎称最低价格或大幅度降价。

（14）在广告中对交易资料弄虚作假。

（15）使用“国家级”“最高级”“最佳”等极限用语。

（16）出现法律不承认的承诺，如“假一罚十”“假一罚万”“假一赔命”等词。

（17）使用“随时结束”“马上降价”“最后一波”等无法确定时限的用语。

上述表现形式不外乎：消息虚假、品质虚假、功能虚假、价格虚假、证明材料虚假的虚假广告。利用广告对商品或者服务做虚假宣传，违反了《中华人民共和国广告法》对于广告真实性的最基本的要求。由于虚假广告传递的是虚假的信息，会误导消费者和使用者，一旦消费者接受了广告所传递的虚假信息，就会给消费者造成或大或小的损失，严重的会给消费者造成人身或财产的损害。所以《广告法》中一再强调广告主真实，不得含有虚假内容，违背了法律的规定，就应承担相应的法律责任。

资料来源：参见百度百科．虚假广告．http：//baike.baidu.com/link? url = Q8x7uwq5 _ IJ7yv5U-qqe-HUycRWnF-blrMdu-o2k0xeDqr7abdVv8JCQIZO0hj0fJ _ l441JPODz38hqxICJUwbaOKlj25QMBeCu2lXsZA7I-cfiRg5FBQdeWPHAReeMNO.

第七节 伦理性原则

一、创意的“达摩克利斯之剑”

广告创意作为创造性的思维活动，并不意味着可以天马行空、随心所欲。一些惊世骇俗、突破常规的创意如同悬在广告人头顶的“达摩克利斯之剑”① 一样，在给广告人带来骄傲和荣誉的同时，往往也带来了各种风险和考验。伦理性原则提醒每一位广告人，应经常反思广告创意潜在的负面影响和危害。

“伦理”一词在希腊文中最早表示“驻地”“公共场所”，后来演变为“民族”“生活惯例”，再后来才有了“德性”一类的含义。在汉语中，“伦理”一词最早见于《礼记·乐记》：“凡音者，生于人心者也；乐者，通伦理者也。”东汉郑玄注：“伦，犹类也。理，分也。”所谓伦理，就是指人伦道德之理，是指在处理人与人、人与社会相互关系时应遵循的各种道德准则。②

广告创意和伦理道德之间的冲突既复杂又微妙。创意的伦理性原则就是指广告创意活动必须置于伦理道德的约束之下。“广告必须兼顾创意和伦理的两个方面……好的广告人，是一个创意和伦理之间优秀的舞者。”③

广告创意作为广告表现的关键，被视为“将广告赋予精神和生命”的环节。伯恩巴克说过，一个广告如果没有创意就不能叫广告，只有创意才能赋予广告以精神和生命力。然而，体

---

① 达摩克利斯之剑（The Sword of Damocles），此典源自古希腊传说，意指安逸祥和的背后时刻存在着杀机和危险，人随时应有危机意识，心中时常要敲起警钟。公元前 4 世纪，狄奥尼修斯国王邀请他的大臣达摩克利斯赴宴，命其坐在自己的位置上，并赋予他权力可以实现自己任何欲望。但当达摩克利斯抬头看到座位上方的天花板下倒悬着一把沉甸甸的锋利长剑，剑柄仅用一根细细的马鬃悬挂时，吓得离席而逃。由此可见，虽然在别人眼中国王拥有一切，似乎是世界上最幸福的人，但其实只不过是表象而已，因为王位时刻面临威胁，风险总是与权力同在。

② 罗竹风．汉语大辞典（缩印本）．上海：汉语大辞典出版社，1997：639.

③ 蔡昕，李庆林．广告：在创意和伦理夹缝中的舞蹈．新闻界，2009（5）.

现精神和生命力的广告创意却时常遭到亵渎。在铺天盖地的广告信息中，在形形色色的广告创意中，虚假广告信息、恶俗广告情节，乃至名人代言的欺诈与陷阱、歧视广告的犯忌与犯讳，林林总总的伦理缺失现象屡禁不止，令人触目惊心、扼腕长叹。

案例

三亚苏荷西餐酒吧违法广告案

当事人三亚苏荷西餐酒吧在广告中使用“等你勾搭”“随1勾搭”等违背社会良好风尚的恶俗文字，摆放附有“随1勾搭”文字的安全套造型和带有色情意味的卡通人物等形象。有关广告涉嫌违反《中华人民共和国广告法》第九条第（七）项、第（八）项的规定。

资料来源：参见中国经济网，2016-8-31。

案例

椰树牌椰汁新广告被指“太污”　“国宴饮料”危机四伏

2017年年初，网络上的一组椰树牌椰汁广告引发争议：在椰树牌椰汁的户外广告图片上，女性代言人衣着暴露，露出丰满的胸部，配以广告语“椰树牌椰汁，每天一杯，白嫩丰满”；而另一则网络视频广告中，多位胸部丰满的年轻女性手捧椰树牌椰汁，说出广告语“曲线动人，白嫩丰满”。

…………

曾经的“国宴饮料”竟沦落到靠炒作博眼球。低俗广告的背后，是椰树集团近年来的业绩下滑、品牌老化。业内分析，面对发展困境，椰树集团急需在年轻消费群中提升品牌影响力。而此番集团自认为创新的宣传策略与广告创意，却并未如其所愿赢得更多市场。相反，广告低俗风格与原来“国宴饮料”的形象定位严重不符，对品牌不仅没有促进作用，反而引发不少消费者反感。

资料来源：新京报，2017-02-21.

以上广告创意伦理缺失的种种表现，究其原因，主要有经济利益驱使、利己主义膨胀、广告创意人员道德伦理观念不强、行业规范缺失等。那么，广告怎样才能在创意和伦理之间的钢丝上谱写和谐的乐章呢？

二、问禁、问俗、问讳

问禁就是要反思广告创意是否违犯了国家、行业有关的禁令与戒律。《中华人民共和国广告法》第九条第（八）项明文规定：广告不得含有淫秽、色情、赌博、迷信、恐怖、暴力的内容。然而，一些低俗广告为吸引消费者的眼球，无视《中华人民共和国广告法》中的相关规定，在创意中，小则任意篡改固定用语，大则肆意滥用色情文字、图片。这些格调低下和违背伦理道德的广告之所以横行无阻、屡禁不止，一方面是由于广告创意人员法律意识淡薄，忽视整个社会利益，大打“擦边球”，甚至铤而走险，不惜触犯法律这条高压线；另一方面是因为媒介从业人员把关不严、广告管理部门监管不力，为伦理缺失广告的顺利刊播提供了便利。

问俗就是要熟知不同国家或地区、不同民族的风俗习惯、文化禁忌。俗话说，入乡随俗。不同国家、民族，在价值观、消费观、审美趣味、思维方式乃至文化心理方面均存在差异。我们在构思广告作品时，不能不顾及不同国家、不同民族的风土人情、风俗习惯以及宗教信仰等非经济因素的差异。美国骆驼牌香烟曾以一句“我宁愿为‘骆驼’行万里路”的广告语风靡全球。广告片渲染了烟民为买到“骆驼”香烟，不惜鞋底磨穿。该电视广告在泰国播出后立即引起轩然大波，这是因为画面上出现的是烟民高跷二郎腿坐在神庙前的情景，其中皮鞋底磨穿的洞最为抢眼。泰国是一个笃信佛教的国家，神庙乃至尊圣地，岂容践踏？在神庙面前亮脚丫，实属不了解佛教信仰。该品牌对文化、信仰的不了解，导致了跨文化广告传播中的伦理冲突。

问讳就是要力求避免广告创意中涉及忌讳的事，或出现引起不愉快的字眼、画面等。忌讳有时是因风俗习惯或个人理由等原因而形成的顾忌，如果犯忌，将涉嫌侮辱国家的尊严，丑化民族的形象，伤害消费者的感情。如立邦漆广告涉嫌侮辱“中国龙”事件、耐克篮球鞋广告片“恐惧斗室”中“中国元素”屡被打败等，伤害了中华民族的感情，丑化了中国人的形象。这也许都不是广告创意人员的初衷，但是，创意人员应意识到这些元素处于跨文化传播的禁区中。

三、寻求适度的突破

在广告创意中强调遵循伦理性原则，并不意味着将扼杀创意人员的灵感与创造力。创意既要接受伦理道德的约束，又要积极寻求适度的突破。伦理其实不是僵死不变的教条，它也具有时代特征，在不同的历史时期其内涵也在相应地调整和发展。尝试适度突破，有时虽然会挑战世俗观念，引起公众舆论的争议，但却会给受众留下难忘的印象，可以收到意想不到的传播效果。例如意大利著名服装品牌贝纳通的广告每每冲破传统禁忌，特立独行，在世人眼中成为离经叛道、胆大妄为的代名词，常常引发社会强烈的关注。但其中有些广告却发人深省，表达了深刻的主题。如图 3-67 中的广告，表现了反对种族歧视的主题。不论你是何种肤色，舌头的形状、颜色都是一样的，心脏也是如此。谁能说这样的广告不是精品呢？

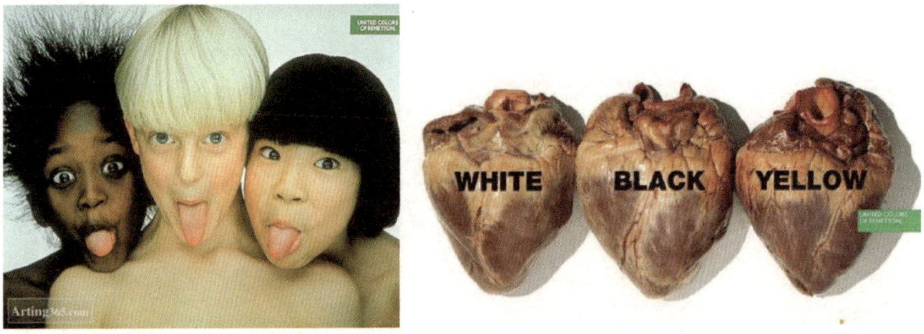

图 3-67 贝纳通广告

因此，在大众心理可以接受的前提下，广告创意人员尽可以张开想象的翅膀，驰目骋怀，施展点石成金、化腐朽为神奇的能力，让创意成为传播信息的试金石、文化交流的桥头堡、陶冶情操的交响乐。

【思考与练习题】

1. 如何理解广告创意的单纯性原则？这对信息的传播有何意义？
2. 独创性原则包括哪些内容？搜集具有独创性的广告创意作品并做评析。
3. 试举例说明广告创意如何体现关联性。
4. 请通过三个名词的连接，使“被子”和“鲨鱼”产生联系。
5. 在具体创意实践中应如何贯彻针对性原则？
6. 广告创意的形象化与视觉化有什么联系和区别？
7. 分析广告作品 DISPOLAB 婴儿防晒霜（见图 3－68）是如何表现创意的。

图 3－68　DISPOLAB 婴儿防晒霜

8. 广告创意真实性的核心是什么？
9. 广告创意的感染力来自何方？

第四章

广告创意思维

人们解决世界的问题，靠的是大脑思维和智慧，而不是照搬书本。

——爱因斯坦

【学习要点】

- 了解思维的概念、本质特征以及能力类型。
- 了解创造性思维的概念和特点。
- 掌握广告活动中常用的创意思维方法。
- 理解形象型思维方式在广告创意活动中所占有的重要地位。
- 日常教学中加强对广告创意思维的训练。

关键词

思维　创造性思维　形象思维　逆向思维　发散思维

第一节　创意思维概述

一、思维的概念和特征

（一）思维的概念

思维科学认为，思维是人接收信息、存贮信息、加工信息以及输出信息的活动过程，是概括地反映客观现实的过程，这就是思维本质的信息论观点。从生理学上讲，思维是一种高级生理现象，是脑内一种生化反应的过程，是产生第二信号系统的源泉。所谓第二信号系统，是以语言作为刺激的反应系统，与第一信号系统——以电、声、光等为感官直接接收的信号作为刺激的反应系统——相区别。

思维是人脑对客观现实概括和间接的反映，它反映的是客观事物的本质及其规律性联系。思维是人类认识的高级阶段，它是在感知基础上实现的理性认识形式。例如，通过对人的观察分析，得出人是能言语、能制造和使用工具的高等动物。根据对水的研究得出水和温度之间的关系：在压强为 101 千帕时，水的温度降低到 0℃，就会结冰，升高到 100℃，就会沸腾等。人们常说的“考虑”“设想”“预计”“沉思”“审度”“深思熟虑”等，都是思维活动的表现形式。①

（二）思维的特征

1. 思维的间接性与概括性

所谓思维的间接性，是指思维能对感官所不能直接把握的或不在眼前的事物，借助于某些媒介物与头脑加工来进行反映。由于人类感觉器官结构和机能的限制，由于时间和空间的限制，由于事物本身带有蕴藉或内隐的特点，对世界上的众多事物，人们如果单凭感官或仅仅停留在感知觉上，是认识不到或无法认识的，于是就要借助于某些媒介物与头脑加工来进行反映。

所谓思维的概括性，是指思维通过抽取同一类事物的共同的本质特征和事物间的必然联系来反映事物。由于这一特性，人能通过事物的表面现象和外部特征认识事物的本质和规律。

图 4－1 用两只拐杖的把手相对形成心形图案，拐杖指代需要关爱的老年群体，心形图案代表关爱的含义，使广告的诉求直观有效。

图 4－1　情人节创意广告：老年人也需要你的爱

思维的间接性和概括性是相互联系的。人之所以能够间接地反映事物，是因为人有概括性的知识经验，而人的知识经验越概括，就越能间接地反映客观事物。正是因为思维具有间接性和概括性，所以它在人的生活实践中有着极为重要的意义。首先，它使人的认识范围不断扩大。人不仅能认识现在，而且还可以回顾过去和预见未来。其次，它能不断提高人的认识深度，使人不仅能认识一般接触到的事物以及规律，还可以把握所不能直接感知的事物以及规律，让人对事物的认识得以无止境地深化。

---

① 王雁．普通心理学．北京：人民教育出版社，2002：237.

2. 思维的逻辑性与形象性

逻辑思维是人类思维发展的高级阶段，是人脑借助概念、判断、推理的形式来认识事物的思维方法。

逻辑性是指思维是一种抽象的理性认识，表明思维过程有一定的形式、方法和规律。形象性指思维常借助形象化的材料来进行，形象既是思维的载体，也是思维的工具。大多数情况下，思维活动是逻辑性与形象性共同起作用的。

图 4－2 中联想 IdeaPad 笔记本电脑人脸识别系统平面广告表现了笔记本独特的识别系统，可根据主人的脸部特征来认证，人脸替代了以往密码认证系统里的 Password。广告形象地将此功能展现在用户面前，直观、简单、清晰、有效。

图 4－2　联想 IdeaPad 笔记本电脑平面广告

3. 思维的统一性与差异性

统一性指思维的普遍性。英国心理学家爱德华·德·波诺（Edward de Bono）对不同民族的思维进行比较后指出：在直接受业于他的思维训练的十几万人中，尽管在年龄、能力、兴趣、种族、民族和社会文化背景等方面有很大的不同，但在最基本的思维层次上，反应却惊人的一致。

人类思维能力的最基本的东西是一致的，但并不是说人与人之间在思维上就没有差别。恰恰相反，每个人的深层思维常常有很大的不同。思维的差异性包括民族差异、文化差异和个体差异。对于个体而言，思维差异具有重要的意义，它有助于个体认识自己的思维，选择恰当的思维训练形式和方法。

4. 思维的历史性与现实性

思维的历史性表现为人类思维总体发展的历史性和某种思维发展的历史性两方面。总的来看，人类思维的发展越来越抽象化、精确化、系统化、多样化、模式化。思维的历史性提醒人们既不能固守传统思维模式，又不能割裂历史。

思维的现实性要求我们认清当代社会发展的趋势，在选择思维训练的内容与形式、类型和方法时，充分考虑现实的要求，扬弃传统的思维方式并努力培养新型的现代化的思维方式和方法。

5. 思维的言语性

思维的工具是语言。思维是在语言材料基础上进行的，思维的每一步都离不开语言，言语是思维的外壳，是思维的载体。思维不是借助于声音和写在纸上的外部语言，而是靠在心里默默进行的内部言语实现的。

（三）思维的一般品质

思维品质，实质上是人的思维的个性特征。思维品质反映了每个个体智力或思维水平的差异，主要包括深刻性、灵活性、独创性、批判性、敏捷性、针对性和逻辑性七个方面。

1. 思维的深刻性

思维的深刻性是指思维活动的抽象程度和逻辑水平，涉及思维活动的广度、深度和难度。人类的思维主要是言语思维，是抽象理性的认识。在感性材料的基础上，去粗取精、去伪存真、由此及彼、由表及里，进而抓住事物的本质与内在联系，认识事物的规律性。个体在这个过程中表现出深刻性的差异。思维的深刻性集中表现为在智力活动中深入思考问题，善于概括归类，逻辑抽象性强；善于抓住事物的本质和规律，开展系统的理解活动；善于预见事物的发展进程。

2. 思维的灵活性

思维的灵活性是指思维活动的灵活程度。它的特点包括：思维起点灵活，即从不同角度、方向、方面，能用多种方法来解决问题；思维过程灵活，从分析到综合，从综合到分析，全面而灵活地作“综合的分析”；概括迁移能力强，运用规律的自觉性高；善于组合分析，伸缩性大；思维的结果往往是多种合理而灵活的结论，不仅有量的区别，而且有质的区别。灵活性反映了智力的“迁移”，如我们平时说的，“举一反三”“运用自如”等。灵活性强的人，智力方向灵活，善于从不同的角度与方面起步思考问题，能较全面地分析、思考问题，解决问题。

3. 思维的独创性

思维的独创性即思维活动的创造性。在实践中，除善于发现问题、思考问题外，更重要的是要创造性地解决问题。独创性思维品质的特征是在认识和解决问题时不墨守成规，不因循守旧，善于发现和提出问题，能够在较高的层次重组或构建新的知识。人类与科学的发展要有所发明、有所发现、有所创新，都离不开思维的独创性。独创性源于主体对知识经验或思维材料高度概括后集中而系统地迁移，进行新颖的组合分析，找出新异的层次和交结点。概括性越高，知识系统性越强，伸缩性越大，迁移性越灵活，注意力越集中，独创性就越突出。

如图 4－3 所示，Freddo 冰激凌在孩子们心目中的尊贵感，用一句“嘿，我的冰激凌还在”充分地体现出来。三幅系列广告中的画面表现更是抓住了日常生活中的“跟头”与“心头”的对比，画面中的孩子在摔跟头的瞬间牢牢保护好手中的冰激凌，体现了广告诉求，表现亲切、诉求到位，直击孩子内心。

4. 思维的批判性

思维的批判性是思维独立发现和批判的能力。是循规蹈矩、人云亦云，还是独立思考、善于发问？批判性是思维过程中一个很重要的品质。思维的批判性品质来自对思维活动各个环

图 4-3　Freddo 冰激凌平面广告

节、各个方面进行调整、校正的自我意识。它具有分析性、策略性、全面性、独立性和正确性五个特点。正是有了批判性，人类才能够对思维本身加以认识，也就是人类不仅能够认识客体，而且也能够认识主体，并且在改造客观世界的过程中改造主观世界。

5. 思维的敏捷性

思维的敏捷性是指思维活动的速度，它反映了智力的敏锐程度。敏捷的思维，在处理问题和解决问题的过程中，能够适应变化的情况来积极地思维，周密地考虑，正确地判断和迅速地做出结论。敏捷的思维品质使人们能够具有敏锐的洞察力，及时发现问题，捕捉机遇，并且思维发散快，表现出思维的多向性和自由度大的特征，能迅速地对各种条件和可能做较快的筛选和决断。

6. 思维的针对性

思维的针对性是指思维的目的性。思维的针对性不仅可以使思维活动专注而集中，还可以保证思维活动的整体连贯性，即使思维有所发散，也是围绕它所选定的目标展开。一个人的思维效率在很大程度上是与思维活动的针对性密切相关的。

7. 思维的逻辑性

思维的逻辑性是指在思维的活动过程中能够把握主题，准确运用概念、判断和推理，并且能够辩证地分析、论证和综合问题，使思维活动具有主题鲜明、层次分明、条理清晰的特点。

二、思维的能力类型

思维能力是人脑对输入的信息进行加工整合，从而制作出思想产品的能力。[①] 思维能力是人类思维本质力量的表现，是思维潜能素质的外显活动，也是思维器官的能力和属性。

人类具有的思维能力主要包括以下几种。

（一）感知觉能力

感知觉能力是人们对外界事物的直接认识的能力，也是人类思维活动的基础。人类具有眼、耳、鼻、舌等感觉器官，可以将外界对主体的种种刺激和各种信息传导到大脑，供大脑汇总、分析、判断和做出相应的反应。人类主体的各感觉器官既分工明确，又彼此相关，是一个由大脑统一协调的整体。

人的感知觉过程既有感官的机能，又有大脑思维的汇总、分析、判断机能。因此，人的感知觉的能力不单纯是感知觉的机能，而且渗透着人脑的思维功能，以及以往认识经验的参与。

（二）记忆存储能力

记忆存储能力就是人们对经验的识记、保持和应用能力，是对信息的选择、编码、储存和提取的能力。记忆就是人们把在生活和学习中获得的大量信息进行编码加工，输入并储存在大脑里，在必要的时候再把有关的存储信息提取出来、应用于实践活动的过程。

人脑对经历过的事物进行识记、保持、再现或再认。识记即识别和记住事物的特点及联系，它的生理基础为大脑皮层形成了相应的暂时神经联系。保持即暂时联系以痕迹的形式留存于脑中。再现或再认则为暂时联系的再活跃。通过识记和保持可积累知识经验，通过再现或再认可恢复过去的知识经验。识记与保持是回忆的前提；回忆是识记与保持的结果，并反过来进一步强化识记和保持的程度。

（三）逻辑加工能力

人类的思维活动能够将感性认识（感觉、知觉、表象）进行抽象概括，从而形成概念，并

① 朱智贤．心理学大词典．北京：北京师范大学出版社，1989：634，636.

运用概念进行判断和推理，上升为理性认识，抽象出关于客观事物的本质规律和内在联系。这种逻辑加工的能力使思维活动由认识个别事物到认识普遍事物，由认识事物的现象到理解事物的本质，也即由偶然到必然，由感性到理性。

在思维活动中具体地再现客观事物是逻辑加工的又一种功能，人们要认识和把握客观事物的本质和规律性，思维活动就不能只是停留在抽象的概念上，而必须将抽象的概念转化为具体的再现。

图 4-4 中所示的 GRAND SECLE 平面广告中，集合了书法、绘画、艺术家名言等艺术元素，该广告将商品调性、画面元素和内在气质紧密联系在一起，让受众能立刻体会到沉浸式体验感，其广告诉求目标即刻达成。该广告提供的内在线索、色彩搭配和总体调性具有强烈的内在逻辑性，受众在短时间内即可对信息进行加工处理，广告效果显著。

图 4-4 GRAND SECLE 跨版（双整版）广告

（四）爆发能力

思维的爆发能力是指人类主体在思维活动中的突然顿悟状态。当人们对问题百思不得其解时，突然看出各种关系并理解了这些关系，有如“踏破铁鞋无觅处，得来全不费工夫”。其特点是突发性、独特性、不稳定性、情绪性。

思维的爆发能力是人类主体在思维活动中长期积累、艰苦探索，从量变到质变的过程，是必然与偶然的统一。

思维的爆发能力是极为珍贵的思维素质，在思维活动中具有重要意义。它能够让人在紧迫需要时思如泉涌，创造出常规思维不能创造的高质量精神产品；它能够在非常情况下让人急中生智、化险为夷；它能够提高人们的思想效率，在短时间内创造出思想奇迹。因此，及时捕捉思维的爆发，对提高思维活动的综合能力十分重要。

（五）调节控制能力

思维活动在主体的自我意识主导下，可以对思考的对象、思考的目的进行选择和审视，当思考对象或思考的目标发生转移时，思维活动也应随之转变，以便拓展新的思考领域，并依照目标要求相应地采取新的思维形式。

当思维活动在受到阻碍而难有进展时，思维主体亦可及时开辟新的思考方向，展开新的思维触角，广泛收集新的知识信息，构造新的思维结晶。这种思维活动的灵活性，就是思维活动的自我控制和调节能力。

（六）想象能力

想象是人类主体思维在改造记忆表象基础上创建未曾直接感知过的新形象和思维情境的心理过程[①]，是人在脑中对记忆所提供的材料进行加工，从而产生新的形象的心理过程，也就是人们将过去经验中已形成的一些暂时联系进行新的结合。它是人类特有的对客观世界的一种反映形式，它能突破时间和空间的束缚，达到思接千载、视通万里的境界。

想象可以分为无意想象和有意想象两大类。无意想象是不受意识主体支配的想象，指思维主体没有特定的目的性，可以让思维的翅膀任意飞翔，达到一种非常自由的状态。有意想象是受主题意识支配的思维活动，在这种状态下，思维总是在创新者的目的需要系统的支配下进行。有意想象又可分为再造型想象、创造型想象和幻想型想象。再造型想象是根据他人的描述而在自己的头脑中产生形象的心理过程。创造型想象是创造主体有目的地对自己已有的记忆表象进行加工、改造和重组而产生新形象的思维操作过程。再造型想象是指主体在经验记忆的基础上，在头脑中再现客观事物的表象；创造型想象则不仅再现现成事物，而且创造出全新的形象。幻想型想象是创造型想象的一种极端形式，其特点也是以现实世界为出发点，但思维范围不受拘束，结果又往往远远超出现实。

图 4－5 中 Smart 广告以对比的方式，展示了 Smart 汽车的优点“小”，于是画面中的汽车下方出现了一个测量符号，画面左下角点明主题：Smart 只有 2.69 米长。画面蕴含的想象部分为：别的汽车（大众和雷诺品牌）几乎相当于 Smart 的 1.5 倍。广告利用对比手法，采取了一定的营造想象空间方式，有力地展现了产品特质。

（七）直觉思维能力

直觉思维能力是指人类主体拥有的一种直觉力或洞察力。所谓直觉思维，是指不受某种固定的逻辑规则约束而直接领悟事物本质的一种思维形式。直觉思维具有迅捷性、直接性、本能性等特征，是人脑对于突然出现在面前的新事物、新现象、新问题及其关系的整体判断。

直觉有从整体上把握对象的直观性以及快速性。直觉凭以往的经验、知识，直接猜度问题的精要，用敏捷的观察力、迅速的判断力对问题做出试探性的回答，其结论不一定十分可靠，必须再用经验思维、理论思维进一步证明。直觉产生的形式是突发的和跳跃式的。直觉思维的出现是在大脑的功能处于最佳状态的时候，它与思维者的知识经验和思维品质相联系，表现出直觉的个体性。直觉具有坚信感：主体以直觉方式得出结论时，理智清楚，意识明确，这使直觉有别于冲动性行为，主体对直觉结果的正确性具有本能的信念（但这并不意味着取消进一步

---

① 马谋超．广告心理——广告人对消费行为的心理把握．北京：中国物价出版社，1997：142.

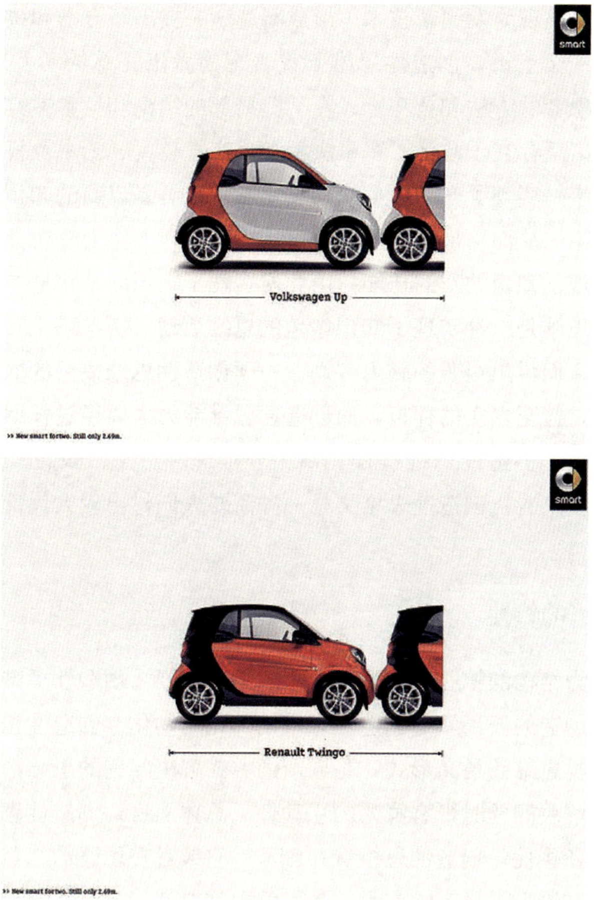

图4－5　Smart平面广告

分析加工和实验验证的必要性）。因为直觉思维属于非逻辑思维，因此有可能正确，也有可能错误，直觉思维具有或然性。[①]

第二节　创造性思维及其类型

一、创造性思维的含义和特性

（一）创造性思维的含义

创造性思维是一种具有开创意义的思维活动，即开拓人类认识新领域、开创人类认识新成

① MBA智库百科．直觉思维．http：//wiki.mbalib.com/wiki/90E7%9B%B4%E8%A7%89%E6%80%9D%E7%BB%B4.

果的思维活动，它往往表现为发明新技术、形成新观念、提出新方案和决策、创建新理论。这是狭义上的理解。从广义上讲，创造性思维不仅表现为做出完整的新发现和新发明的思维过程，而且还表现为在思考的方法和技巧上、在某些局部的结论和见解上具有新奇独到之处的思维活动。创造性思维广泛存在于政治、军事决策和生产、教育、艺术及科学研究活动中。

创造性思维的结果是实现了知识即信息的增殖，它或者是以新的知识（如观点、理论、发现）来增加知识的积累，从而增加了知识的数量；或者是在方法上有所突破，对已有知识进行新的分解与组合，实现了知识的新的功能，由此便实现了知识的结构量的增加。所以从信息活动的角度看，创造性思维是一种实现了知识增殖的思维活动。

创造性思维需要人们付出艰苦的脑力劳动。一项创造性思维成果的取得往往需要经过长期的探索、刻苦的钻研，甚至多次的挫折，而创造性思维能力也要经过长期的知识积累、智能训练、素质磨砺才能具备，创造性思维过程还离不开推理、想象、联想、直觉等思维活动。所以，从主体活动的角度来看，创造性思维又是一种需要人们付出较大代价、综合运用各种思维能力的思维活动。

（二）创造性思维的特性

创造性思维是智力结构的核心，是社会不可或缺的要素。创造性思维是人类独有的高级心理活动过程，人类所创造的成果就是创造性思维的外化与物化。创造性思维是在一般思维基础上发展起来的，是人类思维的最高形式，是以新的方式解决问题的思维活动。创造性思维强调开拓性和突破性，在解决问题时带有鲜明的主动性。总体而言，创造性思维有以下特性。

第一，独创性和新颖性。创造性思维贵在创新，它或者在思路的选择上，或者在思考的技巧上，或者在思维的结论上，具有“前无古人”的独到之处，具有一定范围内的首创性、开拓性。要想进行创造性思维，必须对事物具有浓厚的创新兴趣，在实际活动中善于超出思维常规，对“完善”的事物、平稳有序发展的事物进行重新认识，以求新的发现，这种发现就是一种独创，一种新的见解、新的发明和新的突破。

第二，极大的灵活性。创造性思维并无现成的思维方法和程序可循，所以它的方式、方法、程序、途径等都没有固定的框架。进行创造性思维活动的人在考虑问题时可以迅速地从一个思路转向另一个思路，从一种意境进入另一种意境，多方位地试探解决问题的办法，这样，创造性思维活动就表现出不同的结果或不同的方法、技巧。创造性思维的灵活性还表现为人们在一定的原则界限内的自由选择、发挥等。一般来讲，原则的有效性体现在它的具体运用上，否则原则就变成了僵死的教条。

第三，艺术性和不可模仿性。创造性思维活动是一种开放的、灵活多变的思维活动，它的发生伴随有想象、直觉、灵感之类的思维活动。想象、灵感、直觉等思维活动往往因人而异、因时而异、因问题和对象而异，所以创造性思维活动具有极大的特殊性、随机性和技巧性，他人不可能完全模仿、模拟。

创造性思维活动的上述特点同艺术活动有相似之处。艺术活动就是每个人充分发挥自己的才能，包括利用直觉、灵感、想象等非理性的活动。如凡·高的名画《向日葵》，人们都可以去模仿凡·高画向日葵，且大小、颜色都可以模仿，甚至临摹。然而，艺术的精髓和内在的东西及凡·高的创造性创作能力只属于他个人，是无法仿照的。任何模仿品只能是“几乎”以假充真，但毕竟不是真的，所以才有人愿冒生命危险设法盗取著名画家的真迹。因此，创造性思维被称为一种高超的艺术。

第四，对象的潜在性。创造性思维活动从现实的活动和客体出发，但它的指向不是现存的客体，而是一个潜在的、尚未被认识和实践的对象。创造性思维的对象或者是刚刚进入人类的实践范围、尚未被人类所认识的客体，人们只能猜测它的存在状况；或者是人们虽然有了一定的认识，但认识尚不完全，还可以从深度和广度上进一步认识的客体。

第五，风险性。由于创造性思维活动是一种探索未知的活动，因此要受多种因素的限制和影响，如事物发展及其本质暴露的程度、实践的条件与水平、认识的水平与能力等，这就决定了创造性思维并不是每次都能取得成功，甚至有可能毫无成效或者得出错误的结论。

图 4-6 中双立人刀具广告以锋利之美为广告诉求，通过薄若蝉翼的水果切片体现产品的锋利水平。而切片交叉与文字组合形成的刀具形状，更是强化了广告的识别度。该广告以常见生活元素为主视觉构成，通过创造性的排版，形成了广告的主诉求点和创造性的广告成果。

图 4-6 双立人刀具广告

二、创造性思维的作用

（一）创造性思维可以不断地增加人类知识的总量，不断推进人类认识世界的水平

创造性思维因其对象的潜在特征，表明它是向着未知或尚未全知的领域进军，不断扩大着

人们的认识范围，不断地把未被认识的东西变为可以认识和已经认识的东西。科学上每一次的发现和创造都增加着人类的知识总量，不断地为人类由必然王国进入自由王国创造条件。

（二）创造性思维可以不断地提高人类的认识能力

创造性思维的特征已表明，创造性思维是一种高超的艺术，创造性思维活动及过程中内在的东西是无法模仿的。这内在的东西即创造性思维的能力。这种能力的获得依赖于人们对历史和现状的深刻了解，依赖于敏锐的观察能力和分析问题的能力，依赖于平时知识的积累和知识面的拓展。每一次创造性思维过程就是一次锻炼思维能力的过程，因为要想获得对未知世界的认识，人们就要不断地探索前人没有采用过的思维方法、思考角度去进行思维，就要独创性地寻求没有先例的办法和途径去正确、有效地观察问题、分析问题和解决问题，从而提高人类认识未知事物的能力。

（三）创造性思维可以为实践开辟新的局面

创造性思维的独创性与风险性特征赋予了它敢于探索和创新的精神，在这种精神的支配下，人们不满于现状，不满于已有的知识和经验，总是力图探索客观世界中还未被认识的本质和规律，并以此为指导进行开拓性的实践，开辟出人类实践活动的新领域。若没有创造性的思维，人类躺在已有的知识和经验上坐享其成，那么，人类的实践活动只能停留在原有的水平上，实践活动的领域也非常狭小。

三、创造性思维的类型

按照思维所借助媒介的不同，人们把思维概括为三大类型：抽象思维、形象思维和灵感思维。这些不同的思维类型与创意都有密切的联系，因而都属于创造性思维。

（一）抽象思维

抽象思维是人们在认识活动中运用概念、判断、推理等思维形式，对客观现实进行间接的、概括的反映的过程，属于理性认识。抽象思维凭借科学的抽象概念对事物的本质和客观世界发展的深远过程进行反映，使人们通过认识活动获得远远超出靠感觉器官直接感知的知识。科学的抽象是在概念中反映自然界或社会物质过程的内在本质的思想，它是在对事物的本质属性进行分析、综合、比较的基础上，抽取出事物的本质属性，撇开其非本质属性，使认识从感性的具体进入抽象的概念。科学的、合乎逻辑的抽象思维是在社会实践的基础上形成的，空洞的、臆造的、不可捉摸的抽象是不科学的抽象。

抽象思维贯穿于广告创意的全过程，在搜集资料和分析资料阶段要运用抽象思维进行分析、综合、抽象、概括、归纳、演绎、比较、推理。评估发展阶段，也要运用抽象思维对创意进行条理化、系统化、理论化的处理，也就是要给以正确的逻辑表述和证明，进行系统的理论挖掘。总之，广告创意的各个阶段都要运用逻辑思维进行科学的分析与综合、合理的归纳与演绎、严密的推理和论证。抽象思维如同整理加工信息的“过滤器”，创意者可以借助它对各种资料进行条分缕析、逐条深入的开掘。

（二）形象思维

形象思维又称直感思维，是指以具体的形象或图像为思维内容的思维形态，是人的一种本能思维，人一出生就会无师自通地以形象思维方式考虑问题。形象思维内在的逻辑机制是形象观念间的类属关系。抽象思维是以一般的属性表现个别的事物，而形象思维则要通过独具个性的特殊形象来表现事物的本质。因此，形象观念作为形象思维逻辑的起点，其内涵就是蕴含在具体形象中的某类事物的本质。

形象性是形象思维最基本的特点。形象思维所反映的对象是事物的形象，思维形式是意象、直感、想象等形象性的观念，其表达的工具和手段是能为感官所感知的图形、图像、图式和形象性的符号。形象思维的形象性使它具有生动性、直观性和整体性的优点。

形象思维不像抽象（逻辑）思维那样，对信息的加工一步一步地、首尾相接地、线性地进行，而是可以调用许多形象性材料，一下子合在一起形成新的形象，或由一个形象跳跃到另一个形象。它对信息的加工过程不是系列加工，而是平行加工，是面性的或立体性的。它可以使思维主体迅速从整体上把握住问题。形象思维是或然性或似真性的思维，思维的结果有待于逻辑的证明或实践的检验。

形象思维对问题的反映是粗线条的反映，具有粗略性，对问题的把握是大体上的把握，对问题的分析是定性的或半定量的。所以，形象思维通常用于问题的定性分析。抽象思维可以给出精确的数量关系，在实际的思维活动中往往需要将抽象思维与形象思维巧妙结合，协同使用。

想象是思维主体运用已有的形象形成新形象的过程。形象思维并不满足于对已有形象的再现，它更致力于追求对已有形象的加工，获得新形象产品的输出。所以，想象使形象思维具有创造性的优点。因此，富有创造力的人通常都具有极强的想象力。

图 4－7 看似创意简单的一则平面广告，却蕴含了丰富的想象空间。仔细辨识广告画面，你会发现每个举交通警示牌的人都是“残缺不全”的。可以想象，在每一个残缺的背后都有各种心酸的交通事故。别克汽车这则广告用最直接、最震撼的表达方式，体现了对每位司机、行人的深切关怀，广告效果直击人心。

（三）灵感思维

所谓灵感思维，即长期思考的问题因受到某些事物的启发忽然得到解决的心理过程。灵感是人脑的机能，是人对客观现实的反映。灵感思维活动本质上就是一种潜意识与显意识之间相互作用、相互贯通的理性思维认识的整体性创造过程。在人类历史上，许多重大的科学发现和杰出的文艺创作，往往是灵感这种智慧之花闪现的结果。灵感思维作为高级复杂的创造性思维活动形式，不是一种简单逻辑或非逻辑的单向思维运动，而是逻辑性与非逻辑性相统一的理性思维过程。灵感与创新可以说是休戚相关的。灵感不是神秘莫测的，也不是心血来潮，而是人在思维过程中长期积累、艰苦探索的一种必然性和偶然性的统一。

由于灵感思维不是在显意识领域单纯地遵循常规逻辑过程所形成的，所以它产生的程序、规则以及思维的要素与过程等都不是自我意识能清晰地意识到的，是模糊不清、“只可意会，

图 4－7　别克汽车公益广告

不可言传”的。独创性是定义灵感思维的必要特征，不具有独创性，就不能叫灵感思维。其他的思维活动都是一种自觉的思维活动，而灵感思维的突出性必然带来它的非自觉性。在灵感思维活动过程中，潜意识领域或显意识领域总伴有思维意象运动的存在。没有意象的暗示与启迪就没有思维的顿悟。思维高度灵活的综合互补性是灵感思维的重要特征，如潜意识与显意识的互补综合、逻辑与非逻辑的互补综合、抽象与形象的互补综合等。

精神分析专家弗洛伊德把人的意识比作海洋里的冰山，显露在水面之上的部分是显意识，即人能意识到的记忆；水面之下的那部分是潜意识，即人们不能意识到的那部分记忆。忘却的记忆（潜意识）的体量要比露在水面上的“冰山尖”（显意识）大得多，但这些存在于大脑深处被遗忘的记忆并非真正被“遗忘”，而是像录像带一样，全部贮存于潜意识之中，信息一旦进入就会使人猛然有所触动，过去积存在大脑中的信息就会得到综合利用，这时就会出现新的构思、新的意义和新的成果。

人们在创造过程中不可能只用一种思维，往往是多种思维交叉使用，相互补充，有效综合，从而创造性地解决问题。抽象思维、形象思维和灵感思维三者的互补和综合才能形成创造性思维。创造性思维是人类思维活动的最高表现形式，它是多种思维形式综合作用的结晶。因此，要进行创造性思维首先必须要了解以上三种创造性思维类型。

如图 4-8 中 Pencil Wings 的系列平面广告，画面以相关事物的天然形状与产品自然融合在

图 4-8　Pencil Wings 系列平面广告

一起，体现了产品所给予使用者的创造性灵感。尽管广告表现方式相对传统，但其广告画面的磅礴感、品牌理念与设计语言的融合度都彰显了良好的广告效果。该系列广告中蕴含的灵感思维、形象思维和抽象思维被体现得淋漓尽致。

第三节　广告创意思维的基本方式

一、事实型与形象型思维方式

（一）事实型思维方式

事实型思维方式就是指在广告创意的过程中，创意的着眼点以广告产品本身的诸多事实为依据进行。这种方式是广告创意过程中最常用，也是相对容易掌握的创意方法。

图 4－9 的博物馆广告中有这样的文案："1914 年，法国第一次投入这个机器，一分钟产生 450 名孤儿。""一战，可能是世界上最残忍的解剖课。""在凡尔登有 2 600 万个弹片（每平方米 6 块），从数字上看，你还没上战场就死了。"这样的文案加上枪械事物内容本身，从事实的角度告诉受众一战的实际情况，若想了解更多内涵，就到博物馆来吧。该广告有效地运用了事实性思维方式，将数字、文案、主体事实画面有机结合在一起，产生了震撼、吸引人的广告效果。

1. 从广告商品本身的直接因素寻求创意来源

在创意的实践中又可以根据广告商品的名称、包装和制造方式将这类创意来源分为三种。

（1）以广告商品的名称或商标为创意来源。在广告历史中有很多伟大的广告创意都是以广告商品名称或商标作为广告创意原点进行创作的。当商品的名称或商标作为广告创意的一部分时，最大的优势就是品牌突出，因为广告创意直接使用品牌名称进行诉求与传播，自然会使品牌深入人心。

著名广告大师乔治·路易斯为美国的《时代》周刊创作的广告"为时代创造时代"（Make Time for Time）就是一个以广告商品的名称进行创意的经典案例。

《时代》周刊是全球最负盛名的新闻综合类杂志，也是发行量最大的美国权威性新闻媒体。然而，20 世纪 80 年代后期，美国的许多周刊都明显地感受到来自互联网等新兴媒体的强大压力，《时代》周刊也不例外。随着销量的下滑，其传播多年的"时代杂志，你非看不可"的创意概念变得似是而非、模糊不清了。

乔治·路易斯在接手《时代》周刊的广告之后，意识到了《时代》周刊的问题：处于信息爆炸的时代，人们生活节奏快且压力大，谁还有时间看《时代》呢？乔治·路易斯自己曾说："每当新的月份来临时，我就觉得有点负疚感，因为要抽出时间来阅读《时代》周刊，好像越来越难了，虽然我很想仔细阅读这本很棒的杂志，但是《时代》周刊的问题是时间的问题，于是我认为这就是我们所需要的广告创意主题。"

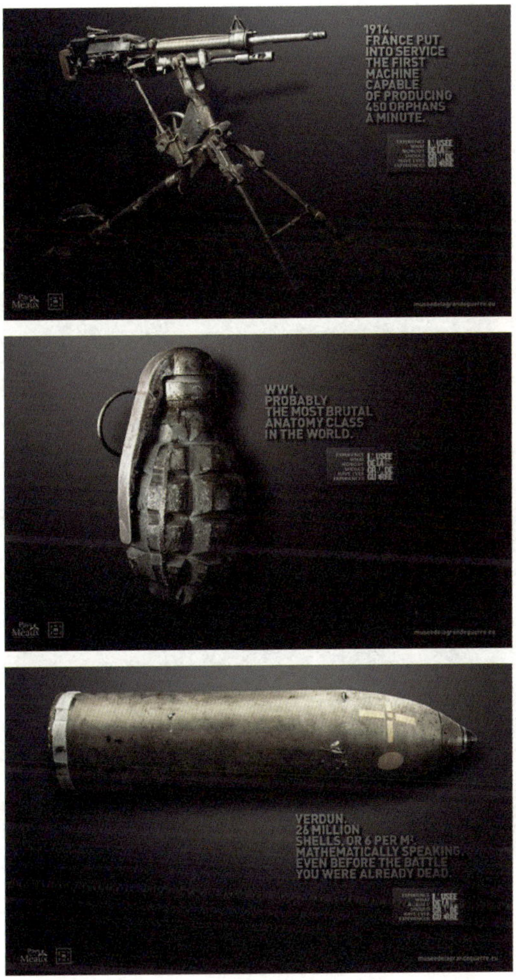

图 4-9 展示一战武器的博物馆广告

“Make Time for Time”是一句非常简短的广告语，而且产品的名称在不经意间就重复了两次。该广告创意针对读者群在资讯爆炸的压力下已经没有足够的时间来阅读《时代》杂志而导致该杂志的读者忠诚度逐渐下降的问题，给《时代》开启了全新的契机，为读者营造了新的渴望和“内行，得跟上潮流”的紧迫感。同时，“Make Time for Time”这句广告语也能够引起购买欲望，让人们知道自己即便再忙也应该挤出时间来阅读《时代》杂志。①

5100 西藏矿泉水、百事可乐、可口可乐、激活、饿了么、淘宝等品牌名称本身的表意性较强。因此，该类广告多采取名称变异、名称的表意性与生活画面有机结合、名称融合进文案等直接的创意手法，广告通常可以达到既生活化又不缺乏灵性的效果。图 4-10 中 New Balance 用最直接的运动画面，加之硬度极强的文案“你的极限就是你的无限”“你跑过比赛或者比赛跑过你”体现了新一代消费者的运动理念，深刻诠释了 New Balance 品牌名称与理念的精髓。

① 路易斯．蔚蓝诡计．海口：海南出版社，1996：152.

图 4-10　New Balance 平面广告

再如图 4-11 麦当劳的户外广告。这则麦当劳公交站“水果沙拉”广告采用箱式结构，用简单的 Logo 勾勒出清晰的框架，内部蒸汽和水果作为虚化的背景，更清晰地凸显了其标志的震撼效果，是典型的以广告商品名称或商标为创意来源的广告。

（2）以广告商品的包装为创意来源。许多商品在性质上并无多少与众不同之处，然而，商品本身的形状、颜色或与包装有关的元素，可以通过广告创意的不断提炼加工，产生出与众不同的效果。如绝对牌伏特加的广告作品，十几年来始终如一地坚持以绝对伏特加的包装瓶为创意的核心元素，创作了一系列令人拍案叫绝的经典作品。

在竞争激烈的时代，好酒也怕巷子深，好货也要勤吆喝。绝对伏特加决定围绕艺术进行市场营销。绝对伏特加对创意有着巨大的热情，通过其独特的品牌核心价值，架设了品牌、艺术、时尚、音乐与消费者之间的创意之桥，其执着的创意精神激发了众多当代杰出艺术家的创作灵感，他们各自以电影、音乐等形式，诠释对绝对伏特加的独特见解。

为了沿袭绝对伏特加一贯的个性创意精髓，设计者在充满历史感的上海石库门建筑群中，以绝对伏特加经典瓶身为核心的充满未来设计感的四个纯白色“建筑物”，分别代表盛夏的花朵、诱人的鸡尾酒、潮流的时尚以及放松的心情，将“精彩处处迸发”的概念发挥得淋漓尽致。其灵感源自当年夏季绝对伏特加推出的限量装“绝对迷你吧”（Absolut Mini Bar），它独

图 4－11　麦当劳“水果沙拉”广告

特的纯白色风格包装配以“派对无处不在”的概念，激发了城市年轻艺术家的创作灵感。

2014 年，绝对伏特加开始在全球启动以“绝对之夜”为主题的广告战役。该广告创意仍以瓶身为出发点，结合新媒体，展现了“绝对能量”“绝对魔幻”“绝对绚烂”等绚丽多彩的创意艺术（见图 4－12），整个创意体现了色彩、能量、感官与绝对伏特加的纯粹、口感的有机融合。长期以来，绝对伏特加坚持瓶身创意本色，但随着新媒体的运用，80 后与 90 后逐渐成为市场消费主体，消费者的审美观与需求发生了较大变化。为迎合这种变化，绝对伏特加进行了

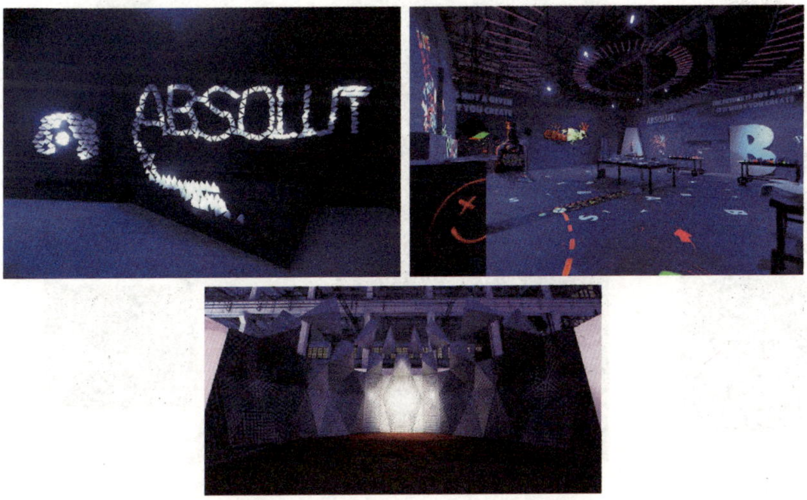

图 4－12　“绝对之夜”创意现场

创意方面的演进，以色彩、瓶身和新媒体的结合作为新创意起点，开展了丰富多彩的互动活动，在全球取得了良好的互动效果。

图 4-13 中《绝对源泉》的创意灵感源于毕加索的著名作品，通过透明的箱式瓶身、夺目的霓虹灯及内置的特殊水泵系统，将经典瓶身抽象化设计后与山间层层相叠的瀑布结合在一起，酒瓶固态的结构和动态柔和的水相互交织在一起。近距离欣赏此设计时，一股诱人的新鲜水果味充分刺激嗅觉，以一种全新的方式展示了传统鸡尾酒与现代建筑设计结合后“1+1>2”的效果。

图 4-13 《绝对源泉》

《绝对时尚》[见图 4-14（1）] 表达了时尚界人士眼中的绝对伏特加。该作品与时尚牛仔品牌 Evisu 携手合作，用 Evisu 牛仔布料包裹出一个巨型瓶身。作品通过立体剪裁手法为瓶身穿上了动感时尚的牛仔新衣，以牛仔口袋为基本元素排列构成一条条无处不在的时尚 T 台。《绝对自然》[见图 4-14（2）] 由缤纷的鲜花勾勒而出，通过富有层次的艺术表现手法，以绘画、雕漆、纤维艺术等不同工艺，创造出一个万花筒般生机盎然的画面——绿草丛生、鲜花盛开、蝴蝶飞舞，带给观者简单而又真实的快乐。《绝对视窗》[见图 4-14（3）] 囊括了绝对伏特加旗下所有口味的产品及宣传广告，透过这个窗口，通过互动的 LCD 让众人近距离了解绝对伏特加近 30 年的品牌故事。内嵌触摸屏使观众们能更直观地亲身体验品牌独特的市场营销理念。指尖轻点就可以将你带入一个“绝对”的世界，肆意挥洒灵感，将创意无限延续。近年来，绝对伏特加已将“互动”作为创意的主要“出口”，将色彩、新媒体、品牌故事作为创意延续的重中之重。

（1）　　（2）　　（3）

图 4-14 《绝对时尚》《绝对自然》和《绝对视窗》

(3) 以广告商品的制造方式为创意来源。通常制造商不会把自己的商品制造方式或制造程序当成重要的事情，因为这些过程在他们看来已经司空见惯。但具有敏锐洞察力的广告创意人会透过这些普通的生产过程发现产品背后的故事，利用理性诉求与感性诉求相结合的方式说服目标消费群体。

广告大师伯恩巴克为德国大众公司所做的甲壳虫轿车的创意就是以该轿车的制作方式为创意来源的。广告文案是这样描述的：在工厂里有 3 389 人只负责一件事，就是对甲壳虫车生产的每一道过程进行严格检验。每天生产线上有 3 000 个员工，而我们的品质管理人员数量却超过了生产人员。任何避震器都要测试，任何雨刷都要检查……最后的检验更是慎重严格。每部车经过 189 个检查点。严格的质量检查过程向消费者展示了汽车品质，促进了产品的销售。

金龙鱼食用调和油在中国的广告传播也是采用了广告商品的制作方式作为创意来源。嘉里粮油旗下的金龙鱼食用油，一直以绝对优势稳居小包装食用油行业第一品牌地位。调和油这种产品是金龙鱼创造出来的。当初，金龙鱼在引进国外已经很普及的色拉油时，发现这种油虽然有市场，但国人并不完全接受。原因是色拉油虽然精炼程度很高，但没有太多的油香，不符合中国人的饮食习惯。后来，金龙鱼研制出将花生油、菜籽油与色拉油混合的产品，使产品符合中国人的需求，最终赢得中国市场。为了将金龙鱼打造成强势品牌，金龙鱼不断创新，由最初的“温暖亲情·金龙鱼大家庭”提升为“健康生活金龙鱼”。然而，在多年的营销传播中，这些模糊的品牌概念除了让消费者记住了金龙鱼这个品牌名称外，并没有引发更多联想，而且消费者还没有清楚地认识到调和油到底是什么概念，食用它对人体有何益处。2002 年，金龙鱼又一次跃过龙门，获得了新的突破。突破的关键就是其新的广告创意“1∶1∶1”。看似简单的“1∶1∶1”概念，配合“1∶1∶1 最佳营养配方”的理性诉求，既形象地传达出金龙鱼由三种油调和而成的特点，又传达了只有“1∶1∶1”的金龙鱼才是最好的食用油的理念。这一广告使得产品迅速得到消费者的认同，产品销量也大幅度提升。2016 年，金龙鱼进行了包装、配方、原料的三大升级，但仍然坚持“1∶1∶1”的广告创意，其所在的母公司亦成为全球前三大粮油集团。

2. 从广告商品的间接因素寻求创意来源

这种方法在创意实践中可以根据具体情况分为以下两种形式。

(1) 以广告商品的历史为创意题材。有些商品本身并无特殊之处，但如果有悠久的历史，或某位名人曾经使用过，则完全可以使用这些元素作为商品广告创意的来源。

2016 年 New Balance《致匠心》广告成为当年现象级广告（见图 4－15）。该广告采用纪录片的方式，特邀李宗盛加盟，用交叉蒙太奇手法，将李宗盛制作吉他时的一丝不苟和制鞋工匠一针一线的精致打磨进行了交叉结合与对比。其长焦镜头与特写的结合，深刻表现了匠人对待手下“作品”的认真程度。辅之李宗盛的独白如“人生很多事急不得，你得等它自己熟”“世界再嘈杂，匠人的内心必须是安静安定的，面对大自然赠予的素材，我得先成就它，它才有可能成就我”“手艺人往往意味着固执、缓慢、少量、劳作，但是这些背后所隐含的是专注、技艺、对完美的追求”，深切体现了 New Balance 品牌对产品品质的追求与崇尚。

(2) 以广告将要刊出的媒介为创意来源。将商品的特点与媒介的特性有机地结合起来，利用媒介的特性进行独到而别致的创意，同样可以达到令人拍案叫绝的效果，如图 4－16 中的万

图 4 - 15　New Balance《致匠心》电视广告

国表公交车广告。万国表创立于 1868 年，制表已有 130 年的历史，是举世公认的瑞士名表品牌。在公交车上的手带本身是一个比较窄的传播通路，但是用得巧妙，阐释得合乎情理，就会有良好的传播效果。万国表的广告创意 “Try it here, the big pilot swatch”（抓这里试试，这是飞行员的腕表），让受众在公交车上 “飞翔”。

又如宝马的圣诞节户外广告（见图 4 - 17）。圣诞老人不是驾着鹿到人间，而是 “驾” 着宝马。在视觉上，广告将圣诞老人做了速度感的处理，并大胆突破构图常规，与稳重的石材楼体形成了强烈反差，突出了宝马汽车的优越性能，有效地吸引了受众的注意。

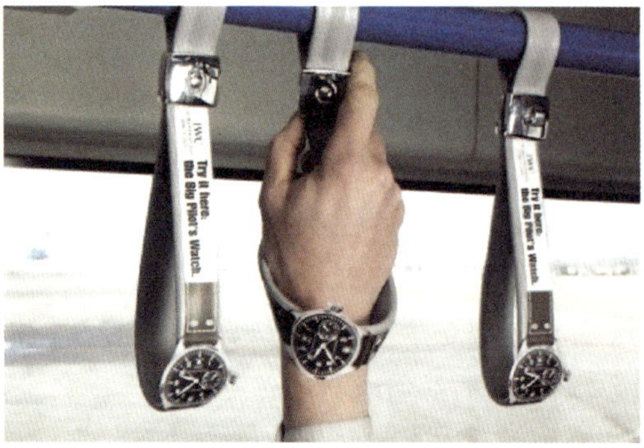

图 4 - 16　万国表公交车广告

图 4 - 17　宝马圣诞节楼体户外广告

（二）形象型思维方式

在广告创意过程中，大部分的作品都是运用形象思维，用直观的形象来向受众传递商品的概念。因此，形象型思维方式是广告创意中最为重要也是使用率最高的一种思维方式。大体而言，形象型思维有以下三种形式。

1. 表象

表象是在观念中所保持的客观对象的形象。表象不仅是对事物的映象，而且是一种操作，即心理操作可以以表象的形式进行。表象分为记忆表象和想象表象两种。

记忆表象是保存在人头脑中的曾感知过的客观事物的形象，是指过去感知过的事物不在面前出现时，在头脑中仍然能够再现事物的形象。记忆表象是通过对现实的对象或现象的知觉获得的。记忆表象与知觉密切联系，知觉映象越丰富，记忆表象越多样。但记忆表象与知觉映象又有本质的区别，知觉映象是由事物本身直接引起的，而记忆表象往往是在其他的事物，特别是有关词语的作用下引起的。记忆表象既包括反映某一事物特性的个别表象，又包括反映一类事物共同特性的一般表象。由于记忆表象的概括性，它不仅是事物形象的重现，而且是关于事物的感性知识，是对客观世界的直接感知过渡到抽象思维的一个中间环节。广告创意要对受众经历过的有趣事物做绘声绘色的描述，则必须依赖记忆表象。

想象表象是指在感性形象的基础上创造出新的形象的思维过程。一般而言，新形象的创造都是从人们已经累积的知觉材料的基础上经过加工改造而成的。人虽然能够想象出从未感知过或实际并不存在的事物形象，但想象内容总是来源于客观事实。

图 4-18　Robin Wood 环保公益广告

图 4-18 是 2016 年的 Robin Wood 环保公益广告，该广告画面将动物外形与毁灭中的森林两种表象进行结合，以残缺的动物身体轮廓作为主体表现映象，很好地承载了毁灭中森林之表象。“破坏自然就是毁坏生命”更是清晰地点明了生命与自然系于一体的关系。鲜活的创意点直观地体现了环保的公益主题，创意简单却有足够的震撼力，是环保公益创意中较为常见的

创意方法。

2. 联想

联想，就是由甲事物想到乙事物的心理过程。联想有三种特征：一是只在已经存入的记忆表象事物中展开思维活动；二是将众多记忆表象予以联系、组合，形成联想链；三是可以诱导、激励、参与创造想象。具体地说，联想就是借助想象，把相似的、相连的、相对的、相关的或者某一点上有相通之处的事物加以联结。联想是广告创意中的黏合剂，它把几个看起来毫不相干的事物联系在一起，从而产生新的构想。

日本创造学家高桥浩说，联想是打开沉睡在头脑深处记忆的最简单和最适宜的钥匙。通过联想，可以发现无生命物体的象征意义，可以寻到抽象概念的具象体现，从而使信息具有更强的刺激性和冲击性。

联想的基本类型有接近联想、相似联想、对比联想和因果联想等。

（1）接近联想是指由于时间或空间上的接近而引起的两个不同事物间的联系而产生的思维活动。例如你遇到一位儿时的伙伴，你会想到当年一起玩耍的情景，想到其他儿时的朋友，这就是一种时间接近联想。由鸡舍联想到农田，由雕像联想到公园，就是地域接近联想。

例如图 4－19 中德国双立人刀具广告，画面中的刀具变成了木柄与“卷起来的纸张”，两种物体的错位让人不禁联想到刀具的锋利。在双立人刀具下，鱼肉、西瓜等都变成了薄薄的一层纸。简单而富于联想的创意方式一直被双立人刀具青睐，这也是刀具类产品广告惯用的创意方式。

图 4－19　德国双立人刀具广告

（2）相似联想是指由于外形或意义上的相似而引起的两个事物间的组合的思维活动。比如，当你从侧面看到波音客机的机头外形时，会不由自主地想到海豚，这种联想就是典型的相似联想。而人们由江河想到湖海，由地铁想到轮船，则是一种意义相似联想。

外形上的相似，一般很容易引起联想，如世界自然基金会（WFF）“每一个赞都在拯救生命”公益广告中，水面上与水面下的冰山构成了“赞”的手势造型，而冰山上的北极熊让受众不禁联想到濒危动物的生存窘境（见图 4－20）。虽然拯救工作不是每个人都能做的，但我们可以用点赞的方式支持这项工作，伟大的工程可以用最简单的方式完成。

因为意义上的相似而引起的联想就比较抽象一些，但意义上的相似又常常引起类比联想及推想，形成创意成果。因此，意义相似联想能力是一种非常重要的联想能力。

图 4－20　世界自然基金会公益广告

（3）对比联想是指由于事物在性质或特点上完全对立或存在某种差异而引起的联想。例如，由“内”想到“外”，由“水”想到“火”，由“真善美”想到“假恶丑”等，都是完全对立的对比联想；而由“刀”想到“叉”，由“玻璃”想到“沙子”，则是一种因性能上存在差异而引起的差异对比联想。

在美国，由于广告法规允许，许多商品广告直接以对比联想的创意思路创作广告，其中不乏精彩的广告作品。典型的如百事可乐广告，就多次与可口可乐进行对比。又如美国长途电话公司做过这样一则广告：一对夫妇到美国电话电报公司给千里之外的儿子打电话，电话一打完，女士双手一摊，眼泪汪汪地问：“你知道我们打这个长途电话花了多少钱吗?”这则广告就是用对比联想告诉人们：美国长途电话公司的电话价格公道合理，比美国电话电报公司便宜得多，请接受我们公司的服务吧！

（4）因果联想是指两事物间在逻辑上存在因果关系而引起的联想。这种联想往往是双向的，既可以由原因想到结果，也可以由结果想到原因。比如从成功联想到能力强，从畅销联想到质量好。这是广告创意中最常采用的一种方法。比如“全国驰名商标”“出口销量领先”“消费者喜爱产品”“总统用的是派克”“我只用力士”这些充满诱惑力的语言，很自然地引发出消费者的因果联想，“既然如此，一定不错”“既然不错，何妨一试呢”。广告由此成功劝服消费者采取购买行为。

例如 Ariel 洗衣用品广告（如图 4－21），因为用 Ariel 洗的衣服太红了，公牛都爬到楼上来了。用相对极端的效果类广告创意手法，显示了产品使用前后的因果关系，以此引导消费者采取购买行为。

上述四种基本联想类型在实际的联想活动中并不是独立使用的，往往是各种类型的联想与推想、想象等交替出现。

在广告创意的过程中，事物间的联系是普遍存在的。詹姆斯·韦伯·扬曾经说过，“所谓创意，就是将旧的元素予以新的组合”，这种组合实际上就是努力寻找到事物间的联系，而联想就是将各种看起来似乎不相干的事物进行组合的思维形式。

3. 想象

想象是人脑思维在改造记忆表象的基础上创建未曾直接感知过的新形象的心理过程。

图 4－21　Ariel 洗衣用品广告

任何想象都不是凭空产生的，它是对记忆表象进行加工改造的产物，想象的本质是对新形象的创造，具有间接性和概括性。想象分为再建想象和创造想象两种。

再建想象是指根据语言、文字等的叙述或图像在人的头脑中形成同此类事物相应的新形象的心理过程。其特征是以某种现成的图像、说明或描写为依据进行想象活动。示意或描述得越详尽，主体的感性知识越丰富，再建想象出来的形象就越完美。在广告创意过程中，再建想象是思维的重要基础，许多优秀的广告创意就是经过广告人的精心加工而深入人心的。

创造想象是指不依据现成的描述而独立地创造出新形象的心理过程。在广告创意中，创造想象是思维活动的必要组成部分，就一些情况而言，想象力甚至比知识更重要，因为一个人的知识是有限的，而想象是无限的。

如图 4－22 三星 NX mini 广告用著名画家卡罗、凡·高、丢勒手持设备自拍的方式，展现

图 4－22　三星 NX mini 广告

相机拍摄效果，而画面中的自画像更是“价值连城”。该广告将产品与受众耳熟能详的名家及其作品结合在一起，形成了穿越式的创意联想效果，色彩上又采用了广告内容中的油画效果，整体广告调性可圈可点，产品特色表现得淋漓尽致。

二、垂直型与水平型思维方式

根据思维行进的方向，可以将广告创意的思维方式划分为垂直型思维方式和水平型思维方式。

（一）垂直型思维方式

垂直型思维方式是指按照有顺序的、可预测的、程式化的方向进行思维，这是一种符合事物发展方向和人类习惯的思维方式，遵循由低到高、由浅入深、自始至终等线索，因而思维脉络清晰明了、合乎逻辑。它是按照一定的思维路线或思维逻辑进行的、向上或向下的垂直式思考方法，是一种头脑的自我扩大方法，以思维的逻辑性、严密性和深刻性见长，一向被认为是最理想的思维方式之一。

作为华东地区首家希尔顿逸林酒店，昆山花桥希尔顿逸林酒店于 2009 年年初正式开门迎客。在前期传播推广阶段，该酒店希望通过广告传播其“关爱备至”的酒店文化，宣传为所有住店客人提供全方位贴心服务的理念。广告创意人员在考虑用何种形象元素来表现这一概念时采用了垂直型思考方式进行创意，创作了“关爱备至·尽在昆山花桥希尔顿逸林酒店”的杂志平面广告（见图 4－23、图 4－24）。

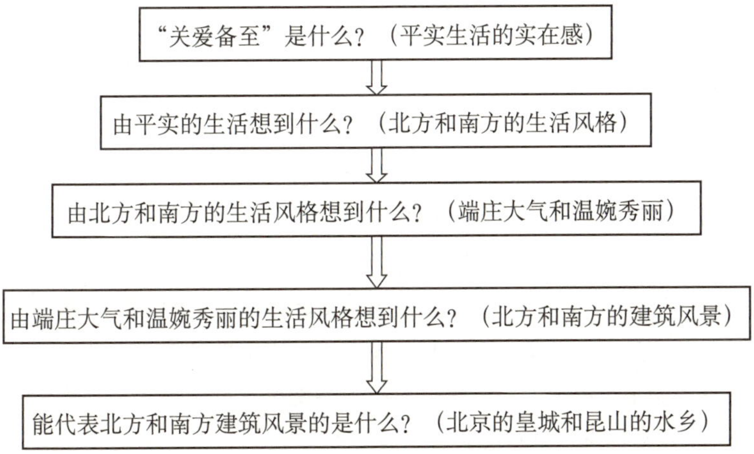

图 4－23　昆山花桥希尔顿逸林酒店广告创意运用垂直性思维图示

（二）水平型思维方式

水平型思维方式是指对相似事物的发展情况进行比较，从中找出差距，发现问题，然后再提出解决问题的办法的一种思维方式。这种思维方式不一定是有序的，同时也不能预测。但水平型思维方式改变了解决问题的一般思维方式，试图从别的方向入手，从而使思维的宽度大大增加，有可能从其他领域得到解决问题的启示。因此，水平型思维方式在广告创意活动中起着

图 4-24　昆山花桥希尔顿逸林酒店杂志平面广告

比较大的作用。

英国心理学家爱德华·德·波诺对水平型思维方式和垂直型思维方式进行了详细的比较：

（1）垂直思维是选择性的，水平思维是包容性的。

（2）垂直思维的移动是只在有了一个方向时才移动，水平思维的移动则是为了产生一个新的方向。

（3）垂直思维是按部就班的，水平思维则可以跳来跳去。

（4）垂直思维是分析性的，水平思维则是激发性的。

（5）垂直思维者必须每一步都正确，用水平思维者则不必。

（6）垂直思维为了封闭某些途径要用否定，水平思维则无否定可言。

（7）垂直思维要集中排除不相关者，水平思维则欢迎新东西闯入。

（8）用垂直思维，类别、分类和名称都是固定的，用水平思维则不必。

（9）垂直思维遵循最可能的途径，水平思维则探索最不可能的途径。

（10）垂直思维是无限的过程，水平思维则是或然性的过程。

人们在进行思考、解决问题的时候，常常习惯使用垂直型思维，这是一种建立在知识经验基础上的得心应手且根深蒂固的思考问题的模式。这种模式并不一定有利于提出新概念、新思想。水平型思维方式不是过多地考虑事物的确定性，而是考虑它多种选择的可能性；关心的不是完善旧观点，而是如何提出新观点；不是一味地追求正确性，而是追求丰富性。水平型思维方式与垂直型思维方式可以互为补充，将二者有机地结合起来加以灵活运用，有利于产生新观点，有利于解决问题。

图 4-25 中，德国 Stihl 电锯，锋利到当你还能看到树的倒影时，树已经被锯倒了。这种

打破常规思维方式的创意点让人记忆犹新，其广告效果可想而知。

图 4－25　Stihl 电锯广告

延伸阅读

六顶思考帽

六顶思考帽是英国学者爱德华·德·波诺开发的一种思维训练模式，或者说是一个全面思考问题的模型。它提供了“平行思维”的工具，避免将时间浪费在互相争执上。这一模型强调的是“能够成为什么”，而非“本身是什么”，寻求一条向前发展的路，而不是争论谁对谁错。运用波诺的六顶思考帽，将会使混乱的思考变得更清晰，使团体中无意义的争论变成集思广益的创造，使每个人变得富有创造性。

六顶思考帽是管理思维的工具、沟通的操作框架、提高团队 IQ 的有效方法。

六顶思考帽是一个操作极其简单、经过反复验证的思维工具，它给人以热情、勇气和创造力，让每一次会议、每一次讨论、每一个决策都充满新意和生命力。这个工具的作用包括：帮助我们增加建设性产出；充分研究每一种情况和问题，创造超常规的解决方案；使用“平行”思考技能，取代对抗型和垂直型思考方法；提高企业员工的协作能力，让团队的潜能发挥到极限。六顶思考帽使我们将思考的不同方面分开（见图 4－26），这样，我们可以依次对问题的不同侧面给予足够的重视和充分的考虑。就像彩色打印机，先将各种颜色分解成基本色，然后将每种基本色打印在相同的纸上，就会得到彩色的打印结果。同理，我们对思维模式进行分解，然后按照每一种思维模式对同一事物进行思考，最终得到全方位的“彩色”思考。

黑色思考帽：黑色是逻辑上的否定，象征着谨慎、批评以及对于风险的评估。使用黑色思维的主要目的有两个：发现缺点与做出评价。思考中有什么错误？这件事可能的结果是什么？黑色思考帽有许多检查的功能，我们可以用它来检查证据、逻辑、可能性、影响、适用性和缺点。通过黑色思维也可以让你做出最佳决策，指出遇到的困难，对所有的问题给出合乎逻辑的理由。当用在黄色思维之后，它是一个强效有力的评估工具；在绿色思维之前使用黑色思维，可以得到改进和解决问题的方法。总而言之，黑色思考帽问的是“哪里有问题”。

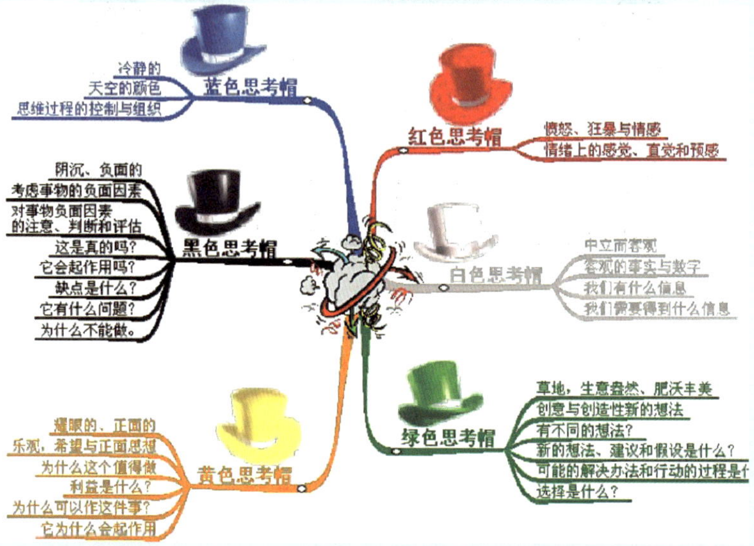

图 4-26 六顶思考帽示意图

白色思考帽：白色是中立而客观的，代表信息、事实和数据，努力发现信息和增强信息基础是思维的关键部分。使用白色思维时，将注意力集中在平行地排列信息上，要牢记三个问题：我们现在有什么信息？我们还需要什么信息？我们怎么得到需要的信息？这些信息的种类包括确凿的事实、需要验证的问题，也包括坊间的传闻以及个人的观点等。如果出现了意见不一致的情况，可以简单地将不同的观点平行排列在一起。如果说这个有冲突的问题尤其重要，也可以在稍后对它进行检验。白色思维可以帮助你做到像电脑那样提出事实和数据，用事实和数据支持一种观点；为某种观点搜寻事实和数据；信任事实和检验事实；处理两种观点提供的信息冲突；评估信息的相关性和准确性；区分事实和推论。

红色思考帽：红色的火焰，使人想到热烈与情绪。红色思维是对某种事或某种观点的预感、直觉和印象。它既不是事实也不是逻辑思考，它与不偏不倚的、客观的、不带感情色彩的白色思维相反。红色思维就像一面镜子，反射人们的一切感受。使用红色思维时无须给出证明，无须提出理由和根据。红色思维可以帮你做到：你的情感与直觉是什么样的，你就怎么样将它们表达出来。在使用红色思维时，将思考时间限制在 30 秒内。红色思维的问题是：我对此的感觉是什么？

黄色思考帽：黄色代表阳光和乐观，代表事物合乎逻辑性的、积极的一面。黄色思维追求的是利益和价值，是寻求解决问题的可能性。在使用黄色思维时，要时刻想到以下问题：有哪些积极因素？存在哪些有价值的方面？这个理念有没有什么特别吸引人的地方？这样可行吗？黄色思维可以让我们做到深思熟虑，强化创造性方法和新的思维方向。要说明为什么一个主意是有价值的或者是可行的，必须给出理由。黄色思维的问题是“优点是什么”或“利益是什么”。

蓝色思考帽：蓝色是天空的颜色，有纵观全局的气概。蓝色思维是“控制帽”，掌握思维过程本身，被视为“过程控制”。蓝色思维常在思维的开始、中间和结束时使用。我们能够用蓝色思维来定义目的，制订思维计划，观察和做结论，决定下一步。使用蓝色思维时，要时刻想到下列问题：我们的议程是怎样的？我们下一步怎么办？我们现在使用的是哪一种帽子？我们怎样总结现有的讨论？我们的决定是什么？蓝色思维可以让你发挥思维促进者的作用，集中和再次集中思考；处理对特殊种类思考的需求；指出不合适的意见；按需要对思考进行总结；促进团队做出决策。蓝色思维的问题是“需要什么样的思维”“下一步是什么”“已经做了什么”。

绿色思考帽：绿色是有生命的颜色，是充满生机的。绿色思维不需要以逻辑性为基础，允许人们做出多种假设。使用绿色思维时，要时刻想到下列问题：我们还有其他方法来做这件事吗？我们还能做其他什么事情吗？有什么可能发生的事情吗？什么方法可以克服我们遇到的困难？绿色思维可以帮助我们寻求新方案和备选方案，修改和去除现存方法的错误，为创造力的尝试提供时间和空间。绿色思维激发行动，提出解释，预言结果和新的设计。绿色思维将帮助我们想出各种可供选择的方案以及新颖的念头。用一句话来说，与绿色思维密切相关的就是“可能性”。可能性也许就是思维领域中最重要的词语。可能性为人类感知的形成、观点与信息的排列提供了一个框架，其中包括了不确定性的存在，可能性也允许想象力的发挥。绿色思维提出了“我们有什么样的想法”的问题。

颜色不同的帽子分别代表着不同的思考，企业家要学会在不同的时间带上不同颜色的帽子去思考。创新的关键在于思考，从多角度去思考问题，绕着圈去观察事物才能产生新想法。

资料来源：MBA 智库百科．六顶思考帽．http：//wiki. mbalib. com/wiki/% E5% 85% AD% E9% A1% B6%E6%80%9D%E8%80%83%E5%B8%BD.

三、发散型与聚合型思维方式

（一）发散型思维方式

1. 基本形态

发散思维又称辐射思维、放射思维、多向思维、扩散思维或求异思维，是指从一个目标出发，沿着各种不同的途径去思考，探求多种答案的思维（见图 4－27）。发散思维是大脑在思维时呈现的一种扩散状态的思维模式，比较常见，它表现为思维视野广阔，思维呈现出多维发散状。很多心理学家认为发散思维是创造性思维最主要的特点，是测定创造力的主要标志之一。通过从不同方面思考同一问题，如“一题多解”“一事多写”“一物多用”等方式，可以培养发散思维的能力。

图 4－27　发散型思维图示

广告创意的宗旨就是要打破束缚，突破常规。一个优秀的创意应该是具有原创性、未被利用过或未引起旁人注意的全新元素的组合。广告创意往往就是要将一个抽象的概念演绎为一个生动的形象，发散型思维方式就最容易从各个不同的角度对一个概念进行诠释。

2. 发散型思维的方法

发散型思维是由一点向四面八方想开去，充分运用丰富的想象力，调动沉淀在人脑中的知识、信念和观念，重新排列组合，从而产生更多更新的设想和方案。其具体方法包括以下几种。

（1）一般方法。

材料发散法——以某个物品的“材料”为发散点，设想出它的多种用途。

结构发散法——以某事物的结构为发散点，设想出利用该结构的各种可能性。

功能发散法——从某事物的功能出发，构想出获得该功能的各种可能性。

组合发散法——以某事物为发散点，尽可能地把它与别的事物组合成新事物。

形态发散法——以事物的形态为发散点，设想出利用某种形态的各种可能性。

因果发散法——以某个事物发展的结果为发散点，推测出造成该结果的各种原因，或者由原因推测出可能产生的各种结果。

方法发散法——以某种方法为发散点，设想出利用方法的各种可能性。

（2）假设推测法。假设的问题不论是任意选取的，还是有所限定的，所涉及的都应当是与事实相反的情况，是暂时不可能的或是现实不存在的事物对象和状态。

由假设推测法得出的观念可能大多是不切实际的、荒谬的、不可行的，这并不重要，重要的是有些观念在经过转换后，可以成为合理的有用的思想。

（3）集体发散思维。发散思维不仅需要发挥我们自己的智慧，有时候还需要用上我们身边的无限资源，集思广益。集体发散思维可以采取不同的形式，比如我们常常戏称的“诸葛亮会”。

（二）聚合型思维方式

聚合型思维方式，又称辐合思维、收敛思维和集中思维。它是以某个问题为中心，运用多种方法、知识或手段，从不同的方向和不同的角度，将思维指向这个中心点，以达到解决问题的目的。

相对于发散型思维方式，聚合型思维方式是一种异中求同、量中求质的方法。只发散不集中，势必造成鱼龙混杂，因此，扩散后必须经过筛选和集中，通过分析比较，选择出最有价值的设想和方案。

作为两种思维方式，发散思维与聚合思维有着明显的区别。从思维方向讲，两者恰好相反。发散思维的方向是由中心向四面八方扩散，集中思维的方向则是由四面八方向中心集中。从作用上讲，发散思维让人的思维更广阔、更开放，有利于在空间上的拓展和时间上的延伸，但容易散漫无际，偏离目标；聚合思维则有利于思维的深刻性、集中性、系统性和全面性，但容易因循守旧，缺少变化。在开发创意阶段，发散思维占主导地位；在选择创意阶段，聚合思维占主导地位。创意就是在这种发散—集中—再发散—再集中的循环往复、层层深入中产生的。

四、顺向与逆向思维方式

所谓顺向思维，是指人们按照传统的程序，从上到下、从小到大、从左到右、从前到后、从低到高进行思考的方法。这种方法平时用得最多，尤其是在处理常规性事物时具有一定的积极意义。但是顺向思维的常规性容易形成习惯性思维，即思维定式，从而影响创造性思维的开发。

所谓逆向思维，是一种反常规、反传统、反顺向的思考方法。法国大文豪莫泊桑说："应该时时刻刻躲避那走熟了的路，去另寻一条新的。"① 如果说顺向思维是我们平时走熟了的路，那么逆向思维往往能帮助我们寻找到一条新路。广告大师艾·里斯与杰克·特劳特在《广告攻心战略——品牌定位》一书中说："寻求空隙，你一定要有反其道而想的能力。如果每个人都往东走，想一下，你往西走能不能找到你所要的空隙。哥伦布所使用的策略有效，对你也能产生作用。"②

在寻求创意时，我们往往会陷入一种既定的方向，仅仅从正面着眼，只想表达产品如何好，如何实惠。此时如果能转换一个方向，调过头来，从事情的反面考虑，也许就能构想出一个意想不到的好创意。例如德国大众甲壳虫汽车系列广告创意就是采用了逆向思维的方式。

1959 年，美国 DDB 广告公司接手甲壳虫汽车的广告策划。在杰出广告人伯恩巴克的指挥下，策划小组所有成员到德国大众汽车厂仔细了解、深入研究甲壳虫汽车的生产过程，找出这种车子的一切优点和缺点，认定这不仅仅是一种实惠的车——价格便宜、马力小、油耗低，还是一种诚实的车——结构简单而实用、质检严格且性能可靠。不过，这些"好处"并不是他们的独特发现，先前也有人说过，但消费者却视而不见，听而不闻，无动于衷。也就是说，甲壳虫汽车要靠"独特销售主张"来说服消费者已经很难。

① 余明阳，陈先红．广告策划创意学．上海：复旦大学出版社，2007：242.

② 里斯，特劳特．广告攻心战略——品牌定位．北京：中国友谊出版公司，1991：97.

在综合研究的基础上，DDB的广告人员创造了一个新的商品概念：甲壳虫汽车是与美国汽车相对抗的完全不同的车子。从这一新概念出发，广告表现采用反传统的逆向定位手法，故意强调自己的缺点，以退为进，正话反说，引出甲壳虫汽车的优点；使用大标题、大图片以及幽默、荒诞等出人意料的表现方法和技巧。DDB创作了《想想小的好处》《柠檬（不良品）》《送葬车队》等系列广告。

甲壳虫汽车这种反其道而行之的运用逆向思维方式的广告创意策略巧妙地化劣势为优势，在不否定大型豪华轿车是好车的同时，以相反的角度宣传它的独特优势。小汽车的优势恰恰是大型豪华轿车的劣势，以己之长攻彼之短。在多元化消费的市场环境下，这种创意策略正迎合了美国中产阶级以下消费群体的消费需求，取得了极好的效果。不仅如此，甲壳虫汽车广告完全打破了消费者的定式思维，即他们平时看到的汽车广告都直接正面地诉求产品优点和消费利益，都标榜自己的优点，看到的汽车照片都是大幅的、精美的、华丽的，而如今出现了讲自己的不足、照片也被故意缩得很小的甲壳虫汽车广告，自然让人耳目一新。而且整个广告很贴合产品个性，有利于产品形象的培养。甲壳虫汽车在消费者的心中很自然地成为小型汽车的代表，有力地抢占了这一细分市场，塑造了品牌个性。

西门子公司为了在广告战中独树一帜，针对客户担心质量问题以及产品坏了无法维修的心理，特意精心设计了广告语："本公司在世界各地的维修人员都闲得无聊。"广告没有从正面夸耀产品质量，而是采取创新性的逆向思维，从侧面强调维修人员都闲得无聊，几乎都要失业，却恰好证明了过关的产品质量。该广告效果明显，令人耳目一新。

案例

麦当劳公司：老"题目"，新贡献

麦当劳公司是闻名全球的快餐王国。至今，麦当劳公司已在美国的50个州和世界40多个国家和地区开设了1万多家快餐连锁店。它的法式炸薯条采用计算机控制，制作时间不超过7分钟；不满10分钟就能烘制好汉堡包，每天售出汉堡包近2亿个；所制出的冻肉馅饼规格、大小、重量都相同；食物送至顾客手中只需60秒。它的年销售额已逾100亿美元，资产总额达10多亿美元，股票市价一直处于稳定增长之中。然而，麦当劳公司所拥有的另一项无形宝贵财富是：世界消费者心目中的世界十大名牌中，麦当劳名列第八，成为美国企业的典范。麦当劳公司的创始人雷·克洛克（Ray Kroc）在食品服务业这一"老题目"上做出的新贡献，足可与洛克菲勒在石油提炼业、卡内基在钢铁业、福特在汽车装配流水线的功绩相媲美。

1954年，当麦当劳汽车餐厅在加利福尼亚州圣贝纳迪诺市开张营业时，克洛克便一眼看出了麦当劳公司正在填补食品服务业的一个巨大空白。他在这一行业干了25年，比任何专家更清楚方便食品巨大的潜在市场。他意识到，正可借此机会大力开拓麦当劳公司已占领的快餐市场。麦当劳公司是由莫里斯·麦当劳（Maurice McDonald）和理查德·麦当劳（Richard McDonald）兄弟俩于1928年建立的。他们发展了流水线生产汉堡包，以及搭售法式土豆煎片的经营方式，率先采用标准化牛肉小馅饼、标准化配菜系列，并用红外线灯光照射保持土豆片清脆爽口。麦当劳餐馆竖有一面大型双拱招牌。其食品价格相当便宜，生意好得出奇，年营业额高达 25 万美元。当时除了加利福尼亚州外，另有六家分店。但麦当劳兄弟却十分保守，不愿进一步发展。克洛克对麦当劳的印象极为深刻，他随即前往与麦当劳兄弟谈判，购买了出售麦当劳店名的特许权，并负责向其他特许经营者出售全套服务标准和项目。六年后，即 1960 年，克洛克出资 270 万美元买下了麦当劳兄弟的全部资产和经营权，以“麦当劳”为名开创了一番新天地。

克洛克首先大刀阔斧地着手改革麦当劳的联营分销体系，向对公司发展有重大影响的四种人发动了宣传、广告攻势：未来的供货者、年轻有为的经理、公司的第一批债权人和联营者。他娓娓道来的计划和开诚布公的态度终于打动了这些合作者，从而使他的计划得以迅速推广。克洛克的联营思想确实别具一格、与众不同：不但为自己，而且为别人着想，想方设法使联营者取得成功。克洛克认为，敲诈一下、发一笔财并非长久之计，相反必须为联营者提供服务，与其建立相互信任的关系。一旦联营者失败，他自己也无法得到成功。所以，他总是鼓励联营者提出新设想，以改进麦当劳的餐馆分销体系，并以惊人的坦率与联营者以诚相见。在克洛克的努力之下，麦当劳公司赢得了一大批具有开拓精神的联营者，而这批联营者的创造性的工作为推动麦当劳公司的发展和树立良好的公众形象起了巨大的作用。

可以说，麦当劳对美国企业界的最大冲击是在顾客看不到的领域内——食品业的流水作业。20 世纪 50 年代末期，大部分工业都实现了专业分工，提高了生产效率，唯有食品业例外，最明显的阻力是食品业的各项配料涉及面太广，且批量小，无法搞流水作业。克洛克认为，麦当劳的快餐服务与以往的餐馆服务迥然不同，其经营模式为实现专业分工提供了一个大好的机会。麦当劳公司的成功，一个重要原因是得益于它的专业分工。麦当劳的一些早期经营者大多没有经营餐馆的经历，然而这使他们摆脱了传统的框框，反而成为一件好事。为了麦当劳的发展，没有什么想法是不值得一试的。麦当劳的每一步发展都是反复实验的结果。麦当劳公司的专家沿着生产链溯源而上，对食品供应和设备供应进行了大胆的改革。他们改变了农民种植土豆的习惯和农产品公司加工土豆的工序，改变了牧场饲养菜牛的方式和生产乳制品的方法，改革了肉制品厂成品生产程序，还发明了前所未有的高效率的烹调设备，探索了食品包装和分发的新途径。确实，近 30 年来，麦当劳公司在实现食品加工和分发现代化方面取得了无与伦比的功绩。这一变革是从美国最受欢迎的普通食品——汉堡包、法式炸薯条和牛奶冰激凌开始的。特别是法式炸薯条，麦当劳花费了 10 年时间和 300 万美元获得了重大的成功，销售量从原来占土豆制成品总销量的不到 5%，激增到 25%以上。这一变革极大地改善了麦当劳的形象。10 美分一包的法式炸薯条被认为是最理想的大众食品。今天在麦当劳经营的餐馆就餐的顾客中，每六人中就有四人买法式炸薯条。

麦当劳公司认识到，快餐业的“产品”服务不仅限于食品一项，能否提供上乘的食品是经营成功的关键所在。为此，麦当劳公司投入了大量的资金、精力改进它的食品系列，尽力向顾客供应简单易得、色香味正、品种繁多、引人回头的各种大众食品。麦当劳的主要产品汉堡包，最初出现在中世纪的东欧国家，用钝刀剁碎生牛肉塞进面包即成。波罗的海商人将这种吃法带到德国的汉堡港，在那里直到现在还有人按以前的方法进食生牛肉馅饼。后来德国移民将其带到美国，起初只在辛辛那提和圣路易斯等地流行。据记载，第一次大规模供应汉堡包是在1904年的圣路易斯世界博览会上。麦当劳公司在强调产品和服务工作标准化的同时，鼓励员工进行新产品开发和现有产品及服务的改进完善。公司不但组织专业技术人员积极研制，而且大胆吸收特许经营者反映的各种改进意见。公司发展史上的许多重大突破和创新就是这些特许经营者提出的。例如，一个特许经营者在辛辛那提市一个罗马天主教徒比较集中的地区开有一家快餐店，平时生意都不错，可是一到星期五销售量就会下降一半以上，他试着推出一种鱼片三明治，结果销售量大增。后来这一品种成了麦当劳各分店菜单上的固定项目，名字就叫"鱼片"。这是公司第一次突破了汉堡包、法式炸薯条和饮料的一贯制品种范围。匹兹堡的特许经营人杰姆·德利·加蒂发现附近一家快餐店出售一种大个的汉堡包，生意兴隆，吸引了不少顾客。于是他在芝麻饼中夹进两份牛肉馅、几片莴苣、葱花、奶酪、外加少许特制果酱，做成了味美量大、营养全面的巨型汉堡包，突破了克洛克以前定下的标准：肉馅必须是1.6盎司，小面包直径必须是3.5英寸。创新使销售量增长可观。后来麦当劳公司全盘采用这种制作方式，并为这种汉堡包起名为"大麦克"，很快成为各分店的头号畅销品种。另外有一位名叫赫伯特·彼得逊的特许经营人，在1972年对营业时间和经营品种进行了令人瞩目的改革。他在加利福尼亚州圣巴巴拉开有数家分店。彼得逊想到顾客中喜欢鸡蛋的一定大有人在，就像他非常喜欢"本尼迪克特蛋卷"一样。如果他将鸡蛋按麦当劳方式加工，并将原10点开门营业提前至7点，一定会吸引大批早餐顾客。经过半年试验，他推出了"快速早餐"，即在英式松饼中夹进一些加拿大火腿、奶酪和一个鸡蛋。到1976年，大部分麦当劳快餐店都采取了彼得逊这一做法。结果一年内仅此一项便增加了10%的销售额。随后，早餐食品新添了许多花样，如果汁、丹麦油酥面饼、英式松糕、香肠热饼、摊鸡蛋土豆泥等。1975年，麦当劳公司成功推出了"麦当劳世界"小甜饼系列产品，口感适中。小甜饼形状采用公司广告中早已为人熟知的奇人怪物造型。这一产品极受儿童喜爱，畅销不衰。早在1971年，麦当劳便开始全面研究鸡肉系列食品了。开拓这一领域困难较大，因为以外表酥脆、内部柔软为特点的肯德基炸鸡已领先占领了市场。1980年麦当劳推出两种鸡肉产品进行试销，一种是"麦克鸡三明治"，包括一块圆面包、一块莴苣碎片、一块红白鸡肉相杂的无骨鸡肉馅以及足量的类似于蛋黄酱的调味汁。另一种叫"天然块金鸡"，它是将鸡肉切成一口一块大小，辅以各种酱和蘸汁料，出售时由顾客选用。经过一段相当长时间的试销，发现具有较高的竞争力，于是麦当劳公司的食品单上又添了一个品种。在一般情况下，麦当劳公司总有20余种新产品处于不同试制阶段，一种产品即将试销结束，早有数个建议通过初步审查，进入配方研究、口味调查、制作工艺确定等不同研究阶段。大多数研制的新产品往往到不了最后试销阶段就被放弃。原因很多，最主要的是食品市场对新产品的考验特别严峻，人们从未对普通食品的优劣定下过什么标准，正是由于没有标准，人们的随意性就大，所以就显得格外困难。这种情况并不是麦当劳独有，整个快餐业都是如此。因此，麦当劳公司对新产品的试销特别谨慎，不仅审查严格，而且试销的时间长、范围大。尽管这样，麦当劳仍然经历了无数次开发失败。例如烤牛肉三明治、菠萝汉堡包、三波冰激凌蛋卷、碎牛肉三明治、麦克牛排等。但是，从整个行业看，麦当劳的成功率还是很高的。

麦当劳在激烈的市场竞争中保持不败之地，在很大程度上有赖于其坚持“Q、S、C”方针，即品质上乘、服务周到、环境清洁（Quality，Service，Cleanness）。品质上乘，指麦当劳公司对产品的质量有严格的标准，要求端到顾客面前的所有食品均处于最佳状态。汉堡包出炉 10 分钟尚未出售一律倒进垃圾箱，法式土豆片的保鲜时间为 7 分钟，咖啡冲好后最多可以保留半小时。并且，麦当劳对食品的原料、配料和制作过程有相应的规定。服务周到，指为了保证服务质量，麦当劳物色经理人员时要求他们懂得“人际关系学”，善于接待顾客，必须在“汉堡大学”接受专门训练，获得“汉堡包学”学士学位。新招的职工必须经过 10 天职业训练，合格后才能正式担任服务员。因此，麦当劳快餐店的服务效率很高，顾客一站到柜台前面，放在纸盒和纸杯内的汉堡包和咖啡便热气腾腾地送到顾客面前。即使在最忙时，也只需要一两分钟。为了做到能快速服务，服务员一身三任：负责管理收银机、开票、供应食品。顾客只需要排一次队，就能取到所需食品。环境清洁，指麦当劳快餐店敢于向“廉价餐厅不清洁”的偏见挑战，制定了严格的卫生标准。其中包括工作人员不准留长发，妇女带发网，餐馆内不许出售香烟和报纸，器具全部用不锈钢的，顾客一走便要清理桌面，凡是丢落在地下的纸片，必须马上拾起来，等等。平时，总店还经常派人员到各处搞突击式检查，发现问题，及时处理纠正。这使得麦当劳快餐店始终保持着清洁的环境。虽不豪华，但窗明几净，许多人乐意前来就餐。

麦当劳公司在营销上成功地塑造了“麦当劳叔叔”的生动形象。这个麦当劳叔叔原是德国的一家分店发明的，由于形象可爱，容易给顾客尤其是少年儿童欢乐的感觉，于是，麦当劳在世界各地快餐分店都推广了令孩子们喜爱的麦当劳叔叔形象，并让他经常出现在电视广告上，演出逗人的节目。麦当劳每年的广告费高达 30 000 多万美元，占全年销售额的 4%。麦当劳叔叔成为世界各地少年儿童的亲密伙伴。麦当劳还为小“上帝”们动了不少脑筋，开创了另一个新世界。为了吸引孩子，麦当劳各分店都专门设有儿童游乐园，供孩子们边吃边玩，并重金聘请著名小丑表演滑稽逗乐节目，拍成录像播放，常使孩子们笑得前仰后合，非常开心。因此，每当星期六、星期日，孩子们总要吵着让父母带他们到麦当劳快餐店去。在快餐店，孩子们可以在儿童乐园里游玩，父母既可以隔着大型玻璃窗注视孩子们的安全，又可以不受孩子们干扰，静心用餐。所以周末这两天，快餐店总是顾客盈门、热闹非凡。

2016 年的《你就是我的新年》电视广告（见图 4－28）以春节为主要创意点，以麦当劳叔叔的玩偶陪同家人过年为主要情节，让情怀充斥在电视广告中，满满的家庭幸福感让麦当劳的品牌形象更加深入人心。

图 4 - 28　麦当劳《你就是我的新年》电视广告

资料来源：智库百科．创造性思维．http：//wiki. mbalib. com/wiki/%E5%88%9B%E9%80%A0%E6%80%A7%E6%80%9D%E7%BB%B4.

【思考与练习题】

1. 回忆你所接触过的广告，无论是平面广告、互联网广告还是手机广告，分析一下它们是运用何种思维方式创意的。

2. 分小组对熟悉的品牌进行模拟广告创意活动。在创意活动中，应对同一品牌分别采用不同的思维方式进行广告创意，然后再对这些创意的构思进行比较分析，指出各自的优缺点。

第五章 广告创意策略

兵无常势，水无常形，能因敌变化而取胜者，谓之神。

——孙子

【学习要点】

- 认识创意策略在创意中的重要作用和地位。
- 理解什么是广告创意策略，好创意应该如何表达。
- 掌握制定创意策略的标准及其规律。
- 学会从广告创意作品中分析产品的创意策略。

关键词

创意　策略　营销策略　传播策略　文化策略

好创意应该说对。说什么才算说对，这就必须明白创意的策略。广告创意策略是广告表现的前提和方向，好创意只有在好的创意策略规范下才能发挥它的作用，没有创意策略引导的广告创意相当于一部没有方向盘的汽车，引擎再好最终也会偏离目标。广告创意策略是广告策略的眼睛。好的广告创意策略应以广告目标为前提，分析产品、消费者、市场、竞争者的特征，以目标消费者为中心，对目标消费者做出利益承诺，以有效的广告表现尽可能实现广告创意的全部内涵。

所以，评价一个广告创意时，不能孤立地评价，必须从创意策略的层面和高度去审视和评判。

第一节　广告创意策略概述

广告创意是一种目的明确的创造性的活动，是为了达到广告主的广告目标而进行的一种独特的主题构思。广告创意是否有效，直接影响广告传播的效果。而在整个广告创意的活动过程中，创意策略确立是否准确、到位，是关系创意表现能否有的放矢、锦上添花的关键中的关键。

一个正确的广告策略应该以市场营销策略为前提，再根据产品、消费者、市场等各方面情况确定。针对市场和消费者的情况，为目标消费者找到一个被说服的“理由”，并以视、听等表现手法来影响消费者的情感，以达到广告传播的目的。每个产品在不同时期选择的创意策略有所不同，但一些带有普遍意义的原则在创意策略的制定过程中仍应遵循。

一、目标集中、诉求单一

市场上没有两个消费者的要求是完全相同的，所以，除非是极其特殊的情况，企业不可能为每一个消费者量身定做产品。同理，任何产品都有相对应的主流消费群。每种产品不可能达到人人都喜欢、人人都适用的程度，那么，广告本身的内容与形式也就不可能让每个消费者都接受，所以，在制定广告创意策略时，首先要对消费者进行分门别类，选定特定的消费人群，然后制定特殊的广告策略以满足目标消费群的需求。具体来说，就是要清晰地了解创意针对谁，这些人的心理特征和人文特征是怎么样的，他们接触创意后是否可以理解、接受，是否有购买的欲望和产生购买行为的可能。在这个前提下，我们才可以在创意表现中用最有效的形式去表现目标消费群最关心的“利益点”。

2016 年，台湾麦当劳的品牌形象新片《爱，在一起》，以一个十分爱家却不常在家的爸爸的视角，讲述他一次回家后对家庭、对家人感到陌生的种种遭遇，最后终于通过努力打破尴尬，在麦当劳共享欢乐时光的故事（见图 5-1）。

图 5-1　麦当劳广告《爱，在一起》

在这个广告创意中，麦当劳选定小家庭作为目标消费者，以情感诉求为策略，清晰地表达出麦当劳与家庭之间的联系，也说中了很多工作繁忙的父母的心声，在创意中清晰直接地表现了目标消费者最关心的利益点——“爱”。

广告创意不仅要做到目标的集中，还要在广告诉求中做到“利益点”诉求的简单、清晰。创意的第一要义就是必须把产品所宣传的“利益点”以简洁、单纯、明确、清晰的方式表现出来，即复杂问题的简单化。广告创意的目的就是为理解建设桥梁，所以一个简洁的创意和表现能够强有力地传达给受众一个明确的信息，有助于受众更容易地理解并接受产品。只有做好这些工作，才能真正有效地发挥广告的作用。

图 5-2 中的广告以瑜伽中最著名的“柔体术”为表现重点，把生活中司空见惯的朋友聚会场景以艺术的手段进行处理，凸显瑜伽的特点，诉求点清晰、明确，富有新意。

图 5-3 中的广告以“手”作为表现的主体，把一只只优雅的“手”组合成一朵朵漂亮的“花”，并错落有致地排列，表现了产品“保护手，滋润手，以手为中心”的特点。创意简洁明了，易于理解。

图 5-2　女子瑜伽馆平面广告

图 5-3　护手霜广告

图 5-4 中的广告以“实”的汽车形象与白纸折叠和剪贴而成的“虚”的障碍形象组合在一起，虚实结合，表现汽车翻越障碍简单轻松。

二、强调品牌、突出个性

每个人都具有自己独特的性格，品牌也如人一样具有性格，我们把品牌的这种性格称为品牌个性。产品或品牌必须具有自己的个性，只有突出个性，品牌才会长久。广告的最终目的是促进销售，也就是人们通过广告产生购买意向，如果观众看过广告之后，记住了故事、画面、

图 5-4　雪佛兰汽车广告

人物或音乐而忘记了品牌，忘记了产品，那会是一件非常糟糕的事情。为了让广告行之有效，在广告创意时应把产品和品牌的认知放在首要的位置，运用巧妙的表现强化产品或品牌，以加深目标受众对产品或品牌的印象与记忆。当然，我们认为的强调品牌不是简单意义上品牌名称的机械重复，它应该与广告创意巧妙融合，不仅要和其他品牌相区别，还要有很强的竞争力。因为在产品同质化的今天，一味地跟风与模仿，最终会被市场淘汰。所以，如何赋予品牌个性，让品牌与众不同，是广告创意策略必须面对的。

成功学大师拿破仑·希尔（Napoleon Hill）说过，什么样的思想决定什么样的行为，什么样的行为决定什么样的习惯，什么样的习惯决定什么样的性格，而什么样的性格决定什么样的命运。对人而言，什么样的个性决定什么样的命运，对品牌而言也是如此。品牌个性不是企业主观上强加于品牌的，它是品牌自身由内而外所展现出来的气质特征。塑造品牌个性要求创新，但不能一味地追求奇、异、特，而忽略品牌所处的环境。因此，在进行品牌塑造时，应该经过深入的调查和研究，真正地了解消费者的心理和需求，做到品牌与消费者的个性对接。只有这样，消费者才会认同，只有消费者认同，品牌才能深得人心。

如图 5-5、图 5-6，来自意大利的时装品牌迪塞尔服装以不羁的反叛精神，甚至有些“反广告”的特质闻名于创意界。它的广告充满了搞怪、玩世不恭和嘲讽，用一种浪荡不羁的语调塑造品牌鲜明、突出的个性，这种个性又恰恰与其目标群体——年轻人的“反叛”不谋而合，使迪塞尔品牌深得年轻消费群体的心。

品牌个性的塑造是一个系统的过程，就像一个孩子的成长，他的个性除了先天的东西外，还要经过父母、环境、教育等因素的影响。品牌在其个性的形成过程中，它的信息会通过多种渠道传播给消费者，消费者从认知品牌到熟悉，再到购买和使用产品的整个过程中所能感受到

图 5-5 迪塞尔服装平面广告之一

图 5-6 迪塞尔服装平面广告之二

的一切信息，包括听觉、视觉、触觉、味觉和嗅觉的感受，都是对品牌个性的体验。因此，品牌个性的塑造是一个日积月累的过程。

案例

超能女人：没有你应该，只有我应该

对目标人群深刻、精确的洞察，配合直击心理的创意表现，向来都是超能所擅长的。自从品牌定义了一群“超能女人”之后，超能一直致力于彰显有态度、有主张、有追求的女性魅力，并一发不可收拾，一次次推进与这个时代最有消费能力和推动力的精英女性的心灵对话，以公益视角为她们传送正能量，同时也引领品牌步入更高的新境界。

2016 年 7 月，超能再出发，深刻洞察 85～90 后目标人群，从社会、情感、市场出发，号召超能女人做天然的自己，开启了一轮“没有你应该，只有我应该”的传播大幕（见图 5-7 至图 5-9）。

图 5-7　超能平面广告之一

图 5-8　超能平面广告之二

图 5-9　超能平面广告之三

在 85～90 后年轻女性的成长记忆中，“你应该”也许是听得最多的三个字，甚至每个人都有很多刻骨铭心的“你应该”：我曾经梦想成为一名探险家，他们说你不应该去冒险；我曾经憧憬着出去闯一闯，他们说你应该留在家人身边；我曾经有自己的梦想，他们说你应该脚踏实地不要胡思乱想……

该“超能女人”态度大片以 210 秒长版本在央视震撼联播，以孙俪为形象代表，通过悬念广告，不仅打开了女性们记忆的大门，更戳中了她们心中的曾经，引导新时代女性在喧嚣的社会中始终听从自己内心的声音，活出自己的天然范儿。

广告播出后，一夜间霸屏全国多家电视频道及网络视频媒体，在互联网上迅速引发了一场全民参与的社会性话题讨论。而超能在新一轮具有爆炸效果的传播中，不仅对跨媒体进行熟练整合和创新应用，更是巧妙地将产品本身的天然成分的利益点（天然椰油）和新女性价值观（活出天然范儿）融为一体，使整个传播运动不仅仅是情怀的空洞贩卖，更让价值主张拥有了坚实支撑。

三、传达一体化、后续留空间

所谓传达一体化，指在不同媒介上形成主题一体化诉求。现代广告的传播已经进入了整合媒介时代，任何产品，单纯依靠一种媒介已经无法完成推广任务。调动各种媒介资源，形成优势互补，发挥各媒介的整合效益，已成为很多广告经营者和广告主的共识。所以，我们在制定广告创意策略时，必须充分考虑各种媒体的特征，并掌握它们各自的传播特性，使广告创意在所选择的各种媒体上有效传播，形成信息传达的一致性、一体化。

马歇尔·麦克卢汉（Marshall Mcluhan）在 1964 年提出了“媒介即信息”的观点。他认为，传播媒介影响了理解与思考的习惯，如印刷媒体使思想变成线性的、连续的、规则的、重复的和逻辑的，让思考和感情可以分开，而电视媒介强调更多的则是感觉。不同的媒介体现创意的方式不同，所以在主题、总体风格一致的前提下，广告创意在不同的媒介上的表现应该有针对性，同时又应体现信息传达的一致性，这样才会发挥出更好的传播效果。

我们还是以 2016 年 7 月超能的态度大片《没有你应该，只有我应该》为例（见图 5－10）。

图 5－10 超能平面广告

2016 年 7 月 17 日，在广告播出的前一天，超能在《新民晚报》及次日一系列热门 App 开屏页中，首先以一则疑问式悬念广告引发出公众的好奇。当人们还在思索人生是否真的需要那么多“你应该”之时，孙俪对前期的悬念和疑问做出了霸气回应。7 月 18 日晚间 CCTV-1、CCTV-8 等央视五大频道，以及全国 11 家卫视和各大视频门户网站同步推出了孙俪领衔出演的超能洗衣液全新一季态度大片。该广告片播出后，在互联网上迅速引发了一场全民参与的社会性话题讨论：“广告词直击人心，如雷贯耳”“看了感觉被打了鸡血一样”“看了五遍，看哭了”“洗衣液的广告做出了公益广告的味道，片子能走进我的心，正能量满满”……一时间“应该体”也成为一种火热的流行新语体，众多明星、大号大 V、粉丝都参与到“你应该”的造句活动中。在社会化媒体阵地中，微博端的“没有你应该，只有我应该”话题阅读量迅速超过 9 100 万，讨论超过 4.4 万次。

可以说，在营销花样百出的时代中，真正的营销高手通常都是从整合的角度来俯瞰全局的。超能通过传统大众媒体加新型互联网媒体来引爆关注，以社会化媒体加深认知、扩大影响和扩散热度，让超能“没有你应该，只有我应该，活出天然范”的品牌态度，迅速转变为一个社会性的话题，去刷新时代女性的主张。

超能品牌的建立，不仅是品牌之前对“超能女人”的完美定义，更是品牌在发展过程中与时俱进，一次次推进与这个时代最有消费能力和推动力的精英女性的心灵对话，在不同时期用不同的表现形式和手法，重新丰富品牌的内涵，展现品牌的活力。

一个广告活动实际上是一个系统工程，在市场上有一个比较长的发展期和延续期。广告创意不仅要运用发散性思维从多个角度展开，同时还应考虑广告创意的后续发展。在实现一个目标所进行的创意后考虑下一个目标的衔接，并纵深演绎，随着时间的延续而推进。广告创意表现出来的是一个主题，而这个中心主题也要成为以后创意发展的一个基点。这就是广告创意的“延展”。如果一个好的创意难以展开，没有可持续发展的空间，就不可能形成一个广告运动，那么广告的累积效应也会消失，难以产生巨大的广告效果。所以，好的广告创意应该体现一定的拓展性思维，也就是说，广告创意应该提供进一步拓展的表现空间。很多国际知名品牌就常常确立一个固定的主题，在一定时间内对这个主题进行不断的拓展和再发展，在不同时期用不同的表现形式和手法重新丰富品牌的内涵。可以说，任何著名品牌都靠一个大创意及其系列广告活动去长期支撑，如我们所熟知的可口可乐、百事可乐、耐克等。

第二节　广告创意的营销策略

一、挑选最有效的销售信息

每个产品都可能有多种特性或好处。如好易通双插卡式电脑辞典的广告罗列了它的许多好处：真人发音字库、传真及数码录音电子图书、英汉汉英辞典、大容量记事功能、手写输入等。但广告不会介绍一个产品的全部特点，而是会选择其他商品所没有的或者有却未曾说过的、具有竞争力的“产品信息”作为广告表现的最有效信息。如海飞丝“去头屑”、喜力滋啤酒“是经过蒸汽消毒的”、舒肤佳“有效除菌，保护全家”（见图 5－11）、王老吉“怕上火，喝王老吉”（见图 5－12）等。这些信息看似平凡，却给消费者一个清晰明确的承诺，使消费者从中获得消费的信赖感和安全感。这就是有效的销售信息。

图 5－11　舒肤佳香皂广告

寻找能让产品在同类中脱颖而出，能吸引人的有效信息，表现竞争对手的产品无法替代的消费利益点，可以从产品的生产过程、生产方式、生产背景，产品的性能、使用过程、使用结果等方面去挖掘其独特的价值或附加价值。以下我们以乐百氏纯净水为例。

乐百氏纯净水的成功相当程度上得益于其“27 层净化”概念的提出。

图 5 - 12 王老吉凉茶广告

乐百氏纯净水上市之初就认识到以理性诉求打头阵来建立深厚的品牌认同的重要性，于是就有了“27 层净化”这一理性诉求广告的诞生。

当年纯净水刚开始盛行时，所有纯净水品牌的广告都说自己的纯净水纯净。在消费者不知道哪个品牌的水真的纯净或者更纯净的时候，乐百氏纯净水在各种媒介推出了卖点统一的广告，突出乐百氏纯净水经过“27 层净化”，对其纯净水的纯净提出了一个有力的支持点。这个系列广告在众多同类产品的广告中迅速脱颖而出，乐百氏纯净水的纯净给受众留下了深刻印象，“乐百氏纯净水经过 27 层净化”很快家喻户晓。“27 层净化”给消费者一种“很纯净，可以信赖”的印象。

“27 层净化”是什么？是其他纯净水厂家达不到的工艺吗？非也。只是乐百氏找到并首先说出来而已。

OPPO 手机同样如此。在很长一段时间内，国产手机品牌一直处于同质化严重的尴尬境地。直到 2015 年，OPPO“充电 5 分钟，通话 2 小时”广告的出现，才让国产手机给了消费者坚定的消费信心（见图 5 - 13）。这句广告语不依靠情怀，不依靠老板个人魅力，也不依靠文采，初看上去基本没有任何文学意味，不耐人寻味，却暴力地解读出 OPPO 闪充技术的优势，默默地赚到了销量和用户口碑。

OPPO 是如何做到的呢？一句话，直击用户痛点。对于智能机用户来说，最不智能、最不人性化的一点就是电池不耐用。在电池容量无法扩展的时候，OPPO 另辟蹊径，从另一个角度突破桎梏，让充电更加快捷方便，5 分钟就能满足用户的应急需求。这是一个真正基于“消费者现实需求和产品实际能力”的卖点，好洞察加上好产品，让一切自然而然。

正如霍普金斯在《我的广告生涯·科学的广告》一书中提出的：“很少有做广告的产品不被别人模仿，很少有哪种领先产品具有绝对的优势。它们其实只是最早说出某些公认的事实而已。”①

① 霍普金斯．我的广告生涯·科学的广告．北京：新华出版社，1998：73.

图 5-13　OPPO 手机广告

二、面向消费市场

消费者是整个广告创意的中心，他们是广告的宣传对象和目标，分析和研究消费者是广告创意的第一步。可以这样说，消费者不仅是广告创意的起点，还是终点。一般来说，市场是由希望产品能够满足其需求的消费者个体或群体组合而成的。对消费者的分析与研究就是要解决广告“打给谁”的问题，也就是广告最终让谁听、让谁看、要影响谁。为了更好地了解消费者，我们必须有意识地关注生活中人们的心理和行为。每个人都有自己的性格、生活背景和经验，对于每个人每一次的消费经历和心理来说，都会存有一定的特征。然而，对于每个人的经验，市场通常认为其对指导广告创意策略的意义并不大，因为消费者庞大的数量以及千差万别的特征，使得我们在处理消费者信息、控制消费者信息接受的过程中面临着难以克服的困难。所以在一定的技术条件下，靠辨认出每一个消费者的市场行为特征是不成立的，我们对消费者的理解只能保留在对“群体特征”进行分类处理的层面上，这也就是我们通常所说的“消费者群体”的处理方式。换言之，市场需要的消费者分析是要基于“群体”概念的。所以，广告主要是瞄准目标市场，做到有的放矢，这就需要了解目标消费者、关心目标消费者。如图 5-14 的麦当劳广告就迎合了年轻消费群体的喜好，为年轻消费群体所接受。

一般来说，确立目标消费群体可以从以下几点入手。

图 5-14　麦当劳广告——“我就喜欢篇”

（一）地理标准

地理标准是影响消费者对同一产品产生不同态度的重要因素。比如羽绒服和空调这两种产品，天气和地形的差异会使各个地区的消费形成巨大的差异。对于处于南方地区的消费者来说，南方天气较暖和，羽绒服并不是非常重要的用品，而北方寒冷的天气让羽绒服成为必备服饰，所以同一广告的效果南方就会比同时期北方的广告效果要差。相反，空调在南北方的宣传也会出现类似的差异效果。此外，城市规模、经济发展程度、饮食习惯、娱乐偏好、休闲活动以及生活方式等其他方面，也能表现出随地理区域的变化而变化的现象。

（二）人口统计标准

人口统计标准，如年龄、性别、婚姻状况、家庭规模、收入水平、职业、教育程度、民族构成、宗教信仰等，都能成为影响目标消费者购买的重要因素。如年龄，不同年龄段的人会对不同的产品产生兴趣，年轻人喜欢时尚、新奇的物品，如手机、电脑等，而老年人则对保健、养生等商品情有独钟。当然，除了生理年龄，心理年龄也会影响消费者的购买行为，心理年龄较成熟的消费者在选择商品时往往更加理性和慎重，而心理年龄偏年轻的消费者则更加感性和冲动。

（三）消费心理与生活方式

目标消费者所处的社会阶层、其生活方式、个性、价值观等都会影响购买行为。如不同社会阶层的消费者有不同的消费心理和爱好，高层消费者常追求奢华、名贵、稀有的商品，如珠宝、古董、豪宅、名车等；中、低层消费者则更看中物美价廉的商品。

广告创意是否符合目标消费群的心理，需通过对消费者的地理、生理、社会要素、心理要素、行为要素的深入调查分析。广告创意只有有了针对性，才可以真正做到有的放矢。

三、拓展诉求点

选定了产品所要宣传的有效信息，确立了目标消费者，接下来就应当选择恰当的表现手法对“有效信息”进行拓展诉求，以达到清晰明确地传达广告信息的目的。广告的表现手法有很多，如能在保持广告主题不变的情况下，对广告进行拓展和延伸，不仅能起到“累积效应”，还能让消费者从广告中感受到品牌所焕发出来的活力。

洗衣粉的最本质功能就是“去污”，碧浪洗衣粉去污能力到底有多强呢？看看广告就知道了。图 5－15 中的广告采用夸张的手法，用简洁而干净的画面表达使用碧浪洗衣粉清洗过的衣物可以“白得发亮”。

又如图 5－16、图 5－17，不管是哪种表现手法，M&M 巧克力豆全都在告诉消费者一个信息：我们玩的不仅是创意，更是个性。

今天，聪明的消费者对于喧嚣的广告噪音早已充耳不闻了，但事实上他们仍然保留着一个“雷达”，秘密地监视着进入大脑的信息。我们每个人都处在一个被广告团团围住的辐射区域中，当雷达侦测到有效的信息时就会发出警报声，而这恰恰是广告中吸引我们注意的诉求点。

图 5－15　碧浪洗衣粉广告

在拓展诉求点时，广告不仅要有效传达产品信息，还应以目标消费群乐于接收的形式进行传达，以期让产品信息直达消费者的内心，引起共鸣。

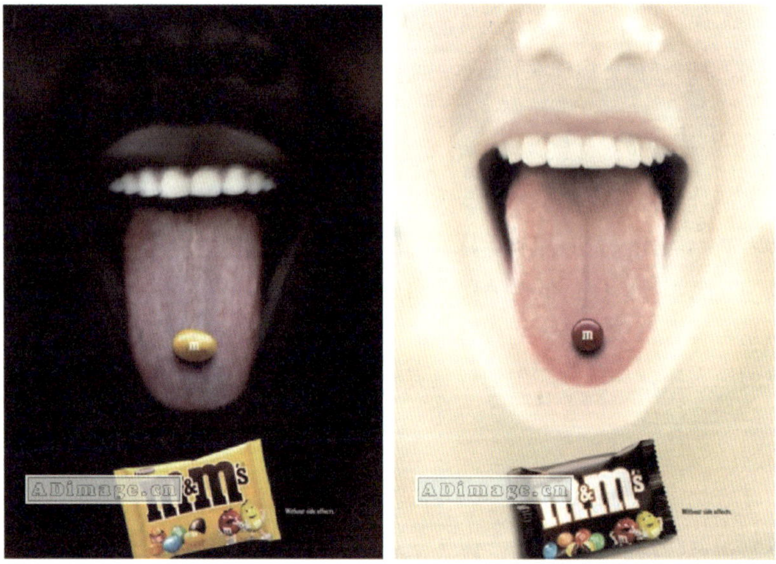

图 5－16　M&M 巧克力豆平面广告之一

图 5－17　M&M 巧克力豆平面广告之二

案例

妈妈发现　专家解答

——强生婴儿“发现篇”整体形象推广策略

强生婴儿是强生公司的婴儿护理品牌。自1992年进入中国以来，强生婴儿以其专业的婴儿护理理念和知识，成为中国父母和健康护理专家信赖的婴儿产品。

但是，随着如今中国婴儿护理产品市场的日益成熟，越来越多的竞争对手开始涌现。进口高档婴儿护理品牌已经不满足于有限的消费人群，纷纷开始加大广告投入的力度，宣传产品优越性，争取更多的市场份额。与此同时，国内品牌也层出不穷，它们基本都借用强生婴儿成功的经验，承诺消费者产品温和无刺激，推出雷同配方，更凭借价格优势，试图瓜分市场。

面对如此激烈的竞争环境，强生婴儿决定进一步整合旗下所有品牌，进一步在消费者心目中建立起无可替代的专业形象。

经过深入的消费者分析，强生婴儿发现，绝大多数的新生儿妈妈在护理宝宝时心理上都会产生疑问和焦虑。特别在中国独生子女的政策前提下，每个女性只有一次当妈妈的体验，都会全身心地关注宝宝成长的每一步。同时，新妈妈会迫切渴望得到专家的帮忙，获取专业知识，从而能够给宝宝最专业的照顾。因此，妈妈的每一个用心发现都是最打动消费者的切入点。经过讨论和研究，一个核心的策略被提炼出来，将感性诉求与理性支持完美结合。出于母爱的感性诉求，妈妈会更关注自己的宝宝，发现宝宝细微的变化，而强生婴儿作为婴儿护理专家，不仅了解妈妈的感性需求，更给予全方位的理性支持，告诉妈妈一系列婴儿护理的专业知识。通过正确的创意策略和全方位的创意整合，强生婴儿广告为目标消费者塑造了一个专业又亲切的形象，既保持了强生一贯温和、关爱的品牌形象，又拉近了品牌与妈妈们之间的距离，使消费者产生共鸣（见图5-18、图5-19）。

图5-18　强生婴儿平面广告

图 5-19　强生婴儿沐浴乳电视广告

资料来源：李文龙，穆虹．实战广告案例——创意．北京：中国人民大学出版社，2006：80.

第三节　广告创意的传播策略

一、明确传播范围，把握传播时机

如今，时间和注意力成了社会的稀缺资源，都市人总是在不断抱怨他们没有足够的时间满足自己的所有需要，在可支配时间里需要应付的事情太多。所以，广告创意要想有效果，选择“广告时机”，即确定广告发布的时间和空间范围极其重要。我们知道，消费者时间的缺乏常常意味着注意力的缺乏。因此，消费者一天中难得的无聊理所当然地成了企业争夺的最佳广告传播时机。尽管各种媒体都有其相应的覆盖范围，但对定点定时传播的广告信息，真正接收到的受众却是有限的。想做到有针对性地对目标消费群进行有效宣传，传播范围的明确就变得极其重要。因为这不仅能让广告信息的传播更有效，还能节省大量的宣传成本。

选择“最佳广告时机”的主要制约因素有以下几点。

第一，目标受众因素。即广告传播时机应与人们的购买时机相一致，与人们最可能接触媒介的时间相一致，广告播放的时间与人们偏爱的节目时间相一致。

第二，产品生命周期因素。根据产品不同的生命周期，有针对性、有选择性地投放广告。如在产品导入期，应集中宣传，造成轰动效应；在产品的成长期，应拉大投放频距，有重点、少而精地投放；在产品的成熟期，则要加大广告的投放量。

第三，记忆规律因素。根据人脑的遗忘规律，有针对性地选择广告的投放频次。如最先，1～6 次/天；随后，1 次/天；再后，1 次/隔天或隔周。

第四，视听峰谷因素。也就是人们常说的“黄金时间”和“非黄金时间”。若有足够的经济实力，广告应尽量选择黄金时间进行投放，比如每天晚上的18:30—21:30、周末和重大节日期间。

总之，选择广告传播时机需要有整体概念，要服从市场的变化和产品生命周期的发展规律，还要考虑竞争对手的广告策略。

案例

养生堂：把握传播机会，多品牌齐头并进

自1998年世界杯成功推出农夫山泉以来，养生堂每个主要产品的成功推广都和在中央电视台的广告投放密切相关：借助1998年的世界杯与2000年的奥运会，农夫山泉通过央视广告成功进军行业前三强；2003年伊拉克战争成就了农夫果园；2003年“非典”之后，养生堂的成长快乐、成人维生素、老年维生素等系列维生素产品取得了突破；2004年，养生堂推出的功能饮料尖叫和母亲牌牛肉棒，也是通过投放中央电视台广告，大大缩短了推广期，顺利抢占了市场。

无论是做饮料还是保健品，养生堂都以系列品牌出击区隔市场，取得了让人羡慕的成功，养生堂正是把握住了一个又一个的传播机会，借助央视的权威性与高覆盖率，将产品迅速推向市场，抢占行业制高点。

在雅典奥运会期间，养生堂再次策略性地利用中央电视台做广告。在赛事套装广告中，消费者可以接连欣赏到四条养生堂的广告——尖叫、农夫果园、成人维生素以及当时最新上市的母亲牌牛肉棒。四大品牌携手出击，为“养生堂出品”这一整体品牌形象树立了有实力、领先的品牌形象。此外，农夫山泉的“我是大脚，2008，我要到北京奥运会上去跑”广告片也在央视一套晚间时段大量投放，进一步在关键时刻与中国消费者实现了心灵层面的沟通，延续了品牌内涵，强化了品牌优势。

在养生堂一系列成功的背后，我们总能看出中央电视台广告的特殊价值。到今天，养生堂人凭着自己的聪明、灵活和信心，已经将企业的年销售额做到了数十亿元，成为中国市场上消费者记忆深刻的知名品牌。

养生堂显然是传播高手，这么多年，基本上推一个产品，就成功一个，每一个子品牌都能成为行业一流品牌。分析养生堂的传播策略，有两点很关键：

首先，养生堂总能找到最佳的传播概念，无论是“农夫山泉有点甜”，还是“农夫果园，喝前摇一摇”，无论是“尖叫，情绪饮料”，还是“这么好的维生素片，每天只要七毛钱”，养生堂可谓牢牢抓住了消费者的情感软肋，每击必中。

其次，养生堂善于利用传播平台，我们可以看到，养生堂任何一种产品的推出和成功，都是借助了中央电视台这一全世界最大的媒介平台。中央电视台的广泛覆盖、高收视率对于养生堂的意义在于可以用最短的时间把产品推出去，减少时间成本。

众所周知，养生堂进入任何一个产业都是比较滞后的。但养生堂总是能找到自己鲜明的个性和区隔明确的市场，并借助中央电视台第一时间启动全国市场，持续投放，强化品牌优势。

资料来源：百度文库．养生堂案例．http://wenku.baidu.com/view/c0cb39d428ea81c758f57855.html.

二、关注传播对象，直达消费者内心

凡是利用广告来招徕顾客的广告主，无不希望自己的广告能够发挥出最佳的效力，达到推销自己产品的目的。然而，怎样的广告创意才能够激起消费者的欲求，促使他们购买并持久地使用广告主的产品呢？要探讨这个问题，就必须对消费者心理进行研究。只有弄清了这个问题，才可能使广告创意符合消费者心理，打动消费者的心，达到预期的广告效果。

消费者的心理与整个大文化背景相关。任何一个消费者都处在一个拥有共同文化传统的社会群体中。根据传播学原理，正常情况下，人们大都希望自己的观点同社会群体中多数人一致，而且从心理学的角度看，受众总是在有意无意中有选择地接触和记忆那些与他们的观点、兴趣、态度相一致的大众传播内容，并有意无意地避免接触与其观念相左的传播信息。广告心理学家说，最理想的广告是把商品本身变成一种象征，比较省力的方法是利用文化和已经具有的象征，将他们与商品连接起来，这样才能达到事半功倍的效果。

如中华汽车“向爸爸的肩膀看齐”、孔府家酒“叫人想家”、盒装中华豆腐“慈母心豆腐心”等都融合了中国文化的重家庭、重团圆、重亲情的价值观。可以说，如果企业能够把产品的创意深入到整个大文化背景的深厚土壤里，为产品灌注积极的文化内涵，构建积极的价值取向，就能让消费者产生强烈的情感共鸣，更容易打动消费者的心。

如图 5 - 20，2008 年北京奥运会平面广告运用了中国古代“后羿射日”的传说，与奥运“射箭”项目巧妙结合，融汇古今，充满了浓重的中国味道。如图 5 - 21 的水井坊平面广告，以巧妙的表现形式，把古画中的“瀑布”与水井坊的“瓶口”相互结合，既表现了酒的悠久历史，又体现了水井坊品牌的文化底蕴。

图 5 - 20　2008 年北京奥运会平面广告

图 5 - 21　水井坊平面广告

当然，消费者的心理是一个最大的变数，除了上述的因素外，还存在很多复杂的因素，这就需要在广告创意之前，对消费者的心理各方面有一个全面和深刻的了解，如消费者的消费过程是怎样的？在消费过程中他们的动机是什么？广告应该通过什么表现手段去刺激消费者，激发他们的购买欲望？如此，才能真正做到有的放矢地直达消费者的心理。

三、讲究传播方式，注重沟通效果

众所周知，我国已告别商品短缺时代，商品供给在总量上出现剩余，进入买方市场阶段。作为市场主体的企业和消费者，两者之间的关系也随之发生了根本性的变化。在商品交换过程中，消费者日益占据主导地位，拥有了选择商品及企业的主动权。在这种市场背景下，企业只有真正关心消费者，关注目标对象的内心需求，博取他们的好感，才能占据市场主动。这就要求在广告创意策略中讲究传播方式，注重沟通效果。一般来说，有两种最常用的传播策略可供选择：

其一，理性诉求策略。理性诉求指的是广告诉求定位于受众的理智动机，真实、准确、公正地传达企业、产品、服务的客观情况，使受众经过概念、判断、推理等思维过程，理智地做出决定。这种广告策略可以做正面表现，即在广告中告诉受众，如果购买某种产品或接受某种服务会获得什么样的利益；也可以做反面表现，即在广告中告诉消费者不购买产品或不接受服务会产生什么样的影响。这种诉求策略一般用于消费者需要经过深思熟虑才能决定购买的产品或接受的服务，如高档耐用消费品、工业品等。

高露洁牙膏广告说明牙膏中的双氟能防止儿童龋齿；力士柔亮营养洗发水广告强调它含有全新去屑配方 OCTO，能有效去除头屑；娃哈哈 AD 钙奶广告则宣传“要补钙，维生素 D 不可少”；爱文电脑有限公司的第一句广告词是“教你使用最容易学会的汉字输入法：表形码，形象直观，易学好用，一天学会，终生难忘”。这些广告都直接表明了产品的特点或优势，即通过讲道理来说服人。

我们知道，商品功能是品质和性能的体现，表现了商品的自然属性，具有很强的科学性。但是，在采用理性广告诉求策略时，也应当讲究一定的方式和方法。如在广告表达上要力求严谨，切忌夸张和模糊；在文案表达上则力求平实可信，具有亲和力，以增强受众的信赖感。

惠普打印机肯定与其他打印机有一些相同的特点，但它的报纸广告没有说一句这些相同的特点，只通过一个“暴风雨摧毁了屋顶，而 HP 激光打印机却能运行如初”的故事，强调了惠普打印机本身的制造质量。想象一下，如果一部打印机因突发事件而暴露在风雨中，任凭风吹、雨打、水浸……它还能继续工作吗？而这一切确实是事实。1992 年，OPEL 飓风摧毁了 AT&T 公司的屋顶，HP 激光打印机在风雨中听天由命……飓风终于过去，打印机已浸透雨水，聪明的工作人员并没有把它扔到垃圾堆里去，而是给惠普打了个咨询电话。按惠普的建议，工作人员先用电吹风将打印机吹干，24 小时之后再开机。他们试着打印了一份文件。你猜怎么样？结果实在令人惊喜，一张精美的彩色文件竟被打印出来，而且毫无缺憾！

消费者虽然无法辨明事情的真假，但都对惠普打印机有了深刻的印象。这就是广告巧妙的地方。采用理性诉求策略的广告也应该注重沟通方式，“生动的严肃”应是此类广告的一个重要准则。

其二，感性诉求策略。心理学研究表明，我们每个人都有非常强烈的情感需求。我们需要安全，需要爱，需要幸福、愉快、骄傲和成就感，需要被别人接纳，本能地害怕被人拒绝……广告充分利用了我们的这些情感需要，把产品和我们的本能需求联系起来，以建立我们对产品的好感。如“麦斯威尔咖啡，好东西要与好朋友分享”，针对消费者渴望友情；“美的空调，原来生活可以更美的”，针对消费者热爱生活。这就是广告的情感诉求策略。它同理性诉求策略不同，是通过激发消费者的情感或情绪，获得消费者对品牌或产品的好感。

那么，在广告中应该如何运用情感诉求策略有效地进行传播呢？

首先，要视消费者为朋友，关心、尊重并信任他们。

被关心、尊重和信任是人类的一种本能，每一位消费者在购前、购中、购后都希望企业能充分地尊重并关心他们。广告创作如果能针对消费者的兴趣、爱好、品位和需要，把广告诉求演绎为朋友式的忠告，亲切自然，就能引起消费者的极大关注，不但能使消费者认同和接受，还能让其萌发出一种对被关心和帮助的感激之情。日本松下电器公司根据自己几十年的生意经，制定了一整套促销策略，其中第一条策略就是“将顾客视同亲人”。很多国际国内知名品牌也把对消费者的尊重和理解作为广告创作的首要前提，强调广告中的“人情味”。

丽珠得乐药品广告“其实，男人更需要关怀”这句诚挚、温情的广告语给了目标受众莫大的情感慰藉。那些胃病患者在找到胃病良药的同时，似乎还找到了一位真诚的朋友、一位能真正理解他们的朋友，因此丽珠得乐成为畅销品也就在情理之中了。飞利浦广告“让我们做得更好”，不但让消费者看到飞利浦对他们的充分尊重，而且还看到了飞利浦公司自身的不断努力；海尔的“真诚到永远”，让我们领略了中国人的真挚情感。这些广告自始至终都以一个朋友的身份来说话，通过平易、亲切、和蔼的语言表达了企业对消费者的尊重理解、亲切友好的情感。另如别克汽车平面广告，以简单的一条围巾表达了“关怀、温暖”的概念（见图 5－22）。

图 5－22　别克汽车平面广告

其次，要以充满情感的语言、形象作用于消费者的心理需求兴奋点。

由于消费者在生活方式、文化水平、经济条件、兴趣爱好、感情意志、审美情趣等方面存在着不同程度的差异，消费者的心理需要和满足方式又有复杂多变的一面，因此，我们在创作广告时，就必须准确地把握消费者的思想、情绪，找准其心理需求，通过情真意切、充满情感的语言、形象，作用于消费者的需求兴奋点，引起其情感共鸣，以激发其需求动机，进而促成其实际购买行为。如图 5－23 的雪糕广告，以直观生动的形象诉求雪糕的纯正草莓味。而图 5－24的啤酒广告用酒杯组合成“性感美腿”，表现啤酒与激情，迎合了年轻人的需求。

图 5－23　草莓味雪糕广告

图 5 - 24　嘉士伯啤酒广告

第四节　广告创意的文化策略

当今社会，五光十色、内容丰富、制作精良的广告通过各种媒体、各个渠道冲击着人们的眼球。法国广告评论家罗贝尔·格兰（Robert Grand）曾经对这种现象做过风趣的描述：我们呼吸的空气由氧气、氮气和广告组成。的确，生活的每一天，数以万计的广告所提供的信息流源源不竭地流淌着，冲击着人们的生活，带来或有用、或无用，或有益、或无益，或悦目、或烦心，或审美、或明理的种种效应。毋庸讳言，广告作品作为一种精神层面的社会存在，已成为社会文化不可或缺的重要组成部分。广告创意如何在社会文化的海洋中攫住目标受众的视线，打动目标受众？引人入胜的文化因子是广告创意文化策略能否奏效的关键之一，也是广告人必须探讨的课题之一。

一、广告创意需充分捕捉社会文化因子

（一）社会文化的概念与内涵

广告是一种文化形态，是一种文化传播的载体。那么，文化是什么？关于这个问题，国内外学者曾以不同的视角做过诠释，可谓仁者见仁，智者见智。目前比较通行的说法认为文化是“人类在社会历史发展过程中所创造的物质财富和精神财富的总和”[①]。这是“大文化”概念，

① 现代汉语词典．北京：商务印书馆，2016：1371 - 1372.

亦即广义的文化概念，包括物质文化、精神文化。而狭义的文化概念特指精神财富，如教育、科学、文化等。概而言之，狭义的文化概念指社会意识形态以及与之相适应的制度等。作为意识形态的文化，是一定社会的政治经济的反映，又反作用于一定社会的政治经济。可见，文化不可能游离于社会之外而存在，它在承续传统的同时，必然打上社会的鲜明烙印。从这个意义上说，一切文化都是社会文化。广告本身就是社会文化的组成部分，它像一面镜子，折射出特定的社会文化的特征和风貌，并与其所处的社会文化环境互动。当然，不是所有的广告都具有文化价值，没有文化价值的广告是大量存在的。基于此，我们更需要在广告活动中讲究文化策略。

现代广告的社会文化内涵包括既相承续又相区别的传统文化和时代文化两大部类，它既可以是物质层面的，也可以是精神层面的，还可以是制度层面的。现代广告的文化内涵日益丰富，在它身上，文化因子十分活跃，广告也因之增辉添色，彰显出魅力。

（二）社会文化为广告创意提供不竭的软性资源

有人说，创意是新的组合。创意就像万花筒，千万种组合就有千万种各不相同的图案，关键在于：最美的图案是最佳组合的结果。当来自产品的特定因子与社会文化因子在灵感的驱使下结合时，就能迸发出绚丽的火花。社会文化为广告创意提供了取之不尽、用之不竭的软性资源，并对深化广告创意的内涵产生了深刻的影响。

1. 中国传统文化资源

中国传统文化博大精深、源远流长，它是中华民族五千年文明的历史见证。中国传统文化体现了文化的延续性、继承性和创新性，是社会文化的重要组成部分。正确而合理地运用传统文化因子，推陈出新，是现代广告人屡试不爽的创意招数。总体来说，传统文化中有以下几大类因子：

（1）器物。从传统文化角度阐释，器物主要指考古发现的不同时代的出土文物，以及历史积淀过程中具有人文精神或人文色彩的器物，这些器物是特定时代的文化表征。例如，兵马俑是出土文物，日晷是古代计时工具，中山装是民国时期的正装等。试看联想昭阳笔记本电脑系列广告“玉剑扇篇”：“玉，外润内坚，以其质纯而品高；扇，收发随心，任妙思挥洒舒展；剑，决绝果断，纵横无碍于四方。”

这篇广告创意充分采撷了中国传统文化中的器物元素来吸引目标受众。中国古代贵族佩玉、侠士佩剑、雅士持扇。玉是儒家人文精神的象征。《论语》中有一段子贡与孔子的对话：“子贡曰：‘有美玉于斯，韫椟而藏诸？求善贾而沽诸？’子曰：‘沽之哉！沽之哉！我待贾者也。’”这里美玉指德才兼备的贤人，“吾待贾者也”，就是等待识才的明君、伯乐。该系列广告找到了产品与传统器物文化之间的关系。玉的“外润内坚”突出了产品秀外慧中、品质精良的特点；剑的“决绝果断”彰显了产品神速敏捷的特点；扇的“收发随心”体现了产品操作方便的特点。

（2）历史人物。历史的夜空，星汉灿烂。五千年文明古国，上自明君贤宰，下至名士庶民，各展风采，迭绽奇葩，人才辈出，这是广告创意的宝库。我们所说的历史人物，主要指在历史的进程中为人们所知晓的杰出人物、社会名流、才子佳人等。不少广告捕捉到这些传统文化因子，因而产生了良好的广告效应。安徽怀远白乳泉酒有这么一个广告："刘伶借问谁家好？李白还言此处香。"这个广告创意可谓别出心裁：其一，借用魏晋时期竹林七贤之一的刘伶和唐朝诗仙李白二位豪饮文人，让他俩对话；其二，利用魏晋与唐的时空错位，巧制对联，产生令人忍俊不禁的幽默效果；其三，突出了产品"香"的亮点。白乳泉酒属浓香型，甘冽爽口，但不知名。这个广告创意让人们在解读广告中对产品产生了兴趣。

(3) 文艺作品。文学艺术宝库是广告人最常光顾的领地。古典诗词在创造广告意境、营造广告氛围方面往往能给人以美的享受。试看白云边酒电视广告的部分画面：

> 古香古色的衬底上化出"公元七五九年李白秋游洞庭……"字样。
>
> 天水一色的湖面上，一叶扁舟缓缓驶入月光倒影之中。
>
> 月光中，李白手捻胡须，仰天吟诗："南湖秋水夜无烟，耐可乘流直上天？且就洞庭赊月色，将船买酒白云边。"
>
> 月色朦胧中，茅亭亮着暖暖的烛光，酒幌子随风飘摇，(镜头推) 似船儿靠岸。
>
> 李白卧于酒坛边，对月独酌，水中倒影浮动……接着通过李白之口以及电视特技，突出"白云边"酒。

广告根据李白诗歌所描绘的洞庭月景，让人们在湖光、山景、月色、清风中领略飘飘欲仙的饮酒之乐，让白云边酒在作品所营造的迷人意境中频频亮相，给人留下美好的印象，引发目标受众的购买欲望。

广告作品中直接引用、改头换面，或部分引用、化用古典诗词曲的例子不胜枚举。广告创意采用传统艺术因子的也不少，如剪纸艺术、绘画艺术、书法艺术、雕塑艺术，还有运用戏曲、舞蹈等艺术样式传播信息的。京剧是我国传统艺术的瑰宝。四川彭州市羊羔美酒厂的广告就是根据小说《三国演义》第九十五回"武侯弹琴退仲达"这一"空城计"故事，用京剧形式推销羊羔美酒，这是传统"双因子"的"嫁接"。

(4) 礼仪风俗。我国素以"礼仪之邦"著称于世。黄土文化的农耕特点形成了中华民族特有的礼仪风俗，其范围涉及饮食起居、服饰打扮、婚丧寿育、待人接物、年节习俗等等。随着社会的进步与科学文化的发展，传统礼仪风俗中的陈规陋习、繁文缛节被摒弃或改造，但仍有很多切中民族心理、有利于人际和谐、为人们所喜爱的礼仪风俗被保留下来，并发扬光大。

《礼记·曲礼上》云："入境而问禁，入国而问俗，入门而问讳。"意思是，每到一个地方，都要了解当地的礼仪风俗，包括禁忌。用一句通俗的话说，就是"入乡随俗"。广告人要深谙传统礼仪风俗，才能在创意中恰如其分地采用，以推销商品或服务。在传统礼仪风俗中，避凶远祸图吉利是一种普遍的民族心理，而逢年过节趋吉祈福更成为普遍的风俗。春节是中华民族(包括海外华人) 最盛大最隆重最喜庆的节日，民间称为"过年"。过年的习俗因地域不同而略有差异，但大体上相同的贴春联、放爆竹、守岁、拜年等风俗延续至今，只不过现在除至亲长辈外，拜年多由现代通信工具代劳。在饮食方面，北方包饺子，南方吃年糕、汤圆等，都是不可少的民俗。民间娱乐方面，以舞狮子、舞龙灯、踩高跷、走旱船、放焰火、正月十五闹花灯等活动为节日营造热闹、喜庆、欢乐的氛围。我们注意到，这些传统文化因子不仅被数以万计的中国广告艺术化地再现于广告作品中，就连外国产品，诸如可口可乐、肯德基、麦当劳等，也大打中国传统文化牌，采用“本土化”策略，吸引中国消费者的关注。

中国传统佳节资源丰富，除春节外，还有元宵节、清明节、端午节、中秋节、重阳节等等。少数民族也有不少节日，如藏族的藏年、傣族的泼水节、蒙古族的那达慕节、彝族的火把节、白族的三月街等，也都各以其独特的民风民俗纷呈异彩。广告创意人员可以根据民族、地域等特点加以采撷。

（5）价值观念——重义轻利的价值观。在中国长期封建社会闭关自守、自给自足的小农经济基础上，统治阶级灌输“万般皆下品，唯有读书高”与“学而优则仕”的思想，读书做官成了知识分子的最佳出路。除了官僚职业，其他皆为“下品”。农业经济又使统治者采取“重农抑商”的政策，他们认为商人“重利轻义”，而“君子耻言利”。统治阶级把“义”作为社会的根本价值取向。孟子说：“生，亦我所欲也；义，亦我所欲也。二者不可得兼，舍生而取义者也。”这里的“义”是一个比较宽泛的概念，既指君国之义，即忠君爱国，其积极的意义是把国家、民族的利益看得比生命还重；也指正义、道义之类的道德规范。现代广告创意如果能批判地继承其合理内核加以创新，必将产生良好的效果。如四川长虹集团推出“以产业报国、民族昌盛为己任”的形象广告，海尔在全球推出的“海尔，中国造”的广告口号，劲酒推出的“劲酒虽好，可不要贪杯噢”的广告语，都从积极的方面体现了传统文化的价值观：爱国、民族自豪感、轻利重义、温馨而善良的人文关怀。

（6）道德观——以人为本的道德观。“仁”是儒家学说的核心。孔子说：“苟志于仁矣，无恶也。”意思是说，如果世上人人心诚于仁，那就一定没有为恶之事。孔子讲的“仁”，也可归结为他回答樊迟问“仁”时的两个字“爱人”。这里，孔子为我们描绘了一个以人为本、人心归仁、人人爱人的理想社会。基于此，儒家经典系统地提出了孝悌、忠信、仁义、礼智、恭谨等一系列道德规范。其中不少因子为广告创意所汲取、衍化。譬如尊老爱幼、亲情友情、济贫扶弱、救死扶伤、诚信重义等。不仅酒类、保健品类、家用电器类广告以上列因子为创意主题，房地产类、汽车类也不乏这方面的精品。下面是一则针对台湾市场的三菱汽车广告：

> 从小到大，女儿习惯于坐在父亲的自行车后座上，心安理得地依偎着父亲宽阔温暖的脊背。长大后的女儿终日忙于职场，终于要回家，电话里叮嘱父亲，自己买了新车，不用接送。车子到了村口，却看到父亲推着自行车等候多时。开车尾随着父亲，父亲吃力地蹬着自行车，脊背瘦弱微驼。父亲回过头来，苍老的面庞看着在汽车里的女儿，女儿的眼睛湿润了，仿佛又看到了父亲骑车带着还是孩子的她在回家的路上，“我想，他是怕我忘了回家的路吧……”
>
> 三菱汽车，全省164家，欢迎您随时回家。①

白描手法的运用、含情的叙述，把无私的父爱、父女情深表现得淋漓尽致，“仿佛在慢慢引爆一颗催泪弹，被网友们评为‘能把人看哭的汽车广告’”②。结尾语带双关，精致含蓄，耐人寻味，把传统文化因子演绎得恰到好处。

（7）思维方式——感性、务实的思维倾向。中国传统思维方式与西方最大的不同是西方人

①② 陈培爱．广告文案写作．厦门：厦门大学出版社，2008：114.

重“理”、重法治，中国人重“情”、重伦理道德。也就是说中国人比较偏于感性，表现出“思维的现实性取向和实用性取向。进一步说，具体表现为：直观而非思辨性的思考方式，重实际而黜妄想的务实精神，充满人文色彩的现实生活态度以及看重经验缅怀历史的怀旧心理等”①。请看下面这则解放胶鞋广告：

三分钱与三毛钱

如果有两双解放胶鞋外表看起来差不多，一双卖 15 块钱，另一双卖 12 块钱，你买哪一双呢？或者你选择了便宜货，可能刚穿了几个星期就坏了，因为它是假的。

正宗解放胶鞋是按军用品质量标准生产的，使用寿命至少有一年。穿得省点儿，能穿两三年。让我们一起算一下，买一双 12 块钱的假解放鞋，就算能穿六个星期，平均每天花 3 毛钱；真正的解放鞋，按一年的寿命计算，每天只花 3 分钱。你说买哪一双值？②

中国有句俗话：不怕不识货，只怕货比货。算账对比的说服力比什么都强，因为它符合中国老百姓的思维惯性：直观、务实。

恪守“中庸之道”，是传统思维方式对人的道德行为的一种规范。凡事得有个“度”，“过犹不及”，是对中庸之道的阐释。孔子说：“中庸之为德也，其至矣乎！”程颐解释说：“不偏之谓‘中’，不易之谓‘庸’。‘中’者天下之正道，‘庸’者天下之定理。”这种思维方式虽然与今天的开拓进取、竞争风险意识等大相径庭，但其内核仍给我们以启迪。它对今天妥善处理人际关系、构建和谐社会仍具有借鉴意义，对广告业来说更有退烧抑躁之功用。对于那些把自身产品吹得神乎其神的虚假广告，“中庸之道”无疑是一剂不可多得的良方。

2. 时代文化资源

改革开放后，中国加入 WTO，给神州大地带来了深刻的历史性变化。人们的观念在欧风美雨的东渐中发生了迥异于传统的变化。广告作为精神产品，反映出特定时代的社会文化特征。从这个角度考察，现代化观念已日益深入人心。人们在诸如价值观念、消费观念、审美观念、生活习惯等方面都受到了时尚潮流的熏陶、感染，带上了许多反传统的时代文化色彩。

当今经济社会，“君子耻言利”的价值观已被摒弃，代之以（在法律法规允许的范围内）追求利润最大化，亦即追求发财致富的现代观念。广告创意并不排斥“财源滚滚来”的呼唤。不少高新科技产品、饲料产品等，都以生“金蛋”为承诺作为创意点子。有的广告不惜在金钱上竭力煽情，如广告语“雷诺汽车——现在买最划算”，抓住人们希望实惠的心理搞促销。请看南京长三角市场开业广告文案：

你要求知求乐吗？请到“长三角”来！
你要求新求美吗？请到“长三角”来！
你要先富起来吗？请到“长三角”来！③

这则广告用设问排比句式吸引人们的注意，其创意抓住了人们追求享乐、时尚的心理，是

① 肖建春，等．现代广告与传统文化．成都：四川人民出版社，2002：17.
② 朱旭晨．广告写作实例全书．延边：延边大学出版社，1997：37.
③ 王芳智，巫龙春．广告金句鉴赏．太原：山西经济出版社，2003：33.

赤裸裸的反传统。

当代社会，新的生活理念改变了人们的生活，特别是广告中的年轻人朝气蓬勃、活力四射的青春形象反映了当代都市青年的时尚生活和精神状态。他们要健康、要美丽、要有魅力、要有自信的审美追求，以及要“爽”、要“靓”、要“酷”、要“特”的个性张扬，淋漓尽致地演绎了新一代的新生活观念，吸引着众多年轻的消费者追逐仿效。至于众多的高档商品广告，更注意利用豪华、气派的场景和成功名人的形象，提醒消费者广告商品不仅品质好，更能体现使用者的“身份”“地位”“成就”“风度”，使用它可以获得众人的尊敬、佳人的倾慕，是“成功人士的选择”“现代理想生活的标志”，“一旦拥有，别无所求”。由此把一些价值观念、审美标准、生活理想和消费趋向传播给受众，诱使受众追求高消费以满足心理需求，利用高档名牌商品对自己的形象进行塑造……当消费者把商品同社会地位、文化品位、生活理想、审美标准联系起来时，物质属性的商品就变成了具有文化意义的符号，商品消费就变成了文化消费。①

中西文化的交融与外国企业大量涌入中国，改变了人们“量入为出”的消费观念，调整了人们的饮食习惯，接受了西方的节令习俗，如贷款购房购车的超前消费观念，肯德基、麦当劳的快餐文化，圣诞节、情人节、母亲节、父亲节等西洋文化移植至本土，新郎新娘佩戴黄金饰品改为互赠白金钻石戒指，等等。

女性文化成为广告创意屡试不爽的法宝。在数以万计的广告作品中，创意人员通过对明星、模特等众多美女的容貌美、体态美、风度美、气质美的褒扬，达到招徕顾客、推销商品的目的。性文化更是对传统的挑战。中国民间忌谈与性行为、性器官有关的话题，认为是有伤大雅的言论。随着科学的普及、我国计划生育政策的推行以及预防性病传染的需要，推销性产品如安全套等已不再是新鲜事，何况还有不少其他产品也与性相关，如胸罩、内衣裤、部分保健品等。这类广告要注意“度”的把握，尽量做到含蓄、有深度。汇源肾宝的电视广告具有较浓的东方色彩：画面是年轻漂亮的妻子举着产品，嫣然一笑，略带一丝羞涩地说：“喝汇源肾宝，他好我也好！”两人都好，意味着性生活和谐、家庭幸福美满。即使在西方，此类广告也需注意文化内涵。如有一则宣传预防艾滋病的电视广告，画面是写在白板上的英文字母：AIDS，接着出现一只手，拿着避孕套当板擦，轻轻地将 AIDS 逐个擦掉。无须赘言，此时无声胜有声！

二、广告创意产生的社会文化效果

（一）广告创意的社会文化效果

广告活动是一个动态的过程。要明确广告创意的社会文化效果，需要弄清楚两个概念：其一，广告效果；其二，广告的社会文化效果。

广告效果是现代广告的基本要素之一，它是一个大的概念，指广告作品通过媒体传播之后

---

① 宋玉书，王纯菲．广告文化学——广告与社会互动的文化阐释．长沙：中南大学出版社，2004：11.

所产生的作用、影响。广告效果包括传播效果、经济效果和社会效果。广告的传播效果主要指心理效果、接触效果。它主要评估广告受众对广告的接纳状况。广告的经济效果主要评估广告盈亏状况，社会效果主要评估广告对人们观念潜移默化的影响。广告创意并不直接产生效果，只有广告成品投放市场才能产生效果。但是广告创意是广告的生命，好的创意才有可能使广告产生好的效果（但不是唯一条件）。这里，我们只从创意的角度加以探讨。

广告的社会文化效果这个命题，已经严格地把创意限定在社会文化的框架中。我们这里不讨论广告的传播效果和经济效果，也不讨论铺天盖地的没有文化含金量的广告。此外，我们对广告创意的文化效果的考察，在注意到它的正面效果的同时，也不忽视其负面效果。

（二）广告创意带来的正负面社会文化效果

1. 正面效果

（1）广告创意营造真、善、美的社会文化环境。广告作为一种精神产品，它包含用以创意的文化因子，直接参与了社会精神文化的建设，成为现代文明的一个窗口。特别是公益广告，直接参与了现代道德建设，褒扬真善美，批判假恶丑，在塑造人们的灵魂、倡导社会文明方面做出了很大贡献。《中国广告》1999 年第 5 期刊登了下面这则广告：

画面：父爱　母爱

文案：我们已习惯了这种阅读顺序，习惯了单方面索取，那么现在，让我们从右至左读。

这则广告堪称平易中见奇崛的典范。创意人有感于现代社会孝者少的时代病，把传统文化中的“孝道”巧妙地加以演绎，言简意赅，意味深长。

广告的最主要的功能不是审美，但有文化含蕴的广告确实能在创造感人的意境时更有力地推销商品或服务，让受众在接受推销或宣传的同时享受到美所带来的愉悦。“道地”乌龙茶的电视广告，其创意概念是“纯天然的中国渴乐”。

画面：桂林山水。

字幕：静观天地，对饮山水。

画面：一剑客从奇峰间劈剑而下；一中年人开怀畅饮“道地”；清澈见底的漓江，郁郁葱葱的奇峰倒影；竹叶叶尖欲垂的晶莹水滴；一只丹顶鹤戏于浅水；鱼翔浅底与“道地”饮料瓶为伍；瀑布飞泻；阳光透过竹林；牧童骑在牛背上饮“道地”，二位精神矍铄的老者在对弈，桌上放着“道地”。

字幕：解中国人的渴，跃向全世界的中国渴乐。

电视广告为我们创造了美不胜收的自然、人文意境。其中有道家文化的底蕴，有现代生态文化、绿色文化、健康文化的理念。喝“道地”健康长寿、绿色环保、老少皆宜。

吉列锋速的广告为我们营造了人性美的浓浓氛围。吉列在 2008 年春节推出了一则 60 秒的电视广告，该广告把中国特色的“春运”结合了进来，用吉列串起过年的情感线索，体现了“大家”和“小家”的取舍，“大爱”和“小爱”的矛盾中的选择，展示了吉列锋速这一“冰冷”产品所具有的温情一面（见图 5-25）。

图 5－25　吉列锋速电视广告

男主人公：下一站就到家了，我不能回去过年，但我要让乘客安全到家。

画面：用吉列锋速剃须。车到站后，妻子和孩子在等他。

妻子（关心的笑容）：你看起来不错。

画面：全家人在火车上过了年，下一站妻儿下车，男主人公继续肩负使命上路。

妻子：过年照顾好自己。

（2）广告创意引导生活方式和生活观念的改变。从一定的意义上说，广告的创意制作是一种文化生产。创意源自生活，却能改变人们的生活。它通过潜移默化的影响，让人们在接收广告信息的同时接受新的生活观念，改变固有的生活方式。人们在不知不觉中享受广告所提供的便利时，实际上也被广告所宣扬的生活方式、生活状态所吸引。广告导引生活，让人们产生不断创造条件、更新生活、提高现代生活质量的欲望。

随着社会物质的丰富、生活条件的改善，人们不再满足广告停留于产品功能的介绍与使用价值的陈述。在产品日益同质化的今天，这种说教往往比较苍白。“文化攻心”是当今广告的一种比较常用的策略。创意人员围绕着与产品或品牌有一定联系的文化因子做广告，对目标受众施加影响。这种策略对时尚的年轻族是比较奏效的，这在前面的时代文化部分已做过探讨。

创意把商品礼品化，使商品涂抹上温馨的人文色彩，把商品消费导引到文化消费的轨道上。脑白金的礼品文化策略为其带来了巨大利润。而城市中悄然兴起、方兴未艾的美容业、健身业等的发展都是礼品消费文化、健康消费文化理念导引的结果。此外还有诸如饮料、房地产、休闲养身、饮食等行业宣传把现代生活的高雅观念、养生理念、绿色环保理念，甚至健康的性文化理念推销给目标受众，导引着人们改变传统的单一的生活方式。而银行金融业寓于人文关怀的关于买房买车按揭的宣传，在更大范围内冲击着“量入为出”的传统观念，西方的“超前消费”观念正越来越得到人们的认可。

下面我们来讨论一下雅客 V9 电视广告。一个普通商品糖果，在广告投放市场的四个月里竟然创造了超过 3 亿元销售额的奇迹，奥妙何在？雅客 V9 的 30 秒电视广告“跑步篇”内容大致如下：

画面：清晨的城市，朝霞映衬着密集的高楼。周迅一身运动装束跑过街道。

旁白：本年度具有创意精神的糖果雅客V9诞生。

画面：（叠化）周迅的身后出现了两三个尾随者，很快又有几百人加入其中，继续不停地跑着。

周迅：爱吃的人越来越多，越来越多，知道为什么呢？因为两粒雅客V9，就能补充每天所需的九种维生素！想吃维生素糖果的，就快跟上吧！①

这部广告片用“古怪精灵、活力十足”的周迅为形象代言人，创意主题是“创新、运动、健康维生素”，传达了生命在于运动、健康需要补充维生素的现代健康理念。两粒雅客V9，带给你每天健康与活力，糖果中含有的维生素无疑是打动目标受众、导引他们采取购买行动的主要原因。②

(3) 广告创意在传统与现代嫁接中创造幽默。幽默不是搞噱头，不是马戏团小丑的滑稽表演。幽默是一种智慧，是挖掘生活中的某些可笑因素，进行审美把握，从而产生某种独特的喜剧效果。许多优秀广告都得益于幽默、诙谐、隽永的风格。传统文化因子由于与现代生活元素之间存在反差，常常能迸发出创造幽默的灵感火花，产生愉悦人们的效果。下面是一则中国台湾意识形态广告公司为中兴百货创作的“现代端午节”广告文案：

端午节粽子的精神在微波炉中发扬光大/一天十几班的龙舟过站不停/老把屈原留在江中忘了带上岸。

雄黄酒自从白素贞变回蛇形后，许仙决定让白素贞改喝啤酒。

屈原决定把《离骚》放进邮筒中寄给楚怀王，并贴上邮票，提醒他端午节时务必到中兴百货买束菖蒲好过节……

不言而喻，传统文化元素与现代生活元素“荒诞”的并列与碰撞，相当机智地在愉悦人们的同时，达到引导消费，提高企业知名度、美誉度的目的。

再看看傲胜枕头广告（见图5-26）。傲胜为其枕头产品推出的系列平面广告，其主题文案为“睡得好，世上无难事”，从舞狮、杂技、中国功夫等中国元素出发，体现睡得好的主题。广告既展示了傲胜枕头的功效，体现了纯粹的中国元素，又从视觉上传达了一种西方式幽默。

这是典型的将中国元素加以改造的广告案例。在节奏越来越快的商品社会，好像我们除了工作还是工作，睡眠已经变成了奢侈品，睡眠质量差也似乎变成了现代文明中的一种符号。然而，一直关注人类健康的傲胜告诉消费者，傲胜可以让你睡得更好。

2. 负面效果

广告创意运用文化因子可以产生积极的社会文化效果。但任何事物都是在对立统一中前进的。广告创意对文化的把握必须恪守法律法规、国情民俗、道德规范等，必须把握“度”，防止“过犹不及”，产生负面的社会影响。

上海某广告公司曾为某手机品牌设计过一则大型灯箱广告，该广告画面是：一男子手持移

---

①② 吕魏．广告学．北京：北京师范大学出版社，2006：334.

图 5－26　傲胜枕头广告

动电话，一屁股坐在长城上。经过电脑的夸张处理，男子成了巨人，长城则被缩微成匍匐于男子脚下的模型。画面上端广告词为“掌握精华，驰骋天下”。这岂不有将长城玩弄于股掌之嫌吗？长城是世界级文化遗产，象征着中华民族的脊梁和坚强厚实的品格。广告起码在客观效果上背离了中华民族的价值观，自然遭到国人的谴责。

2003 年年末，两则汽车广告在网络上引起不小的波澜。其一为刊登在《汽车之友》杂志第 12 期上的广告：一辆某日本品牌汽车停在两只石狮子之前，一只石狮子搭起右爪做敬礼状，另一只石狮子俯身向下作鞠躬状，背景为高楼大厦，配图广告语为“霸道，你不得不尊敬”。另一则广告的画面是：某品牌汽车在雪山高原上以钢索拖拉一辆绿色国产大卡车。很多网友认为，石狮子有象征中国的意味，该汽车广告却让它们向一辆日本品牌的汽车“敬礼”“鞠躬”。考虑到卢沟桥、石狮子、抗日三者之间的关系，该广告就更加让人愤恨。对于拖拽卡车的“汽车”广告，很多人则认为，广告图中的卡车系国产东风汽车，绿色的东风卡车与我国的军车非常相像。网友评论：该广告侮辱了中国人的感情。[①] 可见，这两则广告的社会影响是十分恶劣的。

有些广告有悖诚信，违反广告真实性原则，胡编瞎吹，制造文化垃圾。例如贵州某药酒广告称“××酒治疗新方案是对传统治疗方法的一次革命”，对“久治不愈的顽症”“疑难杂症”，“一般只需一个疗程就可祛除病魔，达到健康延年的目的”，还可治疗癌症。如果说前面的话让人生疑，后面“每年向中南海提供部分产品”的申明则有欺骗之嫌了！

此外，一些广告创意以洋文化为背景，一味褒扬西方的生活观念、生活方式、生活形态，过分宣扬作为身份地位象征的名牌价值，直接或间接地鼓吹享乐主义，诱导人们追求奢靡、铺张的生活模式。凡此种种容易误导人们，特别是青少年形成盲目攀比的习气以及盲目超前消费的风气。某些广告创意中还存在含有性别歧视的内容，粗俗的性文化误导，以及不尊重民族风俗、宗教文化，无视生态环境等问题。这些广告给社会的安定、稳定与和谐发展带来直接或间接的威胁。因此，我们不能对广告创意的文化失范现象听之任之，熟视无睹，而应当从各个环

① 吕魏．广告学．北京：北京师范大学出版社，2006：392.

节加强管理，防患于未然。

【思考与练习题】

1. 选择一个品牌，判断和分析其广告创意策略。
2. 现有一个零食品牌打算在国庆期间进行促销宣传，请根据具体情况选择广告传播时机。
3. 现代营销原理为提升广告创意的效用提供了哪些策略建议？

第六章

广告创意表现

我们希望消费者说“这真是个好产品”，而不是说“这真是个好广告”。

——李奥·贝纳（Leo Burnett）

【学习要点】

- 掌握广告创意表现的基本形态。
- 掌握传统媒体广告的表现形式。
- 了解新媒体广告的表现形式。

关键词

创意表现　传统媒体　新媒体　消费者　受众

第一节　广告创意表现的基本形态

广告创意是通过一定的广告形态来表现的。广告表现的首要任务是吸引注意，不能吸引消费者注意的广告创意肯定是一个失败的广告创意。创意是内容，表现是形式，是广告“说什么”和“怎么说”的问题。广告创意没有定则，广告表现亦无定法，但我们总能够找到一些具体的形式去表现。在结合媒体形态和表现范围等因素的前提下，为了表现广告创意的广度和深度，提高广告创意的注意力、表现力和说服力，我们把广告创意中常用的手法进行了归纳，目的在于借鉴和提高，为我们的广告创意表现寻找更适合的形式。

一、明理式创意形态

明理式创意形态亦被称为说理式创意形态，就是在广告表现中陈述一个事实，用事实说话，作用于受众的理智动机，通过晓之以理、以理服人来达到广告目的的一种表现形态。

在产品高度同质化的今天，明理式创意形态有一定的适用范围。一般来说，科技含量高、产品附加值较大的产品及高档耐用品的广告使用这种创意形态的比较多。在产品的生命周期中，一般情况下在导入期采用此表现形态的较多。这种表现形态主要突出产品的特点、功效、给消费者的利益及附加价值，故而要求表述准确、信息全面，具有较好的说服效果。

我们认为，在绝大多数情况下，理性的产品应该采用理性的创意表现。这里不是说感性的创意表现不能用，而是该怎样用的问题。理性产品是严肃的。所谓严肃，就是关系到人们的切身利益，如房子、医疗、保险等。如果我们用不严肃的方式去表现，就很容易给消费者造成不好的印象，觉得广告缺乏诚信，企业缺乏责任感，消费者当然不会买账。所以我们没有必要把广告搞得花里胡哨，看上去很美，但却达不到实际效果。

明理式创意形态往往偏重于客观、准确和有说服力，对完整、准确地传达商品信息非常有利，但是由于注重事实的传达和道理的阐述，广告往往显得生硬、枯燥，影响了诉求对象对广告信息的兴趣（见图 6－1）。

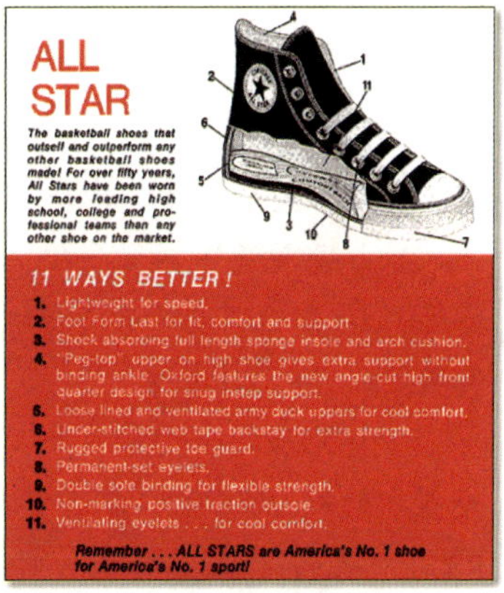

图 6－1　匡威帆布鞋平面广告

我们可以看看大卫·奥格威是怎么来表现广告的。他在《一个广告人的自白》中提出了广告表现的“十一条戒律”，可称创作出高水平广告作品的法宝①：

（1）广告的内容比表现内容的方法更重要。

（2）若你的广告的基础不是上乘的创意，它必遭失败。

（3）讲事实。

（4）令人厌烦的广告是不能促使人买东西的。

（5）举止彬彬有礼，但不装模作样。

（6）使你的广告宣传具有现代意识。

（7）委员会可以批评广告，但却不会写广告。

（8）若你运气好，创作了一则很好的广告，就不妨重复地使用它，直到它的号召力减退。

（9）千万不要写那种连你也不愿让你的家人看的广告。

（10）形象和品牌。

（11）不要抄袭。

我们下面以大卫·奥格威著名的劳斯莱斯文案为例进行说明。

案例

大卫·奥格威著名的劳斯莱斯文案

广告标题：这辆新型劳斯莱斯在时速 60 英里时，最大的噪音来自电钟。

副标题：什么原因使得劳斯莱斯成为世界上最好的车子？一位知名的劳斯莱斯工程

① 奥格威．一个广告人的自白．北京：中国友谊出版公司，1991：82－92.

师说：“说穿了，根本没有什么真正的戏法——只不过是耐心地注意到细节。”

广告正文：

(1) 行车技术主编报告：在时速 60 英里时，最大的噪音来自电钟。引擎出奇的寂静，三个消音装置把声音从听觉里拔掉。

(2) 每个劳斯莱斯的引擎在安装前都先以最大气门开足七小时，而每辆车子都在各种不同的路面上试车数百英里。

(3) 劳斯莱斯是为车主自己驾驶而设计的，它比国内制造的最大型车小 18 英寸。

(4) 本车有机动方向盘、机动及自动排挡，极易驾驶与停车，不需司机。

(5) 除驾驶速度计之外，在车身与车盘之间，无金属衔接。整个车身都做了封闭绝缘。

(6) 完成的车子最后要在测验室经过一个星期的精密调整。在这里车子分别受到 98 种严酷的考验。例如，工程师们会使用听诊器来注意听轮轴发出的微弱声音。

(7) 劳斯莱斯保用三年。已有了从东岸到西岸的经销网及零件站，在服务上不再有任何麻烦了。

(8) 著名的劳斯莱斯引擎冷却器，除了“亨利·莱斯”在 1933 年死时把姓名第一个字母 R 改为黑色外，从来没更改过。

(9) 汽车车身之设计制造，在全部 14 层油漆完成之前，先涂五层底漆，然后每次都人工抛光。

(10) 移动方向盘柱上的开关，你就能够调整减震器以适应道路状况（驾驶不觉疲劳是本车显著的特点）。

(11) 另外有后车窗除霜开关，控制着玻璃中 1 360 条看不见的热线钢。车内备有两套通风系统，你坐在车内也可关闭全部车窗，随意调节空气以求舒适。

(12) 每套座位垫面由八头英国牛的牛皮制成——这些牛皮足够制作 128 双软皮鞋。

(13) 野餐桌可从仪器板下拉出。另外有两个可在前座后面旋转出来。

(14) 你还有下列额外的选择：咖啡机、来电自动记录器、床、盥洗用冷热水、电刮胡刀等。

(15) 你只要压一下驾驶者座下的面板，就能使整个车盘加上润滑油。仪表盘上的计量器会指示出曲轴箱中机油的存量。

(16) 汽油消耗量极低，因而不需要买特价汽油，经济划算，令人喜悦。

(17) 具有两种不同传统的机动刹车：水力制动器与机械制动器。劳斯莱斯是非常安全的汽车，也是非常灵活的车子，可在时速 85 英里时宁静行驶，最高时速超过 100 英里。

(18) 劳斯莱斯的工程师们定期访问车主以检修汽车，并在服务时提出忠告。

(19) 宾利是劳斯莱斯制造的。除了引擎冷却器之外，两种车完全一样，由同一工厂中同一群工程师制造。宾利因为其引擎冷却器制造较为简单，所以便宜 300 美元。对驾驶劳斯莱斯感觉没有信心的人士可买一辆宾利。

价格：本广告画面中的车子价格为 13 550美元，在主要港口岸边交货。假如你想体验驾驶劳斯莱斯或宾利的乐趣，请与我们的经销商接洽。他的名字在本页的底端。

劳斯莱斯公司　纽约　洛克菲勒广场 10 号

二、情感性创意形态

情感性创意形态也称感性创意形态，是指在广告创意表现中注重受众接受心理中的情感历程、情感变化，强化广告表现中人的情感因素，注意发掘广告创意中人性化的构想，以达到与目标受众的心灵沟通，从而使消费者愉悦地被说服的一种广告表现形态。

在社会急剧转型的今天，情感性创意形态无处不在。随着全球经济向体验经济转型，人们更为注重产品和服务给他们带来的感觉和体验，购买决策的时间越来越短，情感、尊重等感性因素在一些领域超过了理性因素，成为人们购买行为的决定因素。根据马斯洛的需要层次理论，人有五个层次的需要：生理需要、安全的需要、社会归属的需要、爱的需要和自我价值实现的需要。在满足了低层次的需要以后，人们要求更高层次的需要得到满足。尤其是在经济环境好转、社会环境和谐的情况下，寻求快乐、寻求感情归属、寻求娱乐体验等精神需要成为消费者新的需要。消费者开始注重消费过程中的情感感觉、情感体验。新的消费行为理论甚至认为，消费者购买决策的结果体现于消费者通过这种商品而获得的满足，即它所提供的享受及其带来的最终使消费者感到满意的感觉和态度。如图 6 - 2 大众甲壳虫之“视野篇”（获上海 DDB 2011 年设计类金铅笔奖）。消费者对感觉和态度的注重不仅体现在产品的消费过程之中，而且渴望从广告中获得一种美好的情感感觉、情感体验的广告心理早已被广告创作者敏锐地发觉。

图 6 - 2　大众甲壳虫——“视野篇”

情感性创意表现形态常常用于推介同质化倾向非常强，但品牌个性差异很大的商品，这类产品基本处于其生命周期的成熟期，例如化妆品、饮料、家用电器、流行服饰等。现代科技的发展已经使许多行业的开发制造技术日益透明，企业不可能依靠某种独特的技术或独特的产品功能而长期领先，同一竞争层次上的企业提供给市场的产品基本处在同一水平上。因此，企业只能从品牌个性、企业文化与生活文化方面来挖掘品牌的竞争力，塑造人无我有的 USP，并且把自己的企业和商品进行差异性的定位，使之成为某一消费群体所认同的“人格的延伸”。诉诸感性的广告表现，基本上属于站在与受众平等地位上的信息传播。广告中没有太多的“因为、所以”，也没有过多的说明和鼓动，广告只是在向受众做提示，并与受众进行情感交流。

情感性创意形态贴近广告对象的切身感受，在亲和力方面更为突出，但是过于注重对情绪和情感的描述，往往会影响信息传达，使人觉得不真实、矫情。因此，在实际的广告创意及其表现中，不一定只有明理式创意形态或只有情感性创意形态，通常是将两种形态结合起来，即采用明理式创意形态传达客观的信息，又使用情感性创意形态引发诉求对象的情感共鸣，结合二者优势，以达到最佳的说服效果。但是针对每种不同的产品、服务，总有一种最好的诉求方式，是以理性为主、以情感为辅，或是以情感为主、以理性为辅，需要结合具体的情况而定。

三、戏剧化创意形态

戏剧化创意形态就是指在广告创意表现中，找到产品本身特有的、与消费者有某种现实或潜在关联的特质，通过表现特质来达到广告目的的一种广告形态。

李奥·贝纳相信“产品即英雄”，广告要挖掘“产品与生俱来的戏剧性”。他说：“每件商品都有戏剧化的一面，我们的当务之急，就是要替商品发掘出其特点，然后令商品戏剧化地成为广告中的英雄。”他认为，成功广告的创意秘诀在于发掘产品本身内在的固有的刺激，他自己把这种刺激称为内在的戏剧性。广告创意最重要的任务是把产品本身内在的固有的刺激挖掘出来并加以利用。这种创意方法的关键之处是要发现企业生产这种产品的原因，以及消费者购买这种产品的原因，产品中必然包含有消费者感兴趣的东西。这种创意方法也包含了以消费者为思考中心的萌芽（见图6－3）。

图6－3 Baileys洋酒海报

所谓产品的戏剧性，就是商品恰好能满足人们某些欲望的特征，是“能使人们发生兴趣的魔力”。李奥·贝纳认为，真诚、自然、温情是表现“戏剧性”的主要途径，“受信任”“使人感到温暖”是消费者接受广告的重要因素。戏剧性应该自然而然地表现出来，而不必依靠投机取巧、刻意雕琢、牵强的联想等手段来表现。

产品或品牌个性是戏剧性，悬念是戏剧性，幽默是戏剧性。追求戏剧化创意形态也就意味着追求独特的广告创意表现，使目标对象为之心动，从而使产品价值增值，使广告达到最佳效果。

案例

万宝路的戏剧化广告创意营销

万宝路香烟于1854年以一个小店起家，1908年正式以品牌Marlboro在美国注册登记。在万宝路创业的早期，产品定位是面向女士，广告口号“像五月的天气一样温和”显得过于文雅，而且是对女性脂粉气的一味附和，使得男性消费者无意问津。广告定位虽然突出了品牌个性，但也为其发展设置了障碍，限制了市场拓展空间。

美国的20世纪20年代被称作“迷惘的时代”。人们或在爵士乐的包围中尖声大叫，或沉浸在香烟的烟雾缭绕之中。

万宝路这个名字是针对当时的社会风气而定的。“Marlboro”其实是“Man Always Remember Love Because of Romantic Only”的缩写，意为“男人只因浪漫铭记爱情”，用意在于争当女性烟民的“红颜知己”。为了表示对女烟民的关怀，莫里斯公司把香烟的烟嘴染成红色，以期广大爱靓女士被这种无微不至的关怀感动，从而打开销路。然而几个星期过去、几个月过去、几年过去了，莫里斯心中期待的销售热潮始终没有出现，热烈的期待不得不面对现实中尴尬的冷场。第二次世界大战后，万宝路推出几个系列，但销售仍然欠佳，吸烟者中很少有抽万宝路的。

1954 年，莫里斯公司打破传统，改请李奥·贝纳作为新的广告代理商，万宝路才走上辉煌之路。

李奥·贝纳经过周密的调查和深思熟虑之后，大胆地对其施行“变性手术”，把原来定位为“女士香烟”的万宝路重新定位为“男子汉香烟”，并在新的广告中把男性描绘成“粗犷”的形象。按李奥·贝纳的创意，这种理想中的男子汉即后来在万宝路中充当主角的美国西部牛仔形象：一个浑身散发着粗犷、豪迈、英雄气概的男子汉，袖管高高卷起，露出多毛的手臂，跨着一匹雄壮的高头大马驰骋在辽阔的大草原上。通过各种宣传方式，万宝路树立了自己的形象：自由、野性与冒险，极有戏剧性的牛仔形象使万宝路香烟与万宝路的个性紧密交融并植根于人们的心田。

雄赳赳的西部牛仔，洒脱地叼着一支万宝路牌香烟——这一深入人心的万宝路形象，被该公司不惜重金传播到世界的每一个角落，以至于有人说：“如果一个美国人打算变得欧化一些，他必须去买一部奔驰或宝马；但当一个人想要美国化，他只需抽万宝路、穿牛仔衣就可以了。”可见，万宝路已不仅是一个品牌，还成为美国文化的一部分。

一系列洗尽女人脂粉味的广告，在李奥·贝纳接手后问世了。仅 1954—1955 年间，万宝路的销售量就提高了三倍，一跃成为全美第 10 大香烟品牌。1968 年，其市场占有率上升到全美第二位。现在万宝路每年在世界上销售香烟 3 000 亿支，用 5 000 架波音 707 飞机才能装完，世界上每抽掉四支烟，其中就有一支是万宝路。

是什么使名不见经传的万宝路变得如此令人青睐？美国金融权威杂志《福布斯》认为：这很大程度上是由于万宝路所塑造的美国牛仔形象。

从万宝路风格转变的效果中我们可以看到广告的魔力，正是广告塑造的产品形象增添了产品的价值。

四、光环效应创意形态

光环效应又称晕轮效应、成见效应，指人们在认知过程中常出现的一种认识偏差，即知觉对象所具有的某个好（坏）的特征泛化、推及其他一系列好（坏）的特征。

光环效应创意形态就是利用人们会在认知广告的过程中对广告代言人好的形象等好的特

征进行泛化，从而将这种好的特征推及产品的心理，促使消费者产生购买行动的一种广告形态。

从心理学上来说，人们对人的某种品质或特点有清晰的知觉，印象比较深刻、突出，就很容易向周围弥漫、扩散，而掩盖了对这个人的其他品质或特点的认识。这样人们一旦发现上当受骗，就会进行报复，造成双重伤害。从创意角度来说，光环效应只顾一点不及其余，把广告产品或代言人等的某一方面进行放大，吸引消费者注意，促使其产生信任或者跟风，采取购买产品的行动。这种表现形态的优点与缺点同样突出。其优点在于能够在短时间达到广告效果，引领消费动态，并能够创造流行；其缺点在于注意力过于集中在产品或代言人身上，一旦产品或代言人出现问题，就会放大产品的缺陷，造成不良的后果。

所以我们在使用该形态广告创意进行表现时，以下几点值得注意：

（1）广告力求真实，防止无限制放大产品功能。

（2）最大力度寻求广告代言人与产品的关联度，并把这种关联度上升到战略层面，预防危机的发生。

（3）有时勇于承认自身的缺陷也会有好的回报。

（4）注意广告媒体的选择，权威性的媒体加上不错的广告创意也能形成光环效应。

（5）即时履行社会责任也能形成光环效应，如赈灾捐款等。

（6）“以消费者为中心”不能仅仅说说而已。

五、比较性创意形态

比较性创意形态，指的是在广告中将一种产品与同类的竞争产品进行比较，从而突出产品的某些特殊方面，使受众接受该产品并产生购买行动的一种广告表现方式。比较性创意形态广告的表现方式很多，如直接比较广告、间接比较广告、批评性比较广告、傍依性比较广告、商品比较广告、服务比较广告、价格比较广告、竞争者比较广告等等。

通常，比较是趋向于对立冲突的艺术手法中最突出的表现方式。它把作品中所描述事物的性质和特点放在鲜明的对照和直接的对比中来表现，借此显彼，互相衬托，借助比较所呈现的差别，实现集中、简洁、曲折变化的表现。广告可通过这种手法鲜明地强调或提示产品的性能和特点，给消费者以深刻的视觉感受。

广告效果一般包括传播效果、销售效果和社会效果三个组成部分，而广告效果受到诸如媒介特征、受众心理、广告信息、时间和地域空间、广告表现形式等因素影响，在下列情况下使用比较性创意形态，广告会更有效果。

（一）改变消费者的品牌偏好

比较广告通过品牌有关内容的比较来吸引消费者的注意，让消费者觉得某一品牌比对比品牌更适合自己。在现实社会中，受众都有先入为主的观点，对与其观点、态度或看法不一致的信息极易产生抵触情绪。在这种状况下，我们就可选用比较广告，诱导启发受众重新思考，从而改变其原有的态度。比如可口可乐与百事可乐的相关比较广告，其比较的主题无非就是可口可乐“老迈、落伍、过时”，而百事可乐则是“年轻、活泼、时代的象征”，但比较的表现手法则灵活多变。其中突出的有 1996 年的“超级市场篇”：可口可乐的年轻送货员到一家超市送货，放好货后见四下无人，便悄悄地溜到百事可乐的货架前，小心翼翼地偷了一罐百事可乐，刚想拉开盖子品尝，剩下的百事可乐忽然一下子全倒了下来，令他尴尬、惋惜不已。这则广告风趣幽默，表达的意思不言而喻，让人回味不已。总之，“新生代的选择”这个创意使百事可乐比可口可乐历史短的劣势化为优势，改变了消费者的态度。

（二）低关心度、高质量产品

在现实社会中，总有一些产品自身质量很好，但由于种种原因，消费者不愿花时间、心思和精力去关注这些产品，从而造成产品的积压，企业资金无法周转。

广告人科利（Colley）提出了 DAGMAR 理论，即由不知名到知名、由知名到了解、由了解到信服、由信服到行动的商业传播四阶段说。这个理论今天对我们依然有借鉴意义。一方面，我们通过比较引起消费者的注意，让其知道并了解产品，从而提升消费者的关注程度；另一方面，比较的目的是突出产品的与众不同，是与消费者进行沟通，使之接受广告的产品。真实、客观地展示此类产品，要比用其他形式的广告效果更佳。

（三）处于市场挑战者的角色

通常，我们按市场占有率把市场分为四大市场角色：市场领导者、市场挑战者、市场追随者、市场补缺者。这四大市场角色形成了纷繁复杂的动态市场，为了争夺市场占有率，四大市场角色彼此之间展开了激烈竞争。由于市场领导者在新市场、新产品开发以及在价格等各方面占有巨大优势，所以要想一举拿下有点不现实。相对而言，市场挑战者总有一些方面要超过市场领导者或与其持平，这时用比较广告就事半功倍了。

首先，可以达到牵制市场领导者的目的。比如美国的艾维斯租车行广告就是一例，这则广告是广告大师伯恩巴克的得意之作。该广告做出了广告史上最大胆的市场定位：“我们是第二，故我们更加努力！”此广告取得了巨大成功，有力地牵制了市场领导者赫兹租车行。

其次，可以扩大市场容量。通过广告改变消费者的习惯，从而增加其在市场上的购买欲望，创造潜在需求。比如七喜“非可乐”定位就在可乐市场上开辟了第二战场。

最后，可以刺激消费者重复购买。比较广告的重点在突出与众不同，消费者在看了广告后，感性的冲动会促使其重复购买，企业可借此增加市场份额。

（四）系列广告

系列广告亦称连续性广告，多使用印刷媒体，可以对消费者产生连续的、全面的刺激，形成一种传播效应。总体而言，系列广告有以下特点：

首先，能充分地表现产品特征。比较广告是通过突出品牌的特征而达到销售目的的，而系列广告则通过详尽地、全方位地介绍产品而达到销售目的。由于系列广告更多地采用印刷媒体，故而也可以使广告长时间地暴露在受众面前，让受众直接地了解产品特征。

其次，广告效果不同凡响。系列广告本身就给人一种志在必得的气势，容易引起受众的注意，而比较广告是拿科学的依据来与竞争对手一一比较，让消费者有“原来如此”的顿悟，从而达到销售的目的。

最后，消费者接受程度深。比较的目的在于强化记忆，形成人际传播，使产品深入消费者内心。系列广告易加深消费者的记忆，引起消费者讨论。

但是，比较性广告创意形态并非无往不利，自其产生以来，就一直麻烦不断，如若使用不当，不但不能提高产品自身的知名度，还很有可能为他人作嫁衣。因此，我们在做比较广告时，要时刻注意：是否有利于消费者正确选择商品，是否有利于公平竞争，是否有利于产品或劳务更容易识别。

六、推理式创意形态

推理是由一个或几个已知的判断（前提），推导出一个未知的结论的思维过程。推理式创意形态是指在广告创意表现中，通过广告信息的编排，推导出一个消费者易于或乐于接受的结论。按推理过程的思维方向划分，推理主要有演绎推理、归纳推理和类比推理。

约翰·肯尼迪（John E. Kennedy）是推理式创意广告的创始者，提出了“原因—结果”模式。罗瑟·瑞夫斯是推理式创意广告的强烈拥护者，提出的 USP 观点里有强烈的推理痕迹。

因为“什么原因，产生什么结果”，所以“你一定要这样做”。以逻辑方法推理，只要受众同意了“前提”，就会同意“结论”。如德国某豆浆公司的推理广告：“亚洲人为什么能发明瓷器、造纸术、印刷术，发现磁力原理？为什么在 2 000 年前中国能筑出万里长城？是什么使他们头脑那么聪明的？我们已经找到答案了：亚洲人爱吃黄豆。”此例中，中国人的发明创造并不见得就必然跟吃黄豆有关，但设计者将其置于一种推理之中，加强了广告的可信度。

正向推理的广告创意表现通常基于如下逻辑：拥有了该品牌的产品或服务，就会出现什么样的好的局面。具体运用正向推理时，有两种表现思路：由因及果和由果及因，即正是因为用了某产品或某服务，才出现了好的结果，以及之所以出现了好的结果是因为用了某产品或某服务。

逆向推理也称为破题解题，与正向推理的广告创意相反，它基于如下逻辑：不购买或使用某产品或服务，就会出现什么坏的局面。与正向推理相似，逆向推理也有两种表现思路：由因及果和由果及因，即正是因为没有使用某产品或某服务，就出现了坏的结果，以及之所以出现了不好的结果是因为没有使用某产品或某服务。①

例如一则奔驰汽车广告。画面中镜头不断切换，孩子们在玩具车的激烈碰撞中获得快感，这是孩子的天性。而接下来的画面展现的是孩子们玩有推斥力的玩具车时表现出来的沮丧、焦躁、狂暴——他们并不喜欢这种永不相撞的玩具车。为了防止车辆对撞，奔驰新开发了刹车辅助技术，就如同在玩具车车头加入了强力反向磁铁，让两辆车永远无法相撞。广告中的文案很是出彩：喜欢碰撞的人恨它，不喜欢碰撞的人却爱它。（Who loves to crash will hate it；Who hates to crash will love it.）孩子可能不喜欢我们的玩具车，但你一定会喜欢。最后，文案飞

① 吕魏．广告学．北京：北京师范大学出版社，2006：289－290.

入：梅赛德斯奔驰 C 级车配备刹车辅助系统。

七、生活化创意形态

生活化创意形态就是在广告创意过程中，把生活中能够感染人、打动人、了解人、体会人、包容人等体现人性的细节加以提炼，在广告中进行真实再现的一种表现形态。如图 6-4，项目主推的是大众汽车车内可以根据乘坐者的座位调节温度。画面上是四口之家，四个人的颜色不同，代表他们的意见不一样，就像他们坐在车里面，通常都有不同的需求一样，而大众汽车的温度调节就非常符合每个人的需求。左下角广告语是“四区温度调节，让每个人都有不一样的感觉”。

图 6-4　大众汽车广告

“广告饕餮之夜”的创始人让·马里·布尔西科（Jean-Marie Bowrsicot）先生说过：“广告原本就是日常生活，也是一种‘游戏’。”① 生活化的广告是最人性、最具持久震撼力的。当我们在创作生活化的广告时，要把对人性的真实理解贯穿在广告中，而不是去刻意地编故事，否则我们将会远离人性，被故事限制。我们所提倡的“以消费者为中心”中的“消费者”是生活中的消费者，是大众中的普通一员。他们不是生活在真空中，而是生活在现实世界里，是现实世界的缔造者、推动者和实践者。所以我们要首先了解生活中的人，了解我们的广告传播对象，从生活中来，到生活中去，而不是远离生活。

在信息极度丰富的今天，消费者对广告信息的信任度在下降，大部分广告都仅仅是在推销自己的产品，而忽视了消费者。生活化广告则不然，它把人放在第一位，尊重人，利用人的特点进行诉求，因此可以取得很好的效果。所以有人预测，未来广告发展趋势将是生活化广告。过于赤裸的商业化广告不但越来越招致消费者的反感，而且带来更多不信任感，随着信息化社会的发展，生活化和社会化的广告传播将会占据主导地位。

生活化的广告给人以自然、亲切、可信之感。生活导向常常把理性诉求和情感诉求融为一

① 生意经．特区经济，2003（8）．

体，能创设一种亲密或轻松快乐的生活氛围，给消费者以亲切感、信任感，拉近了产品与消费者的距离。

叶茂中说："让他们接受，咱就必须说他们的话，演他们的生活。广告是和老百姓一起成长的，光是广告成长，老百姓的成长跟不上，广告就只能孤芳自赏、顾影自怜了。谁让您脱离大众的，活该!"[①]

案例

台湾菲利普台灯的广告文案

留一盏灯，给不眠的自己
所有的灯都暗了
所有的人都睡了
而我，仍独坐案头
对着满纸空格苦思
且点上一盏灯
点上无尽的信心与感觉
为不眠的自己
等待灵感过境
菲利普 PL 台灯
为不眠人点一盏灵感的灯。[②]

这是一则具有文化气息和温馨格调的广告。在灯具市场广告大战中，菲利普 PL 台灯广告没有像其他灯具广告一样，空洞地表述"灯是自然的眼睛""亮如白昼"，让人摸不着边际，产生昏昏欲睡的感觉，而是另辟蹊径，把台灯塑造成在夜深人静时默默关注、陪伴并给予不眠者灵感的伴侣，把产品个性与人性贯通起来，具有强大的促销力。

这则广告虽然有不尽人意之处，但明确了不眠者的需求，取得了很好的广告效果，让菲利普 PL 台灯声名鹊起。

八、象征性创意形态

象征性创意形态主要通过某些象征物的使用激发目标公众的联想，是为了调动消费者的心理效应而采用的一种广告形态。它往往借助一定的符号、事物或人物形象来代表商品，并以此种形象来塑造企业形象。这种广告形式能给人们以情感上的触动，让人们通过对产品质地、特点、收益的联想，品味其中的美感。同时，它能使产品和特定的形象联系起来，便于消费者记忆。如美国麦当劳公司在快餐业竞争中，别出心裁地塑造了一个身穿类似爆竹服饰的广告吹鼓手的形象，这个形象在电视上一出现便引起了轰动。再如日本的卡西欧电子产品与铁臂阿童木形象的结合，美国万宝路香烟与美国西部牛仔形象的结合（见图 6-5）等，都大大加强了产品的可记忆度。[③]

进入 21 世纪，我们从过去的"政治人""经济人"时代进入"文化人"时代。知识经济时代，人们在消费上追求某种"意义"，寻找某种"感觉"的"符号化"消费更为突出，象征性

① 叶茂中．叶茂中谈创意．北京：中华工商联合出版社，2001：229.
② 岳海翔．广告文案写作要领与范文．北京：中国言实出版社，2009：248.
③ 王连法．公共关系实用百科．济南：山东人民出版社，1994：1006.

消费和追求消费的象征性成为普遍现象。

所谓的符号化消费，是指消费者在选择和消费商品的过程中，所追求的并非商品物理意义上的使用价值，而是商品所包含的附加性的、能够为消费者提供声望和表现其个性、特征、社会地位以及权力等带有一定象征性的概念、意义。从抽象的角度看，意义是通过一定的符号显示的，因此符号化消费的对象是商品的符号属性。[①] 从某种程度上来说，消费者追求的就是商品的象征意义。

象征性创意形态一般情况下需要一定的哲理和意境，符号化是其中的一部分。我们需要把符号与哲理和意境相结合，创作出既能让消费者接受，又能让其从中体验和感受到广告所带来的想象和联想的创意形态，使消费者受到感染、教育、触动，从而达到广告的目的。

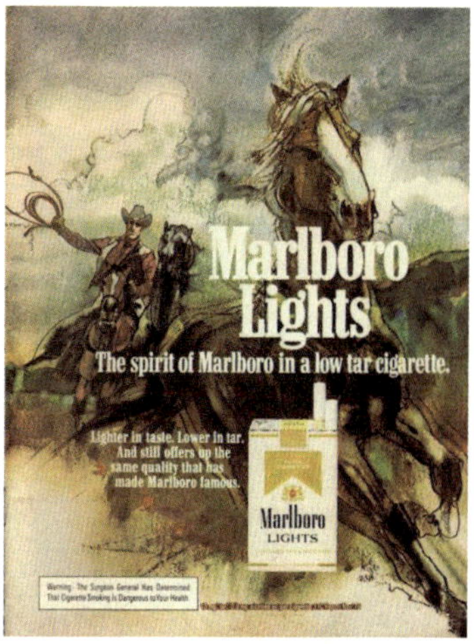

图 6-5　万宝路牛仔

案例

路易·威登以“生命之旅”为主题的第一则电视广告广告词

何为旅行?
旅行不是一次出行，
也不只是一次假期，
旅行是一次过程，一次发现，
一次自我发现的过程。
真正的旅行让我们直面自我。
旅行不仅让我们看到世界，
更让我们看到自己在其中的位置。
究竟是我们创造了旅行，
还是旅行造就了我们?
生命本身就是一场旅行，
生命将引领你走向何方?

广告表现最根本的原则是必须为广告目标服务。广告表现作为创意的物化过程，必须以广告目标为指导，并以最为有效的手段去阐释广告的创意。广告目标是广告主通过广告传播影响广告受众这一整体行动过程所要达到的目的，它来源于对大量的客观市场信息所进行的科学分析以及整合。广告创意的出发点正是广告策略和广告目标所设定的内容。

广告传播活动并不是简单而直白的告知，因为任何广告传播活动都必须站在受众的立场上去考虑，所传达的信息不仅应该准确并包含真实的内容，更需要运用多种语言对信息的相关元素进行有序而独特的编码，使广告诉求信息具有权威性和说服力，实现为商品促销、为品牌增值的目的。

广告表现的主要功能在于加强广告的说服力，让广告受众在解码的过程中愉快地接受广告信息，并形成广告主所期待的心理感受，让消费者为广告所感染、所打动而最终认同广告的诉求。如果广告表现在具体的编码过程中偏离了广告目标，那么最终完成的广告作品很可能与广告传播的初

① 戚海峰．符号营销．上海：上海财经大学出版社，2006：10-11.

衷相背离。有时这些信息是有吸引力的，甚至造成了相当大的轰动，但广告受众触及这些信息之后，并没有被引向广告主所希望的道路上去，如此一来广告传播的目的就很难达到。

第二节　传统媒体广告的创意表现

随着新技术、新媒体的发展，传统媒体受到很大的冲击，但在媒体自身的变革和适应过程中，传统媒体依然有不俗的表现，显示出顽强而又旺盛的生命力。

一、平面媒体广告的创意表现

平面媒体广告，指以平面媒体（又称印刷媒体）承载广告信息内容，对视听众进行传播的广告形式。平面媒体是一种阅读性视觉媒体，读者自主选择性强，媒体卷入度高。相对而言，平面媒体广告的说明功能比较突出。

（一）平面媒体广告的构成要素

1. 标题

标题是表达广告主题的文字内容，是广告文案写作的重要组成要素。标题在广告作品的整个版面和构图中始终处于最醒目、最有效的位置。所以标题要具有吸引力，能使读者注目，并引导读者阅读广告正文，观看广告插图。在广告创意表现中，应注意配合插图造型的需要（见图 6－6）。

图 6－6　珠江新城广告

2. 正文

广告正文是说明广告内容的文本，基本上是标题的延伸和进一步说明。广告正文具体地叙述事实，使读者心悦诚服地走向广告宣传的目标。广告正文文字集中，一般都安排在插图的左右或上下方。

3. 广告语

广告语是配合广告标题、正文，加强商品形象的短语。一般来说，标题只适用于一则具体的广告，而广告语则要反复使用，并能够传递企业理念或品牌精神。广告语作为“言语标志”必须言简意赅，朗朗上口（见图 6－7）。

图 6－7　戒烟公益广告

4. 图形

图形是平面广告中重要的组成部分，广告创意表现的成败很大程度上取决于广告作品中图形的表现是否能抓住消费者并引起消费者的注意。

图形的表现始终是广告创意设计人员和制作人员最关心的。现代广告设计中，由于摄影技术的高度完善，平面广告作品的图形部分绝大多数由经过特殊电脑加工和暗房加工的摄影图片担任主角。这种方法是展示广告内容动人一面的有效途径。广告的图形中另外的组成部分往往是插图，利用插图的个性化特色与单纯的风格，达到广告摄影不易达到的效果。今天的广告作品的插图已不是为了表现物体或情景的实感，而是为了更好地传达一种情绪。这种形式运用得当时，哪怕笔法洗练，也依然能在读者心目中形成丰满的形象，是平面广告创作中重要的表现技术（见图 6－8）。

图 6－8　现代汽车广告

广告中还需要传达品牌的视觉形态和与商品品牌相关的象征图形。这两者是广告信息传达的灵魂，没有品牌形象和象征图形，广告内容便是无本之木。

在广告图形的使用上，标准最高的是平面广告中的贵族媒体——杂志广告。杂志精良的用纸和印刷为广告图形提供了最好的表现空间。著名跨国企业为杂志广告摄影所花费的开支绝不逊于常规的电视广告片。由于这些摄影作品广泛使用在各地的热门杂志上，广告的制作成本就显得物有所值了。名牌服饰、化妆品和其他高档消费品正是靠着这些精美图片打动了读者的心，并使读者把这些精雕细琢的商品视为自己的人格延伸。

不同的平面广告媒体，在图形的使用上也有容量的差别。与杂志广告对文字信息的容量略有不同的是，海报广告虽不能承载太多的文字信息，却可在图形的传达上发挥最大的作用。除了少数媒体之外，平面广告家族中的大多数媒体都能够充分地展示广告的图形信息。

5. 标志

标志有商品标志和企业形象标志两类。标志是广告对象借以识别商品或企业的主要符号。在广告设计中，标志不是广告版面的装饰物，而是重要的构成要素。在整个广告版面中，标志造型最单纯、最简洁，其视觉效果最强烈，在一瞬间就能识别，并能给消费者留下深刻的印象。

6. 公司名称

公司名称一般都放置在广告版面下方次要的位置，也可以和商标放置在一起。

7. 色彩

运用色彩的表现力，如同为广告版面穿上漂亮鲜艳的衣服，能增强广告效果。看似缤纷的广告色彩，其实是由具体商品的个性左右的（见图 6－9）。许多平面广告的色彩使用是无法随心所欲的。经验表明，视觉冲击力强、感染力充分的平面广告，往往不是那些五彩缤纷的作品。广告往往借色彩的单纯和对比的鲜明，为商品营造出独具个性的优雅华贵或通俗亲切。

图 6－9　2015 年戛纳广告节平面获奖作品《来点自卑》

广告的色彩使用，是把握广告所表达的情绪是否准确的关键，如同广播广告中使用的音效和音色技术。广告色彩的格调可使相同文案和图形的平面广告有大俗大雅之分，或从根本上决定广告能否引人动情。

如何运用色彩这一问题，涉及美学和心理学，非常复杂。与广告其他方面创作不同的是，这部分创作是专业性的，涉及创作者长期形成的美学素养和敏锐的色彩感知能力。色彩带给我们的情绪感染是文字无法替代的。

（二）平面媒体广告的创意表现形式

平面媒体广告主要包括报纸广告、杂志广告、直邮广告、夹报广告、黄页广告等。我们这里主要介绍报纸广告和杂志广告的表现形式。

1. 报纸广告的创意表现形式

报纸广告是指刊登在报纸上、以文字和图画为主要视觉刺激的广告形式。

报纸广告通常分为报花、报眼、半通栏、单通栏、双通栏、半版、整版、跨版等形式。

报纸广告的创意表现形式很多，主要有以下几种。

（1）文字表现形式。这是报纸广告采用最多的一种表现形式，广告内容主要用文字来表达。文字可以全方位地介绍广告产品的各方面情况，信息量大，这类广告需要用有吸引力的标题或广告语来吸引读者的注意。如前文提到的劳斯莱斯广告。由于文字较多，这类广告在版式上难以做到生动而富于变化，所以需要在文案创意上充分考虑读者的阅读忍受力，要把产品信息尽可能处理到读者能快速接受的程度，防止因厌烦而丢弃广告的现象发生（见图 6－10）。

图 6－10　GDC92（平面设计在中国展）金奖作品

（2）画面表现形式。画面表现形式指主要运用画面创意来表现产品或服务，配以简洁明了的文字，起画龙点睛、深化画面主题的作用，从而达到既能吸引消费者注意又能够促使消费者产生想象和联想的目的。这种表现形式直观形象，广告版面设计可以灵活多变，能够增强广告的吸引力、表现力和易读性，使读者比较容易接受。使用此表现形式需要注意画面与产品或服务的关联性，防止出现消费者只记住画面不记得产品或服务的现象；要注意画面与文字的搭配，防止出现顾此失彼、驴唇不对马嘴的现象；要注意画面与报纸版面的匹配，避免让消费者反感（见图 6－11）。

（3）生活化的表现形式。生活化的表现具有很强的如实反映生活的能力，主要用生活中真实的例子、人物或者照片来表现，能给人以强烈的真实感、亲近感、距离感。但这种表现形式的度比较难掌握，处理不当会适得其反，让消费者觉得虚假、做作，达不到沟通的目的，使广告失效。

（4）漫画的表现形式。漫画是人们乐于接受的表现形式，形象、幽默、夸张、生动有趣、寓意深刻、观点鲜明。用漫画来表现报纸广告的主题和创意，既能深化主题的含义，又容易让读者理解和产生兴趣，增加广告的吸引力和表现力，但这种表现必须结合主题，构思巧妙，饱含情趣，才能很好地发挥其打动人心的力量（见图 6－12）。

图 6－11　华文报纸广告“长城广告奖”之“奖杯篇”

资料来源：广州日报，2007－12－29.

图 6－12　华文报纸广告“长城广告奖”之“花生睡觉篇”“数星星篇”

资料来源：广州日报，2007－12－03.

（5）抽象的表现形式。抽象的表现形式是将广告的设计形象加以提炼和概括，使其由具象的形态转化为抽象化的形态，运用几何点线面的造型要素和抽象情感表达广告的宣传意念，是一种从写实到意象的变化，可以用象征、隐喻等表现手法表达思想内涵。这种表现形式对于表现特定的广告主题有不可忽视的价值。抽象的形态是一种高度形式化了的、寓于美感的表现形式，形简意深，能更巧妙地表达主题的特征，给人以联想的空间。

（6）装饰的表现形式。装饰的表现即将广告版面加以图案化处理，注重版面空间与面积的经营，使其富于形式美和装饰情趣。这种表现形式可使广告的主题形象突出集中，令读者乐于接受。装饰的表现可采用对比、均衡、对称、韵律等形式美的法则，具有程式化、理想化的特征（见图 6－13）。

（7）平面构成的表现形式。平面构成的表现形式即按照广告主题的特性和创意表现的要求，运用现代平面构成的原理，将广告的主题形象或陪衬物象用重复、渐变、特异、发射等手法加以处理，使其具有强烈的视觉效果。这种表现不仅有助于广告从整个版面中脱颖而出，而

图 6-13　雀巢咖啡广告

资料来源：广州日报，2007-12-29.

且有鲜明的现代感，能给人以清新爽朗的心理感受，对于表现那些时代商品的广告主题有很高的价值（见图 6-14）。

图 6-14　2009ANDY 国际广告奖获奖作品

资料来源：http//www. visionunion. com/arficle. jsp? code=200903290044.

（8）综合的表现形式。在一幅广告作品内，不应拘泥于一种表现形式，而应将有利于主题表达的多种表现形式加以综合运用，使之相互补充，成为有机的组合体，更有效地表现广告主题思想，更有效地提高版面的视觉美感，给读者留下深刻的视觉印象。①

2. 杂志广告的创意表现形式

杂志是具有明显的读者范畴和阶层的。根据杂志广告版面的位置和大小，杂志广告可分为封面、封二（封面的背面）、封三（封底的背面）、封底、内页整版、内页半版等版位。杂志广告的版

① 任中林．中国广告实务大全．北京：科学技术文献出版社，1992：101-101.

面规格通常有整版、跨版、拉页、旁页、半版、二分之一版、四分之一版、六分之一版等几种。

杂志广告的表现形式除了包括报纸广告常用的表现形式外，还有以下几种：

（1）赠品广告。赠品广告即利用包装手段，在杂志内夹带产品的试用装，送给订户。如DHC化妆品常常通过杂志附赠试用装，消费者体验后往往会直接购买，取得了不错的效果。

（2）嗅觉广告。嗅觉广告是在杂志广告页中添加具有产品味道的材料或者直接设置产品“地雷”的做法。比如，香水厂商在时尚杂志中埋设“香水地雷”，当读者翻阅杂志，触及“香水地雷”时，香水的芬芳就扑鼻而来，引发人们的购买欲。

（3）隐形广告。隐形广告是指采用热敏印刷技术在杂志等印刷品上制作的一种新型的广告画。“请伸出您的手对准并按在画面中这只手掌上，看看里面有什么。”当你按文字说明伸手按在广告页上时，隐藏的画面立即呈现在眼前，给你一种意想不到的惊喜。曾有人预言，21世纪这种新颖奇特的隐形广告画会在全世界广告业中普及。

（4）立体式杂志广告。此类广告就是把企业或产品模型植入杂志中，当读者翻阅到该植入处时，模型能够在翻页的牵引力下立体展示的广告形式。比如，某公司采用立体式杂志广告，一打开杂志，公司形象立体地矗立在读者面前，给人一种新鲜感。据说这么一来，喜欢该公司的人数增加了差不多四倍，杂志的销量也因此而增加。某牌子的纸尿布则把杂志广告页切割成纸尿布的形状，与原产品一般大小，并加上贴纸，较真实地再现了产品实貌，使读者充分注意到产品与众不同的特点。

在新媒体的冲击下，报纸、杂志网络化的趋势明显，网报合一的发展态势迅猛。但无论发展到哪种阶段，纸媒都有许多网媒不可取代的特质，所以我们既要关注媒介发展动态，又要把传统的特质把握住，将二者相结合，找到适合企业产品或服务的广告表现形态。

二、电子媒体广告的创意表现

20世纪广告媒体最大的发展无疑是电子媒体的兴起，以广播电视为代表的电子媒体，以惊人的速度，在短短的几十年里渗透到了世界各地。电子媒体突破了传统的以纸张、文字为载体的传播方式，这对于广告业可以说产生了划时代的影响。电子媒体通过声音、图像来传递信息，而且不受时间、空间的限制，开创了虚拟的声像世界，使广告朝着多元化的方向发展。

（一）广播广告创意表现

广播广告是指通过广播传递广告信息，诉诸人的听觉的广告形式。其主要构成要素是有声语言、音响和音乐，其种类主要有节目赞助广告（program commercial）、插播广告（spot announcement）、节目内插播广告（participating announcement）、介绍性广告（information announcement）四种类型。

在制作广播广告时要注意几个方面的问题。一是要强化听觉效果。文案创意要有听觉冲击力，要上口、易记、易懂，要充分考虑目标对象的收听习惯、文化层次等要素。二是要一开始就能吸引受众注意。广播是背景式媒体，一般情况下受众是边干活边听广播，所以广告创意要能够引人入胜，抓住他们的注意力。三是要目标明确，有明确的销售重点，并反复播出。因为广播稍纵即逝，所以要准确定位受众，注重他们的利益，把销售重点告诉他们，以便他们选择性收听。四是要尽快且重复播出品牌名称。这既是媒体特点决定的，也是为了强化沟通，加深消费者印象。五是要重复有度，停顿有方。过度的重复会引起反感，巧妙的停顿能起到吸引注意和创造情节的效果。六是要轻松活泼，这样可以加深受众对广告的印象。

广播广告的主要表现形式有以下几种。

1. 陈述式

这种广告是由一人或多人直接陈述广告内容，直接告知消费者产品信息。它既可以采取陈述的口吻，向消费者介绍产品或服务，也可以采用新闻播报方式，吸引消费者的注意力，给人以新鲜感。为了避免形式的枯燥乏味，这类广告常常用背景音乐或音响来增加生动性，或者用陈述方式的变换来增强其可听性。

例如晨光鲜奶广告文案（深圳广电集团，第二十二次全国优秀广播广告作品评选商品类获奖广告）：

晚上 12 点，在光明农场，新一天的工作就已开始。我们已严格挑选出最健康强壮的奶牛，挤出营养丰富的晨光鲜奶。

凌晨 3 点，我们已开始对晨光鲜奶进行严格的巴氏消毒和包装。

凌晨 5 点前由冷藏车配送到奶站。

清晨 6 点，晨光鲜奶，总是踏着第一缕晨光为您新鲜送到。

晨光鲜奶，晨光般新鲜的选择。

这则广播广告用各种自然音响效果来表达晨光鲜奶从郊区到消费者的生产、运输过程，突出牛奶的新鲜，增强可信性。

2. 对话式或问答式

这种形式的广告以两人以上的问答形式传递产品或服务信息，生动活泼，富于生活气息，再加上音乐和音响的烘托，能够创造特定的情绪和氛围。目前，该形式广告不局限于人与人的对话，还可以采用人与动物、人与自然、人与神话故事人物的对话等形式。

例如民生银行“钱生钱篇”广播广告文案（四川人民广播电台广告中心，第二十二次全国优秀广播广告作品评选商品类广告获奖作品）：

女一：我家的小猫生小猫啦！

男一：我老婆生了个儿子！

女二：我家的钱也生啦！

男一女一合：钱生啦？

女一：钱生什么呀？

男一：钱生什么啊！

女二：钱当然生钱啦！

民生银行度假推出了“钱生钱”理财服务，不但可以随时支取，还可以付利计息。收益率最高可达活期利率的 6 倍，赶快去办吧！

男二：详情请咨询 95568

3. 场景式

借鉴广播剧和评书等电台中的文艺节目，运用广播媒体中“演播”这种独有的表现形式，以表演的方式把听众带到一个运用语言、音乐等综合因素形成的情境当中，在表演的过程中，自然地推出所要宣传的产品或服务。它的形式类似戏剧小品、广播剧、广播小品，让人感到生动活泼、引人入胜，具有比较强的表现力和感染力。

（1）生活小品：把广播广告所要传达的信息用类似生活片段的情节来表现，对受众进行潜移默化的影响。只要情节、对话安排得巧妙、贴切，这类广告就会使人产生一种亲近感、真实感，效果很好。

（2）动画小品：将商品拟人化，通过卡通造型传递产品或服务信息。

（3）故事型：设置一个假想中的情境，围绕这个情境展开一个有趣的故事，用这个相对完整的故事编织情节。例如以下某公益广告。

广告，离真实近一点

（电视广告：美味牌牛肉面，香喷喷，滑溜溜，大块的牛肉，好吃看得见！）

（音效：美滋滋的吃面声，转电视机前）

母：宝贝，别看电视了！

女：妈妈，妈妈！我也要美味牌牛肉面！

母：唉，真拿你没办法！

（音效：音乐过渡）

母：宝贝，牛肉面买来了！

女：噢，我现在就要吃！

（音效：开盖声）

女：咦，怎么没有牛肉？广告里我明明看见好大好大的牛肉！

旁白：广告，离真实近一点，再近一点！请勿对号入座，如有雷同，纯属巧合。

另如辽宁人民广播电台新闻台公益广告《恐怖的数字》。

恐怖的数字

（音效：煤矿抢险时现场声）

旁白：12、29、48、148，这些看似平常的数字令人恐惧，因为它记录着我国新近发生的历次矿难中的死亡人数。

（音效：爆炸声）

旁白：鲜活的生命就这样在矿井接连不断的爆炸声中变成了僵硬的数字，然而悲剧还在发生……

矿工妻子：（哭……）我们全家几口人全靠他呢，全靠他！

矿工父亲：就这么一个儿子啊！

旁白：2005年2月14日，辽宁阜新矿业集团孙家湾煤矿发生特大瓦斯爆炸事故，214名矿工遇难，这是共和国近50年来最大的一次煤矿矿难。血的教训再次提醒我们：（回声）安全生产重于泰山！

4. 歌唱式

歌唱式广播广告就是把广告所要传递的信息用歌唱的方式表达出来，用悦耳动听的音乐配以优美的歌声表达广告，以此来吸引消费者注意，加深广告在消费者心中的印象。歌唱式广播广告从内容上分有感情型和功能型两种。从形式上分，有的为全部的广告词都谱上曲；有的只是为部分广告词谱上曲，并不从头唱到尾。这类广播广告通常是歌曲和语言并用，歌曲中不易突出的内容，以叙述形式出现。

由于优美动听的歌声更容易使听众产生好感，并有兴趣学唱、传唱，所以印象型广告用歌唱的形式效果很好。一般来说，为了让最广泛的消费者听懂歌词并能学唱，广告歌曲大多采用通俗歌曲的形式。如万家乐广告“拥有篇”：“一人拥有全家乐，大家拥有万家乐，拥有万家乐，万家齐欢乐！万家乐，乐万家！”

但针对特定的消费者，也可以用地方特色极强的曲艺形式来表现，比如京韵大鼓、山东琴书等。

案例

墨尔本地铁公司铁路安全广播广告《蠢蠢的死法》

《蠢蠢的死法》采用公众喜闻乐见的多模态话语、反讽表达方式，规避直白说教，创造了超越表面化的深层关注、情感引导的互动体验，形成了持续不断的体验性力量。该广告在2013年获得了戛纳创意节的直销类、影视类、广播类、整合营销类四项全场大奖。

放火烧你的头发
拿根棍子捅灰熊
吃上一堆过期药
用私处去把食人鱼来钓
蠢蠢的死法
好多种蠢蠢的死法

用根叉子去拿吐司
电工活儿自己来
自学飞机怎么开
吃块两星期都没放冰箱的派
蠢蠢的死法
好多种蠢蠢的死法

把杀人狂请进门
在毒贩的新车上划个痕
在外太空脱下你的头盔
悄悄地躲在干衣机里
蠢蠢的死法
好多种蠢蠢的死法

站在火车站的站台边缘
开车绕过铁轨前的禁行栏杆
冲过火车站台之间的铁轨
它们虽然不押韵，却可能是
最蠢的死法
好多种蠢蠢的死法

在火车周围请注意安全，墨尔本Metro提醒您！

5. 韵文式

韵文式广播广告就是运用文字工整、韵律协调的诗歌、顺口溜、相声、快板、评书、戏曲等形式来传递广告内容，语言妙趣横生，听起来更优美、动听，易于流传。例如辽宁人民广播电台的“奇之奇棉裤”。

快板：数九寒天雪纷纷，阵阵寒风吹行人，别人冻得直咧嘴，李大爷一家，这冰天雪地，却红光满面，精神抖擞，愣是不冷，嘿，你说神不神？

众人：咋回事儿呢？

快板：就因为人家会保护，穿上了奇之奇的好棉裤，高弹的里儿，裤面儿也是那高弹布，天蚕丝，做棉裤，奇之奇首创不含糊，有奇之奇的好棉裤，再大的北风烟儿雪咱也不打怵！

6. 综合式

综合式广播广告，就是在一个广播广告中综合运用两种以上的表现形式。它们或者是陈述式与歌唱式的结合，或者是陈述式与场景式的结合，或者是场景式与歌唱式的结合，或者是陈述式、对话式、歌唱式三种形式的结合，等等。综合式广播广告的优势在于综合发挥了各种形式的优点和长处，使广播广告在听觉形象上更加生动和丰富。例如南京雷迪欧广告公司创作的赫柏湾干红广告“心有灵犀篇”。

（音效：餐厅开门的声音）

服务员：小姐，请问几位？有预订吗？

女：我找人。

服务员：哦。

女：不过，我还不认识他。

服务员：啊，今天是情人节，好像有五桌都在等人，不知道您找的是？

女：他，个子很高。

服务员（略停一下）：有三位都很高。

女：他，穿黑色衬衫。

服务员（略停一下）：有两位都穿。

女：那……（略想一下）他有没有点赫柏湾干红？

服务员（恍然大悟）：噢，我知道了，二楼靠窗的第一位先生。

（音效：轻柔的音乐）

女：嗨！Jack，我是Cindy。

男（惊奇地）：嗨！你怎么一下就认出我了？

女（故作想了一下，俏皮地）：也许，我们心有灵犀……（碰杯的声音+浪漫的音乐）

旁白：赫柏湾干红，心有灵犀的选择！

（二）电视广告创意表现

电视广告创意表现是电视广告创意的视觉化传达。电视广告借以表现广告信息的基本因素包括图像、声音和时间。广告种类和广播广告一样，主要有节目赞助广告、插播广告、节目内插播广告、介绍性广告四种类型。① 从制作手法来看，电视广告分成以下六种：

（1）实况广告（live commercial）。

（2）影片广告（film commercial）。

（3）反射式幻灯广告（telop commercial）。

（4）灯片广告（slide commercial）。

（5）录像带广告（video tape recording commercial）。

（6）电脑特技广告（computer graphics commercial）。

电视广告的主要表现形式有以下几种。②

1. 主持人推荐

主持人推荐（Stand-up presenters）一般是聘请一位主持人介绍商品的配方或功效。这种类型适用于三种情况：第一，当商品需要由人来展示时；第二，当广告的商品是观众无法看到的抽象的服务时；第三，当需要一位坦率诚恳的销售人员对潜在顾客展示其个人魅力时。这种表现形式常见的表现方式有：以“专家”“科学家”“名人”等身份出现在电视屏幕上，劝说消费者购买商品。如图 6－15，就采用了名人推荐的方式。这种广告的优缺点如下。

图 6－15　胡歌代言的《大话西游》手游广告

优点：采用一对一的方式，试图抓住消费者的注意力，属于面对面的推销方式。拍摄费用较为经济，只需要简单的背景布景，一台摄像机、一个主持人和不多的剪辑费用。

缺点：主持人选择非常重要，其个人魅力是说服的关键。主持人不仅要有自信及亲和力，而且要能将购买商品的理由陈述得有感染力。常见的失败表现是“花瓶似的主持人”“枯燥的陈述”“低劣的画面”等。

2. 见证

见证（real people reactions and opinions）是借助消费者对商品的使用评价来说服潜在消费者。大卫·奥格威认为，最有效的证言式广告是采用秘密拍摄方法拍摄到的那些忠实的消费者

---

① 植条则夫．广告文稿策略：策划、创意与表现．上海：复旦大学出版社，1999：143，146.

② 刘平．电视广告学．成都：四川大学出版社，2003：128－139.

使用产品的实况。广告片中的访问员可以故意挑毛病的方式让忠实消费者为某产品辩护。[1]

此外，聘请与商品产生正面关联的权威人士或知名人物（见图 6－16）在广告中担纲主演“消费者”，也是见证广告的一种。比如，洗发水广告就经常让明星作为“消费者”中的一员来演示产品的功效。

图 6－16 一汽开迪电视广告——“成龙篇”

见证式广告的优缺点如下。

优点：采用“消费者”（普通人或明星）说服消费者的方式，容易使人们很快明了产品的优点或差异化特点，以及这种性能会给自己的生活带来什么样的好处。

缺点：如果“消费者”的形象或商品可信度低，则会影响广告的说服力。比如，如果使用明星来“见证”电脑科技的先进性，则说服力可能会大打折扣。因为在这些方面的使用经验，消费者有可能会认为明星和自己差不多。尤其要注意的是，广告中示范的商品效果必须真实，如果消费者购买使用后，发现没有效果或效果不明显，那么这类广告就有虚假广告的嫌疑，会损害品牌的声誉。另外，奥格威认为，名人广告在改变品牌偏好度上的效果属于中等以下，因为观众在看到名人的证言时，他们脑海中会猜测到底广告商花了多少钱去“买”他来做广告……而且观众常常是记得名人而忘了产品。[2]

3. 生活片段

生活片段式广告以描写电视观众日常生活中的故事或小插曲为广告片内容，剧情通常是主

① 奥格威．奥格威谈广告．呼和浩特：内蒙古人民出版社，2000：151，158.

② 奥格威．奥格威谈广告．呼和浩特：内蒙古人民出版社，2000：158.

角先遇到问题，最后因使用广告商品得以解决问题。生活片段式广告的优缺点如下。

优点：生活片段式广告独特而富有戏剧性的故事容易让人印象深刻，而广告中可以解决家中难题的主角及商品也能立刻被观众辨认出来。

缺点：此类型的广告很容易因剧情结果被预知而使观众觉得十分无趣，且当影片制作技巧越发多样和繁复时，以生活片段演绎广告创意的方式就失去了吸引力。

如哈姆雷特雪茄广告片中，以轻松幽默的手法表现了侏儒们享受温和型雪茄的不同情景。在游乐场、厕所、超市，由于身高给侏儒们带来诸多不便，这种痛苦难以言喻，他们只能通过静静地吸一支烟来获得解脱或宽慰。哈姆雷特雪茄广告片通常使用有趣的生活场景来吸引消费者的注意力，但又不失时机地表达“逆境中的安慰”的主题。

这种类型的广告说明，生活片段不完全是指现实生活的如实记录，也可以通过表演的方式来实现。如果要使用真实的生活场景，一定要注意它对观众的吸引力，避免因情景司空见惯而使观众失去对广告的观看兴趣。

4. 动画

动画广告是指采用手绘卡通（二维动画）或电脑动画（三维动画）制作的广告。它在呈现夸张效果、图示产品和形成视觉冲击方面有其独特的优势。动画广告的优缺点如下。

优点：采用人工手绘或电脑动画制作，避免了实景拍摄无法实现的一些广告创意，使创意人员可以发挥想象的力量，并且其制作成本通常比实景拍摄低很多，制作时间相对较短。

缺点：由于动画存在“非真实感”，要注意商品采用这种方式的说服力是否有效的问题。奥格威曾告诫：“卡通对儿童具有推销力，但对成人，其效果在中等以下。因为卡通的吸引力不及实景，而且缺乏说服力。”①

5. 音乐优先

音乐优先是“把广告片的图像唱出来”，音乐、歌曲代替了对白，占据了广告声音的绝大部分。其最常见的手法是宏大的场面配以激扬的音乐，或者以说唱的方式来宣传。音乐优先的优缺点如下。

优点：优美的画面配以动听的音乐，能使广告拉近与观众的距离。观众与其说是在看广告，不如说是正在欣赏一部超短 MTV。

缺点：奥格威认为，“音乐节奏配合一连串快节奏的画面的表现，在过去曾盛行一时，但现在已经消失殆尽。这种表现或许有娱乐价值，但在销售上却显得无能。”②

6. 文案优先

文案优先是指主要靠广告文案征服消费者。语言是人们交流的重要工具，因此出色的广告文案在广告片中也能说服和打动消费者。文案优先的优缺点如下。

优点：靠念旁白或在屏幕上叠现文字销售商品，是既有效又经济的做法，而且文字优美或概念新颖也可以使消费者信服和关注。

缺点：文字的抽象性容易导致索然无味。如果图像能看到，还要喋喋不休用旁白，容易使观众觉得这则广告把自己当傻瓜。另外，还要防止玩弄概念甚于介绍利益点，这简直就是花费

---

①② 奥格威．奥格威谈广告．呼和浩特：内蒙古人民出版社，2000：159.

大量的钱财来满足玩文字游戏的喜好。

7. 图像优先

图像优先重视采用“眼见为实”的说服方法，将商品直观地展示给消费者，让他们自己做判断。图像优先重点考虑视觉冲击力，或唯美，或感人，或令人好奇。如图6-17路易·威登电视广告就采用了这一方法。图像优先的广告，其优缺点如下。

优点：说服的方法单纯、客观，消费者得到了应有的尊重，容易采纳。

缺点：容易出现画面单薄的情况，尤其是在商品没有什么值得注意的过人之处时。

图6-17 路易·威登电视广告——“旅行篇”

8. 展示比较

展示比较是比较使用前后或两种商品之间的差别的广告方式。前后做比较的说服力较强，消费者容易因此而尝试购买。商品之间的比较会使消费者看到两者之间“孰优孰劣”，一般是在展示本商品的同时，在旁边摆上具名或不具名的竞争商品。展示比较的优缺点如下。

优点：展示比较能使观众看到比较商品的优劣，帮助他们做出理性的选择。当然，比较的目的在于显示“我优他劣”，包含强行诱导消费者的动机。

缺点：如果商品本身不适合做图像展示比较，呈现出来的形象有可能说服力不强。特别要注意，不要把比较变成恶意诋毁。

《中华人民共和国广告法》第十三条规定：“广告不得贬低其他生产经营者的商品或者服务。”为此，许多商家在宣传本产品的“独特成分”时，大多采用“不含某种成分的产品”和“含有某种成分的某产品”进行比较。实际上这也是一种与竞争品牌较为含蓄的比较，其潜在语义是“本品含有其他品牌可能没有的有效成分”。

9. 异类联想

异类联想就是把看似不相干的事物联系起来，给人以非比寻常的感受。异类联想也是我们经常说的“旧元素、新组合”。万宝路牛仔就是一个最出色的例子。原本万宝路与牛仔毫不相干，但如今“牛仔骑着马吸着烟”这个不同寻常的场景，已经成为万宝路这种世界畅销品牌的常设布景。异类联想的优缺点如下。

优点：如果不同寻常的组合可赋予商品非凡的个性，那么这种手法可为商品带来经久不衰的销售力。比如，绿巨人说的“喔，呵呵”，老虎东尼的“妙极了！”

缺点：由于联想奇特，重复播放是这类广告成功的要素。广告片这种以视听综合取胜的媒介，必须在被看到或听到至少一段时间后，才能在观众心目中留下印象。否则，如果不为大多数人所熟知，联想无论多精妙也是徒劳。

10. 以图像和声音强化广告语

以图像和声音强化广告语是指图像和声音都是服务于广告语的，不能偏离广告语这个主题。广告片视听元素兼备，具有双管齐下的威力，能把看到的及听到的结合起来，以强化广告标语。这一点，其他的任何媒体都无法相比。比如，白沙集团形象广告的音乐、画面和情节都是对广告语“鹤舞白沙，我心飞翔”的阐释，令人印象深刻。以图像和声音强化广告语的优缺点如下。

优点：这种广告在结尾处对影音作“总结陈词”，给观众以“回马枪”的感觉，可以加深观众对广告的印象。

缺点：影音围绕主题进行，如果处理不好就会变得过分自夸，会令消费者反感。比如，食物类广告中，令人垂涎欲滴的食物才是重点，广告语只应起到“画龙点睛”的作用。

第三节　新媒体广告的创意表现

创新是新媒体广告发展的不竭动力。广告越独特，对消费者的吸引力也就越大，只有别具一格的新媒体广告才能满足消费者日益增长的物质文化需求。

一、新媒体广告概念

新媒体作为新的传播媒介，现在还没有严格的定义。一般说来，新媒体是指移动互联网时代使用的新的媒介手段。生活中常见的新媒体有社交网站、微博、微信、QQ 等，也包括数字电视、3D 电影、数字杂志、数字广播、微视频、数字娱乐媒介等。新媒体采用了分散的、平等的、人人可参与的、交互式的传播方式。① 新媒体的发展是以现代最新科技的进展作为支撑的，与信息技术的发展密切相关。例如大数据、物联网、云计算、高速的网络、便携的移动通信、触摸高清显示技术等。最常见的新媒体设备有智能手机、移动终端、iPad、移动电视等。新媒体用现代化的网络技术将不同时空的人和物、物和物、人与人连接了起来，打破了时空的限制，不同时空的人可以面对面交流。其发展目标就是实现地球村中人与人之间无时无地的互联互通。②

二、新媒体广告的产生

新媒体广告产生于市场的三个变化。

---

①② 郭九毓，汤晓山．新媒体技术下的网络广告创意表现．西安电子科技大学学报（社会科学版），2014（1）．

（一）新的传播理论结构变化

传播理论的研究框架发生变化，从大众传播转变为人际传播、小组传播。传播理论的调整有三个重点。一是选择信息和接收信息者的研究、发布信息和发表意见者的研究、用户对互联网的信息依赖模式的研究；企业经营理念发生变化，从4P、4C、4R到4V；二是整合营销传播，即将所有与产品或服务有关的信息来源加以管理的过程，使顾客以及潜在消费者接触整合的资讯，并且产生购买行为，并维持消费忠诚度；三是数据库营销，即企业通过收集和积累有关消费者的大量信息，进行处理后，预测消费者有多大可能去购买某种产品，并利用这些信息对产品进行精确定位，有针对性地制作营销信息，以达到说服消费者购买产品的目的。

广告创作表现手段的新变化，包括制作手段采用数字技术，给广告创作带来极大影响。传统广告形式发生了新变化，产生出植入式广告、影视角色嫁接广告等新的广告形式；产生了诸多新兴的广告表现形式，如流媒体广告、游戏植入广告、闪屏广告、富媒体广告、博客广告等。

（二）新媒体的出现

新媒体的出现有以下几个重点。

新位置——传统电视媒体的拓展，如楼宇电视（电梯、超市）、移动电视（公交、地铁、出租车）、户外液晶电视等。

新技术——传统媒体的数字化，如数字电视、数字广播、数字报纸、数字杂志、数字电影等传统媒体的数字化正在被不断开发和拓展。

新融合——媒体与其他行业的结合，如传统电视媒体向手机、互联网、电视等行业的融合。

（三）新的广告理念

具有长尾效应的互联网打破了广告投放规模资金的定式，大大降低了广告投放门槛，同时能精准地针对目标群体给出符合特别需求的广告。基于海量的用户群体的资料搜集以及强大的数据分析，互联网可以智能地实现传统媒体根本无法想象的精确到个人的个性化广告。通过对用户搜索历史和浏览记录的综合分析，搜索引擎和大型购物网站可以用一个用户喜欢的表现形式，智能地向他提供他可能会感兴趣的广告信息。这种高度个性化的、在分众广告基础上再次细分的广告理念意义重大。

三、新媒体广告的分类

关于新媒体广告，一般有以下两种分类法。

（一）从制作平台上区分新媒体广告的类别

按制作平台新媒体广告可以分为三类：一是网络平台媒体广告，主要包括博客广告、搜索引擎广告、电子邮箱广告、门户网站广告、聊天平台广告、网上即时通信群组广告、虚拟社区广告和电子报刊广告等等；二是信息通信媒体广告，主要包括手机短信广告、手机彩信广告、手机游戏广告、手机报纸广告和手机短剧广告等等；三是移动媒体广告，主要包括数字电视广告、卫星电视广告、移动电视广告、手机电视广告、IPTV（交互网络电视）广告、楼宇视频广告和播客广告等等。

（二）从信息发布的信源上分类

按信息发布的信源新媒体广告可分为以下三类。一是有线类：广告信息的提供与终端一般均为有线连接，如有线电视和宽带网络等。二是无线类：广告信息通过卫星传播送到高解像度电视、数码电视上，或者通过无线电波传送的媒体上。三是已制作成型的商品类。这种形式与上面两种形式比较而言即时性没有那么强，因为广告信息是刻录到光碟上或者灌制到录像带上的。

四、新媒体广告的表现形式

在传统媒体的基础上依托新的科学技术，新媒体衍生出众多媒体形态，当今的新媒体广告主要表现形式为网络媒体广告、手机媒体广告、互动性电视媒体广告和其他新兴媒体广告，其中以网络媒体广告和手机媒体广告最为普及。

（一）网络媒体广告

网络媒体包括搜索引擎、门户网站、虚拟社区、网络视频、网络游戏、网络广播、网络动画、电子邮件、博客、微博及其他一系列传媒形式。现代网络媒体广告创意思维结合了互联网技术。互联网技术在网络媒体广告创意中的应用体现在很多方面，大致分为以下几种。

1. 动/静态网幅广告

这种方式通常是在打开网页时，从网页中间或者顶端出现大篇幅的画面信息，非常醒目。一般应用于广告商品被期盼已久，或有很大利益的时候，使网民感到大制作、大手笔，可信度会增强，产生点击欲望。

2. 幻灯式广告

幻灯式广告在现代网页中应用较多。它占用面积比较小，是按一定的时间循环播放的招贴式广告，一般是对某一事物多方面多角度的宣传，或以一些时下较为敏感的话题作为广告的切入点，以便应对不同品位的网民。

3. 流媒体式广告

这是网络视觉传达设计中一种十分特别的技巧。它会跟随网民主观意向，受控于网民自身。广告依附于流媒体之上，网民在使用流媒体的同时，便会接收到广告信息，也属于被动接受。

4. 弹出式广告

在计算机上或在网页中使用某些程序时，会强制弹出广告，如QQ、迅雷、RealPlayer。

5. 引导式广告

这是一种以 Flash 的形式出现的互动广告。或是由设计者提出问题，与网民产生交流，并由网民自主操作，逐步解决问题；或是与轮转技巧结合；或自动逐步解决问题；或循环播放。

6. 定向行为广告

根据网民的操作，网络服务器可自动呈现与之相关的广告。在第三届艾瑞新营销年会上，CCMedia 业务副总裁丁玉青表示，看过行为定向广告的网民有 93%可以产生购买行为，这是一个非常惊人的数字。由此看来，定向行为广告在网络广告发展中有很大的优势。

7. 微博广告

微博在中国得到了极大关注，其用户渗透率极高，扩展了中国舆论的空间，让公众更充分地了解到诸多信息。微博广告是通过微博平台为商家、个人等创造价值的一种营销方式，同时也通过公众对于公共事务的观点，促进了舆论监督的发展。杜蕾斯微博广告堪称微博广告的典范。

感恩节，杜蕾斯在微博上发起了一波“商业互吹”的营销玩法。它用致谢品牌的方式，来勾搭品牌与其互动从而互相赞美（见图 6－18）。

图 6－18　杜蕾斯感恩节广告

（二）手机媒体广告

移动通信技术的飞跃带动了手机媒体的兴起。在我国，手机经历了从身份象征到通信工具，再到大众传媒的演变历程。作为以手机为视听终端、以手机上网为平台的传播载体，手机媒体具有个性化、分众广、普及快、互动强、效果优、易携带的特色，被公认为继报刊、广播、电视、互联网之后的“第五媒体”。它包括短信、彩信、彩铃、手机报、手机广播、手机游戏、手机动漫等等。各大运营商利用手机媒体人性化、个性化、针对性强的传播特点，开始争相开发各种应用，扩大用户群。例如腾讯公司推出的微信，以手机作为人际网络的阵地，利用其庞大的用户基础，将微信与手机通讯录、QQ 通讯录、邮箱、腾讯微博通讯录联合在一起，同时创新性地融入了“扫一扫”“摇一摇”“附近的人”“漂流瓶”等新功能，将现实通信与网络虚拟通信相结合，受到众多用户尤其是年轻人的追捧。通过无线通信技术和通信网络，手机媒体已逐渐成为一个可移动的人际网络，它不仅加剧了网络融合、媒体融合的进程，也改变了人们的生活方式。

移动互联网的到来为我们开启了神奇的新世界之门，我们在这里见到了更具革命性的广告形式。移动网络互动广告不再像传统的网络广告，有可能给我们带来干扰。移动广告通过对用户的精准定位，透过各种传感器、位置定位，推送等功能，能给用户提供更加适合的广告服务。同时，广告的展现形式也已不再像传统互联网广告那样生硬，移动网络广告随着硬件环境的提升以及软件及网络环境的变化，成为更加富有创意性与交互性的新广告媒介，使用户在得到有用信息的同时，更可以感受到移动网络互动广告所带来的乐趣。目前，移动网络互动广告主要为以下几种形式。

1. 移动网站互动广告

以移动终端浏览器为基础，以移动网页为展现形式的广告。如移动网页上的文字链接广告、图片广告，以及品牌活动等。

2. App 植入广告

以 App 为广告载体，在 App 启动或运行中，植入了 iAD、AdMob 等第三方广告。

3. App 互动展现广告

App 本身即互动广告的营销平台。如宜家、Converse 等 App 应用。

让我们来看一个移动网络广告的案例（见图 6－19）：

图 6－19　移动网络广告

App启动后的游戏中，在App上部或下部显示广告，点击广告可以进入App store或用浏览器打开相应的广告主网站。这种广告模式以App为基础，常以免费App+广告的模式出现。在满足用户需求的同时，也达到了广告传播的目的。

4. 二维码广告

二维码广告是将手机作为识别设备，用户通过手机扫描识别二维码来获取广告产品或服务的信息，还可将二维码进行转发和传播。这类广告操作方便，且可以跨媒介进行链接，并且通常都是用户主动想要去获取信息的，所以认可度和接受度都很高。

如二维码广告应用案例“你的简历够帅吗”（见图6-20）。

图6-20 二维码广告应用案例“你的简历够帅吗”

一份个人简历、一段视频、一个二维码。打印出来。招聘方使用手机扫码，即可观看视频。结合二维码可以很方便地把线下和线上链接起来。

5. H5广告

H5广告是HTML5广告的缩写。HTML5是一种超文本标记语言。

HTML5广告就是在互联网终端上，利用HTML5技术语言实现的互联网广告，是具有HTML5语言特点的广告信息。这类广告通常在移动社交平台上传播，具有良好的跨平台性和强大的多媒体功能，画面制作精美，具有良好的互动体验，吸引了大量受众与广告商的关注。可口可乐案例是运用H5广告的典型例子，它体现了交互式动画的感觉。整个可口可乐的时间轴是随着用户向上滑动页面“绘制”出来的（见图6-21）。

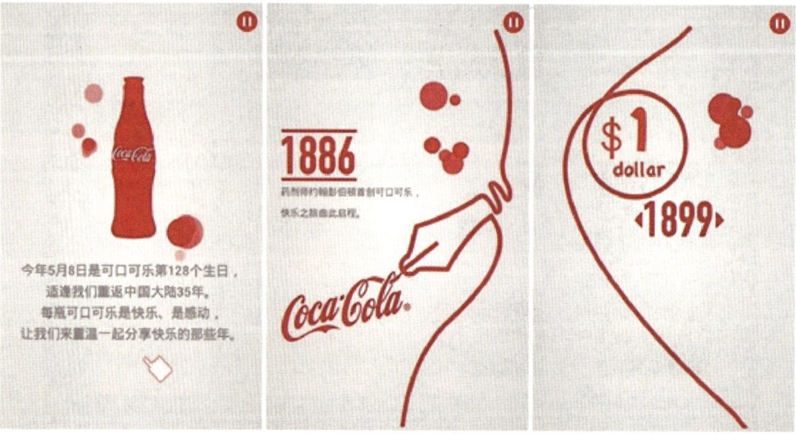

图6-21 可口可乐H5广告

资料来源：http：//115.com/537/t25587.html.

6. 虚拟实景广告

虚拟实景广告是将虚拟现实技术与移动终端结合的广告。目前手机广告上有半虚拟半真实的 AR（增强现实技术）广告，以及正处于逐步尝试阶段的将受众的意识带入虚拟世界的全虚拟 VR（虚拟现实技术）广告。在媒介选择上 AR 广告可以直接投放到移动智能终端上，通过摄像头、传感器在虚拟现实世界转换，而 VR 广告则需要配备相应的头显进行使用，或者与移动终端配合使用。虚拟与现实之间特殊的交互体验为广告增加了无限趣味。利用虚拟现实技术，可开发原生广告产品。比如沃尔沃的 XC90 虚拟现实试驾：运用 VR 为用户设计并提供一个精美的单一的虚拟现实的驾驶体验，让用户能够真正体会到产品各方面性能的卓越之处，比如可操作性，并决定哪款产品真正适合自己，甚至可以当场做出购买决定（见图 6－22）。

图 6－22 沃尔沃虚拟实景广告

7. 微信广告

微信广告目前包括朋友圈广告和公众号广告，均基于微信公众号生态体系。

（1）微信朋友圈广告。微信朋友圈广告是基于微信公众号生态体系，以类似朋友的原创内容的形式在朋友圈中展示的原生广告。用户可以通过点赞、评论等方式进行互动，并依托社交关系链传播，为品牌推广带来加成效应。朋友圈广告展现形式如图 6－23。

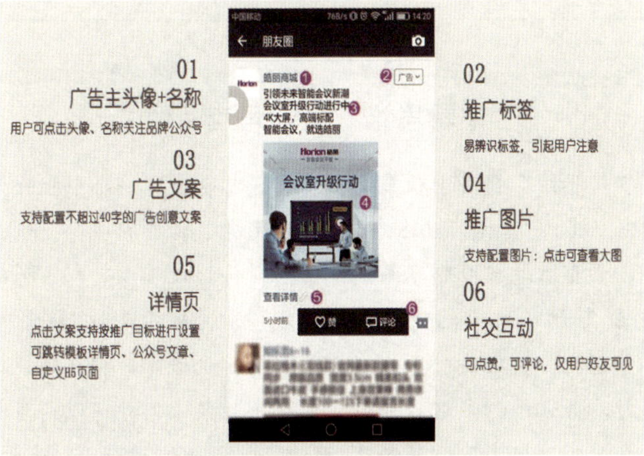

图 6－23 微信朋友圈广告

（2）微信公众号广告。微信公众号是腾讯微信的一个社交功能，于微信 4.0 版本 2012 年 4 月 19 日更新时上线，用户可以通过朋友圈发表文字和图片，同时可通过其他软件将文章或者音乐分享到朋友圈。用户可以对好友新发的照片进行“评论”或“赞”，用户只能看到共同好友的评论或赞。此外，各类品牌的微信公众号注册数量也已超过 800 万。广告主可通过微信公众号进行产品和服务的推广，实现与目标群体的全方位互动。微信公众号作为展示品牌与企业的有效途径，用于凸显商家品牌、产品与客户的亲和程度，增强用户黏性（见图 6－24）。

图 6－24　微信公众号广告

案例

“逻辑思维”公众号卖月饼

微信公众号“罗辑思维”利用中秋节卖月饼卖火了（见图 6－25）。具体玩法如下：用户下单但不付钱，需要通过微信分享给朋友们，然后个人或聚集大家来帮他完成付款。随后又增加了“送礼”的玩法：用户自己下订单后完成支付，再分享到微信后其他人输入个人地址来领月饼，把线下送月饼变成线上转发月饼。在月饼下单购买的过程中，都会出现一个个性化定制、由用户自己填写完成留言的机会。例如多人代付成功之后，付款人可以定制自己的昵称和留言“调戏”求月饼的人。“拼手气送礼”的玩法因为有随机概率，很多人可能会领不到月饼，这个时候他们也可以留下自己的吐槽。在罗辑思维微信商城 13 天的预售期内，共有 11 458盒月饼是在罗辑思维微信商城中通过企业定制模式销售出去的。因为在微信上完成企业定制的流程是首先需要个人预付一部分定金，确认后再通过线下对接、银行转账等方式完成总体支付，所以超出常规买卖的方式往往也会让营销一发冲天。

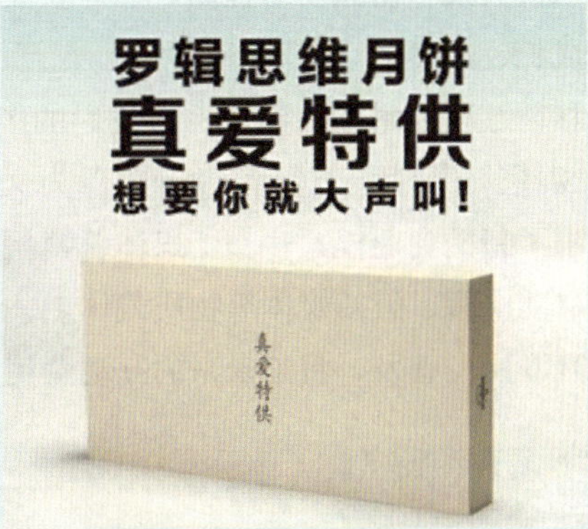

图 6-25　逻辑思维月饼广告

（三）互动性电视媒体广告

传统的电视媒体融合了高速发展的互联网技术，衍生出数字电视、互联网电视、IPTV（交互式网络电视）和手机电视等诸如此类的互动性电视媒体，促使有线电视朝着数字化、宽带化、交互化、智能化方向的发展迈出了重要的一步。数字电视是指从电视节目的采集、录制、播放到信号发射均采用数字编码和数字传输的新型电视；互联网电视则是以互联网宽带为载体，为宽带终端用户提供以音频视频多媒体为形式的内容的电视服务；IPTV 是使用互联网将节目通过宽带传送给用户的数码电视服务；手机电视是借助智能手机的操作系统和视频播放功能，为用户提供手机观看电视节目的服务，可以通过直播、点播、下载等方式进行影像推送。此外，互动性电视媒体还为广告提供了全新的载体，如数字电视的开机画面、EPG 指南导视条、数据广播、转台信息浏览器等，在这些看似不起眼的角落里，或是打开电视机的瞬间，都充满了商机。互动性电视的出现打破了传统电视媒体形态的旧格局，为广告提供了全新的载体。

（四）其他新媒体广告

其他新媒体是除去网络媒体、电视媒体和手机媒体以外的其他新兴媒体群，也可称作户外新媒体，包括楼宇视频、户外彩屏、车载移动电视等。户外新媒体一般指安放在公共场所的人们能直接看到的数字新媒体，通常利用新材料、新技术、新设备，以 LED 彩色显示屏为载体，使得传统的如广告牌、灯箱、车体等户外媒体形式得到质的提升。现代市民的日常生活中，由于工作繁忙和交通不便，绝大多数人大部分时间在外面，只有晚上下班后的小部分休息时间才会在家里。基于市民们固定的工作、学习出行路线，围绕着消费者日常生活轨迹的户外新媒体渐渐开始崭露头角。如市民们每天上下班乘坐的地铁上，那些以视频为代表的新媒体广告，再如公交车上基于无线发射技术的车载移动电视，时时刻刻都在“嵌入”人们的视野。在地铁和公交这种相对狭窄的密闭空间内，移动电视、户外彩屏这种快捷的新型媒体，自然而然成了车内乘客唯一的目光聚焦点。素有“世界十字路口”和“全球 LED 显示屏舞台”之誉的纽约时代广场，于 2016 年 4 月 2 日播放了一组汇聚中国长城、故宫、丝绸之路、活字印刷等中国传统文化元素的广告片，引起了巨大反响，中国文化成为当日时代广场游客谈论的热点。随着城市规模扩大及生活品质的提高，户外新媒体在一线城市的普及率逐渐上升，极大地刺激了新媒体的成长、成熟。

移动互联网时代的到来，为我们的工作、生活提供了无限的便利与效率。在这个以“跨界”“混搭”“碎片”“个性”“开放”为文化特质的微传播时代，伴随着新媒体的发展、演变，衍生出了新的商业模式——新媒体营销。新媒体营销一般体现在数字报纸、数据广播、手机短信、移动电视、触摸媒体等物质载体上。新媒体的层出不穷、病毒素材高渗透度的宣传，以及移动互联网的普及，将给未来的互动营销带来更多元化的发展。

延伸阅读

随着网幅广告越来越不能满足需求，更具吸引力的网络交互广告出现了。这是一种以文字、声音、图像、游戏等为元素，以鼠标、键盘等其他输入输出装置为交互操作体验的网络广告形式。传统的文字搭配图片式广告、电子邮件式广告，由于已发展多年，用户对它们的感受已经逐渐淡化，有时候甚至会产生反感情绪。另一方面，传统的文字、图片等广告形式的收益也越来越小。因此网络互动富媒体广告的出现给网络广告的设计带来了新的发展空间，Flash 技术的应用让广告的展示形式有了新的活力。现在互联网上较为成熟的互动广告也多以 Flash 和 JS 为主要展现形式。Flash 互动广告在网络互动广告中的贡献堪称卓越。互动富媒体广告的常见形式包括以下几种。

一、自动播放

不需要鼠标交互即可完成动画的播放，这种方式被大量应用在 Flash 广告中。如奔驰汽车的互动广告（见图 6-26），广告中没有文案，画面里就一个时钟，每过一秒钟，就有一辆汽车开了出去，画面的意思不言而喻：还等什么？“Let's Talk!”

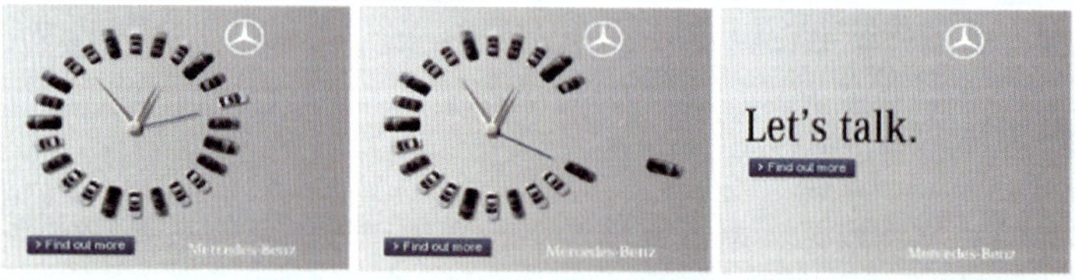

图 6-26　奔驰汽车网络互动广告

二、单击交互

又如大众汽车的网络互动广告，整个广告以视频播放为创意，点击播放后是快速驶过的大众汽车，快到浏览者根本无法看到车是什么样子，吸引用户拖拽进度条自己回放观看（见图 6-27）。

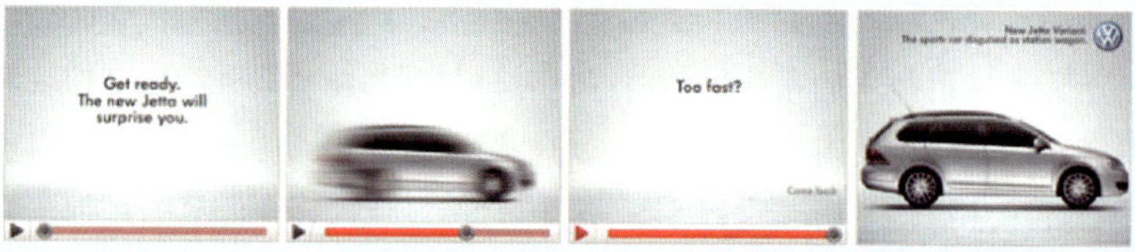

图 6-27　大众汽车网络互动广告

再如，Super Lub 润滑剂广告，广告上就是一个小女孩荡秋千，秋千发出刺耳的摩擦声。当你关掉左上角的声音时，产品出现。广告形式简单，瞬间产品的特性就表现得淋漓尽致（见图 6－28）。

图 6－28　Super Lub 润滑剂广告

三、拖拽交互

按住鼠标拖拽，享受拖拽时画面变化的快感。如图 6－29 的避孕套创意广告，一开始是一个禁止符号，当用鼠标向下拖拽时，禁止符号瞬间变成了一个女性符号，广告创意意味深长。

图 6－29　避孕套创意广告

又如图 6－30 的 Puma 互动广告，画面上有一根鞋带提醒你去拖拽，使用鼠标拖拽的时候，会拽出一双运动鞋，形象地说明了 Puma 运动鞋的轻薄。

图 6－30　Puma 互动广告

再如图 6－31 的 Mini Cooper 广告，当你拖拽这个人的嘴角时，他会从微笑逐渐变成撇嘴。

图 6－31　Mini Cooper 广告

四、鼠标跟踪交互

当鼠标晃来晃去的时候，画面就像被施了魔法一样，你怎么操控，它就怎样播放。如图 6－32 的雪佛兰汽车广告，鼠标晃动会画出汽车行驶的路线，汽车会跟随鼠标行驶。

图 6－32　雪佛兰汽车广告

五、鼠标事件交互

通过对事件的选择，交互时会变化出不同的结果，娱乐性十足。如图 6－33 的 iPod nano 广告，当你选择一个 nano 后，在背景上点住鼠标晃动，即可看到 nano 所放出的光辉，与电视广告相得益彰。

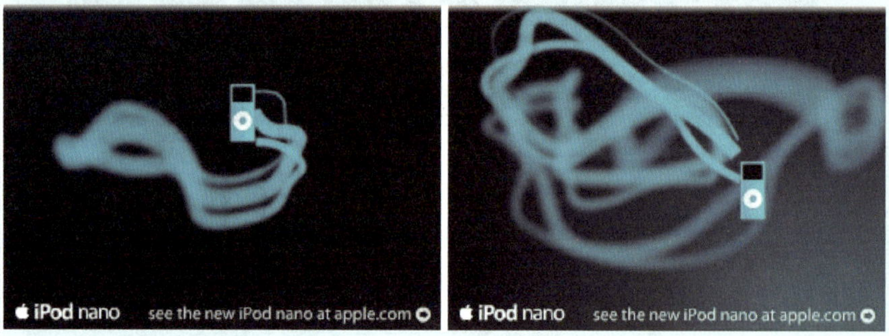

图 6－33　iPod nano 广告

图 6－34 的世界自然基金会（WWF）广告中，地球向左转，回复到绿色的世界，向右转城市变荒漠。

图 6－34　世界自然基金会（WWF）广告

资料来源：百度文库．谈网络广告的发展与蜕变．https：//www. baidu. com/link? arl—ocR? KDZt，SchnN _ rOn _ 9DeaNMD? byP－zQQIEXIUV PhTcWJKHTGIEqqVOctJHNoSQiTQyny _ cTWFDhunIFzIH5MBO3O3mMC05hMV8Dfc53k6 _ egPXTgCL _ Go _ JW _ fzMdEWisHRJIvHW6QrK2a1XtYrdMv. JoNi9puXvdpxzyQLdCY8 Rcrcd03dl3LCyClxM&wd=&eqid=cb92595c0002aa2000000035b4296c0.

【思考与练习题】

1. 谈谈你对明理式创意形态和情感性创意形态的看法。
2. 谈谈象征性创意与消费社会的关系。
3. 谈谈你对“网报合一”的认识。
4. 简述新媒体广告的类别。
5. 新媒体广告创意表现与传统媒体创意相比，优势和劣势各是什么?
6. 谈谈你对博客广告的认识。
7. 结合新媒体特性，谈谈你对手机媒体广告创意表现的认识。
8. 简述网络广告创意方式的内容。
9. 分析移动互联网广告的现状及未来发展趋势。

第七章

广告创意的产生与作业流程

对生活保持全面性的好奇是伟大创意人员成功的秘诀。

——李奥·贝纳

【学习要点】

- 了解广告创意产生的心理过程及特点。
- 掌握广告创意的基本作业流程。
- 领会执行与控制对广告创意的重要性。

关键词

创意产生　心理过程　作业流程　创意执行　创意控制

第一节　广告创意产生的心理过程

当代著名的广告大师詹姆斯·韦伯·扬认为，广告创意的产生如同福特汽车的生产一样，创意并非一刹那的灵光乍现，而是经过了一个复杂而曲折的过程，靠人脑中的各种知识和阅历累积而成，是通过一连串看不见摸不着的心理过程制造出来的。广告创意的产生并不是简单的构思，创意人员不仅要研究大量的市场资料，了解产品的特点、企业的文化与消费者的相关信息，同时还须灵活运用各项相关理论知识，特别是能够进行创造性的思考。在广告铺天盖地、竞争强手如林的情况下，要显出特色，取得成功，避免雷同，摆脱模仿。广告创意产生的心理过程需经历以下五个阶段：信息接收阶段、信息处理阶段、灵感酝酿阶段、创意顿悟阶段、创意发展阶段。

一、信息接收阶段

广告创意的产生并不是关起门来苦思冥想，而需要在掌握大量相关资料的前提下才能产生。按照詹姆斯·韦伯·扬的观点，创意需要搜集的资料有两类，第一类是特定的资料，第二类是一般的资料。

特定的资料指那些与产品或企业有密切关系的资料，包括以下三个组成部分：

其一，产品目标消费群体，即产品主要针对的是哪些消费群体，广告传播的主要对象是谁，这些消费群体的年龄、性别、文化层次、职业及购买方式的特点。

其二，产品的个性内涵，包括产品的档次、所用的原料、所含的成分、产地、用途、外观造型、色彩、包装、商标图形、产品知名度及是否获得荣誉等。

其三，产品的文化意味，即产品能够给人们的精神生活带来的利益。有的产品的精神附加值较容易找到，比如电视机，给人们带来具象的信息。有的却未必好找，那就要挖掘它们所具有的精神附加值。

一般的资料是指宏观市场、目标市场及社会环境的一切要素，这是广告创意产生的基本条件。一般资料包含宏观市场的发展趋势、购买能力的增减、目标市场的分割状况、即将进入或准备扩大的市场的位置在哪里、容纳量多少、余纳量多大、本产品可以占据其中多少份额。此外就是自然环境、国际环境、企业环境、广告环境及政治环境的各种资料。创意的产生离不开创意者的知识范畴。广告创意的过程实际上是创意者将自身所积累的知识和信息重新整合的过程。广告创意者的知识结构直接影响着广告创意的质量。

在信息接收阶段，广告创意者要全面接收信息和了解信息，广泛地涉猎社会生活的方方面面，做好知识的储备，以备创意时用。杰出的广告大师李奥·贝纳在谈到他的天才创意时说，创意的秘诀来自他的文件夹和资料剪贴簿：

> 我有一个大夹子，我称之为 corning language（不足称道的语言）。无论何时何地，只要听到使我感动的只言片语，特别是适合表现一个构思，或者使构思神龙活现，为其增色添音的，我就把它收进文件夹内。
>
> 我还有一个档案簿，鼓鼓的一大包，里面全是值得保留的广告，我拥有它已经 25 年了。我每个星期都查阅杂志，每天早上看《纽约时报》和芝加哥的《华尔街日报》，把各种吸引我的广告撕下来。因为他们都做了有效的传播，或是在表现的态度上，或是在标题上，或是在其他方面。
>
> 大约每年两次，我会很快地将那个档案簿翻一遍，并不是想从上面抄任何东西，而是想激发出某种能够运用到我们现在做的工作上的东西来。①

我们在生活中会碰到许许多多有趣的事情和人物，或者在平时的思考过程中经常会迸发出一些想法和情感，这些看似随意琐碎的东西，很有可能成为我们创作的源泉。因此，创意者要

---

① 卢泰宏，等．广告创意 100：个案与理论．广州：广州出版社，1995：100，245.

学会搜集这些琐碎的资料，将其分门别类。这些资料都有可能在某个时候成为我们创意的点子。

二、信息处理阶段

这一阶段主要是对收集来的资料进行分析、归纳和整理，从中找出商品或服务最有特色的地方，即产品的诉求点。

诉求点，即广告主对消费者所做的一系列承诺。这些承诺的确定取决于以下三个方面：第一，产品本身的特性；第二，目标市场及宏观市场的状况；第三，目标消费群的状况。三者当中，产品本身的特性占据了核心位置。如同奥格威所说，真正决定消费者购买或不购买的是你的广告的内容，而不是它的形式。你最重要的工作是决定怎样来说明产品，承诺些什么好处。因此找到正确的诉求点至关重要。

诉求点可分为以下九个项目：

（1）适合性——该商品适合于怎样的用途？

（2）通融性——该商品能否用于其他目的？

（3）耐久性——能持续使用多久？

（4）舒适性——使用该商品是怎样的舒适？

（5）方便使用——在方便使用上有何难点，是否谁都能方便地使用？

（6）式样——是否与使用者的喜好相吻合？

（7）魅力——商品是否有吸引人的魅力？

（8）价格——价格是否适当？

（9）感情特性——比如，该商品能否满足女性变美的愿望？

在信息处理阶段，广告创意者可以依照这九项列出产品的诉求点，导出结论，建立一个体系，形成一个创意纲要。宝洁公司和李奥·贝纳广告公司采用了一种简明的创意纲要，它由三部分组成：

第一，目标说明。目标说明要能够具体、准确地描述广告打算达到什么目的，要解决什么问题。目标说明还包括产品或服务的品牌名称和简要、具体的目标消费者描述。例如，广告将使要求很高的吉他演奏者相信泰勒吉他是一种独特的、高品质的乐器，并劝服他们在下次购买原声吉他时考虑选购泰勒吉他。

第二，支持性说明。对支持产品承诺的证据，也就是利益的缘由进行简要说明。例如，泰勒吉他由目前最好的木材手工制作而成，这使该吉他拥有一种独特的甜美音色。

第三，基调或品牌特点说明。基调说明是对广告战略的短期感性描述，即赋予产品品牌资产的东西；品牌特点说明则是对品牌持久价值的描述。基调说明可能会是这样的：泰勒吉他广告的基调应该传递出漂亮、优质、精良、价值，再加一丝自然的幽默。品牌特点可以说明它由最好的材料手工制作，能发出最甜美的声音。

在信息处理阶段，创意纲要的形成帮助创意人员找到了创意的方向。正如杜威所言，问题说清楚了就等于问题解决了一半。人们如果清楚自己在找什么，那么就会有机会找到它。这就是创意纲要为什么如此重要的原因，它有助于创意人员明确自己要寻找的东西。

为了能够积累丰富创作的源泉，广告创意者应该认真分析相关的资料，从中找到最独特的诉求点，即形成定位点，为创意的产生拓展思路。

例如饺子是北方年夜饭必不可少的一道美食，包饺子、煮饺子成为多数家庭欢度除夕的一项重要活动。湾仔码头巧妙运用这一诉求点，制作了“回家的方向”系列广告，用长达三年的时间讲述了中国人春节“回家”的情节。有值得反复咀嚼的温情，也有人生不可避免的残酷，一边是他乡的工作，一边是渐渐老去的父母，该走还是该留，换作是你，又会如何选择？这一独特的情感诉求点，易于击中人们内心柔软的部分，形成持续性共鸣。

故事 1　在外工作的儿子在回家的路上接到公司的电话，需要回去处理紧急问题。于是提前回家过年的计划作废，无奈的儿子到家后只好撒谎说是出差路过回来看看，第二天一大早要回去。闲聊中，儿子无意中提起爱吃妈妈包的酸菜馅饺子。于是儿子熟睡之后，母亲冒着风雪一个人偷偷出了门（见图 7-1）。

图 7-1　湾仔码头“回家的方向”系列广告之一

资料来源：https：//v. qq. com/x/page/k0163z7sui0. html.

故事 2　儿子含泪吃下母亲熬夜包的饺子，却在收拾行李时意外发现了母亲的病历卡。原来母亲患上了帕金森综合征，为了不让儿子担心，老两口一直瞒着没说。到底是该走还是该留呢？站在返城的公交前，儿子的内心却忍不住挣扎起来（见图 7-2）。

故事 3　儿子和女朋友一起接上父母到城里过年，并带母亲去医院做了体检。得知母亲时日不多，便留父母在家里长住，方便照顾。忙活了一辈子的老两口闲不住，琢磨着给儿子和媳妇做点好吃的，可是生了病的母亲连饺子都包不好，只能干着急。此时，儿子站在窗外看着自责的母亲，忍不住红了眼眶（见图 7-3）。

图 7-2　湾仔码头"回家的方向"系列广告之二

资料来源：https：//v. qq. com/x/page/o0181dlgynr. html.

图 7-3　湾仔码头"回家的方向"系列广告之三

资料来源：https：//v. qq. com/x/page/e0357fcnicz. html.

三、灵感酝酿阶段

"灵感"一词源于古希腊，由希腊文中的"神"和"气息"两个词组合而成，原意是神的灵气。它凭借直觉和潜意识活动而产生新的认识和创造，是人类头脑进行创造性思维活动的产物。灵感往往能导致新构思与新观念的产生、发展，或创造性的突破。许多广告创意者为了获得一个新点子、好创意而绞尽脑汁，却陷入漫无头绪、找不到突破口的困境。这一阶段就是灵感的酝酿阶段。

当创作者处在这一阶段，不妨放下手中的工作，到户外走走，休息，调节身心，也许在某个瞬间，好的想法就在你的脑海间涌现，创意不期而至。灵感神秘而伟大，例如 2 000 多年以前，古希腊的著名科学家阿基米德受命在不能使一顶金王冠有任何损伤的条件下鉴定其真伪。这在当时真是件大难事。他费尽心思，仍如大海捞针般无奈。他只得先去洗浴一下，以调剂疲倦的大脑。当他躺进灌满热水的浴盆时，热水顺着盆沿溢了出来。他看到溢出的热水，猛然悟到：通过称量王冠排出水的量来确定它的体积，进而确定比重，不就能鉴别出王冠的真伪了吗？这下他兴奋得外衣也没穿，就飞奔出大门，高声喊道："尤里卡，尤里卡！"（希腊语，意为"我想出来了"）

这则故事叙述了阿基米德在苦苦思索、反复研究未果的情况下，经过水受力被排出这一事件激发而产生灵感，使得问题被解决。这就是所谓的"尤里卡效应"。"尤里卡效应"指灵感的产生不是瞬间、突发的结果。根据心理学的研究分析，人在产生灵感之前必须对问题有过连续、反复的思考，对问题产生了浓厚的兴趣，并有解决它的强烈愿望与想法。灵感的孕育过程不在意识范围内，而在潜意识中。灵感出现前，先在潜意识范围内潜滋暗长，一旦思考成熟，经某外部因素（实物、人物、事件、环境等）的激发，立即借助于文字、语言、图画等工具手段，以意识的形态表现出来。所以说灵感是经过艰苦思考的结果，是必然性与偶然性的统一。它以不自觉或无意识状态出现，任何人都不能"守株待兔"似的等待灵感的来临。只有经过长期的积累及反复、艰苦的历程，才能找到传说中时隐时现的"魔岛"。

灵感具有以下一些特点：

（1）突发性。灵感具有偶然性，无论是来自外界的信息触发，还是不期而至的心灵顿悟，都有不可预期性，都不被意志所左右。

（2）创造性。由于灵感不受主观控制，因而能够打破常规思维模式，使思维产生一种质的飞跃，给人一种豁然开朗的感觉。

（3）瞬间性。灵感如电光火花，转瞬即逝，呈现的时间极为短暂，因此在灵感酝酿阶段，在灵感突如其来地涌现时，要及时捕捉记录，否则很难再重复出现或回忆起来。

灵感是人类思维发生质变、飞跃和创新的阶段。灵感的突发性、瞬间性要求我们有准备地去迎接灵感，并且以敏捷的思维去捕捉稍纵即逝的灵感，即"灵感擒拿"。阿基米德的忘情狂呼就有力地证明了灵感在呈现中伴随的情感作用。

创意是广告的灵魂，有很多好创意确实是由于灵感的突然闪现而得。但灵感的闪现绝非从天而降、偶然得出。正如广告大师詹姆斯·韦伯·扬所说的，灵感的闪现如同"魔岛浮现"。广告人只有在脑中有了对各种知识、文化的日积月累的准备后，在一定条件、因素下，灵感才能像珊瑚岛一样带着美的光彩浮现出来。如果没有对知识的广泛掌握、理解及积累，灵感之光是绝不会降临的。机遇绝不会青睐没有准备的头脑。灵感是经过艰苦学习、长期实践，经过不断积累经验和知识而突然产生的富有创造性的思路，灵感的产生同平时学习的知识和环境分不开。如果不注重对平时所学知识的积累和对周围环境的细心观察，就很难产生灵感。

四、创意顿悟阶段

这一阶段是指通过对灵感的认识和了解，在广告活动中正确运用"灵感思维"，通过灵感的闪现而产生出新奇的点子、创意的一种方法。经过长期的酝酿思考之后，一旦得到某些事物的刺激或触发，原来存在于脑海中的凌乱、间断、暂时的联系就会突然间联系在一起，如同黑暗中突然有了电灯一般变得光明，让人恍然大悟、茅塞顿开。当这些琐碎、复杂的思绪有机联系在一起的时候，便进入了创意的顿悟阶段。这一阶段是创意产生的质的飞跃的阶段。

创意顿悟阶段是产生创意的重要阶段，在创意构思前期，创意顿悟对于资料的选择起到把关定向的作用。顿悟具有一种透视力，它可以透过资料的现象看到本质。在创意构思的后期，顿悟不断推动思维的深入，完善创意的点子。借助于灵感的酝酿，创意顿悟阶段使创意构思前进了一步，是创意发展创造性思维的催化剂，将创意引入了一片新天地。

如 DeliFrance 甜品店广告（见图 7－4），法国料理以其精致和好看闻名，而 DeliFrance 在其广告作品中完全遵循了这一传统。在创意阶段，针对如何表达甜品温馨舒适的口感，创作者通过面包和拖鞋混合的表现手法获得了灵感，营造了一种舒适的感觉，从而传达出一个恰当的概念："如在家中一般温馨的烘焙"。广告中对于阴影和面包小裂缝的细腻处理也准确传达了质朴的小家庭观念。此外，这则广告非常小心地没有偏向任何一个性别的市场，保证了它对于任何烘焙爱好者都适用。

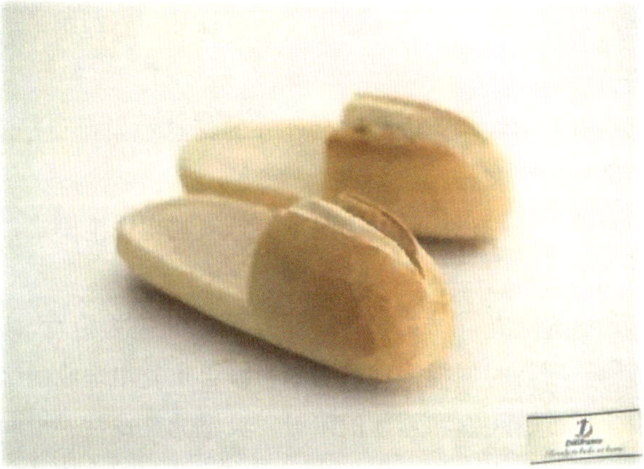

图 7－4　DeliFrance 甜品店广告

又如印度的 Nilkamal 塑料椅子广告（见图 7－5）。针对如何突出塑料椅子的牢固和稳定性，马卡尼品牌传播机构巧妙地运用了大象这一元素，通过形象对比巧妙传达出广告理念。在细节处理上，这家创作机构也非常注意，从精妙的配色到对画面细节的把控，画面精练、表意明确，仅仅看着大象恐惧的眼神，就足够领会广告的寓意了。

五、创意发展阶段

创意出现的时候，通常是非常模糊不清的，在创意者脑海中只是一种十分粗糙的雏形、轮廓，其中有些部分并不合理，通常还需要根据各种情况加以修正和调整，需要下一番功夫仔细地推敲并进行必要的调查和完善。这一过程就是创意的发展阶段。在这一阶段，创意工作者应该与广告同人讨论、分析，不断丰富、完善创意。

图 7-5 印度 Nilkamal 塑料椅子广告

以"白加黑"广告为例，据盖天力公司总经理徐无为说，这一创意源于一次偶然的闲谈。一位访美归来的工程师提及美国的一种感冒药分为白天和夜间两种片剂，触发了听者的灵感。普通感冒药的缺点是服用后容易瞌睡（药中含有的氯苯那敏所致），这对大多数白天要上班、上学的消费者来说，无疑是个很大的问题。而"白加黑"感冒片"白天吃白片，不瞌睡；晚上吃黑片，睡得香"的承诺，满足了消费者的需要。这一来，"白加黑"就不仅仅是感冒药了，它还为消费者解决感冒疾病与日常生活的矛盾提供了一个良好的方案，同时也不言自明地体现出企业对消费者细致入微的关切。创意是伟大的，往往也是简单的，它的奥秘在于一切从消费者出发，挖掘出易为消费者接受的品牌传播支撑点。

又如费尔特里内利（Feltrinelli）图书广告（见图 7-6）。这张手绘风格的平面广告来自费尔特里内利出版社，主旨是表达人们对于纸质书阅读的热情。如今，给图书做广告是件很难的事，人们乐于选择 Kindle 这样的阅读工具，越来越少的人选择纸质书，而这张可爱的插画向人们展示了阅读让人着迷的根本原因。文字的颜色和排版与手中的书的颜色形成了对比，很好地阐释了广告口号："阅读就是抵抗，阅读就是屏蔽一切的力量。"你和书一起抵挡住了外界嘈杂的声音，对于大多数人来说，这确实是个不错的主意。

图 7－6　费尔特里内利图书广告

第二节　广告创意的基本作业流程

一、越规范越科学

李开复认为："所有的问题都可分为三种。第一种是你可以直接控制的问题；第二种是你可以间接影响决定的；第三种是无能为力的问题。有句谚语说：虽然我们不可以改变风，但我们可以改变船帆。"① 上述观点告诉我们，结果可能无法把握，但我们可以通过严格控制科学的作业流程使得结果更符合预期。广告创意好与坏的一个重要决定因素就是作业流程的控制。

二、科学流程是创意的保障

有不少人认为，创意就是"放荡不羁"，就是要"毫无规则"。这样的思路是错误的。在创意产生的思维状态中，也许的确可以做到天马行空，从"旧元素、新组合"中，依靠水平思考等各种思维方式中想出奇妙又富有创造力的创意。但从一个广告公司角度来看，一个好创意、大创意是不同部门和员工碰撞的产物，绝对不是靠个人英雄主义，而是集体智慧的结晶。因此，科学的流程能保证各部门间思想、智慧有序沟通，从而在和谐、共同启发的环境下产生出

① 名人网．管理名言大全．http：//leobit. cn/index. php? mod=group _ thread&code=view&id=5110.

好创意。从这个角度来说，流程就变成创意产生的不可或缺的重要一环。一般来说，广告创意的产生要经过以下几个阶段。

（一）广告策略发展

广告策略发展，即创意准备阶段是广告公司接单后的第三道流程。如果我们对一个广告产生的过程不了解的话，就无从知晓创意在其中的重要性，更难理解为什么创意部门要和其他部门进行沟通。因此，我们先从图 7－7 简单了解一个广告的产生需大致经历的几个重要步骤。

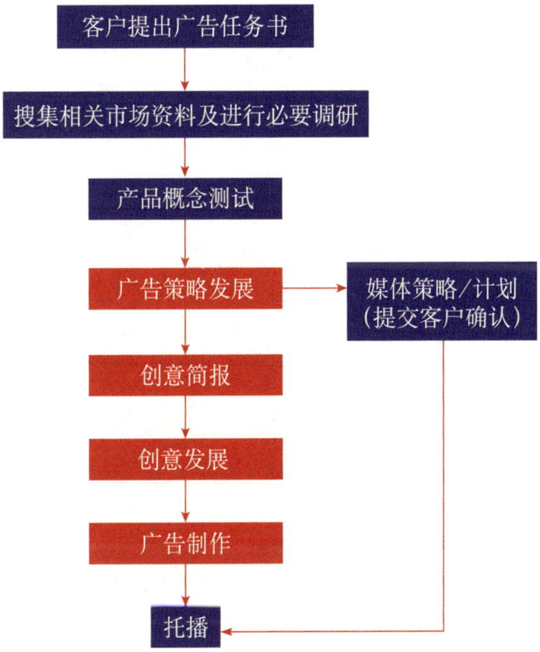

图 7－7　广告流程示意图

第一步，客户提出广告任务书后，广告公司会首先着手进行市场调研，以期获得产品、企业、市场环境等各方面的详尽资料，这是为广告创意进行铺垫。

第二步，广告公司在获得的资料的基础上进行产品概念测试，确定产品能给消费者提供什么利益，确定产品支持点。这一步通常旨在确定四个问题：其一，产品概念结构；其二，消费者使用此类产品的主要需求和问题；其三，产品对消费者的承诺，即如何满足需求或解决问题；其四，产品如何支持上述承诺。[①]

第三步，进入创意准备阶段，即广告策略发展阶段。此时，根据客户提供的任务书和市场调研的结论，确定广告战略。

广告策略发展阶段是创意产生的准备阶段，一个好的创意需要有充足的资料和全面的分析，这些工作需要在此阶段完成。创意人员了解的客户、消费者和市场信息越多越透彻，做出的创意就会越有效。关于这一阶段要做的工作，我们通过智威汤逊的创意大纲来了解（见

---

① 根据奥美公开资料整理。

表 7－1）。

表 7－1 创意大纲示例

客户： 品牌：
1. 什么是广告中必须阐述的机会点和问题点？ 简要总结市场机会与存在的问题。现在消费者接受度如何？广告是需要改正还是加强？
2. 我们期待人们看了广告以后会怎样行动？ 我们期待人们立即采取行动，寻找更多信息，认识到品牌与他们的需要相关。我们是寻求改变还是继续目前的状况？
3. 我们确定的诉求对象是谁？ 充分描绘目标消费群的特征，分析其类型、行为、信仰和成为目标消费者的原因。
4. 我们想从广告中得到的主要反应是什么？ 广告中我们唯一想使消费者注意、信任或感觉的是什么？这是品牌优异于其他同类品牌的最优的特征吗？消费者可能会怎样理解？
5. 哪些资料/属性可有助于产生上述反应？ 可能是关键功能或客观属性，或者是品牌从心理情感上满足了消费者。要避免单纯地罗列。
6. 广告着重表现哪方面的品牌个性？ 一句话将品牌的精粹说清楚。品牌特性中哪方面是其特有的、与众不同的？它是否有助于改进或加强品牌个性？避免流水账式地罗列。
7. 媒介计划和预算方面的考虑。 有无广告规格、面积、长度、制作费用方面的限制。
8. 有没有其他影响广告创意的有用信息？ 如促销活动、公关、公司活动等。 执笔人：　　　　　　　　日期： 批准人：　　　　　　　　日期：

（二）创意简报

创意策略阶段和广告发展阶段实际上是不可分割的一个阶段的两个步骤。在创意策略阶段，创意人员首先得到的是一份创意简报（creative brief），然后根据创意简报进行创意的构思、设计与制作。创意简报做得成功与否是创意策略生成与发展好坏的重要影响因素。因此，本部分我们重点介绍创意简报。

创意简报，又称工作简报，是客户部人员与广告主（通常称甲方）进行详尽的沟通后，根据客户的要求，整理思路形成的一份创意简报。从定义上看，创意简报有如下几个特点：

其一，以事实为依据。无论用什么样的语言，都必须符合客户的真实现状，反映的是客户的真实想法和要求。

其二，逻辑严密。创意简报忌讳语言模棱两可，在表达客户要求的时候一定要做到表达清晰，让创意人员一看就懂。

其三，有一定的思想性。在介绍客户情况时，尽量能形成一定的整体品牌策略规划，并允许有一定的创意方向。

其四，简明扼要，意义单一，不含糊，不赘述。

其五，重点突出，将客户最重要的需求说清楚。

表 7-2 就是一份创意简报的条目。

表 7-2　　　　创意简报

客户：
品牌：
日期：

品牌定义：
市场问题定义：
广告的角色和意图：
竞争范畴：
目标对象及其现状：
期望广告对消费者有何影响：
广告信息或品牌主张：
支持点：
必要事项：
广告格调：
相关背景资料：

资料来源：根据电通公司公开资料整理。

创意简报一般包括以下几个要点：

1. 品牌定义

品牌定义即准确描述品牌和消费者的关系。消费者永远是品牌存在的意义所在，因此，对于消费者和品牌关系的描述是创意的来源和归宿，描述得准确与否将决定着创意作品的风格、情绪与个性等。最好的方法是将抽象的品牌描绘成一个实实在在的人。

2. 目标对象及其现状

找到谁是最重要的消费者，然后可以从人口统计学特征、心理形态、产品和品类使用行为等方面找到这群消费者的共同特性，从而找出机会。值得提醒的是，仍然可以将这一群体描绘成一个人，形象地说明其生活状态。

3. 竞争范畴

指出主要竞争对手有哪些，他们的定位是什么，他们在广告中传递的主要信息有哪些，效果如何。

4. 广告的角色和意图，期望对消费者有何影响

为什么做这个广告，期望该广告传递什么信息。希望广告播出/刊出后，消费者做出什么反应，有什么感觉，等等。

5. 支持点

最有说服力的创意切入点在哪里，该创意点是理性的还是感性的，支持此点的主要物理属性和心理属性有哪些，等等。

6. 广告格调

希望广告体现的品牌个性是什么，视觉或听觉的表现力集中在什么地方，等等。

（三）创意发展

1. 卖稿需要坚持的原则

创意发展阶段是广告创意的核心，所采取的思维方式、遵循的创意原则我们在前几章已有详细介绍，此处就不赘述。而关于创意的产生到客户的接受有个非常重要的阶段就是“卖稿”。

我们经常看到，有些创意人员自认为独到的创意却被客户立刻“枪毙”，而他们认为一般的创意客户却出奇地支持。再比如，有些创意作品，不同的人去给客户提案，会产生大相径庭的结果。为什么呢？这就是卖稿的艺术。通常来说，一个好的作品必须要顺应天时、地利、人和三个方面才能顺利“出生”。通常卖稿需要坚持的原则如下：

（1）知己知彼，百战不殆。卖稿人员必须明了谁是广告的鉴赏者，了解客户的喜好、现场评委的人数、不同人对沟通方式的不同接受方式等。

（2）权变在先，以备不时之需。现场的讲解人员、硬件设施、作品等都要有相应的备份，以应对紧急情况。

（3）如何有针对性地讨论核心问题。对客户关心的问题要事先了解，并在现场做针对性的展开介绍，切忌泛泛而谈。

（4）轻松幽默的开场白。轻松是第一要务，一定要记住应对讲解议程进度进行介绍；要不卑不亢，切忌自高自大、目中无人。

（5）奋发激昂的结尾。结尾要言简意赅，不要啰唆，应当有令人振奋但不夸大的结束语，让创意深入人心，给客户留下深刻印象。

（6）慎选主讲者。主讲者最好是创意组主要成员，不一定要总监出马，但一定要是对创意产生过程非常了解的人。主讲者要专业、有一定的威望、有较强的表达能力、对创意内容烂熟于心。

（7）运用各种手段辅助说服。无论是平面作品还是影视作品或是提案终端作品，在制作上一定要做到精致、精细、精巧，从视觉上征服客户的心。

（8）彩排。彩排是降低紧张、提升信心的好办法。应在彩排中掌握内容及逻辑，以加强心理建设。

2. 消费者评判创意好坏的标准

在创意发展阶段要时刻将消费者的喜好作为核心，以一个消费者的心态创作广告，也就是要让自己的脚穿消费者的鞋，这样才有可能产生好创意。

那消费者又是如何评判创意好坏的呢？我们总结了如下几个方面：

(1) 顺眼。无论是平面、影视广告还是其他形式的广告，画面表现都要好看、配乐都要好听。我们经常看到，创意作品为了迎合消费者的喜好，不用真实的产品进行表现，而是用各种道具。

(2) 独特。如果不够特别，消费者为什么要看？因此，首先，产品要特别；其次，广告信息、广告表现、表现形式等都要特别。比如，户外广告中有很多立体创意作品就是为了迎合消费者对“特别”的需求而设计的。

(3) 简单。简单的事物容易理解，简单的信息容易记忆。消费者从来就是懒惰和易于“移情别恋”的，因此，好创意要符合消费者这一需求。

(4) 可爱。无论是工业品还是快消品，都可以让自己变得可爱起来，这样才能得到消费者的喜爱。喜爱能快速消除消费者的抗拒心理，是品牌忠诚的起点，也是消费产品的起点。有个很重要的方式就是幽默广告。幽默广告能让消费者更快更心甘情愿地接受广告信息。

(5) 动心。情感上的征服是一种持久性的征服。很多消费者都有这样的体验，看了某则广告，被其中的故事情节拖回到自己的童年时代（如南方黑芝麻糊广告，见图 7-8），产生了情感上的共鸣，从而变成了广告品牌的忠诚消费者。

图 7-8　南方黑芝麻糊广告

(四) 创意评估

创意是好是坏，不是创意人说了算，也不是客户说了算，而是消费者说了算。但在创意产生阶段，通常评估创意比较困难。奥美公司通过创意评估会来完成这个工作（见图 7-9）。从图中可以看出，任何创意都是戴着镣铐的舞蹈，所有的创意都应该在业务目标、广告目标的指引下进行。而创意简报所体现的内容是客户传达的最真实的信息，同时也是客户部人员从掌握到的客户信息中提炼的最核心的客户关注点，因此这些也是评判创意好坏的重要依据。

创意最终是否被接受虽然取决于客户，但代理商是为客户带来利润的助手，所以客户也会考虑代理商的意见。因此，最终的创意评判应来自代理商、客户的综合意见。

而至于创意评估的标准有哪些，我们综合了奥美、智威汤逊等众多 4A 公司的做法，认为有如下重要标准。

1. 策略性

该创意是否反映了创意简报中的广告目标等要求，是否符合激烈的竞争环境下一枝独秀的

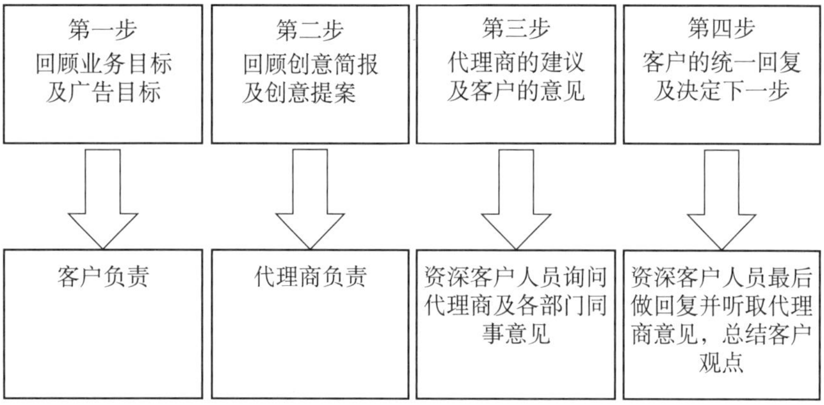

图 7－9　评估创意的会议过程

资料来源：根据奥美公开资料整理。

效果，是否符合客户的长期发展战略。

2. 吸引力

该创意中是否有一些元素可以使我们的目标受众被广告所吸引，如广告信息本身的吸引力、广告创意手法的吸引力、执行手法的吸引力。

3. 冲击力

冲击可以是视觉的、听觉的、内容的、心理的，但要掌握的一个原则就是单纯。客户总觉得有很多信息要告诉消费者，但消费者绝不愿意多花时间，他们喜欢瞬时抓住自己要的信息。因此，单纯的信息更具有冲击力。另外，视觉画面、文案、情节本身或构图、色彩、音乐等都应尽量做到单纯。

4. 独特性

独特不是猎奇，不是哗众取宠，而是让消费者看过、听过后有所体验和感觉。独特性应体现在广告信息的表现方式、广告创意及其表现手法、执行方式、情节安排等。当然，有效果的独特性应尽量体现在产品特性上。

5. 统一性

统一性是从整合营销角度出发来考虑的广告创意评估标准。品牌形象是品牌在接触消费者所有层面上的效果的集合，因此，任何一个广告创意都有可能影响到品牌形象的统一性，包括形象的统一，调性的统一，执行水平的统一，颜色、规格、信息、情感等的统一。

6. 相关性

该广告创意是否与产品相关、与策略相关、与以往的广告相关，从而形成统一形象，产生预期效果。

7. 可行性

可行性指一条广告的创意能否被高质量地执行。可行性包括执行的预算是否在给定的预算范围内，执行的时间是否可以满足客户的要求，执行的效果是否会在客户和广告公司的预期中。

8. 回报性

消费者可能从该广告信息中解读到何种利益？是产品功能性利益，还是由此利益所带来的心理层面或情感层面的利益？抑或是品牌利益？这是消费者判断广告好不好的重要依据。

（五）广告制作

广告制作阶段是广告创意的最终表现阶段，是创意人员的创造性思维付诸实施的重要阶段。要精准有力地表现创意，应遵循如下原则。

1. 策略性

虽然广告制作过程只要按照创意人员的构思，遵其意、循其径制作即可，但是如果制作人员心中无整体的广告策略、明确的广告目标，其最终作品可能会变成无头苍蝇，广告效果尽失。

2. 精致性

无论是广告成品还是半成品，都应持有追求细节到极致的工作态度，在能力范围内做到最好。

3. 经济性

广告在制作的费用上往往是可多可少的，没有什么死规定。但是，如果为表现广告创意而损害了节约成本的理念，就不算是一个成功的创意。因此，一定要谨记，好创意是经济性和表现力的完美结合。

4. 协调性

最终的广告制作也许是电视广告，也许是平面广告，也许是互联网广告，也许是其他形式的广告，也有可能是几种形式的综合。无论怎样组合，都应尽量做到有序协调、统一和谐，不相互“撞车”。另外，不同制作人员之间也应保持良好沟通。

延伸阅读

不同形式创意的评判标准

检验平面设计创意的基本标准：

视觉冲击力。

视觉表现与 idea 的关联性。

独特的风格和品位（但不能怪异，否则会损害主题）。

检验平面文案创意的基本标准：

拨动人心的主标题。

引人入胜的内文。

独特的风格和品位（但不能怪异，否则会损害主题）。

检验影视创意的基本标准：

前三秒要吸引人看下去。

三个关键画面就可以清楚地表达核心创意。

若抽掉产品，整个创意故事便不成立。

稿件提案装裱要求：

按客户要求考虑装裱。

设计稿左上方应打上工作名称和工作号，右下方应打上尺寸资料。

若是提案或比稿，则每件作品必须装裱。一般情况装裱卡最小为对开板（10cm×15cm）。

在提案或比稿中，一般情况下尺寸应一致或不超过两种。

故事板格式一般分为 15 格的 30 秒（三行排放），8～10 格的 15 秒（两行排放），3 格的 5 秒（单行排放），每格尺寸 13cm×9cm。

故事板左上方应贴上产品名称、长度和片名。

装裱报纸稿时应留 4mm 白边，其他稿件一般情况贴边裁剪。

第三节　广告创意的执行与控制

一、创意工作永远都没有完成

林肯·斯蒂芬斯（Lincoln Steffens）认为："没有已经完成的事情。世界上的一切事情都是待完成的。最美丽的画儿还没画，最伟大的剧本还没写，最优美的诗歌还未创作。世上还没有完美的铁路、最好的政府和完善的法律。物理学、数学以及最顶尖的科学还在雏形阶段。心理学、经济学和社会学正在酝酿下一个达尔文。"①

创意永远没有止境。要完善创意，完美地表现创意，将精确的表达传达给消费者，创意工作才算完结。因此，创意绝不是头脑发热的想法，而是实实在在的作品，是从伟大思想到伟大作品。而是否能从思想到作品是创意能否成为伟大创意的关键。否则，再灵巧的创意发想也只能像夜晚航行的船只一样，因没有方向而失去意义。

二、创意执行与控制的意义

有很多人不知道创意发想和创意执行与控制，以及最终的广告作品之间有什么关系。为了更好地理解，首先我们区分广告公司中的两个概念——创意总监（creative director/creative supervisor）与执行创意总监（executive creative director）。

创意总监是广告公司创意工作的最高主管，也是创意专业人员中的最高职位，其主要任务是创意管理，即控制公司的创意品质。

执行创意总监没有太明确的定义，其角色更多地类似于管理者，主要工作是为广告公司中的创意人员做好后勤工作、审批创意等。

执行创意总监与创意总监的关系类似军队里的总司令与司令的关系，执行创意总监可能会有更高的级别、更深的资历，是创意部里的总负责，直接把握创意的整体方向，指导创意。但是，他不是像创意总监那样直接"带兵打仗"，一般情况下他负责将创意人员分配成创意小组，

① 75 条有关创造力的名言 .http：//www. elanso. com/ArticleModule/GJKUQmUKRbJXM6LmTgVcRRIi.html.

每组分别由创意总监负责，密切协调，配合完成整体工作。① 知道了两者的区别，我们就能大概了解创意发想和创意执行的关系了。创意发想仅仅是创意的开始，创意执行与控制是广告成形的必经阶段，也是广告作品成功与否的关键。

（一）创意执行与控制是广告作品成功的关键

广告＝策略×创意×执行×投放，这是广告行业的一个通行公式。由此可见，创意到执行的跨越是广告作品出炉的一个转折点和关键点。广告创意阶段是执行策略整理成形的阶段，而执行阶段则是将想象变成现实、把抽象的思路变成具象的作品的过程。② 这一转型过程面临许多沟通工作，沟通通畅则广告作品执行得当，沟通不通畅则广告作品和创意思路相去甚远，甚至大相径庭。因此，作品是否成功取决于执行，执行成功与否又取决于沟通。

和谁沟通呢？广告公司应同时与广告主、制作公司沟通，首先创意应取得广告主的认可，然后将创意思路告知制作公司，让其表现出来。然而，看似简单的沟通通常存在各种各样的问题，毕竟三方考虑问题的角度并不相同。广告公司认为自己的创意应得到最大限度的实现，广告主考虑更多的是以最少的预算达到最大的效果，制作公司不想让自己成为广告公司的工具，试图加入自己的“修改”。由此，矛盾就产生了，也许创意很好，但由于执行不当，最终作品与预期目标相差甚远；或者创意平平，执行得当，效果反而让人惊喜。仅从沟通的角度就可以看出，执行阶段是广告作品成功的关键。

创意管理的控制过程是一个繁杂的过程，应分为两条路线：一是创意流程控制，二是创意内容控制。这一过程控制是否得当是创意效果能否得以展现的关键（见图 7－10）。

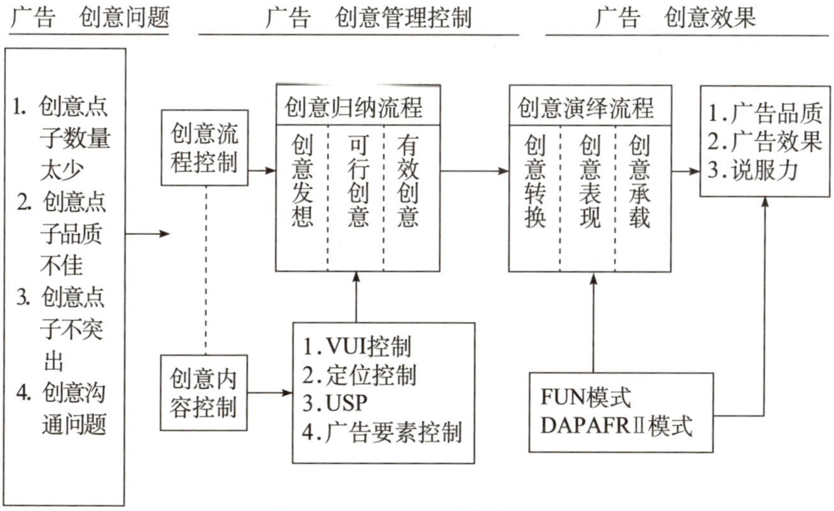

图 7－10 创意管理控制过程

① 百度知道 . http：//zhidao. baidu. com/question/8318038. html.

② 盛邦德 . 专业需要执行力 . 广告导报，2005 (11).

（二）创意执行是完成广告作品的必要阶段

无论是平面广告、影视广告、广播广告、网络广告还是其他形式的广告作品，都要经历创意到执行的阶段，否则观众就不可能知道广告创意人在想什么，更看不到媒体上发布的最终广告稿件。

很多人以为，长发飘飘、胡子拉碴的创意人呕心沥血地掏空自己的大脑，创造出无数个令客户晕头转向的概念之后，似乎就看到了将让消费者瞠目结舌的大创意了。于是客户和广告公司拿着这些概念匆匆忙忙地找执行公司完成概念到作品的转换。然而遗憾的是，这些执行公司往往并没有给出令人满意的作品。

其中原因颇多。如执行公司的水平有限，无法正确理解和表现创意概念；或创意人凭空想象的场景无法通过真实场景实现，等等；也有可能是因为执行过程中创意人和导演太注重艺术性而忽视了客户的感受。为减少各方面因素所造成的广告作品与创意概念之间的偏离，需要有科学完整的制作体系。不同形式的创意执行都有自己独特的运作步骤，我们以平面广告制作（见图 7－11）和影视广告（见图 7－12）制作为例说明创意执行阶段的细分步骤。

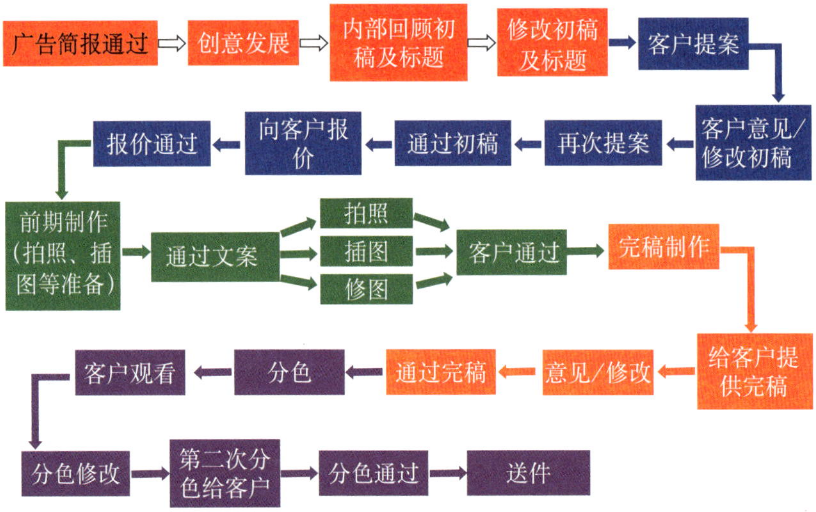

图 7－11　平面广告制作过程

资料来源：根据奥美公开资料整理。

在执行中的每个步骤都有严格的执行程序，每道程序中又有严格的执行标准。单从平面完稿及分色来看，奥美认为应注意以下问题：

（1）制作品的规格尺寸对吗？

（2）裁切线、对折线正确吗？

（3）纸张种类正确吗？

（4）有没有别字/漏字？

（5）有没有错误图片/漏图片？

（6）文案的大小对吗？

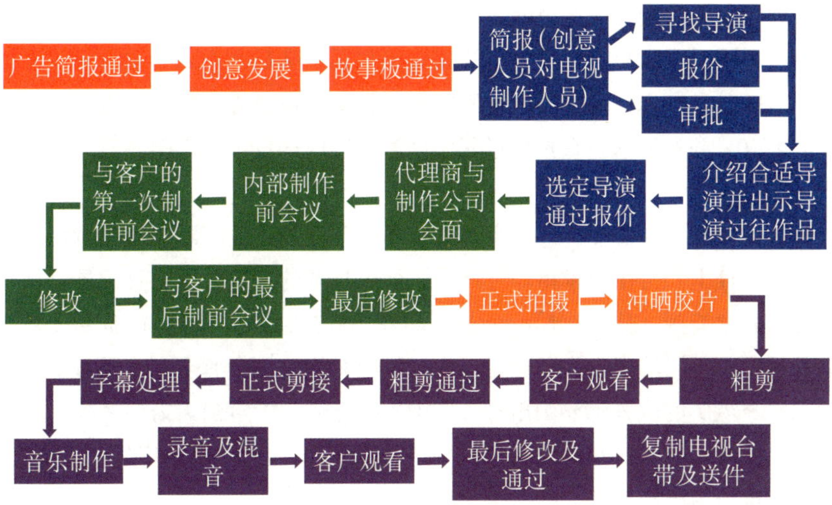

图 7－12　影视广告制作过程

资料来源：根据奥美资料整理。

（7）标准色、商标、产品图、型号等资料对不对？

（8）色彩的层次上有没有凸显主题？

（9）如果是推广活动，优惠及活动细节是否有更新？更新后是否正确？

（10）如印刷并非由代理商处理，印刷前的特殊要求是否已经做到？

以上这些执行细节都是保证广告成品与创意概念相符的重要步骤，如果没有良好的执行过程，大多数的广告作品能达到创意初衷的 80%就已经不错了。

三、创意执行与控制的措施

（一）良好的沟通

1. 让导演充分了解创意的整个过程

以影视广告拍摄执行为例，每个导演都有自己的观点，都想让作品呈现出自己想要的“艺术气质”。然而，这样做的结果往往和创意初衷大相径庭。因此，不要怕啰唆，一定要告诉导演或修片师广告对谁说、怎么说。最好让他们知悉创意的整个过程，把策略、创意概念、创意内容、广告目标等从头讲起。否则“导演在执行的时候就会断章取义”①。导演的创造力一旦在不受拘束的情况下发生，创意初衷就会被改变，这是创意人不想见到的。

由于导演有修改剧本的“惯性”，往往有可能将创意改得南辕北辙。为防止白做工作，创意人员应该在开拍之前和拍摄过程中不断地对导演提出各种修改意见，不断与导演磨合、交流思想，如场景提报、演员提报、服装提报、光影提报等等，这些都直接影响广告拍出的效果，因此应不断提醒导演创意的基调和预期效果。明明很幽默的基调，由于请的演员是偶像美女，

① 王晓雷．执行为创意加分的两个误区．广告导报，2004（27）．

她们怕形象被破坏而把“幽默搞笑范儿”改成了“唯美偶像范儿”，而导演如果先斩后奏，就会造成创意颠覆，同时成本提高，最终不管怎么剪都无法满足客户的要求。①

为避免这种情况发生，创意人员就应不断在广告主和执行方之间进行协调沟通。当然，如果导演充分地了解了创意概念，在拍摄过程中创意人员应尽量不要影响导演。

2. 让客户知悉执行费用的控制

虽然广告主重视创意，然而，广告主的钱也不是乱花的，他们随时都在监督执行过程的费用。在这一点上，日本广告主要求得非常严格，导致日本的广告公司创意人员对执行过程的每个细节都考虑得非常周到。例如，拍一个 30 秒的海滩广告片，广告公司需要准备差不多 5 厘米厚的脚本资料。必须写清早上太阳何时出来，哪个时候浪潮会有多高、风有多强。此外镜头放在哪里，每一个镜头的位置都要画出来。广告主甚至还要了解当天需要多少盒饭，是什么样的盒饭，为什么要 30 块钱一份等，简直到了苛刻的程度。因此日本的广告公司谁都不敢大意，对每个细节都安排得清晰有加。②

对于广告主来说，创意好坏的评定不仅来自创意概念，还有对于广告费的考量，应该是一个综合指标的审视。创意人员在执行过程中不断与客户沟通，可以打消客户对于预算的顾虑，更客观地评估创意表现的效果。

（二）反传统的执行角度

1. 反传统的表现

广告人经常抱怨无法实现自己的创意概念，怪摄影师拍摄有问题，怪修图人员技术不成熟，怪客户预算不够，其实不必。创意人员应多思考一些新的表现角度和表现方式，反其道而行之也许能执行出令人意想不到的效果。如以下两个作品的执行就很到位。

第一个作品是雀巢美禄的平面广告。该系列作品（见图 7－13）其实是旧瓶装新酒，但执行表现角度很有想象力。说孩子力气大的创意早已满大街了，但该作品换了个角度，且该角度完全出乎意料。正是因为这个新的角度，所以无论是客户还是消费者都被吸引了，这就是执行的力量，执行为创意概念加了分。

图 7－13　雀巢美禄广告

第二个作品是某咖啡平面广告“打耳光篇”（见图 7－14）。该创意已经很独特了，其执行更见功力。创意人在把握执行的时候，更像是导演，里里外外都想到了。其创意体现的生活情境准确、幽默地表达了广告主题，让无数人产生共鸣。另外，无论从摄影还是修片来看，该广

① 王盛通．创意与执行的伟大．http：//blog.longmei.com.cn/user1/63/archives/2008/4501.html.

② 汪少杰．日本企业：执行力强，创意不足．21 世纪商业评论，2007（3）．

告都是完美无缺的，精巧而不乏灵性。[①]

图 7－14 咖啡广告——“打耳光篇”

2. 对技术的准确把握

除了摄影、摄像等技术工作外，最重要的执行大概就是在后期制作上了，比如修片、剪辑、光线协调等。前些年我国的汽车平面广告都做得不够完美，也不自信，因此，大部分的修片工作都给了日本公司。而最近几年，不仅是优秀的摄影师，就连优秀的修片技师也层出不穷，这一尴尬现象基本解决了。下面我们用几则平面广告的执行案例来说明技术的把握对于广告效果的重要程度。

图 7－15 和图 7－16 是创意执行前后的对比图片。由第一幅画面可见，其需要修补的部分有七个（画方框处），这些部分有的涉及光线调整，有的涉及反射效果的设定，有的涉及立体感的修补和透视感的增强，还有主画面的色调等等。执行后的作品几乎达到了完美的程度。据称，执行后的广告作品达到了创意初衷的 93%，这是非常难得的，这就是通常所说的执行为创意加分了。[②]

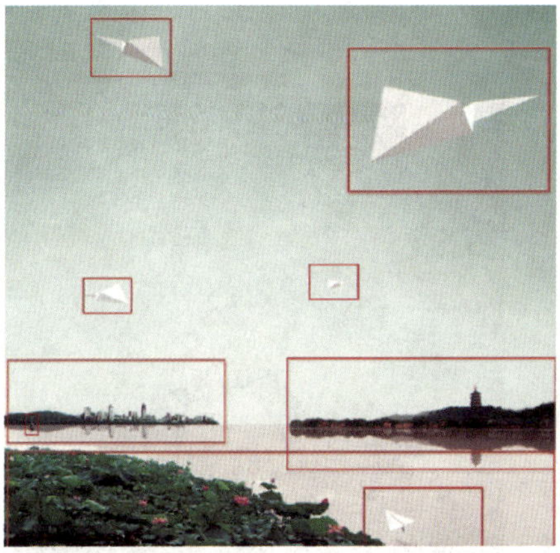

图 7－15 创意执行前

图 7－16 创意执行后

有的时候，创意人的想法是突破常规的，从任何一个角度进行拍摄都不可能获得期望的素材，这个时候就需要拼接，也可以说是一种不同元素的重新组合。然而，这就会碰到不同素材的色调、搭配、元素冲突等各种问题，在创意执行的时候难度就变得很大。以下作品（见图 7－17）就是做得比较好的创意拼接的例子。

---

① 黄伟．三两拨千斤——谈谈创意执行．http：//adwayne. blogbus. com/logs/17564742. html.

② 西郡创意．浅谈小型创意公司的创意执行．http：//cjr-con. blog. sohu. com/68857350. html.

图 7－17　创意拼接示例

第一幅中的原始素材包括：画架、画面、画笔、阳台、天空、江面等；第二幅中的原始素材需要有：轮船、高楼、天空、江面；第三幅中的原始素材包括：红酒、酒杯、酒瓶、台布、礁石等。当原始素材都准备好了，接下来的工作就是拼接和调色，有的甚至需要手绘才能获得想要的效果。一般的工作程序是先进行元素的比例调整，然后协调色调，最后对组合后的元素关系进行搭配，再对全局进行光线效果等的调整。从画面的最终效果可以看出，该系列作品的执行是比较成功的。

另外，2007 年的动感地带全国街舞争霸赛主题海报也是创意执行的一个优秀案例（见图 7－18）。首先，从画面中我们知道，这肯定不是拍摄的效果，因为无论从哪个角度进行拍摄，都不可能拍到这种场景，这完全是后期制作的效果。但从天空的真实感、地面的质感、人的动作的夸张性、场景的布局来看，都无可挑剔。对技术的准确把握又一次给创意加分了。

图 7－18　动感地带全国街舞争霸赛主题海报

（三）创意的控制

创意的控制通常指的是从创意发想阶段到创意呈现阶段，即从抽象到具象过程的控制，是让创意充分体现策略、完美表达、发挥有效性的过程保证。如图 7－19 所示，祝凤岡在 2005 创新与创造力研讨会上提交的《广告创意管理——管理控制模式》中认为，整个创意阶段可以分为：创意归纳过程（包括创意发想、可行创意、有效创意）和创意演绎过程（包括创意转换、创意表现、创意承载），相应的控制程序分为：VUI 控制、定位控制、USP 控制、广告要素控制、FUND 控制、APAFRII 控制（请参阅相关文章，在此不赘述）。

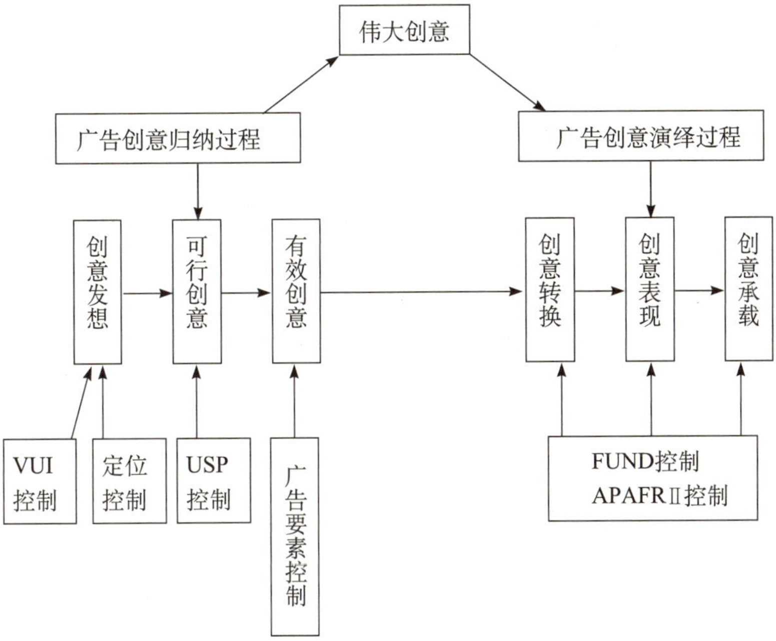

图 7－19　创意控制程序

对于普通的广告公司来说，如此复杂和学术性的控制过程通常是没有必要的。但是许多国际大型广告公司为保证创意作品符合策略及效果的有效性，通常都开发了自己独特的创意控制程序。以下我们介绍一些国内广告公司通行的一般标准和 4A 公司程序化的标准经验。

1. 创意的一般评估准则

我们曾在上一节中根据几个 4A 公司的创意评估标准总结了一些评估指标，在此，我们再根据国内部分大型广告公司的创意评估经验增加几个一般评估标准以供参考。

（1）竞争力。广告的优秀与否体现在能否让受众感受到它的与众不同，能否在纷繁复杂的竞争环境中让受众对该广告“一见钟情”，而且持续不断地产生“爱”的力量。具备这些才是有持久竞争力的广告，也才是真正好的广告。

（2）话题性。当广告的表现形式变得越来越多样化，受众细分化程度越来越高的时候，由一个媒体或几个媒体影响大部分受众的时代已经一去不复返了。消费者被细分成无数的群体，他们有独特的爱好和习惯，有群体性的消费理念。好的创意就应该影响他们的生活工作形态，在目标群体中形成话题，让广告创意本身成为他们生活的一部分。

（3）刺激销售。如果受众记住了广告，却忘记了广告中的产品，那么这个广告就失败了。真正有创意、有效的广告不仅要“好看”，还要“好用”，要起到刺激销售的效果。哪怕是品牌形象广告也通常会起到一定的“刺激”销售的效果，尽管这种效果不是短期能够检测出来的。

（4）可运用于不同媒体。好创意是具有适应性的。创意作品的优劣不仅在创意本身和效果上，也体现在媒体应用上。一则平面广告作品也许可以被用在网络上，同样创意的作品也许能被广播、电视、手机等各种媒体接纳。

2. 创意的效果测试

从创意发想到作品呈现是一个非常主观的过程，究竟该创意是否符合广告策略，对受众会不会产生预期的效果，只有通过检测才能得知。因此，很多公司采用了媒体发布前的预检测等方式，在此，我们介绍麦肯广告所采用的 ADWorks 广告效果检测方法。

ADWorks 是麦肯广告达成有效广告目的的最后步骤，其目的是为了提供来自消费者的确认及回馈反映，并确保广告效果达成更有效。麦肯广告认为，通常广告公司采用的普通评估指标，如广告回忆（recall）、知名度（awareness index）等，都只衡量广告的效率（efficiency），而非效果（effectiveness）。这些指标以某个广告活动能否得到消费者的注意来判断广告是否有效率，而很少重视其他有关广告效果的评估指标，如广告及品牌偏好度（ad. & brand likeability）等。因此，麦肯广告设立了 ADWorks 评估系统，全面评估创意的有效性。

ADWorks 评估的目标之一是创意的吸引力和策略意图的传达效果，采用的研究方法通常有两种：一对一访谈和座谈会。

评估程序为：先让被试观看作品，然后充分讨论作品中传递的信息以及品牌价值和有关联想，测试广告的特色、偏好度、记忆度、投入度等。这一过程中采用得比较多的方法是心理投射法。

测试问题通常有：

（1）这个广告告诉你与品牌或企业有关的信息有哪些？

（2）这些品牌或企业如何形容自己？

（3）这些品牌想要传递什么信息？

（4）这个广告在传达有关品牌的意义及感觉时，有什么独特的地方？

（5）如果广告里的品牌或企业是一个人的话，他会是怎么样的一个人？

（6）这个广告与你对此品牌或企业的认识一致吗？

（7）在你参加座谈会之前，你对此品牌或企业的认识是什么？

（8）这个广告有没有改变你对此品牌或企业的认识？如果有，是变得较好还是较不好？

（9）这个广告给你带来什么不同或出乎意料的感受吗？

（10）当你在看广告时，脑海里最先想到什么？

（11）你有什么想法及感觉？①

无论是 ADWorks 还是其他测试系统，目的都在于评估执行的创意作品能否真正表达创意

① 根据麦肯公开资料整理。

初衷，能否成为有效的广告创意。因此，程序往往不是最重要的，创意控制的目的才是最重要的。

延伸阅读

部分创意执行相关岗位的工作职责

平面制作岗

- 对创意总监负责，向创意小组及时提供各种有关平面制作的建议。
- 负责所有平面、赠品、场地布置创意制作物的品质、时间及成本控制。
- 检查所有需要印刷及制作的完稿的标色、胶片、打样的质量、制作要求说明并填写外发工作单。
- 协调一切打样、制作成品、品质验收与费用处理。
- 提供与平面摄影及制作有关的配合，包括寻找模特、道具、租片合作者、修片合作者及其他相关资料等，并建立相关档案。
- 提供竞价厂商估价。
- 提供印刷、制作技术等信息。
- 寻找并提供客户所需的样品，如礼品、纸样、制作技术实样等。
- 建立制作成品档案。

立体制作岗

- 对创意总监负责，并及时向创意小组提供有关立体制作的建议。
- 负责所有影视和电台创意作品的制作。
- 以专业水平的标准控制影视及电台作品的品质，并确保符合原创意的要求。
- 提供竞价制作商的估价和导演、演员、制作公司的作品集。
- 控制制作成本，建立不同层次的制作合作单位档案，讲求效益，合理管理客户的费用与质量之间的平衡。
- 负责创意人员与制作公司之间的工作沟通。
- 系统性地建立并管理所有影视、电台等创意作品的母带和素材档案。
- 管理所有的 AV 器材和材料。
- 建立并管理合作厂商档案。

【思考与练习题】

1. 以某个广告产品为例，思考其在信息处理阶段如何提炼出最有效的诉求点。
2. 广告创意的作业流程为何重要？
3. 如何有效地卖稿？
4. 对创意进行评估时，你认为最重要的评估标准有哪些？
5. 创意执行和控制在创意中的地位和作用是什么？
6. 创意执行中，技术的把握是不是最重要的？为什么？
7. 请深入思考在创意控制中，还可以采取哪些方法进行消费者测试。

第八章

提升创意能力的实用自我训练方法

如果你真的喜欢上做某事，你就要对此坚信不疑。坚持到底，你就会成功，真的会成功。你所要做的就是坚持不懈。

——罗伊·格雷斯（Roy Grace）

【学习要点】

- 认识到思维在广告创意中的核心地位。
- 掌握人脑的生理构造及右脑开发训练方法。
- 了解创造性思维的训练技巧。
- 了解常见的广告创意思维训练技法。
- 掌握创新个性品质训练的基本方法。

关键词

右脑开发　创意思维　创造技法　个性品质　自我训练方法

第一节　右脑开发训练

人类的大脑是这个世界上最复杂、最精确的机器，它是大自然赐给人类的最宝贵的礼物，是从本质上区分人类和动物的标志。我们对大脑研究得越深入，就越觉得它无限神秘。脑的结构相同，人却不同，有的人思路清晰，有的人却思绪凌乱，有的人知识渊博，有的人却片面单一。对脑功能认识的不确定，往往造成了人们对大脑的片面理解。

一、人脑的结构及工作原理

我们先来认识人脑的基本结构（见图 8－1）。人的大脑分左右两个半球，即左脑和右脑。大脑皮层可分为不同的区域，分别负责不同的功能，如运动区、感觉区、视觉区、听觉区等（见图 8－2）。

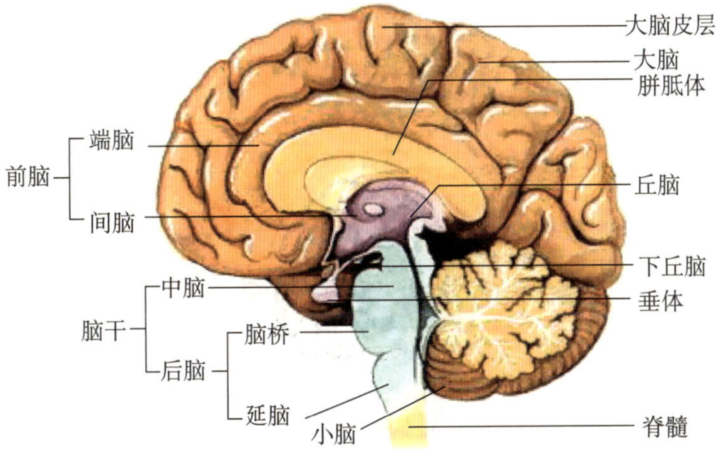

图 8－1　人脑结构示意图

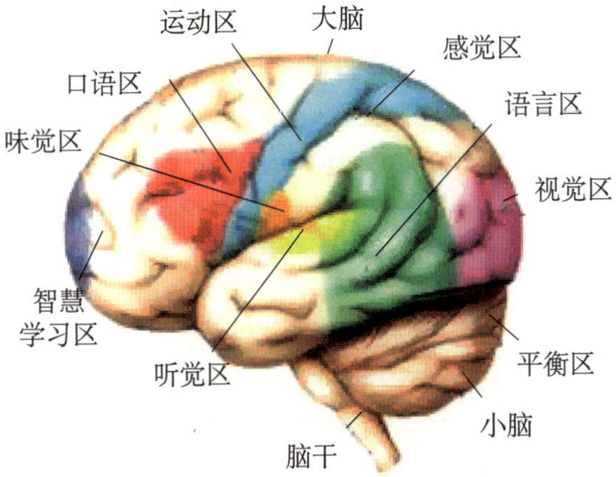

图 8－2　大脑功能示意图

左脑和右脑不是独立的，而是紧密相连、协作运行的。正常情况之下，左脑和右脑是分工合作的。在左脑和右脑之间，由神经纤维构成的胼胝体负责沟通两个半球的信息。如果将胼胝体切断，大脑两个半球被分割开来，左脑和右脑的功能陷入孤立，缺少相应的合作，会使人在行为上失去统合。

左脑和右脑相对的神经中枢能彼此配合，发生交叉作用来完成神经传导。例如，左脑和右脑的运动区对身体部位的管理，是左右交叉、上下倒置的；左脑和右脑视觉区与两眼的关系是：左脑视觉区管理两眼视网膜的左半部分，右脑视觉区管理两眼视网膜的右半部分；左脑和右脑的听觉区共同分担管理两耳传入的听觉信息；左脑和右脑的联合区分别发挥左右半球相关各区的功能。

左脑和右脑在功能划分上，大体上是左脑管右半身，右脑管左半身。每一半球的纵面在功能上也有层次之分，原则上是上层管下肢，中层管躯干，下层管头部，如此形成上下倒置、左右分叉的微妙构造。在每一半球上，又各自分为数个神经中枢，每一个神经中枢各有其固定的区域，分区形成大脑分化而又统合的复杂功能。左脑和右脑各自主管的主要功能如8－3所示。

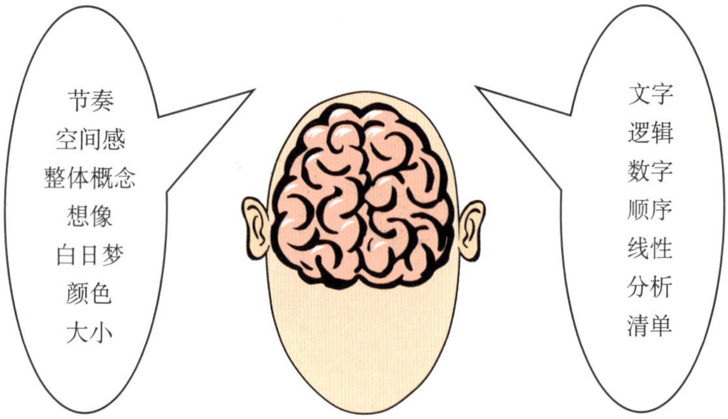

图 8－3　大脑功能示意图

由以上所述可见大脑的运行是复杂而有序的，它如同一部精密的机器，一旦发生病变就会严重影响人的思维的产生和传导。即便是拥有健康的大脑，也并不意味着能将大脑的功能和潜力完全发挥出来。

现代人很注重对大脑的开发，很多国家把对大脑，尤其是右脑的开发当作生命工程。但开发大脑不能仅凭一腔热情，而是应该尊重科学，遵循规律。

二、人脑的开发

人脑是地球上最复杂的物质之一，人脑内部的物质结构人皆有之；而其思维的敏捷性，则是由神经回路中信息传递的效率所决定的。思维的敏捷性是先天的，但也需要后天锻炼。人类的潜能是巨大的，大得远远超出人们的意料。就说记忆能力吧，据有关专家分析，人的大脑皮层约有140亿个神经细胞，储存量高达1 000万亿信息单位，超出世界上所有图书馆的藏书所容纳的信息总量，而我们现在已经开发利用的不到大脑潜能的10%。

常言道，用进废退。如果我们不去唤醒我们沉睡的潜能，这些潜能就会丧失。因而，开发大脑宜早不宜晚。想唤醒大脑的潜能，就要去除限制、束缚其发展的陈规旧习，加强对开拓精神和创新能力的培养，激发求知的好奇心，持之以恒地进行探索和追求。与此同时，还要尽可能地把唤醒潜能的实践活动置于开放的社会环境中，使潜能的发掘与外界融洽地结合起来，从而形成一种爆发式的合力，最大限度地发掘潜能（见图 8-4）。

开发大脑潜能，具有四个方面的意义：

其一，能使学习者处于学习的良性状态。当学习者处于学习有计划，管理有条理，能够专注，善于记忆，掌握了良好的学习方法的状态时，他的大脑才能高效率地“输入”与“输出”。

其二，能使学习者保持良好稳定的心理状态。当人的情绪低落、焦虑、紧张、抑郁、恐惧时，大脑就会处于“消极怠工”状态，更别提有超水平的发挥了。

其三，强化学习者大脑的功能。健脑操和思维培训正是基于这一目的而设计的。

其四，引导学习者多动脑、敢动脑、善动脑、爱动脑。这也是一切大脑潜能开发技术的关键和根本所在。

图 8-4 开发大脑、放飞思维

三、右脑的优势特征

人的左脑和右脑的功能是不同的。通常左脑被称为“语言脑”，它的工作性质是理性的、逻辑的；而右脑被称为“图像脑”，它的工作性质是感性的、直观的。左脑的工作方式是直线式的，是从局部到整体的累积；右脑的工作方式则是从整体到局部的。左脑追求记忆和理解，它的方法是通过一个个的知识来学习；右脑不追求记忆和理解，只要把知识信息大量地、机械地装入就可以了。

右脑具有左脑所没有的快速大量记忆机能和快速自动处理机能，后一种机能使右脑能够超快速地处理所获得的信息。

人类大脑的一部分组织能够增强记忆，如果我们知道增强记忆的方法并合理地用到实践中去，大脑就能够因此变得更灵活。

人类的大脑分为上下两部分，上面一部分由表层意识（显意识）控制，通常位于左半球；下面一部分由深层意识（潜意识）控制，通常位于右半球。这两种意识的工作内容完全不同。人们通常使用外部的表层意识，很少使用深层意识，然而出色的记忆力其实存在于我们的深层意识中，存在于右脑之中。

左脑记忆实在没法和右脑相比。论数量，左脑和右脑的记忆力之比为 1∶1000 000；论质量，左脑的记忆是低速记忆、浅层记忆，很快就会消失得无影无踪，是一种“劣质记忆”，而右脑的记忆是高速记忆、深层记忆，它能过目不忘而且经久不失，是一种“优质记忆”。

除了具备神奇的记忆力之外，比起左脑，右脑还具有一种想象机能，能够将接收到的信息进行快速转换。右脑是通过图像进行思考的脑半球，所以能够在听到语言后将它变成图像，或者将图像变成语言。不仅如此，右脑还具有如下功能：把图像变成数字，或把数字变成图像；瞬间把点的集合（点集）变成数字，或把数字变成点的集合；把声音变成图像或乐谱，把声音变成颜色，把气味变成图像……

但是，我们人类拥有这么神奇的右脑，一般人却只使用靠“劣质记忆”来工作的左脑，他们的右脑一直在睡觉。因而，科学地开发右脑意义重大。

四、右脑开发训练法

如今，右脑的开发已经成为一项科学课题。科学家认为，人脑在三岁前发育完成60%，在六岁前则可发育完成90%，但左右大脑的发育快慢并不一样：右脑在三岁前就已发达，故人类在六岁前的思考以右脑为主；而左脑则要在45岁时才发达。因此在幼儿期有意加强开发负责控制感觉、想象力的右脑，会对成年后的创新能力起十分积极的推动作用。右脑开发不是一朝一夕的事，且年龄越小越好。此外，开发右脑还可进一步促进左脑的发育。

事实上，右脑的开发并不一定要有一个固定的公用的模式，也并不需要什么高深莫测的理论，更多的是来源于对其自身特点的认识和日常生活中的体验。以下是一些既常见又行之有效的右脑开发训练法。

（一）摆脱左脑控制法

锻炼右脑的传统模式都是要制造一个没有语言的无意识状态，此时右脑摆脱左脑的长期控制，充分自由运作，个人潜能得以发挥。此外，由于右脑支配左半身，控制左手运动，反过来，左手、左半身器官的运动也刺激右脑，因此有意识地调动左边的手、腿、眼、耳，特别是左手和左手指的运动，对大脑皮层产生良性刺激，也是开发右脑的有效方法。

（二）刺激指尖法

苏联著名教育家苏霍姆林斯基（B. A. Cyxomjnhoknn）说“智力发展表现在手指尖上”，他将双手比作大脑的“老师”。[①] 人体的每一块肌肉在大脑皮层中都有着相应的“代表区”，其中手指运动中枢在大脑皮层中所占的区域分布最广。现在许多父母让孩子练习弹琴是非常明智的，因为双手的准确运动会把相应的大脑皮层区域的活力激发出来，尤其是需要左右手并用的钢琴、电子琴，更能锻炼孩子的大脑，尤其是右脑。

（三）外语训练法

美国神经外科医生近年发现，当人只使用一种语言时，大脑左半球就够用，如果同时学习几种语言，就会“启用”大脑右半球。因此，勤学外语会使右脑活跃。

（四）体育活动法

养成每天进行适量运动的习惯，在打拳或做操时有意识地让左手、右手多重复几个动作，以刺激右脑。右脑在运动中的细胞激发比静止时来得快。由于右脑的活动，左脑的活动受到某种抑制，人的思想或多或少地摆脱了现成的逻辑思维方法，这样一来经常会产生

---

① 苏霍姆林斯基．给教师的建议．北京：教育科学出版社，2000：123.

灵感。

（五）音乐刺激法

心理学家发现，音乐，尤其是古典音乐，能够很好地开发右脑。因此我们应该多欣赏、学习音乐。在从事其他活动时，可以有意识地创造一个音乐背景。这样做是因为音乐由右脑感知，左脑并不因此受到影响，仍可独立工作，同时右脑在不知不觉中得到了锻炼。

当然，每个人可以根据自身特点，发展出适合自己的右脑开发方法。以上训练方法可以说人人都可以做到，时时都可以做到。右脑训练并不深奥，也不困难，只要长期坚持，天天训练，就能取得胜利。

第二节　创造性思维训练

知识是能力的基础，思考是行动的先导。一个人的思考力水平主要是由思维速度、思维广度、思想高度、思维深度决定的，因此形成科学的思维方式和完整的思考力体系至关重要。

思维并非神秘之物，尽管看不见，摸不着，来无影，去无踪，但它确实存在，是人所共有的能力。人类的思维通常可以归纳为抽象思维、形象思维、灵感思维三种类型，这三种思维都能够在广告创意中得到充分体现。

创造性思维的出现绝不是偶然的，它是人类经过有意识的反复训练，并在各类创造活动中勤于思考、勇于决断、长期实践、善于总结的产物。越是将多种思维形式综合运用，越有机会形成创造性思维。进行创造性思维训练的意义在于促使人们探索事物存在、运动、发展、联系的各种可能性，摆脱思维的单一性、僵硬性和习惯性，使思维具有多端性（流畅性）、柔软性（变通性、灵活性）和独创性（新颖性）。

一、逻辑思维训练

有一次，爱因斯坦的学生们向他求教什么是逻辑。爱因斯坦想了想说："有两个房屋维修工，当他们从同一个破旧的烟囱里爬出来时，一个很干净，另一个却非常脏，那么，他们谁会去洗澡呢？"一个学生马上说："当然是那位脏的！"爱因斯坦笑笑说："是吗？干净的维修工看到另一位满脸满身都是煤灰，他会觉得自己也很脏。而满脸满身都是煤灰的那位就不会那么想了。"另一位学生很兴奋地说："我知道了！干净的维修工看到脏的维修工时，会认为自己也很脏；但是脏的维修工看到干净的维修工时，会认为自己也很干净。所以一定是干净的那个去洗澡了。"同学们对这个答案似乎很满意。"但是，两个人同时从破旧的烟囱里爬出来，怎么可能一个是干净的，一个是脏的呢？"爱因斯坦慢条斯理地说，"这就叫做逻辑！"

逻辑思维能力人人皆有，但这种能力显然是有高下之分的。人的天性对思维能力固然有影响，但后天的教育与训练对思维能力的影响更大、更深。除了极少数天才之外，大多数人逻辑思维的提升更多地来自生活中的应用和训练。逻辑思维能力的训练是一种有目的、有计划、有系统的教育行为，其主要目的是改善思维品质，提高人的思维能力。只要能在实际训练中把握住思维品质，进行有的放矢的持续努力，就能功到自然成。

（一）推陈出新训练法

当看到、听到或者接触到一件事情、一种事物时，应当摆脱旧有方法束缚，运用新观点、新方法、新结论，尽可能赋予它们新的性质，反映出独创性。按照这个思路进行思维训练，就能推陈出新。

（二）聚合抽象训练法

把所有感知到的对象依据一定的标准和规律“聚合”起来，以明确它们的共性和本质。这个训练方法首先要求对感知材料形成总体的轮廓性的认识，通过感知发现其突出特点；其次要求从感觉到的共性问题分析，形成若干分析群，进而抽象出本质特征；再次要求对抽象出来的事物本质进行概括性描述；最后是形成具有指导意义的理性成果。

（三）循序渐进训练法

这个训练法能增强分析思维能力和预见能力。它帮助我们在对某个设想进行递进式、环环相扣式的严密思考的基础上，借助逻辑推理的形式，把结果推导出来。

（四）生疑提问训练法

这个训练法帮助我们敢于并且善于对事物，或过去一直被人认为正确的观点，或某种固定的思考模提出新观点和新建议，并能运用各种证据证明新结论的正确性。其训练方法是：首先，遇事多问“为什么”，并且养成习惯；其次，尽可能地寻求事物运动的规律性，或从不同角度、不同方向观察同一问题，以免被知觉假象所迷惑。

（五）集思广益训练法

此训练法是在一个组织起来的团体中，借助彼此交流，集中众多人的集体智慧，广泛吸收有益意见，从而提高思维能力。此法有利于形成讨论结果，人们还会通过相互间的比较、对照、切磋，有意无意地学习到对方思考问题的方法，使自己的思维能力得到潜移默化的改进。

二、想象思维训练

爱因斯坦 13 岁的时候对光速问题十分着迷。有一次，他躺在一个小山头上，有千万道细细的阳光射进了他的眼睛。爱因斯坦好奇地想，如果能乘一条光线去旅行，那将是什么样子呢？他想象着自己在进行一次宇宙旅行。想象力把他带进了一个神奇的场所，这个场所无法用经典物理学的观点来解释。回到家里，爱因斯坦对舅舅说："我努力想象自己在追赶一束光线，如果能追上，我想看看这种波是什么样子的。"在这个想象的指引下，爱因斯坦发现了接近光速运动的物体在空间上缩短和在时间上变慢的效应，并提出了一种新的理论以解释他的想象。这就是震惊世界的广义相对论。

后来，爱因斯坦认为，想象比知识更重要，因为知识是有限的，而想象力概括着世界的一切，推动着进步，并且是知识的源泉。

（一）想象思维的类型

想象思维是人脑通过形象化的概括作用对脑内已有的记忆表象进行加工、改造或重组的思维活动。它是形象思维的具体化，是人脑借助表象进行加工操作的最主要形式。它可分为两种类型：

1. 无意想象

无意想象是不受意识主体支配的想象，思维主体没有特定的目的，可以让思维的翅膀任意飞翔，达到一种非常自由的状态。

2. 有意想象

有意想象是受意识主体支配的思维活动，在这种状态下，思维总是在创新主体的支配下去实现既有目的。有意想象又可分为再造型想象、创造型想象和幻想型想象。

（二）想象思维的训练

1. 充满自信

想象源于自信，自信激励想象。自信的人，常常有卓越的想象力。因为他确信，只要自己能想到的，就一定会有办法去实现。

2. 储备感性形象

要在社会实践中开阔视野，尽量扩大对自然界和人类社会各种形象的储备。社会调查、参观、游览、欣赏影视歌舞、读书，都可以扩大形象储备。

3. 借用朦胧想象

不少科学家善于在睡意蒙眬的状态下思考问题。借用朦胧想象，能发现事物之间的一些原来意想不到的相似点，从而触发想象和灵感。

4. 融合想象与判断

合理的想象只有同深邃的判断力一道才能发挥作用。丰富的想象力既需思想活跃，又需判断正确。

5. 练习比喻、类比和联想

比喻、类比是想象力的花朵。经常打比方，可使想象活跃。

6. 多做随意性想象

要先放开思想想象，然后再把不合适的地方修改或删除。思想拘谨很难产生出色的想象。

如图 8－5，其想象非常丰富。它准确地把握了水果和想象对象之间的支点，惟妙惟肖地将水果刻画为趣味十足的新事物。想象，使安静的水果有了动感和张力。

图 8-5　想象创意图例

三、扩散思维训练

最早提出扩散思维的是美国心理学家、智力三维结构理论创始人乔伊·保罗·吉尔福特(Joy Paul Guilford)，1967 年他在《人类智力的本质》一书中，首次提出扩散思维是“从给予的信息中产生信息，其着重点是从同一来源中产生各种各样的为数众多的输出，其模式是从一到多”。有人形象地描述扩散思维像夜空中怒放的礼花，光芒四射。

如图 8-6 所示，扩散思维是指面对问题从多方面思考、产生出多种设想或答案的思维方式。它又被称为发散思维、辐射思维、求异思维、多向思维等。它以问题为出发点，其特点是多方向、多思路、多设想、多答案。它不受常规思维的束缚，可以海阔天空、异想天开、无拘无束地充分发挥想象力，具有流畅性、变通性、独创性等特点。扩散思维能避免从众心理，表现出思维的开放性。

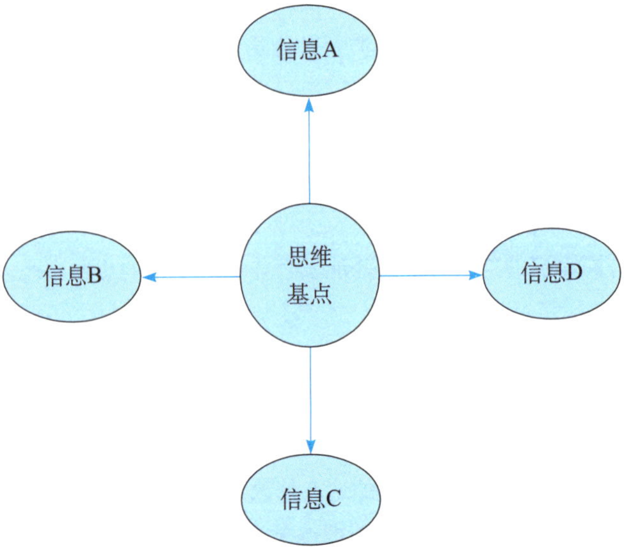

图 8-6　扩散思维图示

实际生活中，人们常常以材料、功能、结构、形态、组合、方法、因果、关系八个方面为扩散点，进行集中、多端、灵活、新颖的扩散训练，以开发创造性思维的能力。

（一）材料扩散

将某个物品确定为已知材料，并以之为扩散点，设想其多种用途和相关知识。

（二）功能扩散

以某种事物的功能为扩散点，设想出获得并利用该功能的各种可能性。

（三）结构扩散

以某种事物的结构为扩散点，设想正确利用该结构的各种可能性。

（四）形态扩散

以事物的形态（如形状、颜色、音响、味道、气味、明暗等）为扩散点，设想出利用这些形态的各种可能性。

（五）组合扩散

从某一事物出发，以之为扩散点，尽可能多地设想它与另一事物（或另一事情）联结成具有新价值（或附加价值）的新事物的各种可能性。

（六）方法扩散

以人们解决问题或制造物品的某种方法为扩散点，设想出利用该方法的各种可能性。

（七）因果扩散

以某个事物发展的结果为扩散点，推测造成此结果的各种原因；或以某个事物发展的起因为扩散点，推测可能发生的结果。

（八）关系扩散

从某一事物出发，以之为扩散点，尽可能多地设想它与其他事物的各种联系。“把梳子卖给和尚”这个故事就是成功运用扩散思维的经典案例。某企业招聘负责人交代三个应聘者：“以 10 日为限，各位向和尚推销梳子，届时请各位将销售成果向我汇报，我们择优录取。”10 日期限到时，第一人卖出一把梳子，第二人卖出 10 把梳子，第三人卖出 1 000 把梳子并有后续订单。第三人的办法是成功游说寺庙住持把梳子当作“开光”的礼品赠给香客，这样寺庙的朝圣者更多，香火也更旺。

聪明的推销员完全摆脱了“梳子—头发—和尚”的线性思维模式，而赋予梳子不一般的“积德行善，功德无量”的精神价值，超越了其梳头的简单物理价值，并将其作为佛祖保佑平安的宝物卖给怀着虔诚之心而来的香客。这样一来，推销员获得成功，寺庙获得利益。推销员聪明的发散思维取得了双赢效果。

四、集中思维训练

集中思维，又称辐合思维、收敛思维、聚合思维等。相对于扩散思维，它是一种异中求同、量中求度的思维方法。如图 8-7 所示，它以某个问题为中心，运用各种知识、方法、手段、观念等，从不同方向、不同角度指向这个中心点，并对已有的信息进行筛选、比较、概括与整合等，具有方向性、范围性、条理性等特点。

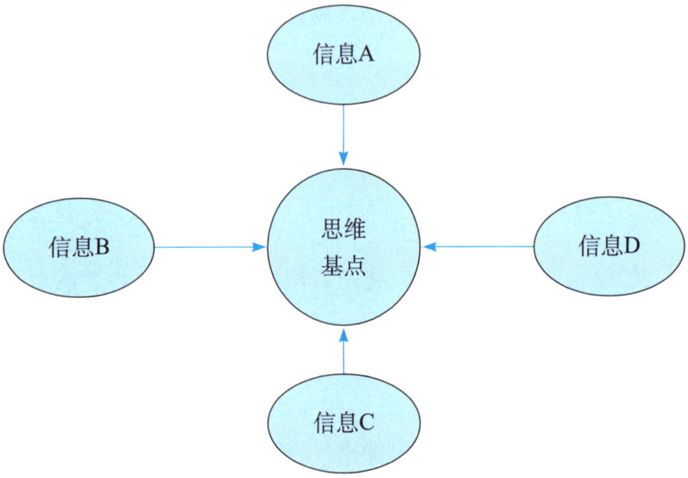

图 8-7　集中思维方法

这里以图 8-8 为例说明集中思维的运用。这是一幅表现洪水袭击城市街道的作品，记者威尔·莱斯特（Will Lester）2003 年 2 月 11 日拍摄于美国加利福尼亚州安大略城。作品的标题是《谁能让大雨停下来?》。作品中，没膝的水流、汽车溅起的水花、低能见度的街灯，还有空旷的街道等，都集中指向恶劣的天气，更有趣的是儿童手里的停车示意牌被利用起来，有趣而恰当地表现了人们在大雨天的心情。该图不用任何文字说明，而巧用集中思维，赋予众多元素同一个内涵，并使它们集中地指向同一个意蕴。这样一来，看起来散乱的意象群因为指向同一目标，而被思维线串成了有机整体。

图 8-8　《谁能让大雨停下来?》

（一）集中思维训练法

1. 目标确定法

对待任何问题，首先要正确地确定搜寻的目标，进行认真的观察并做出判断，找出其中关键的现象。目标的确定越具体则越有效。这就要求人们对主客观条件有一个全面、正确、清醒的估计和认识。长期用目标确定法进行实践和训练，能使人的思维自然而然地集中起来。

2. 求同求异思维法

我们要仔细观察身边的事物，着重注意相关联事物的异同，使求同求异思维成为一种条件反射式的习惯，这样我们的思维就会集中于事物及其特点上。例如我们在玩一种游戏“大家来找碴”时，思维就是高度集中的。长期训练，自然能使集中思维得到有效训练。

3. 聚焦法

围绕问题进行反复思考，有时甚至停顿下来，使原有的思维浓缩、聚拢，形成纵向深度和强大的穿透力，在解决问题的特定指向上思考，最终达到质的飞跃，顺利解决问题。有意识地多聚焦，对集中思维的锻炼大有裨益。

（二）集中思维与扩散思维的关系

扩散思维与集中思维是有显著区别的（见图 8－9）。从思维方向上来讲，二者恰好相反，扩散思维的方向是由中心向四面八方扩散；集中思维的方向是由四面八方向中心集中。从作用上讲，扩散思维有利于扩展人们思维的广阔性、开放性，更利于思维在空间上的拓宽和时间上的延伸；而集中思维则有利于从各路思维中选取精华，有利于使问题的解决取得突破性进展。创造性思维活动实际上是扩散思维和集中思维有机结合、循环往复而构成的思维活动。其活动过程是：集中→扩散→再集中→再扩散，或是扩散→集中→再扩散→再集中。

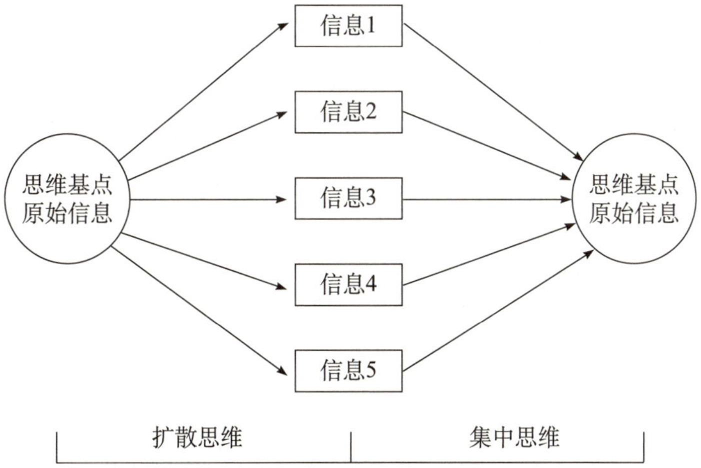

图 8－9 扩散思维与集中思维的区别

五、越障思维训练

越障思维也称超越思维，是指超越常规，打破思维定式，用不同于一般的思维方式进行思考的思维模式。越障思维具有不同于一般性的特点，它的主要特征是机智、灵活、富于创造性。这种思维没有固定的方式，提倡逆向、横向、多向思维，多角度、多方位思维，排斥常规思维和常态思维。常规思维可能如水过鸭背，点滴不进，使事情进入僵局，而越障思维则使思维相互摩擦而产生火花，结出硕果。

人的大脑思维有一个特点，就是一旦沿着一定方向、按照一定次序思考，久而久之，就会形成一种惯性。遇到类似的问题或表面看起来相同的问题，会不由自主地沿着上次思考的方向或次序去解决，形成思维惯性。多次以这种惯性思维来对待客观事物，就会形成非常固定的思维模式，即思维定式。

思维惯性和思维定式合起来称为思维障碍。显然，思维障碍阻碍了我们创造性地解决问题，对于创新是非常不利的。我们要进行创新思维，首先必须越过思维障碍。

（一）常见的思维障碍

1. 惯性思维障碍

人的思维不仅有惯性，还有惰性。一味地按照经验如法炮制，就会犯错误。

2. 直线型思维障碍

解决简单问题，直线型的思维方式就可以奏效，于是许多人就养成了直线思维的习惯，不善于从侧面、反面或迂回地去思考问题。

3. 权威型思维障碍

一切都按照权威的意见办事，不敢怀疑权威，不敢逾越权威半步，是创新思维的极大障碍。

4. 从众型思维障碍

实际生活中，大多数人都可能因从众心理而陷入盲目，明明稍加独立思考就能做出正确决策的事，偏偏跟着大家走弯路，这就是从众型思维障碍。

思维障碍是妨碍我们进行创新思维的拦路虎，而突破思维障碍的好办法就是扩展思维视角。人的思维活动不仅有方向，有次序，还有起点。在起点上，就有切入的角度。实际上，对于创新活动来说，这个起点和切入的角度非常重要。我们把思维开始时的切入角度叫做思维视角。扩展思维视角对认识客观事物会有极大的帮助，这是因为：

（1）事物本身都有不同的侧面。从不同的角度去考察，能更加全面地接近事物的本质。

（2）世界上的各种事物都不是孤立存在的，它们与周围的其他事物有着千丝万缕的联系。观察研究某一未显露本质的事物，可以从与它有联系的另一事物中找到切入点。

（3）事物是发展变化的，发展变化的趋势有多种可能性。

（二）越障思维训练法

1. 改变思路

大多数人都是按照常情、常理、常规去思考问题，但这样并不能解决所有问题，遇到困难时应该懂得变通。

首先，可以改变思考顺序。有时候解决问题可以从结果倒推。

其次，可以从对立面出发，可以直接跳到对立面去。对立的双方是既对立又统一的，改变这一方不行，改变另一方则可能有助于问题的解决。

最后，改变自己的位置。改变思考者自己的位置，从另外的角度看问题，这就是换位思考或易位思考。

2. 转换问题

问题是多种多样的，但彼此之间必有相通之处。对于难以解决的问题，与其死盯住不放，不如把问题转变一下以获得新视角。常见的转变思路有：化繁为简、化生为熟、化难为易。

3. 曲线策略

实际上在各个领域，为了克服困难、解决问题，都可能需要去改变思路，采取曲线策略。如以退为进，以更便利的条件前进；迂回前进，不回避，不转弯子，不兜圈子，总会找到路通向“罗马”；先做铺垫，创造条件。在面对一个不易解决的问题时，有时要先设置一个新的问题作为铺垫，为解决问题创造条件。

历史上有名的“曹冲称象”（见图 8－10）就是典型的运用越障思维的范例。由于当时科学条件的限制，人们无法准确称出大象的重量。聪明的曹冲却能突破常规思维，变“称象”为“称沙”，迂回前进，最终成功解决了问题。

图 8－10　曹冲称象

六、逆向思维训练

逆向思维是一种重要的思维方式。逆向思维也叫求异思维，它是对司空见惯的、似乎已成定论的事物或观点反过来思考的一种思维方式，即敢于“反其道而思之”，让思维向对立面方向发展，从问题的反面深入地进行探索。人们习惯于沿着事物发展的方向去思考问题并寻求解决办法。其实，对于某些问题，尤其是一些特殊问题，从结论往回推，倒过来思考，从求解回到已知条件，反过去想或许会使问题简单化，使解决问题变得轻而易举，甚至因此而有所发现。这就是逆向思维的魅力。

例如“司马光砸缸”的故事（见图 8－11）。有人落水，常规的思维模式是“救人离水”，而司马光面对紧急险情，运用了逆向思维，果断地用石头把缸砸破，“让水离人”，救了小伙伴性命。

图 8－11　《司马光砸缸救童》(国画)

与常规思维不同，逆向思维是反过来思考问题，是用绝大多数人没有想到的思维方式去思考问题。运用逆向思维去思考和处理问题，实际上就是以“出奇”达到“制胜”。

（一）逆向思维法的类型

1. 反转型逆向思维法

反转型逆向思维法即从事物运行的已知方向或条件的对立方向进行思考，产生发明构思。

2. 转换型逆向思维法

转换型逆向思维法指在研究问题时，解决问题的手段受阻而转换成另一种手段，或转换思考角度，以使问题顺利解决。

3. 缺点逆用思维法

缺点逆用思维法即利用事物的缺点，将缺点变为可利用的东西，化被动为主动，化不利为有利。这种方法并不以克服事物的缺点为目的，相反，它是将弊化为利，找到解决方法。

如图 8－12 所示，2005 年春晚节目《千手观音》给观众带来极大的震撼，令人回味无穷。节目中，聋哑舞者为观众带来完美的表演，让观众在关注、爱护特殊群体的同时，更加珍惜自己所拥有的健康，激励观众带着一颗快乐感恩的心去面对人生的不圆满并超越自我。这是典型的逆向思维创意，以“不完美”（反向）指向健康主题（正向）。

（二）逆向思维训练法

1. 逆向思考法

在考虑某一构想的过程中，如果遇到困难，可以有意识地朝与目的、形式、理论相反的方

图 8 - 12　《千手观音》舞蹈

向思考，可能反而会茅塞顿开。

2. 退步法

在触及问题实质但经过多次努力仍无法突破时，如果退一步对问题做再认识，就能海阔天空，意外地想出好主意。

3. 翻里作面法

彻底颠覆对某一现象的评价。例如，反过来对被认为最不足之处思考一番，就可能找到解决问题的线索。

七、形象思维训练

（一）形象思维的概念

形象思维也叫视觉思维，是人类思维的主要方式之一。人类在日常生活中经常使用这种思维，因为它直接、生动、快捷而高效。形象思维是借助外部世界反映在大脑中的形象进行的思维活动。形象思维利用一定的形象，通过分析比较来认识事物的本质和规律。它不是依靠逻辑，而是运用联想、想象进行思维。

图 8 - 13　《洪水与泰迪熊》

人类在接受外界信息，认识外部世界，识别、记忆、比较、想象时，大量利用形象和图像进行思维。形象思维经常受到情感的影响与制约，因为人是有情感的，特别是艺术家往往情感更丰富，所以情感因素总是介入形象思维。

图 8 - 13 是盖蒂图片社记者大卫·葛黎迪（David Greedy）于美国俄亥俄州拍摄的。暴雨导致该州西北部洪水泛滥。记者选用一只漂浮在洪水中的泰迪熊的形象作为前景，来描述洪水给人们带来的灾难。泰迪熊在西方是一种非常受人喜爱的玩具，用它做前景，并予以强调，使画面产生了相当强的

视觉冲击力。看着这一画面，就能感受到暴雨给人们带来的灾难。

（二）训练形象思维的方法

人的思维活动往往是通过左右脑机能的“谐振”来完成的。我们十分重视基本概念、基本规律和逻辑推理能力的培养，却忽视了对形象思维能力的培养，这不但使人们的思维结构得不到完善，同时因为抽象思维缺乏形象的有力“支持”，所以也在一定程度上影响了抽象思维能力的培养。训练形象思维有以下几种方法。

1. 增加形象储备

人的思维（即理性认识）是建立在感性认识的基础上的，抽象思维是如此，形象思维也是如此。引发形象思维的最恰当的意象并非凭空臆造，它根源于现实中的东西。离开了感性认识，形象思维便成为无源之水、无本之木。因此，要善于用形象说话，用生动的比喻和类比使抽象的概念形象化。

2. 强化想象训练

想象是最富有意义的形象思维形式，要有意识地进行强化训练。

3. 重视定性分析

形象思维是对问题整体、概略和方向的把握，重视对问题的定性分析有助于形象思维能力的培养。当面临问题时，通过对问题信息的知觉，想象问题情景，构建典型形象，揣测变化趋势，在头脑里建构起清晰的图像，然后再解决问题，便可事半功倍。

八、灵感思维训练

所谓灵感思维，即长期思考的问题，受到某些事物的启发，忽然得到解决的心理过程。灵感思维活动本质上就是一种潜意识与显意识之间相互作用、相互贯通的理性思维认识的整体性创造过程。灵感不是神秘莫测的，也不是心血来潮，而是人在思维过程中带有突发性的思维形式，是长期积累、艰苦探索的成果。

灵感与创新可以说是密切相关的。在人类历史上，许多重大的科学发现和杰出的文艺创作，往往是灵感这种智慧之花闪现的结果。

（一）产生灵感的方法

1. 久思而至

久思而至是指思维主体在长期思考、竟日不就时，暂且抛开思维客体，恰好是在这个“不思索”的过程中，无意中接近答案，完成久思未决的课题。

2. 梦中惊成

梦是以被动的想象和意念表现出来的思维主体对现实客体的特殊反映，是大脑皮层整体抑制状态中，少数神经细胞进行随机活动而形成的戏剧性结果。并不是所有人的梦都有创造性的内容。梦中惊成，同样只留给那些“有准备的科学头脑”。

3. 自由遐想

自由遐想指研究者自觉放弃僵化的、保守的思维习惯，围绕科研主题，依照一定的随机程序对自己储存的大量信息进行自由组合与任意拼接。经过数次，乃至数月、数年的意境驰骋和间接的逻辑推理，终于获得成功。

4. 急中生智

急中生智指来不及深入思考，情急之中随机选择举动，而结果证明这种行为恰好是正确的。

此外，产生灵感的方法还有：另辟新径、原型启发、触类旁通、豁然开朗、见微知著、歪打正着等。

（二）灵感思维的训练

1. 灵感的捕获

（1）长期的思想活动准备。灵感是人脑进行创造活动的产物，所以长期思考是基本条件。

（2）兴趣和知识的准备。广泛的兴趣、丰富的知识可提供经验以被借鉴，使人容易得到启示，是捕获灵感的另一个基本条件。

（3）智力的准备。主要包括观察、联想、想象。

（4）乐观镇静的情绪。愉快的情绪能增强大脑的感受能力。

（5）注意摆脱习惯性思维的束缚。

（6）珍惜最佳时机和环境。

（7）要有及时抓住灵感的精神准备和及时记录下灵感的物质准备。许多有创造性精神的人，都曾体验过获得灵感的滋味。但因为事先没有准备而没有及时记下这些灵感，时过境迁就再也记不起来了。当然并不是头脑里出现的灵感都有价值，但记录下来以后可以再慢慢琢磨，决定取舍。

2. 灵感的诱发

（1）思想点化。思想点化一般在阅读或交流中发生。如达尔文从马尔萨斯（Thomas Robert Malthus）的《人口原则》中读到“繁殖过剩而引起竞争生存”时，大脑里突然想到，在生存竞争的条件下，有利的变异会得到保存，不利的变异则被淘汰，由此促进了生物进化论的思考。这就是思想点化。

（2）原型启发。这是受自己要研究的对象的模型启发而产生的灵感。例如英国工人哈格里沃斯（James Hargreues）发明纺纱机的经过，就是因原来水平放置的纺车偶然被他踢翻变成垂直状态，他受到启发才研制成功的。

（3）形象发现。如意大利文艺复兴时期的著名画家拉斐尔想构思一幅新的圣母像，但很久难以成形。在一次偶然的散步中，他看到一位健康、淳朴、美丽、温柔的姑娘在花丛中剪花，这一富有魅力的形象吸引了他，他立刻拿起画笔创作了《花园中的圣母》。

（4）情景激发。我国作家柳青经过农村生活的体验写出了《创业史》，但七年后，当他想改写时却找不到感觉。直到又回到长安县（现西安市长安区）后，那些农民的语言、感情再次引发了他对农村生活的感悟，才产生了创作灵感。

以上是外部因素触发灵感。

（5）无意遐想。这种遐想式的灵感在创造中是很常见的。

（6）潜意识。这种灵感的诱发，情况更为复杂，有的是潜知的闪现，有的是潜能的激发，有的是创造性的梦境活动，有的是下意识的信息处理活动。

以上是内部积淀意识引发灵感。

第三节　创造技法训练

创造技法是对前人发明创造的实践活动进行总结得出的具体规律和方法。任何事物都是有规律的，发明创造也是有具体规律的。创造技法是从创造原理中派生出来并与实践密切结合的可操作的具体程序或者步骤。创造技法是一种技巧，它可以指导人们克服思维定式，促进想象、联想、直觉和灵感等非逻辑思维的形成。据不完全统计，迄今为止，全世界已提出各种创造技法 340 多种。灵活运用创造技法，可以帮助人们有效开展创造活动，提高创造效率。本节介绍几种常用的创造技法。

一、图像记忆法

记忆法是一种不依靠反复记忆，通常以某种口诀或是短诗的形式储存记忆来提高记忆效率的方法。图像记忆法就是记忆图像或画面，因为图像是多层次的，画面充满了细节，所以远比单层次的语言记忆（只有抽象的要点，没有细节）更让人印象深刻。

图形记忆法的工作原理是将图像和要记忆的文字或事物在发音或意念上建立某种联系。它是各种记忆方法及其应用的一个总括，包含了记忆力提升和应用的各个方面。要全面、准确地理解图像记忆，需要了解图像记忆三大体系（系统方法、记忆力训练、实践应用）之间的联系（见图 8 - 14）。

（一）系统方法体系

1. 图像转化

图像转化就是把我们所看到的文字、数字等材料统统转化为形象具体的图像来进行记忆，这就能够发挥出我们的图像记忆力了。没有图像的话，图像记忆力就运用不出来。

2. 图像联结

图像联结的意思就是运用想象把原本相互独立的各个图像联结在一起。

3. 图像定桩

定桩法可用来记忆比较复杂的材料。在记忆对象之外，再引入一些记忆工具来帮助记忆，这些记忆工具就叫做桩子。常用的桩子类型包括：数字桩、地点桩、身体桩、人物桩、字母桩、语句桩等。

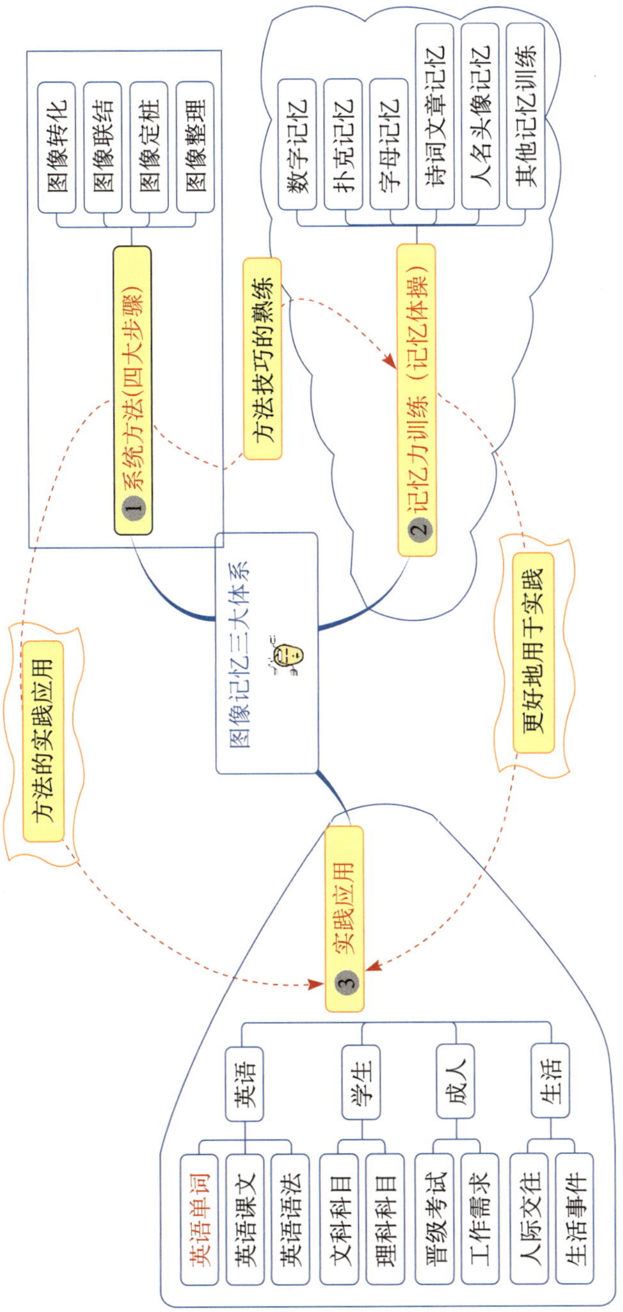

图8-14　图像记忆三大体系之间的联系

4. 图像整理

图像整理就是把原本杂乱无章的图像按照一定的顺序或一定的逻辑整理成一连串比较好记忆的画面。图像整理的目的就是要把转化出来的图像用更好的顺序或逻辑来记住。

然而，掌握了方法，并不意味着记忆力就会立刻有很大的提升，也不意味着无论记什么都一定会比以前快很多。因为记忆力本质上来说是一个技能，是需要训练的。方法是个基础，是入门，学会了方法，掌握了方法，才有可能去运用方法。而用得好不好、用得熟不熟练，是需要有一个训练和实践的过程的。掌握了系统的图像记忆方法之后，要想更好地用起来，有两个方向：一个是通过各种记忆力的训练来帮助自己更快更好地掌握方法的运用技巧；另一个就是非常直接地运用到学习和工作之中。

（二）记忆力训练体系

各种记忆力训练的方法统称为记忆体操。掌握了方法之后，要想把这些方法用得更快、更好、更熟练，可以通过一些记忆力训练方法（记忆体操）来进行训练。做这样一些训练，可能跟自己的专业学习、日常工作内容无关，只是一种单纯的、纯粹的训练。这种单纯的训练能帮助我们更快速地进行想象，更快速地把不相关的图像紧密联结在一起，对记忆方法的灵活运用有很大的好处。毕竟记忆方法的运用，需要我们掌握很多想象、联想的技巧，而记忆方法用得好不好、效率高不高，关键就是看我们的这些想象过程是否熟练。所以我们说，通过记忆体操的训练，能很好地帮助我们熟练、灵活、快速地把记忆方法应用到实践之中。

（三）实践应用体系

要把记忆方法运用到实践之中，我们当然也可以绕开记忆体操的训练，直接把学到的方法直接应用到自己的专业学习和工作之中。任何要记忆的资料、内容，都可以从图像记忆四大步骤之中找到方法，直接去进行记忆。

然而，要想把记忆方法灵活熟练地应用到专业科目、专业知识之中，是有一个比较长的过程的，这需要我们慢慢摸索方法的应用技巧，慢慢提升方法运用的熟练程度。

把图像记忆的方法运用到专业领域，同样有一个让人痛苦的训练、摸索过程，但是，一旦经过了这个过程，我们就能进入图像记忆方法运用的自由境界，可以很轻松、很快速地记住自己所学习的专业知识。

图像记忆这三大体系之间的关系，简单地说就是：系统方法是基础，是必须要掌握的；记忆力训练能帮助我们更熟练地运用记忆方法；而实践应用是我们学习记忆方法的最终目标。

我们对图像记忆法应该抱这样的态度：一方面，我们要明确，记忆方法的最终目的是要用到实践之中，我们要多去研究如何更好地、更灵活地把记忆方法运用到实践之中；另一方面，我们也要尽可能地多做一些记忆力训练、记忆体操，以便更熟练地掌握方法，更灵活地运用技巧，同时也可以传播记忆方法，让更多的人因此受益。这样，我们的图像记忆体系才能越来越完善、越来越实用、越来越被更多的人所接受并使用，记忆技术也能更快地得到普及。

二、反手刷牙训练法

习惯经常约束人的思考，令行为自动反应，妨碍新思维。哲学家詹姆士说，事实上，天才不过是有以非习惯性的方式去理解事物的能力罢了。作为创意人，我们必须充分了解自己的习惯，必须对自己的习惯有反省的自觉，并有意识地对抗自己的习惯。事实上，有一种简单实用而且有趣的方法能训练对抗习惯的能力：反手刷牙法。

首先我们要充分明了自己的习惯，例如：

起床时，从左向右翻身而起，还是从右向左翻身而起？

穿衣时，先穿上衣还是先穿裤子？

洗脸刷牙时，先洗脸再刷牙，还是先刷牙再洗脸？

刷牙时，是用右手刷还是左手刷？

如果你平时从左向右翻身起床，穿衣时先穿上衣再穿裤子，先洗脸再刷牙，用右手刷牙，就可以故意反其道而行，从右向左翻身起床，先穿裤子再穿上衣，先刷牙再洗脸，用左手刷牙。这就是反手刷牙训练法。

不要小看这些细微的习惯，改变它，几天内就能让你具备检查习惯的警觉性，促进创意的发生。

三、模仿创造法

（一）模仿的种类

创造学认为，人类所有的创造都是从模仿开始的。模仿创造法是一种由模仿引发物而设想出与其类似的创造物的创造方法。一般来说，创造活动分为两个阶段。第一阶段称为初期创造活动，主要依赖于模仿，因此称为模仿创造阶段；第二阶段称为后期创造活动，即在模仿创造的前提下进行再创造，这类创造往往突破模仿，成为一种独创。模仿通常可以分为以下几种。

1. 机械式模仿

这种模仿方式少有独创，只是把别人成功的经验和先进的生产方式直接地吸收过来，加以借用。

2. 启发式模仿

这种模仿是在其他对象的启发下做新的创造。

3. 突破式模仿

突破式模仿也可称综合性模仿，指将同一对象或几个对象中的某些方面借用到自己的创造中，使被模仿的东西发生质的变化，而成为自己的东西。

（二）模仿创造的种类

既然构成了模仿，就说明新生事物与被模仿物之间有一定的相似点，没有这些相似点，就无所谓模仿，因此，要找出事物的特点并按照要求建构模仿双方的联系。按照建构模仿双方联系的方式来划分，模仿创造可分为以下几种。

1. 原理性模仿创造

原理性模仿创造即按照已知事物的运作原理来构建新事物的运作机制。例如，电脑人工智能就是模仿人脑神经元素设计而成的。

2. 形态性模仿创造

形态性模仿创造即对已知事物的形状和物态进行模仿而形成新事物。如深圳世界之窗、锦绣中华等微缩景观是按照世界各国和我国的自然和人文景观修建的，军人的迷彩服是对大自然色彩的模仿。

3. 结构性模仿创造

结构性模仿创造即从结构上模仿已知事物的特点来创造新事物。如复式住宅来自对双层公共汽车结构的模仿，决策树方法是对自然界中树干与树枝结构的模仿。

4. 功能性模仿创造

功能性模仿创造即从某一事物的某种功能要求出发，模仿类似的已知事物。如人们受智能相机的启发，正试图研制出全智能操作的傻瓜电脑、傻瓜汽车。

5. 仿生性模仿创造

仿生性模仿创造指人们以生物界事物的生存、发展的原理、形状、功能为参照物，进行模仿创造，包括原理仿生、技术仿生、控制仿生、信息仿生等。

四、组合创造法

（一）组合创造法的概念

组合创造法是指将两种或两种以上的学说、技术或产品的一部分进行适当的叠加和组合。组合的思维基础是联想思维，只要想象足够丰富，巧妙的组合可以无穷无尽。组合创造可以使既有技术思想或既存物质产品，经过意义、功能、原理、构造、材料诸方面的组合变化，形成新的技术思想或新的物质产品。组合的方式可分为：成对组合、内插式组合、辐射式组合、系统组合、焦点组合、模块组合等等。爱因斯坦高度重视组合创造，他曾说，为了更经济地满足人类的需要而找出已知装备的新的组合的人就是发明家。

（二）组合创造的类型

一切思想或物质的组合都是力求使某一技术思想渗进另一技术思想，使某种物质产品的功能嫁接到另一种物质产品上。组合创造是无穷的，组合类型有以下几种。

1. 主体附加

主体附加，简单说就是主体上附加一个东西，产生一个新的发明。也就是说在原有的物品或技术思想上，增加新的物品或技术思想，从而获得功能更强、性能更好的新产品。

2. 异类组合

异类组合指两种或两种以上的不同种类的技术思想或物品组合在一起。通过异类组合可获得功能更强、性能更好的新产品。

3. 同物组合

同物组合指两种或两种以上的相同或相近的技术思想或物品组合在一起。

4. 重组组合

重组组合是在同一事物上施行的，分解原来事物的组合关系，使用新的技术思想将其重新组合起来而产生新的功能，获得新的成果的创造方法，简单说就是重新组合的意思。重组组合的要点为：其一，在同一事物上施行；其二，不增加新的技术产品。

在创意领域，组合原理有着广阔的用武之地。

五、奥斯本检核表法

所谓的检核表法，是根据需要研究的对象的特点列出有关问题，形成检核表，然后一个一个地来核对讨论，从而发掘出解决问题的大量设想。它引导人们根据检核项目的一条条思路来解决问题，以求比较周密地思考。奥斯本检核表法以该技法的发明者命名，是指引导主体在创造过程中对照九个方面的问题进行思考，以便启迪思路，开拓思维想象空间，促进人们产生新设想与新方案的方法。这九个大问题是：有无其他用途、能否借用、能否改变、能否扩大、能否缩小、能否代用、能否重新调整、能否颠倒、能否组合。

奥斯本检核表法的核心是改进，通过变化来改进。在众多的创造技法中，这种方法是一种效果比较理想的技法。由于其突出的效果，它被誉为创造之母。人们运用这种方法，做出了很多杰出的创意以及大量的发明。

（一）奥斯本检核表法的步骤

奥斯本检核表的基本做法是：首先，选定一个要改进的产品或方案；其次，面对一个需要改进的产品或方案，或者面对一个问题，从下列角度（详见延伸阅读）提出一系列的问题，并由此产生大量的思路；最后，根据提出的思路进行筛选和进一步思考、完善。

延伸阅读

亚历克斯·奥斯本（Alex Osborn），创造学和创造工程之父，“头脑风暴法”的发明人，美国著名创意思维大师，著有《创造性想象》。奥斯本检核表有以下内容：

（1）可以引入吗？是否能够从其他领域、产品、方案中引入新的元素、新的材料、新的造型、新的原理、新的工艺、新的思路，以改进现有的方案或产品？

（2）可以替换吗？是否能够用其他东西替代现有的产品、方案或某一部分？

（3）可以添加、增加、扩大吗？是否能够增加一些元素，或者使现有的元素的数值增加，比如新的材料、色彩？

（4）可以减少、缩小吗？是否能够通过

缩小某一要素的数值，比如长度、体积、大小、容量，或者减少一部分成分来实现改进？

（5）可以引出吗？可以将该产品或方案的原理、结构、材料、成分、思路等用于其他地方吗？

（6）可以改变吗？可以改变该产品的名词、动词、形容词属性和特征，以实现改进吗？

（7）可以逆反吗？能否在程序、结构、方向、方位、上下、左右等方面逆反，以实现更好的效果？

（8）可以组合吗？能否把现有的产品或方案与其他产品或方案组合起来，以形成新的思路？

（9）可以用于其他领域吗？本产品或方案能否扩大用途或者稍做变化后用于其他领域或其他用途？

（10）其他任何提问可以扩展吗？可以改变功能吗？可以放弃或舍去吗？可以涂改吗？……

利用奥斯本检核表法可以产生大量的原始思路和原始创意，它对人们的发散思维有很大的启发作用。当然，运用此方法时还要注意几个问题，它还要和具体的知识经验相结合。奥斯本只是提示了思考的一般角度和思路，具体操作时，应注重结合改进对象（方案或产品）来进行思考，并自行设计大量的问题，问题越新颖，思维越有创意。

（二）奥斯本检核表法的思路

奥斯本检核表法属于横向思维，以直观、直接的方式激发思维活动。它以提出问题、分析问题、解决问题为思维体系，善于提问是其前提和核心。奥斯本检核表法提供了常见的九大类75个问题。这些问题对于创造性地解决任何领域的问题都是适用的，它们不是奥斯本凭空想象的，而是他在研究和总结大量近现代科学发现、发明、创造事例的基础上归纳出来的。

第 1 类 1. 有无新的用途？
2. 是否有新的使用方法？
3. 可否改变现有的使用方法？

第 2 类 4. 有无类似的东西？
5. 利用类比能否产生新观念？
6. 过去有无类似的问题？
7. 可否模仿？
8. 能否超过？

第 3 类 9. 可否增加什么？
10. 可否附加些什么？
11. 可否增加使用时间？
12. 可否增加频率？
13. 可否增加尺寸？
14. 可否增加强度？
15. 可否提高性能？

16. 可否增加新成分？
17. 可否加倍？
18. 可否扩大若干倍？
19. 可否放大？
20. 可否夸大？

第 4 类 21. 可否减少些什么？
22. 可否密集？
23. 可否压缩？
24. 可否浓缩？
25. 可否聚合？
26. 可否微型化？
27. 可否缩短？
28. 可否变窄？
29. 可否去掉？
30. 可否变成流线型？
31. 可否减轻？
32. 可否分割？

第 5 类 33. 可否改变功能？
34. 可否改变颜色？
35. 可否改变形状？
36. 可否改变运动？
37. 可否改变气味？
38. 可否改变音响？
39. 可否改变外形？
40. 是否还有其他改变的可能性？

第 6 类 41. 可否代替？
42. 用什么代替？
43. 还有什么别的排列？
44. 还有什么别的成分？
45. 还有什么别的材料？
46. 还有什么别的过程？
47. 还有什么别的能源？
48. 还有什么别的颜色？
49. 还有什么别的音响？
50. 还有什么别的照明？

第 7 类 51. 可否变换？
52. 有无可互换的成分？

53. 可否变换模式？
54. 可否变换布置顺序？
55. 可否变换操作工序？
56. 可否变换因果关系？
57. 可否变换速度或频率？
58. 可否变换工作规范？

第 8 类 59. 可否颠倒？
60. 是否颠倒正负？
61. 可否颠倒正反？
62. 可否头尾颠倒？
63. 可否上下颠倒？
64. 可否颠倒位置？
65. 可否颠倒作用？

第 9 类 66. 可否重新组合？
67. 可否尝试混合？
68. 可否尝试合成？
69. 可否尝试配合？
70. 可否尝试协调？
71. 可否尝试配套？
72. 可否把物体组合？
73. 可否把目的组合？
74. 可否把特性组合？
75. 可否把观念组合？

奥斯本检核表法是一种强制性思考过程，有利于突破不愿提问的心理障碍。很多时候，善于提问本身就是一种创造。

六、移植法

吸取、借用其他领域的原理、方法、结构及成果，用以变革或创造新的事物，这就是移植法。它是一种应用广泛的创造技法。同时，这种方法可以将某个学科、领域中的原理、技术、方法等，应用或渗透到其他学科、领域中，为解决某一问题提供启迪、帮助。移植法的原理是各种理论和技术互相之间的转移，通常是把已成熟的成果转移到新的领域，用来解决新问题，因此，它是现有成果在新情境下的延伸、拓展和再创造。

（一）移植法的基本类型

1. 原理移植

原理移植即把某一学科中的科学原理用于解决其他学科中的问题。例如，电子语音合成技术最初用在贺年卡上，后来人们把它用到了倒车提示器上，继而运用到其他领域。

2. 技术移植

技术移植即把某一领域中的技术运用于其他领域以解决这些领域中的问题。

3. 方法移植

方法移植即把某一学科、领域中的方法应用于其他学科、领域以解决这些学科、领域中的问题。

4. 结构移植

结构移植即将某种事物的结构形式或结构特征部分地或整体地运用于另外的产品的设计与制造。例如，将缝衣服的线移植到手术中，出现了专用的手术线；将用在衣服鞋帽上的拉链移植到手术中，完全取代用线缝合的传统技术，出现了“手术拉链”，大大减轻了病人的痛苦。

5. 功能移植

功能移植即设法使某一事物的某种功能也为另一事物所具有，从而解决某个问题。

6. 材料移植

材料移植就是将材料转用到新的载体上，以产生新的成果。

以上各种移植方法可在创造过程中加以综合运用，取得更好的效果。

（二）移植法的思路

1. 成果推广型移植

成果推广型移植就是把现有科技成果向其他领域铺展延伸的移植。其关键是在现有成果的原理、功能及使用范围的基础上，利用发散思维寻找新载体。

2. 解决问题型移植

解决问题型移植就是从研究的问题出发，通过发散思维，找到现有成果，通过移植使问题得到解决。

综上所述，运用创造技法固然能够提高效率，改善思维，便于创新，但它只是思考问题的方法。从根本上来说，创造技法不能代替智力因素（观察力、记忆力、思维能力、想象力和操作能力）和非智力因素（情绪、意志、兴趣与性格等）。只有具备了上述因素，运用创造技法才能产生良好效果。可见，创造技法并不是万能钥匙，运用它也必须有一定的方法。基于此，有日本创造学家提出了运用创造技法的七个原理：

（1）生动原理。运用创造技法不要生搬硬套。

（2）刺激原理。要自觉利用各种信息的刺激。

（3）希望原理。要通过运用创造技法，培养出强烈的创造意识和成功欲望。

（4）环境原理。要创造良好的创造环境。

（5）比较原理。解决同一个问题，可以运用不同的创造技法，要通过比较，选择更有价值的技法和设想。

（6）结构原理。各种创造技法之间存在有机联系。

（7）概率统计原理。采用尽可能多的创造技法，获得尽可能多的创造性设想，是提高创造成功率的必要条件。

第四节　创新的个性品质训练

一、胆识

胆识是一个人胆量、胆略的度量，体现了一个人的冒险意识。在广告创意中，我们需要有胆识的人，需要勇于想象，敢于冒险，提出自己的观点和看法，大胆自信地表达自己的创意，哪怕观点受到同行的否认，也勇于表达自己的想法意见，而不是随波逐流。好的创意往往来源于此。

广告大师罗伊·格雷斯非常看重勇于思考和大胆思考。他喜欢不怕挑战的人。他更愿意雇用那些勇于冒犯错误的危险而不唯唯诺诺做事的人。他说："有许多广告看起来很不错，你找不出什么错误"，"但那些与众不同的广告通常有点不敬、愚蠢或者危险，有些甚至越轨，招致客户的反对，使创意陷入麻烦之中。创作与众不同的广告就像走钢丝，没有勇气尝试，就永远只能创作平庸的广告。"①

因此，在创新个性品质训练中，我们要加强胆识的训练。加强胆识训练，首先需要训练大无畏的勇气和信心。马克思说过，在科学上没有平坦的大道，只有不畏劳苦、沿着陡峭山路攀登的人，才有希望达到光辉的顶点。大无畏的勇气，就是要不畏劳苦和艰难，勇往直前，甚至要不怕牺牲生命。出生于意大利的思想家布鲁诺（Bruno），为了宣扬日心说和宇宙无限的思想，不向教会屈服，被罗马教廷判以火刑。布鲁诺镇静地向架好的柴堆走去，豪迈地说："我愿做烈士而牺牲！"大无畏的勇气，还表现在不畏风险和失败上。爱迪生一生取得 1 300 多项发明专利，被誉为"发明大王"。他的成功经历了无数次的失败：为寻找电灯的灯丝，他试验了 1 600 多种耐热材料和 6 000 多种植物纤维；为了试制一种新的蓄电池，他失败了 8 000 多次。因此爱迪生常常说，天才不过是百分之一的灵感，再加上百分之九十九的汗水。

其次，加强胆识，还须不畏嫉妒和嘲讽。嫉妒是一种普遍性、长期性、根深蒂固的恶习，创造者必须学会对付它。伟大的诗人但丁有句格言：走你的路，让人们去说吧！胆识的提升，需要有大无畏的精神，需要不畏惧艰难的勇气。敢于尝试，大胆想象，创意也许就在一瞬间产生了，并能够产生惊人的效果。

如何将枯燥的汽车广告变得更加有趣？沃尔沃邀请瑞典广告公司 Forsman & Bodenfors 合作推出了一则两分钟的广告《极限滑翔》（The Flying Passenger）：在位于克罗地亚阿尔卑斯山山口的公路上，拍摄了一辆由老司机驾驶的沃尔沃卡车的"放（人形）风筝挑战"的视频作品。扮演风筝的是职业滑翔伞运动员吉洛姆·伽伐尼（Guillaume Galvani）。这则广告没有花很大的篇幅去宣传汽车的性能操控或是外形，而是通过一个惊心动魄的现场试验让观众着实体验了空中滑翔的快感。如何突出汽车的性能和安全性，广告以人在天上飞为创意点，利

① 明斯基，卡沃．如何做创意．北京：企业管理出版社，2000：103，105.

用沃尔沃卡车前进中的风力帮助后方的人起飞滑翔，并安全穿过山谷。通过卡车司机和滑翔者之间的配合，凸显了沃尔沃品牌汽车在准确控制车速、稳定性和安全性上的特性（见图 8-15、图 8-16）。

图 8-15 沃尔沃“放（人形）风筝挑战”之一

资料来源：http：//www. pps. tv/w _ 19ruj057c1. html.

图 8-16 沃尔沃“放（人形）风筝挑战”之二

资料来源：http：//www. pps. tv/w _ 19ruj057c1. html.

二、毅力

毅力指的是持之以恒、锲而不舍的意志。决定一个人成败的关键在于毅力，在于那种百折不挠的对既定目标的追求。马克思为了创立科学社会主义理论，在大英博物馆图书室的座位下留下了两个深深的足印；我国大书法家王羲之“临池学书”，洗墨笔把池水都洗黑了。持之以恒、锲而不舍的意志是自信心的表现，是创造性思维的“加速器”。毅力在广告创意中同样重要，正如广告大师罗伊·格雷斯给广告创意者的忠告，如果你真的喜欢上做某事，你就要对此坚信不疑。坚持到底，你就会成功。真的会成功。你所要做的就是坚持不懈。

对于广告创意人来说，特殊的行业性质决定了其生活的特性，常常处在欢乐与痛苦、成功与失败、希望与绝望之间。当最后交稿的期限来临时，广告创意人可能依然毫无创意，自己认为很好的创意却得不到客户的认同。这时不能灰心气馁，更应该鼓起勇气，愈挫愈勇，更需要一种置之死地而后生的顽强的毅力。毅力会激发出一种绝处逢生的大智慧。

美国一位聪明的苹果园主杨格的经历可以给我们以启发。他的苹果园在新墨西哥州的高原地区。一次，一场特大冰雹的袭击将硕大的红苹果打得遍体鳞伤。杨格已经订出了 9 000 多吨货，该怎样走出已注定是“损失惨重”的“绝境”呢？这个时候他并没有被打败，而是凭着自己的毅力和创新精神，打出了与众不同的广告：“如果您对收到的苹果有不满之处，请函告本人，苹果不需退还，货款照退不误。”这种绝无仅有的广告语言具有很大的吸引力，招徕了许多买主。高原苹果味道甜美，少有污染，很受顾客的青睐。当遭遇到自然灾害、面对伤痕累累的苹果时，杨格并没有坐以待毙，一下子陷入绝望之中，而是在困境中静静地思索，凭着自己的毅力，找到了危机状态下逃逸的出口。他拿起一个苹果尝起来，发现被冰雹打击后的果肉口感更好，因此他想到了一个绝妙的主意。他从床上翻身下来，打算连夜把苹果照旧发运出去，只是他在每一个箱子里都附了一张这样的纸片，上面写着：“这批货个个带伤，但请看好，这是冰雹打出的疤痕，是高原地区出产的苹果的特有标记。这种苹果果紧肉实，有妙不可言的果糖味道。”买主半信半疑地品尝后，发现味道确实很棒，真是“高原特有的味道”，就接受下来。此后甚至有人专门要求杨格提供带伤疤的苹果。

杨格的成功在于，在常人所认为的“厄运”“绝望”面前他并没有失去意志，并没有被绝望所打倒，而是凭借着自身顽强的毅力，从绝望走向了希望。他不是以束手待毙的心态去对待遭受重创的苹果，而是能从品尝带伤疤的苹果中发现其“内在特质”，从而挽救了整个局面。

可见，毅力是决定广告创意成败的关键，正如尼克松所言：“胜利的道路是迂回曲折的。像山间小径一样，这条路有时先折回来，然后伸向前去；像山间小径一样，走这条路的人需要耐心和毅力。累了就歇在路边的人是不会得到胜利的。”

三、追求卓越

广告创意作为一种精神性劳动，有着自己行业的特点，它并不是一个机械化的复制过程，而是需要一种创新精神，需要创造力。但思维往往受局限，创意有时候会枯竭。广告创意者如何才能产生源源不断的创意？创意源泉在何方？这需要创意者不断提升自己，追求卓越。

（一）广泛的兴趣

兴趣是创意动机的表现形式之一。兴趣是人们积极探求某种事物的认识倾向。只有你对某种事物发生浓厚的兴趣时，身心才会处于积极主动的状态，不遗余力地去追求它、探寻它，创意才会产生。广告大师詹姆斯·韦伯·扬认为，优秀的广告创意者需要具有两种独特的性格。第一，普天之下，没有什么事物是他不感兴趣的。例如，从埃及人的葬礼习俗到现代艺术，生活的每一个层面都使他向往。第二，他广泛浏览各学科中的所有信息。对比而论，广告人和乳牛一样，不吃嫩叶就不能产乳。作为美国广告学“芝加哥学派”的掌门人，李奥·贝纳以他丰富的人生阅历和卓越的广告才能，为国际广告创意领域贡献出了许多真知灼见。李奥·贝纳认为，广告创意人员应该对事物有广泛的兴趣。他以自己的亲身经历告诉我们广泛的兴趣是追求卓越的关键。起初，他对汽车一点都不懂，但是他很好奇，是什么使马达不停地运转？他用通俗的语言写了很多科技方面的文章，丰富了对汽车的认识和了解。同时，他在报社的编辑写作经历也极大地提高了他的文字表述能力，使他可以胜任广告文案这样高难度的写作工作。他说：“写广告文案比写报纸难多了。因为广告文案必须紧凑，但又必须把事实都表述出来。在报社我学会了如何交流，如何将色彩和趣味融入广告文案中。但是从一件商品中找到神奇的东西，使人们感兴趣，并一步步引导人们做出购买的决定，那完全是另一种艺术。”①

对于广告创意人来说，他需要对任何事物都保持一种好奇感，对任何事物都有兴趣，然后认真去钻研，把完全陌生的领域变成自己所熟知的领域，增加自己的阅历，这样才有可能产生创意。如果对自己不熟悉的领域表现出排斥的心理，不愿意去接受，便不能产生好的创意。

（二）强烈的求知欲

求知欲是促进人进行创造性活动的重要动机。爱因斯坦说，对真理的追求要比对真理的占有更为可贵。因为追求的过程就是一个探索的过程，而在探索过程中，又会不断地激发起人们的好奇心和求知欲。一个优秀的广告创意者需要对产品、人和广告具有强烈的好奇心和求知欲。

广告创意主体需要认真学习各方面知识，扎实的知识储备、丰富的知识底蕴是成功的广告创意取之不尽、用之不竭的源头活水。培根曾经说过：“知识就是力量。”这句至理名言对于广告创意主体同样适用。广告创意主体在工作中应该不满足于现状，不断加强自己的知识储备，提高自己的观察认知能力，以提升自己的创造力。

（三）一颗积极进取的心

对于广告创意者来说，除了想出产品的创意以外，更重要的是能够使该产品在同类产品中脱颖而出，在一瞬间抓住受众的眼球，打动受众的心。这就需要创意者能够始终保持一颗积极进取的心，不安于现状，不沉浸在自己曾经创作出的优秀作品之中，而是努力打破现状，不断地学习、思考，提升自己的创造力、想象力与辨别力，做出更多更好的创意作品。如高露洁牙

---

① 希金斯．广告文案名人堂：企业培训版．北京：中国财政经济出版社，2003：38.

齿清洁剂广告（见图 8－17、图 8－18）、麦当劳薯条的无线网广告（见图 8－19）。

图 8－17　高露洁牙齿清洁剂广告之一

图 8－18　高露洁牙齿清洁剂广告之二

图 8－19　麦当劳薯条无线网广告

四、自我激励

自我激励是指广告创意者不以外界的奖励和惩罚作为奖罚手段，而是在工作中自己设定目标并努力工作的一种心理特征。

德国人力资源开发专家斯普林格（Springer）在其所著的《激励的神话》一书中写道：“强烈的自我激励是成功的先决条件。”[①] 人的一切行为都是受激励产生的，不断的自我激励，会使人有一股内在的动力，朝所期望的目标前进，最终达到成功的顶峰——自我激励是一个人迈向成功的引擎。

在广告创意中，要开发人的思维潜能，首先要从教育的良性暗示入手。其中主要的原则就是“多鼓励，少批评”，以便在人们的内心建立起健康的自尊。接受越来越多的负面暗示，就会极大地阻碍创意者思维的开发。广告创意者进行自我激励有以下几种方法。

（一）直面困难

当困难来临时，不要退缩。困难对于脑力运动者来说，不过是一场场艰辛的比赛。真正的运动者总是盼望比赛。如果把困难看作对自己的诅咒，就很难在生活中找到动力。如果学会了把握困难带来的机遇，你自然会动力陡生。

（二）调整好自己

实现目标的道路绝不是坦途，它总是呈现出一条波浪线，有起也有落。但你可以安排自己的休整点。创意工作者思维混乱的时候，要调整好自己，给自己一段时间放松，暗示自己目前的困境只是暂时的，这才是明智之举。在不断调整自己的过程中获得能量，在重新投入工作时才能更富激情。

（三）敢于竞争

竞争给了我们宝贵的经验，无论你多么出色，总会人外有人，所以创意者需要学会谦虚。努力胜过别人，能使自己更深地认识自己；努力胜过别人，便在生活中加入了竞争“游戏”。不管在哪里，都要参与竞争，而且总要满怀快乐的心情；要明白超越别人远没有超越自己重要。

（四）走向危机

危机能够激发人竭尽全力。如果无视这种现象，我们就会愚蠢地追求舒适的生活，努力设计各种越来越轻松的生活方式，使自己生活得风平浪静。当然，我们不必坐等危机或悲剧的到来，从内心挑战自我是生命力量的源泉。圣女贞德说过：“所有战斗的胜负首先在自我的心里见分晓。”

---

① 宋振杰．成就精彩的自己（五）．http：//www. chinahrd. net/manage/info/98766.

（五）远离安逸的环境

不要沉溺于安逸的环境之中，满足于现状。广告创意人需要不断地提升自己，挑战、激励自己。正如戴尔·卡耐基所言，安逸的环境只是你身心疲惫的避风港，并不是安乐窝。只要下定决心克服恐惧，便几乎能克服任何恐惧。因为，请记住，除了在脑海中，恐惧无处藏身。

五、潜意识

潜意识指的就是潜藏在我们一般意识下的一股神秘力量，是相对于显意识而言的。如果将人类的整个意识比喻成一座冰山的话，那么浮出水面的部分就属于显意识的范围，约占意识的5%。换句话说，95%隐藏在冰山底下的意识就是潜意识。广告大师奥格威说，创作不止于理性，它是一种意念，受制于直觉，受潜意识启发。在创作之时从事一些与创作看起来无关的事情，如听音乐、沐浴、园艺、散步等活动，有助于产生创作的灵感。①

如果我们能够很好地开发我们的潜意识，将会激发我们的潜力，获得更多的创意。潜意识的开发可以从以下两个方面进行：

首先，训练开发潜意识无限存储记忆的功能，为我们的思维提供丰富的素材源泉。“事事留心皆学问”，要大脑更聪明，更有智慧，更富于创造性，更符合现实性，就必须给潜意识输送更多的相关信息。

其次，开发利用潜意识自动思维创造的智慧功能，帮助我们解决问题，获得创造性灵感。有不少人苦思冥想某一问题，结果却在梦中，或是在早晨醒来，或在洗澡时，或在走路时突然得到了答案或灵感。所以我们要随时准备纸和笔，记下突然而来的灵感。电影大王邵逸夫在任何地方都备有一本记事簿，一旦灵感浮现，便立刻记下来。

六、直觉

直觉思维，是指不受固定的逻辑规则的约束，直接领悟事物本质的一种思维形式。直觉思维具有迅捷性、直接性、本能意识等特征。直觉思维对于广告创意来说是促成灵感产生的最有价值的部分。

直觉思维有广义和狭义之分。广义上的直觉是包括直接的认知、情感和意志活动在内的一种心理现象，即它不仅是一个认知过程、认知方式，还是一种情感和意志的活动。而狭义上的直觉是指人类的一种基本的思维方式，就是人脑对于突然出现在面前的新事物、新现象、新问题及其关系的一种迅速的识别，敏锐而深入的洞察，直接的本质理解和综合的整体判断。

直觉是人们在生活中经常运用的一种思维方式。很多时候，当我们感知一件事情时，说不清具体的原因，凭的是个人的直觉。例如军事将领在紧急情况下，下达命令首先凭直觉；足球运动员临门一脚，更是毫无思考余地，只能凭直觉。

---

① 奥格威．一个广告人的自白．北京：中国友谊出版公司，1991：14.

科学发现和科技发明是人类最客观、最严谨的活动之一。但是许多科学家还是认为直觉是发现和发明的源泉。诺贝尔奖获得者、著名物理学家玻恩（Max Born）说，实验物理的全部伟大发现都来源于一些人的直觉。

直觉是一种非逻辑思维形式。对其所得出的结论，没有明确的思考步骤，主体对其思维过程没有清晰的意识。

广告创意者贝尔（Bell）认为，头脑中最初闪现的灵感是最有价值的。“许多人都会告诉你，他们的最终成品恰恰来自他们最初的灵感。你花费了一周又一周的时间去寻找一个更好的创意，但实际上你什么也没做。当我问‘工作进展如何’时，每次的回答总是‘我正在做’。我一点也不奇怪。我们在DDB有一个叫‘闪电创意 ’（blitzkrieg advertising）的游戏。一个人说一个产品名，另一个马上脱口说出他头脑中闪现出的第一条广告语。我们经常做这个游戏。它很有帮助。”①

培养直觉思维的能力可以从以下几个方面入手：

首先，要有丰富扎实的基础知识。直觉判断不是凭主观意愿，而是凭积累的知识、规律。

其次，要有丰富的生活经验。直觉的产生仅凭书本知识是不够的，直觉思维迅速、灵活、机智，需要有较多的经历、曾经经历过许多困难、解决过各种复杂的问题。

最后，要有敏锐的观察力。要有全面审查的能力，较快地看清事物全貌。

【思考与练习题】

1. 为什么说广告创意是创造性的思维活动？
2. 从下列公益广告主题中选择一个，用广告创意的相关技法来创意，并写出创意说明。
   诚信　环保　防治艾滋病
3. 仔细阅读下列案例并回答问题：案例中涉及哪些思维？涉及哪些创意技法？

冬天里的一瓶水②

陈大治是市场营销专家。东北的一家饮料企业老板提出要求：从12月到来年1月仅仅两个月的时间内，要完成其产品“生命水”的上市；目标市场海威市的销售量要达到两万箱，终端数量达到700家。两万箱，是其旺季销售的20倍；该企业原有的终端才100多个，两个月要达到700家。海威市人口才100万，两万箱意味着每人都要喝一瓶“生命水”。

陈大治发现，这两个月是节日最多的时间段，有情人节、圣诞节、元旦、春节，正好可以利用。他决定组织“喝生命水，送超值美钻”活动，而且要大范围送，要无须多买水就可以得到，这样才能绝对超值。广告方案如下。

方法一：促销时间内赠送100颗美钻，每颗价值5 600元。采用抽奖方式确定获得者。

方法二：促销时间内，每购买两箱生命水（价值100元），就可以获得价值800元的美钻购买代金券，在指定珠宝行购买美钻。

---

① 百度文库．如何提高创意杀伤力．http：//wenku. baidu. com/view/f2b72e1d59eef8c75fbfb3d0. html.

② 喻祥，蒋云飞．生命水：重奖“撩”热消费者．成功营销，2004（03）．

规定：一切规定于活动期内有效。消费者在指定珠宝行购买钻戒，能够享受七折优惠。购买一颗钻戒，一次最多可用两张美钻购买代金券。

广告实施八周后，“生命水”出货量已达4万箱（均为款到发货，主要指渠道囤货）；终端动销近3万箱，平均每月1.5万箱，且有上升趋势；该企业知名度已在海威市达100%；大经销商发展为六家，终端客户达1 000家；最为重要的是，营销队伍已从4人发展到30人，并在活动过程中得到了实战锻炼与提高；海威市月销售量已稳定在旺季销量的30倍。

卖水，送美钻，可能吗？算这样一笔账：普通大小的裸钻在国外供应商的出货价一般是1 000元左右，钻戒厂家加上的白金托是260元，钻戒也不过1 260元，但珠宝行的零售价是5 600元，如此大的差价空间，带来了机遇。

大批量购进钻石可得到一个合适的价格。广告代理商可找当地最大的珠宝行，要求联合完成促销活动。给珠宝行的钻石价格要远远低于珠宝行在正常渠道的进货价格，促销活动能给珠宝行带来更多顾客，可以赚取大量加工费并打击同行。另外，可要求珠宝行按原零售价的70%降价卖给消费者，以吸引更多顾客。对消费者的要求是消费者要参加活动，凭活动券才可以获得优惠。

看来，“生命水”不但送得起美钻，还能在美钻上获得超过卖“生命水”的利润。这一广告活动对珠宝行来说带来了人气，对消费者来说，更是百分之百得到了实惠。

“喝生命水，送超值美钻”广告掀起了大波涛，圆了厂家的销售梦，圆了店家的人气梦，更圆了消费者的钻石梦，而这一切都来源于广告的一个创意。

第九章

广告创意人才的素质与教育

如果你并不拥有十足的创造力、丰富的想象力，对万事万物也没有太多的好奇和疑问，那么，我劝你最好离广告这行远一点。

——李奥·贝纳

【学习要点】

- 了解优秀广告创意人才应具备的基本素质。
- 了解广告创意人才培养的途径。
- 了解台湾广告创意教育的大致情况。

关键词

基本素质　人才培养　台湾地区　广告创意教育

第一节　广告创意人的基本素质

一则广告成功与否很大程度上取决于创意，创意是广告的灵魂和生命，是准确传达商品或劳务信息、建构品牌形象、实现营销目标和广告战略的关键环节。许多人以为做创意只要能不断地迸发出火花，能不断地产生好的点子就行了，以为广告创意人应有无拘无束、放荡不羁的性格，丝毫的约束都是对创意人的扼杀，其实不然。广告创意人都是“戴着镣铐的舞者”，他一方面要以策略为导向，引导消费者去了解产品、认识产品，从而产生消费行为，实现消费功能；另一方面要充分展示商品感性的一面，从情感上打动消费者。因此，广告创意人对产品的认识、把握和展现方式决定着广告的质量。

具有独创意识并了解受众需要是广告创意人成功的重要条件，从这一层面来说，广告创意人应是“半个诗人加上半个商人”。创意人员永远不能用教条的方式对产品进行定位，而应该运用感性的手法把重要元素或动人情节在广告中巧妙地表现出来，通过这种隐蔽的方式不断增加广告的“软性”成分，使广告具有艺术性和人情味，从而更加吸引人，更具有视听效果。要做到这一点，创意人员就要对产品本身有深入的了解，同时还必须有深厚的文化积淀和丰富的生活体验。只有这样才能做出立意新颖、个性鲜明的创意。因此，广告人，尤其是广告创意人员必须具备多元的知识结构和较高的综合素质。

一、开放的知识结构

广告创意的关键在于如何将观念转变为具有市场价值的商品，这需要创意者具有超强的创造力。而广告创意人发挥创造力的过程实则是大脑对“库存”知识快速的嫁接整合，通过对知识的反复比对形成可使用的概念。这就对广告创意人的知识结构提出了较高要求。一般来说，广告创意人才的知识结构是“T”形结构。其中“｜”代表专业知识，“—”代表横向的相关知识，“T”形知识结构要求广告创意人既要有扎实的专业基础，又要对众多相关学科有广泛的了解和相当的造诣。因此，广告活动作为商业文化传播活动，要求广告创意人员具有经济、文化、传播等方面的知识。

（一）掌握相关经济知识和科学研究方法

广告活动作为一种商业活动，是企业营销活动的一部分。艺术创作可以不考虑市场的价值，但广告创意要为客户提升品牌形象、创造市场销售业绩。没有市场价值的创意，绝不是优秀的创意，这是广告创意与艺术创作的根本区别所在。广告创意不应该指向自我精神世界，而必须直指市场的销售。

广告活动的商业性要求广告创意人首先要对经济、市场、市场规律、人的消费行为和消费习惯等都有很深刻的认识。如果对这些仅仅略知皮毛、一知半解，那么创作出来的广告作品就不会打动消费者，也不会在市场上产生强烈的反响。

其次，创意不是信手拈来，更不是“拍脑袋”空想出来的。作为营销活动的一部分，它是极其注重科学性的社会行为。在进行广告创意之前，一般要先做广泛的市场调查，通过问卷调查、网络调查、访问或者到图书馆、档案部门进行查阅资料等方式取得素材。在对市场信息、消费心理、产品竞争优势、同类产品情况等进行大量的数据分析之后，才能研究对策，确定总体宣传意图和核心创意，建立一个与目标消费者沟通的渠道，通过对受众进行感官刺激来传达产品信息，以激发消费者的购买欲望。索尼公司为了摆脱在中国年轻人眼里属于上一辈人的品牌的困境，给了 50 个年轻人每人一部数码相机来记录自己的日常生活，以收回的图片作为下一步产品设计开发的依据。可见，通过市场调查、资料分析获取有用信息是广告创意人员应该具备的能力。

（二）掌握独特的思维方式和必要的艺术知识

广告活动作为一种文化活动，最终要艺术地表现出来，应以艺术化的表现手法渲染作品的意境，提高广告的艺术品位，强化广告的市场效果。

广告活动作为一种特殊的文化活动，要求广告创意人员具有独特的思维方式。广告创意人员实质上是推销员的化身、商品的形象顾问。在创意过程中，广告创意人必须始终牢牢抓住一个核心，即一切以市场为出发点，以营销策略为导向。这要求广告创意人必须学会用独特的思维方式去观察、分析、推理、判断，从而发现那些潜在的、不为常人所注意的新的观念、新的产品、新的市场、新的营销策略。广告创意不是闭门造车的苦思冥想，也不是天马行空的神游艺术，而是用感性的手法“明修栈道”，以极强的逻辑行销技巧“暗渡陈仓”，最终达到占领市场、实现销售的目的。

好的广告创意需要通过恰当的表现手法加以呈现，因此广告创意人必须具备写作、绘画、摄影等实际操作技能。其中写作是从语言方面进行构思、创作，而绘画、摄影则是从形象方面进行构思和创作。

（三）掌握各种传播理论和传播技能

因为广告活动是一种传播活动，因此广告创意人员必须熟练掌握各种传播理论和传播技能。知识经济下的广告业，是一种服务性的技术产业，新媒体、新设备、新材料、新技术的出现和应用促进了广告业的发展，拓宽了广告的创作、创新空间。广告媒体由传统的印刷、影视向新媒体领域发展；视觉符号由平面扩大到三维和四维；传播方式从单向信息传播向交互信息传播发展。对于这些日新月异的变化，广告创意人员都必须充分利用。

此外，现代广告活动有跨出国界、走向世界的趋势，因此，要想实现广告作品在世界范围内的传播，掌握一定的国际政治、经济和外语等知识也是必要的。

二、深厚的人文素养

广告是社会文化的一种形态，是大众文化的重要组成部分。广告的作用不是单纯地宣传产品、刺激消费，其更为微妙的任务在于影响人们的日常生活行为，改变人们的生活方式和价值观。广告不仅是文化的载体，同时也代表着新兴文化。现代广告学是一门以文化为本位、以生活为基础、以时代需要为导向的学科。广告活动在文化的参与和制约下展开并完成，体现时代的文化风貌，带有时代的文化烙印。广告创意人的人文素养决定了他们的文化心态、思维方式、审美观点，这些对广告创意影响极大。广告创意人越能以人文学科的知识来滋润心智，就越能激发灵感，发挥创造性思维。

（一）善于从民族文化中汲取养分

广告文化作为民族文化的一部分，必然会反映出民族的心理特征。文化是一个民族在历史上创造的，渗透于一切行为系统的观念和价值体系。每个民族由于不同的自然条件及社会条件的影响和制约，形成了自己独有的语言、生活习惯、思维方式和价值观、审美观，因而也就有了不同的民族文化。民族文化不是一成不变的，它的发展与时代的进程相关联，自身也在对立统一中不断发展与更新。中国是一个有着五千年传统文化的文明古国，博大精深的中国文化在世界上占有重要地位。数千年来，多民族文化中丰富的艺术造型和精湛的哲学、美学思想，是广告人取之不尽、用之不竭的创作源泉。因此，广告创意人必须加强人文素养，将传统美学与现代意识相结合，创作出承载厚重文化传统的、特色鲜明的作品。

（二）了解西方国家的文化理念

随着众多中国品牌走向世界，众多国际品牌抢占中国市场，广告也进入国际化运作阶段。广告创意人正面临着如何处理好民族化与国际化之间关系的难题。一方面，我们的广告要立足于本土文化，要表现本民族深层文化心理结构，弘扬传统文化中的精粹；另一方面，我们的企业想要在国外扩大市场，必须先迎合西方国家的理念。由于民族文化的差异，带有民族特性的广告信息在不同的民族和国家传播时会被过滤和扭曲。这要求创意人有一个开放的文化心理，不但要了解本土文化，还要了解世界文化。对世界各国的文化背景、价值观念、道德规范、宗教信仰、审美情趣以及风俗习惯都应该了然于胸。广告创意人要把本土独特文化作为艺术创作的源泉和基础，同时要以坦然的心态去面对国际化的设计风格，按国际化的广告理念为自己重新定位。

（三）有艺术审美文化和时尚流行文化素养

追求美和创造美是人类的天性，也是现代文明的重要标志。广告作品必须在传达信息的同时兼顾艺术性，达到实用与审美的有机统一。虽然广告艺术有别于一般意义上的文学、绘画艺术，但是它毕竟不是产品形象的单纯展示，它借鉴和运用了文学和绘画艺术的创作技巧，逐步发展成为一种独特的应用型艺术，具有更强烈的形式美特征。一个广告作品如果缺少美感，顶多只能算是一堆庸俗的用文字或者图像堆砌的信息，人们不会对这样的作品产生兴趣。

消费者在接收广告信息时受其自身审美文化心理的影响，即人们因所处的经济地位、文化素质、价值观念、生活习惯等不同而形成了不同的审美观念，并体现出不同的审美特征。因此，广告创意人必须具有足够的审美能力，使自己的作品符合审美情趣的要求。在创意广告作品时要将各构成要素按一定的规律组合起来，要符合大众的审美习惯和标准，即从受众的角度去审视、分析、评估广告是否能给人以美感，是否符合审美规范。这就需要考虑两种文化对广告创意的影响，即艺术审美文化和时尚流行文化。艺术审美文化是以主体心灵体验和情感享受为主导的社会情感文化，是广告创意人员的基本素养。时尚流行文化对广告创意的影响也是巨大的，一定时期的社会文化、社会风尚决定着同时期广告诉求的内容和主题。现代广告诉求的内容和主题的转变折射出时尚文化不断演变的轨迹。广告本身就是一种大众文化，广告创意人只有在时尚文化的熏陶下进行创作，才会获得受众的认同。

（四）懂得沟通艺术

广告是沟通，是传达，而沟通是传达的前提。广告既是信息的沟通，也是情感的沟通。广告是说服，既是对广告客户进行说服，也是对消费者进行说服。说服广告客户接受创意，需要充分的沟通；塑造品牌，使品牌在消费者心中留下烙印，也需要充分的沟通；在一个广告团队里，互相协作与配合，同样需要充分的沟通。

广告创意人应该是沟通专家，他比任何人都更懂得怎样通过市场所在地的文化背景去决定自己的广告信息、诉求方式与传播途径，从而实现广告在文化上的共享。能够理解对方和被对方所理解是成功的文化沟通的核心。许多广告人常常抱怨客户素质低、不懂艺术，但是他们首先应该审视一下自己是否进行了有效的沟通。

三、丰富的生活积淀

广告创意源自生活，生活为创意提供素材。对生活认识和理解的深度是考量创意人员素质高低的重要方面。当前的广告作品往往显得肤浅，究其原因就是脱离生活或对生活理解得不深、不透。广告创意人的生活不仅是一种经历，也是一种发现，发现新的生活方式，发现新的消费观念。将这些新鲜“血液”融入广告中，就能创作出富有生机、能够引起受众共鸣的鲜活广告。台湾奥美广告公司总经理宋秩铭认为，创作人才的创作资源来自自己的生活经验，所以他必须是认真生活的人。

积极的生活态度是提高创造力的源泉。创意人应当建立积极的生活态度，在生活中培养、积累创意才能。一个拥有创造力的人一定是一个热爱生活、有着积极生活态度的人。因为热爱生活的人才会对事物产生好奇和兴趣，而原始创新大都是由兴趣和好奇心推动的。创造力是创意的灵魂，有了永不枯竭的创造力，才能厚积薄发，推陈出新，才能不断有新的广告创意。

丰富的生活体验有利于帮助广告创意人了解市场，提高市场分析能力。广告创意人要对生活多认识、多实践、多积累。只有多动脑、勤思考，才能对各类商品有深入的了解，对目标消费者的欲求有深切的感受。没有生活体验做基础，就不能产生深刻的洞察力；没有体验过目标消费者的生活，便不能了解他们的思维方式。从广告的本质上说，商品蕴含着情感因素，只有拥有丰富生活阅历的创意人才能将其表达出来，进而去感染和说服目标消费者。

建构创意生活环境是提高创造力的手段。我们生活在一个广告的世界，在我们周边，看到的、听到的广告无时不有，无处不在。广告创意人要始终不忘做生活的有心人，去感受这些广告，分析这些广告，从而激发起自己的创作激情和灵感。

强烈的好奇心和丰富的想象力是创新能力最本质的要素，对广告创意人至关重要。想象力是人类在发展进程中逐步进化出来的基本能力。同样生活在这个世界上，人们的感悟有深有浅，有着强烈的好奇心和丰富的想象力的广告创意人对事物的观察会更敏锐、更具洞察力。好奇心和想象力是与生俱来的，但它可以被扼杀，也可以被培养。广告创意人要自觉发展这种品性，才能真正获得丰富的生活积淀。

四、良好的职业道德

广告的目标在于塑造商品和企业形象，激发消费者的购买欲望。广告内容的真实性、准确性和诚信度至关重要。从这个意义上讲，广告也是在塑造广告业和广告人自身的形象。为此，广告创意人必须保持客观、公正的态度，对产品、服务和形象做出诚实的、明白的传达，杜绝虚假广告、不实广告，这是广告从业人员起码的职业道德。广告创意人员还应记住广告所应承担的社会责任，注意广告对消费者造成的影响。“先学会做人，再去做广告”已经成为广告人必须遵循的一句名训，不论是大卫·奥格威、威廉·伯恩巴克这样的广告大师还是普通的广告人都以此作为行为的指南。当伯恩巴克的DDB广告公司开张时，他郑重地对外界宣布，他的广告公司对人类的健康负责，不做任何品牌的香烟广告。

第二节　广告创意人才的培养

一、无训练安有想象力

广告大师威廉·伯恩巴克曾经说过，你必须有想象力、创造力，但这一切都必须遵守规则。你所写出、画出的每样东西，每一个字、每一个图形标志、每一块阴影，总之，所有落在纸上的东西都要能够帮助你传达你想要传达的信息。这就提示我们，创意不仅仅是简单意义的“头脑风暴”，而是要经过良好教育和训练才能习得的。积极的学习心态与合理、规范、科学，同时不乏个性的教育，是广告创意人才不可或缺的积累方式。

二、广告创意人才培养概况

自1983年厦门大学开设全国第一个广告专业起，到目前已有300多所高校设立了该专业。在我国，该专业大多属于新闻传播学院、商学院、管理学院和艺术学院。因所属学院的不同，专业课程设置各有侧重，但总体来看，基本都会设置“广告创意”这门课程。这表明无论该专业属于哪个学院，几乎都把创意人才培养作为最重要的教学目标之一，暨南大学广告专业能力培养结构图可作为例证（见图9-1）。

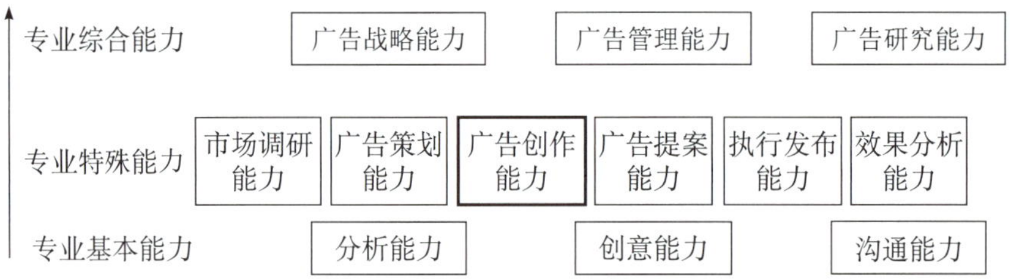

图9-1　暨南大学广告学专业能力培养结构图

从广告创意人才供应来看，我国基本采取高校培养、由高校向企业和社会输送创意人才的单一模式。这些人才的知识结构和能力素质因为所属学院的课程设置不同而有所区别。比如，传播学院中的广告专业，其传播类、公关类课程占较大比重；商学院中的广告专业，其经济类、管理类课程占较大比重；艺术学院中的广告专业，其设计类、制作类课程占较大比重。但从总体上看，几乎所有学院的创意组合课程中都涉及广告文案写作、广告创意、广播电视广告等，其教育模式也相应地体现出以下三个方面的特点。

（一）重视传统文化教育

上海师范大学培养以创意为核心、以创作为手段的创意创作人才。其广告创意教学的思路基本遵循了金定海教授的培养思路。他认为，广告创意人才应秉承传统文化的创意观，熟悉中国传统文化，从文化的角度思考问题解决方案。[①] 因此，该学校在广告专业的课程设置中加入了“文学经典导读”这门基础课程来丰富广告创意发想的素材和思考方式。中国五千年的文化积淀是广告创意的丰富源泉，也必将是中国广告立于世界广告之林的核心竞争力所在。因此，强调传统文化对广告创意的重要作用是我国广告创意人才培养方式中的一大特色。

该校在传统文化构筑广告创意人才观的基本定位指导下，还探索出以项目促教学的全新广告创意技能训练方式；在教学模式上，通过将课程资源整合为三大板块——生活经验的整合、传播能力的训练、创作想象的激发，使思维从具象走向抽象，使表达从描述走向概念，使创意从想法走向技法，实现学生创意能力的提升。[②] 上海师范大学广告学专业在此教育思路指导下培养出众多的广告创意人才，这不能不说是传统文化观在中国创意人才培养上的成功。除了重点大学外，许多学校（一些从中文系独立出来不久的，或还在中文系里的广告专业）同样开了不少传统文化的研究课程，这也许和中国广告学专业的产生来源有很大关系。

但从另外一个方面看，最早由中文系“出走”的广告专业，随着力量的不断壮大逐渐成立了广告系，甚至广告学院，因此，越来越多院校的广告学专业偏离了原先对于传统教育的重视，更多地开设了一些和广告息息相关的专业课程，课程设置越来越趋近西方模式。比如厦门大学广告学专业的课程设置中已经几乎找不到一门有关中国传统文化研究的课程了。

当然，有些省份的高校对于广告创意人才教育的指导思想基本是以市场为导向的。为适应严峻的就业形势，为适应用人单位的“快速进入工作状态”和“动手能力”的要求，这些高校只重视技术，而不是从综合素质上提升学生能力，陷入了严重的“就业指导型”短视症的恶性循环。只注重从动手能力上提升学生素质，而减少甚至完全放弃传统文化教育，这是一种对于西方教育的“邯郸学步”，只学到了形式而没学到内容。实际上，专业知识的学习、专业技能的训练是必要的，但千万不能忽视为他们搭建文化基础平台。[③] 纵观世界广告创意人才的培养模式，虽然其创意带有无国界的特点，但伟大的创意往往有着地域文化特色。也就是说，只有从自身文化出发产生的创意才是最有生命力和震撼力的创意。

我国的文学、历史、文化风俗、文字、戏曲等传统文化的吸引力是世界性的，其中所蕴含的创意爆发点是无穷无尽的。因此，对广告创意人才的培养应重视传统文化教育。

（二）重视实践教学

1. 课程外的实践

课程外的实践指的是让学生在课外或校外参与的与课程相关的实践活动。这些活动包括多

---

①② 吴冰冰．广告的诗意与深度——金定海广告教育与学术思想研究．广告大观（理论版），2008（5）．

③ 郑丹平．广告：魅力与难题——兼论广告人才培养．云南财贸学院学报，2004（4）．

种形式，如组织学生到广告公司或其他企业实习，组织学生参与各类广告专业比赛，组织学生参与由教师负责的广告项目等。这些实践活动都为广告创意课程教学带来了不少课堂素材，也培养了学生的动手能力，纠正了眼高手低的不良习惯。

（1）参与广告专业比赛。以赛代学、以赛代练、以赛促改是值得我们提倡的，大赛能极大地调动学生学习的积极性、主动性与参与性，而赛后获奖所带来的荣誉感又能激发学生学习的热情。① 目前国内广告学专业学生参与度较高的广告大赛有三个：全国大学生广告艺术大赛、金犊奖、学院奖。这三个比赛都是有较高水准、较高规格的比赛，强调参赛作品的创意性并兼顾实践应用性，为锻炼未来的广告创意人才提供了良好的舞台，逐渐被各高校广告学专业学生接纳和推崇。

进入中国的一些 4A 公司经常抱怨中国高校培养的人才理论足而创造力缺乏，认为中国员工缺乏把理论应用于实践的能力，并把这种结果归结为在校生参与实践的机会太少。比如，宏盟集团认为中国的广告学专业学生“在工作前，没有很多机会去深入这个行业”；而在美国，“在学校时我们就有很多实习项目，学生在毕业前已经有了很多工作经验”②。这充分说明，在校参与的比赛太少是我国创意人才培养的一个短板。因此，广告学专业学生应充分利用在校时间主动参与各个大赛，为自己的创意发想寻找表现的舞台。

（2）组织校外实习，与企业建立合作关系。无论是一流大学还是二三线高校，在组织学生参与校外实习方面都表现得尽心尽力。这是学生参与实践的最重要方式，也是体现学生创造力的有效的方式之一。校外实践最基本的形式通常是在暑假和寒假期间所进行的短期实践。另外，根据不同院校的设置，还会有一个学期或一个学年的长期实践。这两种实践通常都会被纳入学生毕业综合成绩进行考核。这种形式是值得提倡的。因为这种实践可以让在校生融入真正的商业环境，检验学到的理论知识。同时，这些实习经历还会为学生将来更快地融入广告行业做好铺垫，也是学生打造自身核心竞争力的重要方式。

如近年来暨南大学广告学系与广东省广告公司合作，开设“广告兵法”训练营。训练营聘请广东省广告公司人员为学生开设系列讲座课程，讲座涵盖广告公司中的广告策划、创意表现、媒体策略、客户服务等广告运作的环节，并进行实战训练与指导。培训结束后，广东省广告公司从训练营中遴选若干名优秀学生，分别赴广东省广告有限公司旗下分公司实习，全面锻炼广告整体运作和社会实践能力。③ 北京大学新闻与传播学院实施“广告教育人才战略合作伙伴项目”，与奥美、盛世长城、智威汤逊、灵智精实、达彼思、葛瑞、实力、阳狮、中视金桥、全景视觉网络科技有限公司共 10 家公司建立战略合作伙伴关系，充分利用著名广告公司资源，为学生建立校外实践的平台。这些都是我国广告学专业重视学生校外实践的缩影。

（3）参与教师实践项目。有些地方院校、职业院校自己成立广告公司，让教师在教学之余参与公司运作，带领学生真正地参与实践活动。如湖北职业技术学院与企业合作，引进社会资

---

① 单震宇．论广告创意教学．丽水学院学报，2008（4）．

② Eirwen. 发现、培养和保有最有创意的人才——就宏盟“MBA 实习计划”的专访．中国广告，2007（9）．

③ 杨先顺．建构我国广告创新型教育模式的思路——兼谈暨南大学广告学系的尝试与实践．当代传播，2008（5）．

金创办了富通广告公司，建立了校外实习实训基地，将教学中诸如标志设计、图形制作、广告喷绘、三维动画等单元项目实训尽可能地安排到公司去教学。[①] 教师在广告公司中承担起导师和总监的双重角色，在实训中培养学生的创意能力和执行能力。

另外，部分广告教师通过兼任社会职务而承担的商业任务为学生提供了实践的第二舞台。例如，泉州华侨大学的江绍雄教授就是一个跨业界和学界的“双面人”，他既是公司总监又是大学教师，手上的实践课题很多，他的学生自然而然就有了更多和老师共同完成项目的机会。

2. 营造课堂实践气氛

广告创意课程应培养轻松愉悦的上课氛围，在发散性思维的引导下，让学生沉浸在创造力所营造的气氛中尽情地发想，形成开阔的思维模式和良好的思考方式。林展贤认为，“创造力是广告人的第一素养。我们需要有一个形成创造力的良好环境。作为一个优秀的创意人员必须要具备小孩般的乐天活泼，他/她才会有梦想，会做梦才能突破常规”[②]。可以说，创意人才个性的形成和上课环境有直接的关系。

虽然不排除创意有天赋的成分，但后天的教育和训练是必不可少的。而在以往的教学中，经常会出现“只重结果，不重过程”的现象。教师在评定学生成绩的时候看重报告成果或作品，而并没有就整个创作过程进行评价。这种单一的评估体系实际上扼杀了学生创作过程中创意思维的展示和训练。实际上“学生完成成果汇报的过程是一个非常重要的心智活动过程，它培养了学生的综合素质，对于其创造性思维能力的培养十分重要”[③]。

因此，课堂教学中教师和学生的角色定位应被颠覆。教师不能成为“说教者或审判员”，而应是一个完全意义上的引导者，其作用是创造宽松的教学氛围，努力让学生发挥创造力，大胆尝试和否定；不唯师，不唯书，让学生形成自己对问题和作品的独特观察视角和理念，帮助他们培养自身个性。

此外，众多高校设立了毕业项目设计，这已成为中国广告教育实践模式的缩影。一般来说，班级会被分成几个项目组，学生或自己联系广告业务或由老师指定题目，由不同教师进行指导。其项目报告内容通常包括市场调研、广告策划、创意表现、媒体策略与投放等，日常交流和最后的课堂演练综合成绩作为最后的评定成绩。这样的课堂实践气氛也增加了学生的积极性，比较好地实现了广告创意与商业战场的亲密接触。

（三）重视教师队伍素质的提高

丁俊杰认为，中国内地的广告教育专业设置无序，培养目标模糊，师资水平不高，课程设置随意，教育经费匮乏。[④] 他特别提到了师资队伍整体水平的问题。这已不是某个地区、某个高校存在的问题，而是整个中国广告教育的现状。关于江西高校广告专业的调查显示，来自中文、新闻等专业的半路出家的教师占 31%，没有教学经验的年轻教师占 46.2%，大部分的广

---

① 张勇．建设《广告创意》课程的实践与探索．美术大观，2006（12）．

② 林展贤．爱的教育．广告人，2003（9）．

③ 单震宇．论广告创意教学．丽水学院学报，2008（4）．

④ 丁俊杰．三谈我国广告教育存在的问题．大市场（广告导报），2002（11）．

告学专业教师都没有广告实践经验。[①] 这些数据突出显示了国内广告专业师资队伍的整体素质问题。

2008年一份调研报告显示，我国广告教师中，具有博士学历的教师仅占10.93%，硕士占47.99%，本科则高达41.08%。[②] 2008年中国广告人才需求与培养课题组的研究结果显示，当时拥有硕士、博士学历的教师明显增多，硕士、博士教师比例明显高于2003年全国高校的总体情况。全国一流大学的广告学教师学历正在向博士化方向普及，其他大学也都通过进修等方式实现教师的硕士、博士化。尽管如此，本科学历的广告学专业教师占比仍高达41.08%。这一现象说明广告学专业教师队伍的整体素质还有待提高。

鉴于广告教师实践操作能力薄弱会给课堂教学带来负面影响，众多高校纷纷将教师送到知名广告公司进修或直接成立广告公司让教师参与运营，这些做法都从很大程度上提高了教师的综合素质。如中国教育部与日本电通公司成立广告人才培养基金会，定期输送中国高校教师赴日本电通公司总部进行实践互动学习和交流；厦门大学等高校教师定期去台湾高校、媒体等单位进行交流学习。丰富的培训、进修、实践方式有助于提高广告专业的师资队伍的整体素质。

三、广告创意人才培养的新思路

（一）培养模式综合化

首先，大学教育是最主要的模式，但应为学历教育定好位。大学不传授精神，学生就会变成工具。[③] 对于广告创意人才来说更是如此，大学应该教授的是创意精神、创意思维，而不是单纯地技术性地教学生创意作品。让学生发挥想象力，在基础上打造创造力的基座、在能力上锻炼创造力的素养、在个性上形成创造力的源泉，才是学校教育的功能。因此，鼓励创造力和个性的课堂氛围与越来越多的实战讲座，应该是高校教育中值得提倡的。

其次，仿效日本模式，社会或企业办教育。如日本专门针对大学生的广告课堂——“电通创意塾”。它的招生对象为大学三年级学生，需要完成为期4个月的学习任务。电通公司通过互联网和海报向东京及附近的48所高校发出招生信息，通过募集作品、创意考试、面试等，最后招收25～30名学生进行广告创意方面的培养。该学校以创意为主要授课内容，目标是培养广告文案撰写人和电视广告策划人。电通公司的课程费用一般为400万～500万日元，而对学生只收3万日元，所以这是一种服务性质的人才培训教室，也是一种非常好的短期创意人才培训模式。[④] 由此，我们认为，由知名广告公司或企业建立培训机构或学校，招收在校学生、企业在职人员，直接在公司内传授创意知识，这种模式是值得尝试的。此外，可由广告公司或企业出资，以基金会或奖学金的形式资助学生教育。如台湾地区的台湾文化大学广告系有联广

---

① 殷娟娟，韩鹏飞．经济欠发达地区高校广告教育办学现状、困境及对策研究——来自江西广告专业高等教育的报告（对策篇）．中国广告，2009（8）．

② 黄合水，等．中国广告教育状况研究报告．广告大观（理论版），2008（5）．

③ 杨明刚．创新型广告人才培养模式．中国广告，2007（10）．

④ 许衍凤，杜恒波．日本广告教育对我国广告教育的启示．艺术·生活，2007（4）．

广告公司赖东明董事长伉俪捐赠的“明梅广告策略提案竞赛奖学金”，除举办提案竞赛外，还聘请专家对获奖者加以训练，再向全系学生演出。这种演出既是汇报演出，又树立了榜样，起到了激励作用并有良好的教学效果。①

最后，广告公司办大学。借政府和社会力量促使知名广告公司成立广告大学，为在校生和工作经验不够丰富的毕业生开展培训。这种机构可以是营利性的也可以是公益性的。由于知名广告公司拥有丰富的成功案例、成熟的运作机构和运作模式，它们办教育一方面可以为社会贡献自己的力量，另一方面也可以将其运作模式进行复制，扩大品牌知名度，甚至直接产生利润。例如，奥美的内部培训细分成不同层次，包括新人训练、定期办公室训练、密集训练、海外训练、不定期训练、师父学徒跟班训练。这些训练都针对不同层次、不同水平的员工分别进行，整套培训机制科学完整，完全有大规模推广的可能和必要。

市场是检验创意人才的唯一标准。如果采取单一的高校培养模式，难免会造成理论与实践的脱节，也必定有错位的嫌疑。而社会力量和广告公司办教育可以很好地弥补这一缺陷，为培养出真正的创意人才提供多种渠道。

（二）定位、再定位

首先，学生应该确定自己是否要成为广告创意人，不能盲目学习。实际上，不是所有学广告学专业的人毕业之后都进入广告公司工作，更何况，即使进入了广告公司也未必就能从事创意工作。例如，胡晓芸副教授整理了浙江大学的毕业生材料，发现十多年来培养出来的学生只有五分之一的学生进入广告公司工作，三分之二的学生到了甲方，如到咨询公司、传媒、媒体购买公司、媒体企划公司等。② 这充分说明，成为广告创意人的实际上只是广告毕业生中极少的一部分。如果学生在学习广告创意课的时候，没有给自己进行清晰的定位，盲目跟风，就算教师教得再好，学生都无法领会创意课程的精髓。

其次，变“教与学”的关系为“学与学”的关系。以往传统教学中，教师是答疑解惑的导师，是给学生解决问题的人。广告创意课程中，教师应转变角色，不再是简单意义上的“教”的老师，而要变成“引导”的导师；学生不是“被”教育、“被”解答的单方面接受知识的人，而应成为课堂的主人，变被动为主动，让自己的发想作为互动学习的题材。就是说，课堂中教师变成了主持人，学生变成了嘉宾，双方在互动的轻松氛围中找到创意题材，共同思考和评价，不排斥任何一个想法，为每个有个性的想法鼓掌、喝彩，鼓励学生成为有个性的思维表达者。当然，轻松愉快、毫无压力的课堂氛围也就必不可少了。

最后，课堂教学中可尊崇“品牌跟踪法”，即学生入学后，在所学的第一门专业课上，由任课老师指导，每个学生根据自己的爱好、熟悉程度或便利性等特点选取一个品牌，对其创建历史、经营特点、营销策略、广告战略、发展趋势等进行跟踪式研究，在此后四年的学习中，各门专业课程都以自己所跟踪的品牌和企业作为案例进行教学实践，形成学习上的兴趣点、兴

---

① 丁俊杰．三谈我国广告教育存在的问题．大市场（广告导报），2002（11）．

② 胡晓芸．中国广告教育和从业人员的发展．广告大观，2004（12）．

奋点和研究重点。[①] “品牌跟踪法”应用到广告创意课程上来，需要学生在课程之初就选取一个品牌，对该品牌一直以来的所有创意进行跟踪解读，找到品牌创意的核心，并在不断跟踪中获得启发。学生在跟踪品牌创意的同时，建立起对该品牌甚至该行业的初步知识，这为学生未来真正参与商业创意奠定了基础。

（三）实践的突破

建立与广告公司、媒体、企业最深入的合作关系，让学生能随时进入企业进行实战操作，让公司职员能随时进入学校课堂为学生讲授专业知识，而不是简单地停留在假期实习上。让创意项目进课堂、课堂教学进企业。

这种实践的突破能为学生营造创意人的真正生活方式，让他们在生活体验中寻找创意人应具备的素质，并逐渐形成创意人的生活方式，这才是创意发想的良好发酵剂。创意人的生活方式的确与众不同，林展贤认为：“创意部的同事们跟幼稚园的小朋友是同类，一样难管又难教；他们喜欢玩，天天都想些好玩的广告创意，而且极端不守规矩，加上情绪不稳定，想哭就哭，想笑就笑，得不到想要的就吵吵闹闹！”[②] 让学生沉浸在这样的生活氛围中，他们很快就能被这种生活方式所感染和同化，慢慢地拥有广告创意人的特质。

另外，实践性的突破不仅表现在让学生到企业与广告公司实践，还表现在其综合素质的提高上。首先，积极的生活态度是创意人所不可缺少的。一个成功的创意者一定是一个热爱生活的人，兴趣广泛，同时也从生活中获得很大的乐趣，只有这样，他才能把更多的趣味放到广告中去，从而打动人心。愤世嫉俗是对生活的拒绝，而任何对生活含有拒绝意味的事，对创意者都不是好事。[③] 其次，创意源于对生活的综合感悟。让学生尽量贴近生活，踏遍千山万水，遍寻文化奇缘，从生活和历练的实践中找到创意之源。为此，教师不妨多组织学生走到户外，走到农村，走到任何一个可能有不寻常体验的地方，然后进行总结和反思，体会和总结行动和实践的核心价值与意义。这样才是真正的实践的突破。

第三节　台湾地区广告创意教育

一、台湾地区广告教育

台湾地区广告教育无论从课程设计、师资培育、人才养成、业界运作，还是广告作品的成熟度、一般民众对广告的认知甚至是政府角色与广告界关系等各方面，都以美国广告专业高等教育发展为模仿对象。[④] 与美国不同的是，台湾广告教育机构的成立是由台湾业界发展所推动

---

① 陈正辉．广告专业理论与实践互动教学法研究．广告大观（理论版），2009（1）．

② 林展贤．爱的教育．广告人，2003（9）．

③ 马惠龙．论广告创意人才的知识结构．云南师范大学学报，2000（12）．

④ 王奕晴，钱玉芬．海峡两岸网络广告中价值观之比较研究．广告学研究，2005（24）：31－56.

的。台湾广告事业发展约始于20世纪60年代，70年代渐具规模，80年代随着工商业的发展，台湾广告也走向现代化与国际化经营。台湾最早的广告教育始于台湾政治大学新闻系。该系于1957年讲授“广告学概论”课程，由曾任武汉日报社社长的宋漱石先生任教，也可以说是台湾教授广告学的始祖之一。其后，台湾成功大学商学院也开设广告学科目。而1980—1990年间，全球广告事业兴起并购浪潮，跨国广告公司相继出现。在教育部门的指导下，在多位学院教授及广告业界人士的推动之下，台湾文化大学于1986年由新闻系分出，率先成立广告学系，成为台湾地区第一所拥有广告专业的大专院校。1987年，政治大学也成立了广告系，并于1989年成立传播学院。

台湾广告教育的内容也经历了四个阶段：

（1）广告认知与技艺教育阶段（1957—1967）。

（2）广告专业知识与技术教育阶段（1968—1983）。

（3）广告专业学术（理论与实务）教育阶段（1984—1989）。

（4）全方位广告专业教育阶段（1990年至今）。

二、台湾地区广告创意教育概述

台湾地区的广告发展到现在有30～35年的历史，真正与国外的技术接触推算起来是25年前。当年台湾地区第一个合资的广告公司是台湾奥美，从此以后就有许多合资的广告公司源源不断地进驻台湾。从那以后，台湾地区的广告业开始快速地、大量地吸收国际上成熟的、先进的广告技术。先前的台湾地区广告人才大都是学新闻和大众传播的，由于国学教育的普及和传播学的结合，台湾地区的广告比祖国大陆更具有传统特色；反过来看，虽然这两个专业都涉及广告，但不等同于广告。所以，台湾地区的广告系成立以来为台湾地区的广告界培养了大量的专业人才。①

20世纪70年代起，台湾地区开始筹备独立的广告系，在这之前，广告学专业皆为大众传播或新闻学系的方向课程。1986年，台湾文化大学成立台湾第一个广告学系；次年，台湾政治大学广告学系亦开始招生。直到2007年，台湾地区设有广告学系的高校只有政治大学、文化大学、辅仁大学（1997年成立）、世新大学与铭传大学五所学校。② 当然，在南华大学、台湾大学、中正大学、玄奘大学等众多院校均设有广告专业，只是叫法或开课系别有所区别罢了。在这些系、所中均设有广告创意类课程，但总体上来看此类课程并没有作为特别重要的课程来设置，在各个系别或专业中所占分量也不尽相同。台湾地区广告创意类课程的主要设置方式为：广告创意、广告文案、视觉传达等（见表9－1）（课程安排根据各学期有所调整，表中课程仅供参考）。大部分的广告创意类课程都是作为大二和大三的提高课程，其中广告创意作为基础理论，而视觉、文案类课程作为辅助选修课开设。

---

① 吴智良．海峡两岸广告教育面面观．中国广告，2000（4）．

② 林晏予．打造一堂理想的广告创意课：从学界观点出发．台北：台湾政治大学，2007.

表 9－1　　台湾地区主要高校广告创意课程安排一览

学校与科系名称	课程名称	修别	开课年级
文化大学广告学系	创意原理	必修	二年级
	视觉传达原理	选修	二年级
	提案简报技巧	选修	三年级
	广告文案写作	选修	三年级
	设计基本原理	必修	一年级
	广告设计	必修	二年级
世新大学公共关系暨广告学系	广告创意概论	选修	二年级
	文案写作	选修	二年级
	视觉设计	选修	二年级
政治大学广告学系	广告创意概论	必修	一年级
	基础广告文案	选修	二年级
	广告设计	选修	三年级
辅仁大学广告传播学系	广告创意导论	选修	二年级
	广告文案	必修	二年级
	广告基本设计	必修	二年级
铭传大学广告学系	创意策略	选修	三年级
	广告设计	必修	二年级
	广告文案	选修	二年级

台湾地区广告教育的师资队伍建设自广告系成立以来有了长足的进步。在台湾地区原来没有广告科系的情况下，广告教师都是从非广告专业来的，比如新闻教育、大众传播教育、工商管理教育和其他相关科系的教师。随着广告科系的建立，广告专业出身的教师越来越多，其中不乏国外毕业的高学历人才。该教师队伍中有专任教师、兼任教师，且不管是专任的还是兼任的，很多教师都边从事广告教育边从事广告实务，他们或在广告公司中任职，或在公关公司兼职，这在无形中加强了台湾广告教学的实战力量。

但从毕业生就业与业界对毕业生的评论看，存在较多的分歧：有人认为广告教育为学生进入业界打下了良好的观念基础①；也有人认为，学校教育成为广告创意的羁绊，原因是，最近几年国际广告获奖作品中台湾地区作品逐渐减少。以戛纳国际广告节为例（见表 9－2），我国台湾地区未列入表格。这让台湾地区的广告教育，尤其是广告创意教育受到了来自学界、业界等各方面的质疑，认为台湾地区广告创意教育太多理性，缺少睿智和创新能力的培养。

表 9－2　　夏纳广告节亚洲获奖作品统计表

国家或地区	2004 年	2005 年	2006 年	2007 年	2008 年	总计
日本	18	11	13	21	26	89
新加坡	13	13	12	19	9	66
泰国	7	12	9	12	15	55
马来西亚	4	4	11	12	11	42

① 陈文玲．个人创造力理论模式之建构——以台湾地区广告业为例．台湾“国科会”研究计划，1999.

续前表

国家或地区	2004 年	2005 年	2006 年	2007 年	2008 年	总计
菲律宾	0	1	3	4	1	9
中国香港	0	1	1	1	2	5
韩国	1	1	0	1	1	4
印度尼西亚	0	0	0	2	1	3
越南	0	0	0	1	2	3

资料来源：http：//canneslionsarchive. com.

就目前台湾设有广告学专业的最具代表性的五所高校的培养模式来看，每个学校都有自己明确的人才培养方向和教育教学特色。①

（一）文化大学广告系

核心特色：广告专业技术与人文精神的培育，理论与实务的相生相长。既尊重个人智能的发挥，又不乏团队合作教育训练，重视博雅教育方式。

课程特色：分为“广告策略与经营”及“广告创意表现”两组，在台湾属于开设广告专业与专精课程最多的广告院校之一，有“广告界充满文化”的美誉。②

课程规划特色：学生几乎可以选修到任何感兴趣的文化课程，如美术、音乐、戏剧、舞蹈、传播等。因此，文化大学广告系课程的目标在于全方位的广告教育。其中与广告创意直接相关的课程为创意原理、设计基本原理、广告设计、电子广告文案写作、平面广告文案写作、广告创意策略等。

（二）世新大学公共关系暨广告系

核心特色：培养理论与实务兼具的沟通人才，注重策略与传播相关知识，培育具有思考判断与执行能力的全方位策略传播人才。

愿景：重视整合媒体跨学科之探讨，厚植艺术人文修养，奠定各领域之基础知识。③

课程规划特色：课程的规划建构在传播领域的知识基础上，以公关与广告专业基础的概念课程与实务操作执行企划的课程为主轴，辅以人文培训的通识课程与第二外语的课程训练。其中，与广告创意直接相关的课程为广告创意概论、文案写作、视觉设计、电视广告设计与制作等。

（三）政治大学广告系

核心特色：以理论与实务为核心，秉承“知识”是广告人制胜关键的理念，佐以专业知识的训练及人文知识的涵养，以博雅教育为基础，培养一群懂方法、具创意、有理想，并时时以文化传承及社会责任为己任的“广告、公关及营销传播的专业人才”④。

---

① 林晏予．打造一堂理想的广告创意课：从学界观点出发．台北：台湾政治大学，2007.

② 台湾文化大学广告学系主页．http：//www2. pccu. edu. tw/CRJADV/feature. html.

③ 台湾世新大学公共关系暨广告学系主页．http：//pc. shu. edu. tw/page/p _ 02 _ 2. html.

④ 台湾政治大学广告学系主页．http：//units. nccu. edu. tw/server/publichtmut/html/w402/cw402. html.

课程规划特色：课程方向为广告与公关双轴设计，旨在在人文素养的通识教育基础上，提供广告与公关的专业养成训练，培养理论与实务并重的专业人才。

（四）辅仁大学广告传播学系

核心特色：理论与实务并重，吸收学养兼具的专任教师和实战经验丰富的兼任教师；积极鼓励学生参加大型的广告比赛；强化学生英文能力，适应国际化趋势要求；强调团队合作与“做中学、学中做”的学习精神。[①]

课程规划特色：以传播基础学科、一般基础学科以及行销管理学科为三大基础方向，配合理论学习与实务演练，训练学生成为理论与实务兼备、符合专业需求的人才。其中与广告创意直接相关的课程为广告创意导论、广告基本设计、广告文案写作。

（五）铭传大学广告系

核心特色：培养广告、公共关系与营销企划的整合营销传播人才。突破传统以系为主的教学架构，不分系入学，大三开始分系，凭兴趣选修相关广告专业课程。教育目标包括追求教学卓越、培养整合营销传播专业人才与落实国际视野的广告人才三大目标。[②]

课程规划特色：其一，在大一、大二不分系，学生修习校定基础课程及传播专业基础课程。大三分系之后，以修习广告相关专业课程为主，以“整合营销”与“品牌管理”两个专业课程模块为基础，培养学生具备整合传播知识、广告公关知识、有效的表达、团队合作、实作、问题解决、国际观与外语八项核心能力。其二，实务课程训练分“实习→实验→实践”三阶段。第一阶段于大二升大三暑假期间进行校外实习；第二阶段以大三“媒体实务”课程为实施重点，通过“数字多媒体实验平台”以及“整合营销传播中心”的实习媒体，培养跨媒体实务运作的能力；第三阶段推行“标杆企业职场体验”计划，与台湾地区知名媒体企业合作，增进学生的实务经验及专业技能。

从以上各校情况可以看出，台湾地区广告教育的理念非常清晰，每个广告科系都有自己的发展目标和教学风格。这主要是因为其主导人——系主任——个人的价值判断、成熟度都会影响到科系的教学风格和价值取向。

三、不能让教室羁绊广告创意

台湾学者陈文玲在《个人创造力理论模式之建构——以台湾地区广告业为例》中认为，台湾地区大部分的广告从业人员皆肯定广告教育的价值，认为大学广告教育为学生进入实务界打下了良好的观念基础。但业界仍在广告创意教育问题上存在很大分歧：一些人认为课堂无法复制广告的真实情景，真正的能力来自实战，因此，课堂训练成效有限。另一些人肯定学校教育

① 台湾辅仁大学广告传播学系主页．http：//www. adpr. fju. edu. tw.

② 台湾铭传大学传播学院主页．http：//www. mcu. edu. tw/department/comm/web/cn/index. asp.

的成绩。[①] 如一个有感染力的教师也许能对学生的一生产生深刻影响。这实际上反映了目前业界对广告人才培养的不同评价，一些人认为广告教育有必要，但另一些人对学生的创意能力持怀疑态度，认为学校教育不但无助于广告创意能力的培养，反而成为抑制创造力的地方。例如，吴静吉等指出不同领域的人都认为学校是抑制创造力的地方。[②]

台湾地区广告业界绝大部分人都认为创意确实是教不来的，创意教学的成效也非立竿见影。这不仅是业界的通识，而且为最近几年的国际广告比赛奖项所证实。台湾地区获奖作品越来越少，即使偶尔获奖也有“哗众取宠”之嫌，几乎谈不上太多的创意性。因此，有很多学者认为，这可能和学校教育方针与教学方法有很大关系，学校在广告创意教学上遇到了重要的瓶颈——找不到培养广告创意的方法。创意始终像一团迷雾，看过来、看过去，依然找不出一条能够有效认识广告创意的途径，更不用说为从业人员发展一套滋养创意的技术了。[③]

支持广告创意教学能够有成效的学者认为，不能用完全功利性的观点审视创意教学的过程和成果，毕竟创意教育本身就是一种挑战，而广告创意教师本身大部分拥有扎实的专业基础知识，兼有丰富的实践经验，在教授过程中难免会将个人的创作体会或理念掺杂进去，这似乎背离了创意原创性的本质。但陈文玲认为，第一，我们不该用传统的观点限制创意教育。创意或许很难“传”“授”“解”，但是可以经由“体验”导出。第二，我们应该用创新的观点引发创意体验，创造力教室和创造力老师是两个思考的起点。理想的创造力教室应该是刻意打破成规、违反传统的，应该是好玩的、轻松的，应该是提供外部动机和诱发内部动机的。[④] 也就是说，只要在课堂上创造一种活泼、轻松的“体验”氛围，以老师为主导，和课堂本身形成双重的创造力气氛，学生就能把原生的创造力激发出来，创意课程才算真正成功。而学校的创意教育自然应该被肯定。

另外，林晏予认为，学校的创意教育可以教学生认识广告的本质、思考方法、策略，帮学生跨越从策略进入创意的灵感黑洞，打破概念的一致性，教学生如何欣赏与评估作品，等等。[⑤] 应从综合素质上帮助学生增加创意元素的累积，即创意教学是一种综合素养的训练，不能单凭几门课程来拼凑。因此，林晏予认为，一个具示范性与感染力的老师、一群用回馈为创意课程守门的学生、一个鼓励创造的学习环境，是构成创意互动的三大要素。理想的创意课不在教室内，也没有下课铃，大学四年就是一堂很大、很久的广告创意课，学生在不同场合都能与创造力相遇。对于此观点，其他学者和业界人士大都有类似的表述，几乎成为一种共识。

就广告创意这门课程本身来看，台湾地区的教育也是很有目标性和倾向性的。吴智良[⑥]认为，台湾广告科系培养的是广告行业里的主导人才而不是执行人才。[⑦] 广告专业的学生不会花很多时间学习美术设计，因为设计是广告中的另一个专业，它有自己的培养模式和规律特点，

---

① 陈文玲．个人创造力理论模式之建构——以台湾地区广告业为例．台湾“国科会”研究计划，1999.

② 吴静吉，叶玉珠，郑英耀．影响创意发展的个人特质、家庭及学校因素量表之发展．2000 年“创新与创造力——技术创造力的含义与开发研讨会”发表论文．

③ 陈文玲．多洛希亚之旅：广告人 vs. 创造力．“中华传播学会”1999 年学会论文．

④ 2002 年台湾“行政院国家科学委员会”专题研究计划成果报告．

⑤ 林晏予．打造一堂理想的广告创意课：从学界观点出发．台北：台湾政治大学，2007.

⑥ 台湾资深广告人，利达传播集团总裁特助及上海利达广告有限公司执行副总经理。

⑦ 吴智良．海峡两岸广告教育面面观．中国广告，2000（4）．

也有它自己的就业取向，绝对不是创意人才要学的核心知识。创意人才是策略型、主导型的，而设计人才是表现型、执行型的。因此，当某高校广告专业将设计作为重点培训课程的时候，它就失去了最重要的广告人才培养的目标导向，是完全错误的。创意人才学习设计类课程的目的是要懂得色彩和平面设计原理，懂得如何用图画传递创意信息，而绝对不是表现画面。他们只要懂得如何构思、评价和审稿就行了，不是要他们去创作。因此，按照此观点，台湾地区实务界理想的广告创意课程有下列方向：现实感、发想概念的能力、判断力的养成、教导想法、职业认知、提案技巧、加强实务师资、从国际广告吸取经验、团队精神。①

台湾地区广告创意教育注重实践性是有目共睹的。我们从铭传大学广告学系的实务训练安排可见一斑（见表 9-3）。其实践教学贯穿大学四年的始终，而且直接纳入学生毕业考核成绩。大部分学生在大二实习期就拥有了自己的第一个商业作品，部分学生在大三的时候就已经以长期兼职的身份进入广告公司开始了创意工作。因此，可以肯定，在此教学方针指导下，学生毕业后会以最快的速度进入工作状态，甚至在毕业之前就已经拥有了广告公司的固定工作职位。

表 9-3　　铭传大学广告学系实务训练安排

铭传大学广告学系实务训练三阶段				
第一阶段	实习	大二暑假	校外实习	实习单位或自选或进入学校合作企业单位
第二阶段	实验	大三上、下学期	内部绩效	
第三阶段	实践	大四下学期	外部绩效	

总之，创意是文化与生活体验的爆发。台湾“广告教父”孙大伟认为：“广告是一个地方的文化背景、习惯的呈现，所以看一个地方的广告，可以看得出一个地方流行什么是由广告引起的。”② 因为真正的广告创意来自对文化、广告、行销等知识的综合掌握和对生活的历练。仅仅靠课堂教育、办公室里拍脑门是不会有大创意产生的。但这并不是说创意是不能训练的，美国纽约水牛城（Buffalo，NY）的创意教育基金会（Creative Education Foundation）及创意研究中心（Center for Studies in Creativity）的研究报告指出，人的确可以通过学习与训练来发展创意潜能，提高解决问题的能力。创意潜能的激发是创意教育极为重要的一环。

延伸阅读

一、David 龚

David 龚是台湾广告界的传奇人物，是广告导演、创意人，也是老师，对广告圈深具影响力（见图 9-1）。他年轻时在英国的广告公司拿过许多世界顶尖的大奖；1983 年当创意人时，在伦敦以 *British Rail* 得到坎城金奖（但没去领奖）；1990 年转当导演后，导的第一部片子 *Opticians* 顺利得到坎城金奖以及 Clio 奖。③

① 张怡琪．大学广告创意课程研究：一个实务取向的课程规划．台北：台湾政治大学，2007.

② http：//sl. cnad. com/thread-207663-1-1. html.

③ http：//www. motive. com. tw/? p=7670.

图 9-1　David 龚：学会说故事

David 龚的创意作品是他努力的结果，图 9-2 是他学习期间的笔记。

After coming home last night from listening to Mika's class,
here's what I did:

1. reviewed my notes taken on my notebook computer.
2. went on Mika's blog
3. found all the case files Mika talked about
4. downloaded all the quicktime files from YouTube.
5. re-constructed Mika's presentation
6. made a mindmap to review the structure of his presentation (pdf pg.1-19)
7. discover other related case histories relative to other projects I'm working on.
8. wrote to Mika and made a list of questions...

all in 3 hours.

This is what students need to do in order to learn...
sadly, most of them don't do this.

图 9-2　David 龚的学习笔记

二、孙大伟

孙大伟（见图 9-3）被誉为台湾地区“广告教父”，毕业于辅仁大学大众传播系，任伟太广告总裁，是华文广告的“四大鳄”之一。他 32 岁才进入广告界，却立即引起广告界的轰动。曾担任台湾奥美广告的执行创意总监，是公认的广告才子，历任亚太广告奖，中国台湾、新加坡、中国香港 4A 奖评审。他还曾担任传讯电视《广告也疯狂》和力霸友联《广告再疯狂》节目的制作及主持，是《今夜要回家》和《鱼乐新闻》节目主持人；曾是《GQ》杂志和《ELLE》杂志的专栏作家；出版过《该生素质太差——孙大伟的成绩单》《人欲横流——孙大伟的异想世界》两本畅销书。

图 9-3　孙大伟

【思考与练习题】

1. 传统文化在创意人才培养中有何意义？
2. 你认为培养广告创意人才的实践操作应包括哪些方面？
3. 为更好地营造轻松活泼的上课氛围，应采取哪些措施？
4. 台湾地区广告创意教育的核心特点是什么？
5. 台湾地区广告创意教育模式能在内地推广吗？为什么？
6. 台湾地区国学教育在广告创意教育中的角色定位是什么？这种定位是否成功？为什么？

参考文献

贺寿昌．创意学概论［M］．上海：上海人民出版社，2006.

张金海，姚曦．广告学教程［M］．上海：上海人民出版社，2003.

金定海，郑欢．广告创意学［M］．北京：高等教育出版社，2008.

余明阳，陈先红．广告策划创意学［M］．上海：复旦大学出版社，2007.

方茜．广告创意［M］．上海：上海交通大学出版社，2008.

陈培爱．广告学概论［M］．北京：高等教育出版社，2004.

伯恩斯．顶尖创意［M］．福州：海潮摄影艺术出版社，2001.

陈培爱．创意产业与中国广告业［M］．厦门：厦门大学出版社，2008.

王健．广告创意教程［M］．北京：北京大学出版社，2004.

李思屈，等．广告符号学［M］．成都：四川大学出版社，2004.

舒咏平．广告创意思维［M］．合肥：安徽人民出版社，2004.

费瑟斯通．消费文化与后现代主义［M］．南京：译林出版社，2002.

冯易，覃胜南，董帅．中国元素在广告创意与设计中的应用［J］．新闻爱好者，2009（6）.

第三届中国元素国际创意大赛获奖作品点评［J］．中国广告，2008（12）.

戴丽萍．基于蓝海战略的价值创新分析［J］．经济研究导刊，2008（12）.

李友萍．广告的民族情结与创意策略理论［J］．企业经济，2004（3）.

金定海．没有深度，创意无法理论［J］．中国广告，2008（3）.

格塞雷，埃伯格．广告创意解码［M］．北京：中国物价出版社，2003.

胡川妮．广告创意表现［M］．北京：中国人民大学出版社，2003.

邹元．论广告创意的原则［J］．湖北师范学院学报（哲学社会科学版），2007（2）.

庾为．广告创意的内涵与原则探析［J］．商场现代化，2007（19）.

蒋旭峰，杜俊飞．广告策划与创意［M］．北京：中国人民大学出版社，2006.

王健．让思想冲破牢笼——一堂震撼人心的创新思维课［M］．北京：北京大学出版社，2008.

程宇宁．广告创意——从抽象到具象的形象思维［M］．2版．北京：中国传媒大学出版社，2009.

孙涛．广告创意的视觉表现［M］．北京：清华大学出版社，2010.

汤晓山，周景秋．广告创意教程［M］．南宁：广西美术出版社，2008.

杨欢．创意思维［M］．天津：天津大学出版社，2008.
杨效宏．现代广告文案［M］．成都：四川大学出版社，2003.
倪宁．广告学教程［M］．北京：中国人民大学出版社，2001.
巴赫金．巴赫金全集：第1卷［M］．石家庄：河北教育出版社，1998.
余明阳，陈先红．广告学［M］．合肥：安徽人民出版社，2000.
冯章．广告创意与策划［M］．北京：经济管理出版社，2009.
莫凡，王成文．广告创意案例评析［M］．武汉：武汉大学出版社，2009.
舒咏平．广告创意思维教程［M］．上海：复旦大学出版社，2009.
普来希斯．广告新思维［M］．北京：中国人民大学出版社，2007.
德鲁安尼，米勒．广告创意与策略［M］．大连：东北财经大学出版社，2008.
李文龙，穆虹．实战广告案例（第三辑）：创意［M］．北京：中国人民大学出版社，2007.
奥格威．一个广告人的自白［M］．北京：中国友谊出版公司，1991.
吕巍．广告学［M］．北京：北京师范大学出版社，2006.
叶茂中．叶茂中谈创意［M］．北京：中华工商联合出版社，2001.
王连法．公共关系实用百科［M］．济南：山东人民出版社，1994.
戚海峰．符号营销［M］．上海：上海财经大学出版社，2006.
任中林．中国广告实务大全［M］．北京：科学技术文献出版社，1992.
张农．全国广播广告获奖作品选析［M］．北京：中国广播电视出版社，1991.
植条则夫．广告文稿策略：策划、创意与表现［M］．上海：复旦大学出版社，1999.
刘平．电视广告学［M］．成都：四川大学出版社，2003.
奥格威．奥格威谈广告［M］．呼和浩特：内蒙古人民出版社，2000.
涂文洪．网络广告设计［M］．北京：机械工业出版社，2007.
孙启明，等．希望：新媒体崛起［M］．北京：中国传媒大学出版社，2008.
欧阳康．现代广告——表达与创意［M］．北京：中国社会出版社，1996.
梁巾声．现代广播学［M］．广州：暨南大学出版社，1999.
杨海军．广告创意［M］．郑州：郑州大学出版社，2007.
刘英华．广播广告实务教程［M］．北京：北京广播学院出版社，2004.
杨乃近．广播广告创作［M］．杭州：浙江大学出版社，2005.
胡晓云，等．品牌传播效果评估指标［M］．北京：中国传媒大学出版社，2007.
纪华强．广告媒体策划［M］．上海：复旦大学出版社，2003.
姚力，王丽．广告创意与案例分析［M］．北京：高等教育出版社，2004.
朱海松．国际4A广告公司基本操作流程［M］．广州：广东经济出版社，2002.
姜智彬．广告策划与创意［M］．北京：中国建筑工业出版社，2008.
赵洁．广告经营与管理［M］．厦门：厦门大学出版社，2007.
七田真．七田式超右脑训练法［M］．北京：科学技术文献出版社，2006.
邱章乐，杨一华．变通思维［M］．哈尔滨：黑龙江人民出版社，2003.

邵永富．开发人的右半脑［M］．上海：上海文化出版社，1988.
沈世德，薛卫平．创新与创造力开发［M］．南京：东南大学出版社，2002.
郭莹莹．右脑革命［M］．北京：化学工业出版社，2010.
袁劲松．思维脑图训练：开发右脑的 12 把金钥匙［M］．北京：企业管理出版社，2007.
翼云襄．思维致胜：掌握思维方法的九个基本原则［M］．北京：金城出版社，2005.
希金斯．广告文案名人堂［M］．北京：中国财经经济出版社，2003.
李东．广告创意方要［M］．长沙：中南大学出版社，2007.

第一版后记

作为“新传播时代广告学系列教材”之一的《广告创意概论》，经过全体编撰人员的共同努力，历时一年多，终于破茧而出了。本教材的编写团队以闽江学院“国家级特色专业”（广告学）的教学团队为主体，并特邀福建农林大学和九江学院广告学专业的骨干力量加盟。本教材的主体精神和内容以闽江学院“广告创意”课程为基础，该课程经过多年教学实践的检验，逐渐形成了具有自身特色的教学内容和教学模式。2008年，“广告创意”课程获得福建省教育厅省级精品课程称号。

《广告创意概论》相较于一般的广告学专业教材，更需要体现创新性和趣味性，并从中反映出该课程不拘一格的原创精神。因此在筹划过程中，我们在总体立意、内容体例、版式编排等方面进行了积极的探索，力图构建一个全新的教材框架，以求与同类教材有所不同，并有一定程度的创新和突破，凸显自身特色。首先，在内容方面，力求扎实全面，能涵盖广告创意的主要理论和知识，充分反映广告创意学科的特点；其次，大胆地提出了一些新的观点和看法，对教学内容体系做了进一步的补充和完善，例如广告创意的伦理性原则、广告创意的文化策略等；再次，理论与实务并重，突出实践训练，使教与学具有可操作性，例如提升创意能力的实用自我训练方法；最后，融入本土元素和区域特色，使教材更具实用性和针对性，例如中国本土广告创意理论、台湾地区广告创意教育等都是本教材的亮点。

本教材共九章，可分为四个部分，第一部分为前四章，从理论角度论述广告创意的概念、广告创意的特征和作用、广告创意与创意产业的关系、广告创意流派和经典创意理论、广告创意的原则和广告创意思维；第二部分为第五章至第七章，从实务角度，论述广告创意策略、广告创意表现、广告创意的作业流程；第三部分为第八章，从实训角度介绍提升创意能力的实用自我训练方法，帮助学生有效提升自身创意能力；第四部分为第九章，从学界和业界角度探讨优秀广告创意人的基本素质和广告创意人才的培养方法，并介绍台湾地区广告创意教育的经验，以期对海峡两岸的广告创意教育提供相关借鉴。本教材设有延伸阅读，以拓展学生的知识面，启发思考。

本教材由刘建萍、陈思达策划并主编，对全书的立意和写作思路提出指导性意见，负责拟定编写大纲与基本内容框架。全书最后由刘建萍、陈思达、张帆统稿审订。全书各章节具体撰写分工如下：第一章第一节、第四节，第三章第三节及后记由陈思达执笔；第一章第二节、第三节，第三章第六节由陈欢执笔；第二章第一节、第二节，第五章第一节、第二节、第三节由林槟革执笔；第二章第三节、第三章第四节由张芬芳执笔；第二章第四节，第七章第二节、第三节，第九章第二节、第三节由戴程执笔；第三章第一节、第二节，第四章由于潇执笔；第三章第五节、第五章第四节由张帆执笔；第三章第七节由刘建萍执笔；第六章由周子渊执笔；第七章第一节、第八章第四节由李群执笔；第八章第一节、第二节、第三节由蔡军执笔；第九章第一节由丁耀执笔。

本书能顺利出版，离不开丛书负责人刘弘教授、殷娟娟教授和南昌高校教育图书有限公司涂建辉总经理的大力支持，离不开各位编委们的精诚合作，在此向他们表示衷心的感谢！并向中国人民大学出版社负责本书审稿出版工作的李学伟先生以及各位责任编辑致以崇高的敬意！没有他们严谨负责的工作态度和细致认真的审读加工，本教材是难以如期出版的。最后，谨向本书写作过程中所参考和引用的文献的作者致以诚挚的谢意！他们的优秀成果为本书增色不少。

由于编者的水平有限，本教材疏漏之处在所难免，敬请同行专家和读者不吝批评指正。

编者

2011 年 6 月

第二版后记

本书自2011年出版以来，得到许多师生、同行以及业界的肯定和鼓励，并获得2013年福建省第十届社会科学优秀成果奖三等奖。与此同时，闽江学院广告学专业在专业建设上也不断取得新的进步。特别是2017年1月，在《中国大学及学科专业评价报告（2017—2018）》发布的中国大学本科专业2017—2018年广告学专业前20强排行榜中，闽江学院广告学专业从全国245所开设此专业的兄弟院校中脱颖而出，跻身全国十强。成绩的取得离不开全体专业教师尤其是参与本书撰写的各位骨干教师的共同努力。

受中国人民大学出版社委托，《广告创意概论》参编人员着手进行第二版的修订工作。此次修订，依然延续第一版的规划理念，尝试以大创意的视角，力求突破一门特定课程的本位认知樊篱，打破广告和其他领域知识间的壁垒，反映广告学边缘交叉性学科的特点，以期让读者能跳出广告看创意，既能对广告创意有一个系统的宏观把握，又能从道的高度思考创意，感悟创意，融会贯通，所谓"运用之妙，存乎一心"，意识到一切行业的发展归根到底都离不开创意，同时突出创意素质的训练和创新能力的培养。

教材总体内容框架基本保持不变，在对原有各章节内容进行认真审阅的基础上，根据广告行业的现状和趋势，结合教师的教学科研与实践，做了必要的修改和增补。例如随着传播技术的迅猛发展，数字化成为广告业的基本生态，传播环境、消费者以及客户需求等都发生了深刻的变化，给广告业带来巨大冲击，并从整体上改变了广告行业的业态和游戏规则。以新媒体广告为代表的新生代广告正逐步成为广告创意表现的主力，不仅极大地提高了广告的表现力和影响力，也颠覆了人们对广告传播形态的认知。在第一章导论和第六章新媒体广告的创意表现一节，我们做了探讨和全新的修订。

此外，为了能更好地反映当下广告创意的一些最新成果，我们在案例方面做了大量更新和调整，替换了一些较为陈旧的作品，提高了作品的时效性，全书章节修订的比例超过70%。

全书由刘建萍、陈思达、戴程提出修改方向和要求，并一同完成全书统稿审订工作。本次各章节修订具体分工如下：

陈思达负责修订第一章第一节、第四节和第三章第一节、第三节；陈欢负责修订第一章第二节、第三节和第三章第六节；林槟苹负责修订第二章第一节、第二节和第五章第一节、第二节、第三节；张芬芳负责修订第二章第三节和第三章第四节；于潇负责修订第三章第二节；刘建萍负责修订第三章第五节、第七节；戴程负责修订第四章第一节、第二节、第三节；丁耀负责修订第六章第一节、第二节；王艳艳负责修订第六章第三节和第九章第三节；李群负责修订

第七章第一节和第八章第四节。

此次再版，要特别感谢中国人民大学出版社翟江虹女士的积极促成和大力支持，没有她的热情推动，本书难以如期付梓。其次要感谢责任编辑胡颖女士为本书付出的辛劳，她严谨负责的工作态度对我们是很好的鞭策，使我们不敢懈怠。最后还要感谢参与此次修订的各位作者，在繁重的日常教研工作中挤出时间认真修订，你们的精诚合作和辛勤付出，是本书顺利出版的重要前提和保障，在此谨向你们致以衷心的感谢！

限于编者的水平，本教材疏漏之处在所难免，敬请同行专家和读者不吝批评指正。

主编

2018 年 3 月

关联课程教材推荐

书号	书名	第一作者	定价	出书时间
978-7-300-21414-6	广告伦理与法规	陈绚	35.00	2018-08
978-7-300-32870-6	中外广告史（第3版）	何玉杰	69.80	2024-08
978-7-300-20943-2	广告调查：理论与实务（第2版）	［美］乔尔·J·戴维斯	69.80	2016-01
978-7-300-27053-1	广告文案写作教程（第四版）	郭有献	65.00	2019-07
978-7-300-19360-1	广告学教程（第四版）	倪宁	39.80	2014-05
978-7-300-14141-1	平面广告创意与设计	孙平	29.80	2012-03
978-7-300-13768-1	广告策划与创意（第二版）	蒋旭峰	48.00	2011-06
978-7-300-31971-1	广告策划实训教程	宋瑾	69.80	2023-07

配套教学资源支持

尊敬的老师：

衷心感谢您选择使用人大版教材！

相关的配套教学资源，请到人大社网站（www.crup.com.cn）下载，或是随时与我们联系，我们将向您免费提供。

欢迎您随时反馈教材使用过程中的疑问、修订建议并提供您个人制作的课件。您的课件一经采用，我们将署名并付费。让我们与教材共成长！

联系人信息：

地址：北京海淀区中关村大街31号206室　龚洪训 收　　邮编：100080

电子邮件：gonghx@crup.com.cn　　电话：010－62515637　　QQ：6130616

如有相关教材的选题计划，也欢迎您与我们联系，我们将竭诚为您服务！

选题联系人：	电子邮件：	电话：
周莹	383902102@qq.com.cn	010－62511612

人大社网站　www.crup.com.cn

专业教师QQ群：

723715191（全国新闻教师2群）

欢迎您登录人大社网站浏览，了解图书信息，共享教学资源

期待您加入专业教师QQ群，开展学术讨论，交流教学心得

群名称:全国新闻教师2群

群　号:723715191

图书在版编目（CIP）数据

广告创意概论/刘建萍，陈思达主编．—2版．—北京：中国人民大学出版社，2018.8
新编21世纪新闻传播学系列教材
ISBN 978-7-300-26146-1

Ⅰ.①广… Ⅱ.①刘… ②陈… Ⅲ.①广告学-高等学校-教材 Ⅳ.①F713.80

中国版本图书馆CIP数据核字（2018）第193730号

新编21世纪新闻传播学系列教材
广告创意概论
第二版
主编　刘建萍　陈思达
Guanggao Chuangyi Gailun

出版发行	中国人民大学出版社		
社　　址	北京中关村大街31号	**邮政编码**	100080
电　　话	010－62511242（总编室）		010－62511770（质管部）
	010－82501766（邮购部）		010－62514148（门市部）
	010－62515195（发行公司）		010－62515275（盗版举报）
网　　址	http://www.crup.com.cn		
经　　销	新华书店		
印　　刷	涿州市星河印刷有限公司	**版　　次**	2011年7月第1版
开　　本	787 mm×1092 mm　1/16		2018年8月第2版
印　　张	21	**印　　次**	2024年8月第4次印刷
字　　数	493 000	**定　　价**	78.00元